早わかりQ&A クリーンルームの設計・施工マニュアル

目　次

KATO KOKEN
製品のお問い合わせ・技術相談
TEL 0463-91-1281
クリーンルームを可視化。
異物を見える化
クリーンスーツ発塵
基盤に付着するホコリ
微粒子可視化システム
Particle Viewer
手軽に粒子数算出やグラフを表示
対応
ISO14644−17
「クリーンルーム及び関連制御環境」
気流を評価（FFU・クリーンベンチ）
速度ベクトル
流線
クリーンルーム用
PIVシステム
まずはレンタルでお試しを
異物を可視化する
微粒子可視化システム
Particle Viewer
微粒子可視化システム
Particle Viewer
目に見えない異物を可視化撮影。 サブミクロンレベルまで対応した高出力モデルからお手軽価格のLEDモデルまでラインナップ。 発塵源の特定や浮遊状態などパーティクルの挙動プロセスを現場ごとに解明します。
気流を解析する
クリーンルーム用
PIVシステム
クリーンルームの気流をベクトルマップで 可視化計測。非接触で2次元流体を定量化できます。CFDの結果通りの環境になっているか実測で検証できます。製薬関連のバリデーションの評価にも最適です。
可視化事例
動画
実際にクリーンルームで可視化を行った事例動画です。 現場で観測される粗大粒子の様子を撮影しています。その他にも「異物の可視化」「気流解析」 の事例を多数紹介しています。ぜひご参考ください。
カトウ光研株式会社
本社（神奈川） 大阪営業所 名古屋営業所
ホームページ上でカタログのダウンロードも受け付けております。
https://www.kk-co.jp E-mail:info@kk-co.jp
HPはこちら

発刊にあたり

クリーンルームは、工業品の製造工程で用いられるICR（インダストリアルクリーンルーム）および医療や食品産業などで用いられるBCR（バイオロジカルクリーンルーム）として多岐にわたって需要の拡大が続いています。特に近年では、半導体市場の成長に伴う大規模な工場や、COVID-19に対応する医薬・医療施設の需要などが伸長しています。

本書は、このように広く普及しているクリーンルームの設計、施工、空調機器、部材関連企業の従事者およびクリーンルーム利用者など多くの関係者の知識習得のために、初級者から中級者レベルのマニュアルとして、2008年に初版を発刊いたしました。

本書の特徴は、基本的な項目（初版では60項目、改訂により70項目に増加）を厳選し、一問一答のQ&A形式で、わかりやすくクリーンルームの設計、施工、評価、維持管理までを紹介するという編集方針にあります。また、各項目の執筆者はクリーンルーム関連企業のベテラン技術者が担当し、項目ごとに見開き２ページでの説明を基本形として、見た目に分かりやすいレイアウトを工夫するとともに、図・表・写真を多用して要領よく「早わかり」できるように配慮しております。

初版以降これまでに2015年と2020年に改訂を重ねてきましたが、引き続き大変ご好評をいただいていることから、今般さらに改訂版を発行する運びになりました。改訂は、各項目の内容を必要に応じてアップデートするとともに、応用分野としてIoTやAIの活用技術の追記および感染対策の項目を追加しました。

大規模から小規模、高清浄度から簡易な清浄度など様々なクリーンルームに新たに関わる方の入門書として、またすでにクリーンルーム携わっている方も、もう一度あらためて最新の知識を再確認するために、あるいは用語辞典として随時参照されても役立つ内容になっておりますので、ぜひ多くの皆様方の傍らに置かれて愛読書として活用されることを願っております。

2024年１月

久禮得男

Part 1　基本編

Ⅰ　ICR（インダストリアルクリーンルーム）とは
Ⅱ　BCR（バイオロジカルクリーンルーム）とは
Ⅲ　清浄度クラスとは
Ⅳ　微粒子とは
Ⅴ　クリーンルームの４原則とは
Ⅵ　室圧とは
Ⅶ　局所清浄化とは
Ⅷ　交差汚染（クロスコンタミネーション）とは
Ⅸ　静電気障害と対策とは
Ⅹ　ユーティリティ設備・中央監視設備とは
Ⅺ　装置の諸元表とは
Ⅻ　検収試験とは

基本編 I

ICR（インダストリアルクリーンルーム）とは

図１　クリーンルーム（小規模）のイメージ

要点：クリーンルームは下記のように定義されています[1]。
【クリーンルーム（Cleanroom）】　汚染制御が行われている限られた空間であって、空気中の汚染物質（浮遊微小粒子、浮遊微生物）が限定された清浄度レベル以下に管理され、またその空間に供給される材料、薬品、水などについても要求される清浄度が保持され、必要に応じて温度、湿度、圧力、微量ガス成分、静電気、微振動、電磁波などの環境条件についても管理が行われている空間。
【ICR（Industrial Cleanroom）】　工業品の製造工程で用いるクリーンルームであって、主に空気中における浮遊微粒子が管理された空間。

ICRの歴史

クリーンルーム（図１）は、米国において、航空機等の精密部品が粉塵の多い環境下で製作されると故障が多いことがわかり、製造工程を粉塵の少ない所で行うようになったことに端を発しています。クリーンルーム技術は、第２次世界大戦時に米国で放射性微粒子除去用として誕生したHEPA（High Efficiency Particulate Air）フィルタを基礎として、アポロ計画や半導体技術の進展とともに発展してきています。

ICRの清浄度規格は、1963年に制定された米国連邦規格209が基本となっていますが、1999年にISO 14644-1が制定されたことにより、2001年11月以降はISO規格に統一されています。さらに2015年にISO 14644-1が設定され、整合性をとるためJIS B 9920も2019年に改定されています。

ICRの用途

クリーンルームを必要とする工業分野は、半導体LSI（集積回路）、FPD（フラットパネルディスプレイ）、HDD（ハードディスクドライブ）、を始めとする各種の精密工業製品や、そこで用いられる製造装置、部品、材料などで、それらの微細化、高度化とともに益々幅広い分野で必要とされています（図２）。

半導体LSIの回路パターンの寸法は、最近では0.1μm以下の数nm（ナノメートル）になってきました。製造工程途中で、そのようなサイズの微小粒子がウエーハに付着しますと、回路のショートや断線などの不良原因となってしまいます。また、微小粒子だけでなく、酸、アルカリ、有機などの分子レベルの汚染ですら、LSI製品歩留りに大きく影響します。分子レベルの汚染の除去には活性炭の吸着作用を利用したケミカルフィルタなどが用いられます。

FPDの回路寸法は半導体LSIよりも大きいですが、一つの画素の不良も許されないために、同様の高度なクリーン環境が必要です。HDDもディスク円板上を走査するヘッドの浮上距離が数nmレベルで、微小粒子や分子汚染を厳しく管理する必要があります。

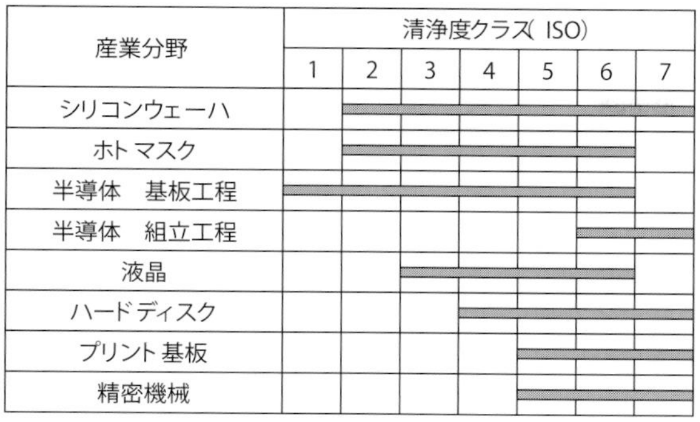

図２　産業分野と要求清浄度

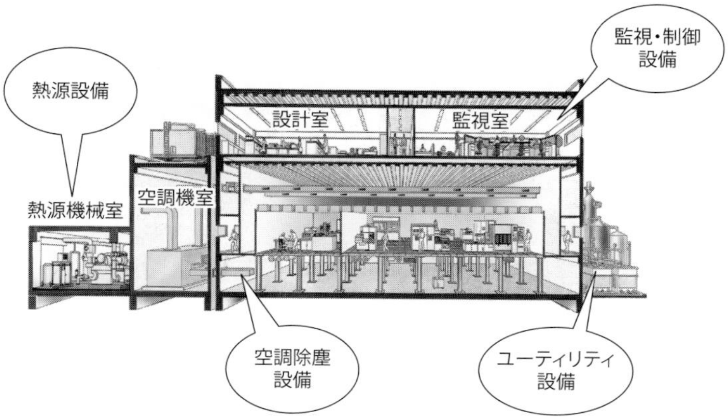

図３　ICRのシステム全貌

表１　半導体LSIのロードマップ抜粋（ITRS2005および2011より）

年	2005	2010	2015	2020
【デバイス】 最小加工寸法	80 nm	45 nm	18nm	10 nm
【クリーンルーム環境制御】 管理すべき最小粒子サイズ	40nm	23 nm	15.9 nm	8.9 nm
クリーンルーム全体の清浄度 ミニエンバイロメントの局所清浄度	ISOクラス６ ISOクラス２	ISOクラス６ ISOクラス１	ISOクラス７ ISOクラス１	ISOクラス７ ISOクラス１
ケミカル汚染（気中濃度）	クリーンルーム一般環境		管理ポイントの細分化と管理値の見直しが継続的に進められている	
酸（SO_4） アルカリ（NH_3） 凝縮性有機物	1000 pptM 5000 pptM 4000 pptM	500 pptM 2500 pptM 2500 pptM		
ケミカル汚染（ウェーハへの付着量） 凝縮性有機物（1日放置表面）	2 ng/cm^2	0.5 ng/cm^2		

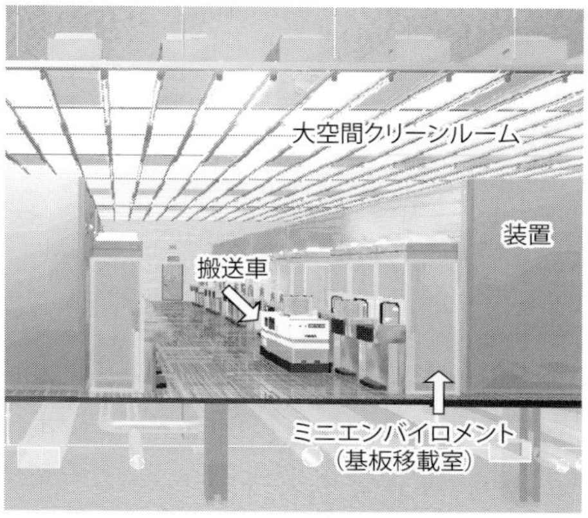

図４　局所クリーン化方式のICR

ICRの基本構造

ICRのクリーンルームを取り巻くシステムとしては、フィルタによって空気を清浄化するとともに温湿度を調整して循環させる「空調除塵設備」、冷凍機などの「熱源設備」、水やガスの供給と排気ガスや排水の処理のための「ユーティリティ設備」、およびクリーンルーム機器や製造装置の「監視・制御設備」などがあります（図３）。

ICRの規模は、研究用の小規模なものから、半導体LSI、FPDなどの量産用の大規模なものまで様々です。近年の量産工場では、生産効率の向上のために半導体ウエーハやFPDガラス基板サイズが大型化し、1フロアが1万m^{2}以上の大規模ICRも多く建設されるようになってきました。

ICRのトレンド

ICRのクリーン度は、製品が必要とする環境レベルに応じて決定されますが、当然クリーン度を高くするほど建設コストや運転コストは増大します。そのため近年では、ICRのクリーンエリア内でも特に重要な局所のみを高清浄度にして、その他のエリアの環境は緩和するという傾向が強まっています。

半導体LSIの分野では、製品や関連技術について、ロードマップ（ITRS：International Technology Roadmap for Semiconductors）が1998年から2016年に亘って作成されました（表１）。その中で、クリーンルーム全体の清浄度はISO６から７レベルに徐々に緩和しつつ、ウエーハを取り扱う局所環境システム（ミニエンバイロメント）の内部には最高清浄度のISOクラス１が要求されています。また、分子汚染についても同様に低減してゆくことが要求されています。

ミニエンバイロメントを用いた局所クリーン化方式の半導体LSI製造用ICR（図４）では、ウエーハは容器に格納して搬送され、製造装置前面のミニエンバイロメントにドッキングしてから容器のフタを開放し、装置内へウエーハが移載され、処理されてゆきます。

このように、今後のICRでは、必要最小限の空間のクリーン環境を一層高度に制御しつつ、工場全体では省エネ型の効率の良いシステムにしてゆくことが重要になっています。

基本編Ⅱ

BCR（バイオロジカルクリーンルーム）とは

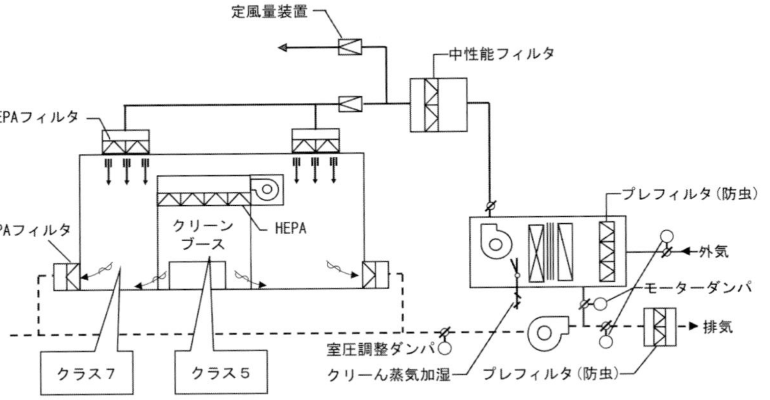

図1　バイオロジカルクリーンルーム（小規模）の概要図

要点：バイオロジカルクリーンルーム（BCR）は下記のように定義されています。バイオロジカルクリーンルームとは、製品に対してある特定の基準値を満足するように、室内の温度や湿度および圧力を制御するとともに、生物粒子および非生物粒子の量を制御できる隔離された部屋をいう（NASA（米国航空宇宙局）規格、表１参照）。

工業用クリーンルーム（ICR）との対比では、ICRの主な制御対象は塵埃であり、BCRの主な制御対象は微生物であることが大きく異なっている（表２）。

BCRの歴史

バイオロジカルクリーンルーム技術のキーコンポーネントはHEPAフィルタ（High Efficiency Particulate Air Filter）で、細菌・ウィルスや微粒子などを濾過することで、汚染空気から清浄空気を得ることができます。

わが国では、HEPAフィルタを使用した工業用クリーンルームは、1965年頃から半導体工業で普及し始め、半導体工業と共に急速に発展してきました。またHEPAフィルタを用いたバイオロジカルクリーンルーム（図1）も、1970年頃から導入され始めました。

英国での股関節手術に関する報告では、この技術により、1960年代には術中感染率が9%程度であったのが、1967年頃には0.6%になるというように、極めて有効な手段であることが証明されています。

このように初めは病院の手術室に採用され、それ以後製薬工場のGMP（Good Manufacturing Practice）規制（1976年指導開始）への採用、次いで乳製品や切り餅などの食品工業への展開など急速に応用範囲が拡大してきました。

今後はナノバイオの発展と共に、一層の拡大が期待されています。

BCRの用途

BCRを必要とする主な分野は、医療関係、食品産業、医薬品製造、実験動物飼育施設が主で、その中でも無菌室を必要とするのは、たとえ少しの微生物汚染であっても、生命や健康にダメージを与える恐れのある、生産プロセスや作業空間に限定されています。無菌室という表現については、言葉通りとらえれば微生物（バクテリア、細菌、ウィルス等）が検出されない室ということで、これを維持するのは極めて困難です。病院や、製薬では無菌室などの表現でよく使われますが、これは「微生物がゼロに近い状態に維持されるよう、積極的な努力を払った空間」として認識されるべきです。

BCRの汚染対策

①　BCRの生物粒子汚染対策

微生物が付着している大部分の粒子の大きさは、0.5～5μmです。したがって、中性能フィルタやHEPAフィルタで高効率に除去され、HEPAフィルタ直下の吹出し空気からは、微生物はほとんど検出されません。

表１　清浄度区分の比較

詳細			清浄度区分				
環境区分			グレード5	グレード7	グレード8	清浄度えお規程しない管理区域（CNC）【モニタリングあり】	清浄度えお規程しない管理区域（CNC）【モニタリングなし】
グレードの記述			A	B	C	D	規定なし
非定常時（At Rest）	指定された径以上の粒子のm^{3}あたりの最大許容数	0.5μm	3,520	3,520	352,000	3,520,000	―
		5μm（ISO 4.8）	20	29	2,900	29,000	―
作業時（In Operation）	指定された径以上の粒子のm^{3}あたりの最大許容数	0.5μm	3,520	352,000	3,520,000	記載なし	―
		5μm	20	2,900	29,000	記載なし	―
	生菌の最大許容数（cfu/m^3）		＜1	＜10	＜100	＜200	―
作業時（In Operation）	指定された径以上の粒子の最大許容数	0.5μm	ISO 5（Class 100）	ISO 7（Class 10,000）	ISO 8（Class 100,000）	規定なし	ISPEのBaseline®ガイド{バイオ医薬設備}{無菌製品製造施設」を参照
	浮遊生菌の活動レベル数（cfu/m^3）		1	10	100	規定なし	

・ISPE Baseline®ガイド「無菌製品製造施設」
・欧州連合8（EU）欧州委員会による　EU GMP,Annex,Vol.IV,Manufacture of Sterile Medicinal Products（2009年3月1日発効）（PIC/S GMP Annex 1,2007と類似）
・FDA,2004年10月　「Guidance for Industry Sterile Drug Products　Produced by Aseptic Processing」

表２　ICRとBCRの対比

	ICR	BCR
清浄度クラス	クラス１～クラス８	クラス５～８
中心となる対象粒子	0.1～0.5μm	0.5～10μmで5μm中心
最終フィルタ	HEPA、ULPA	HEPA、中性能フィルタ
主な制御対象	塵埃、微粒子、ケミカル圧力（＋）、気流分布温度、湿度	微生物、無生物粒子　圧力（＋－）、気流方向温度、湿度
主な維持方法	クリーニング	洗浄、除菌、消毒、滅菌
清浄度モニタリング	塵埃濃度、ケミカル濃度	微生物数、塵埃濃度

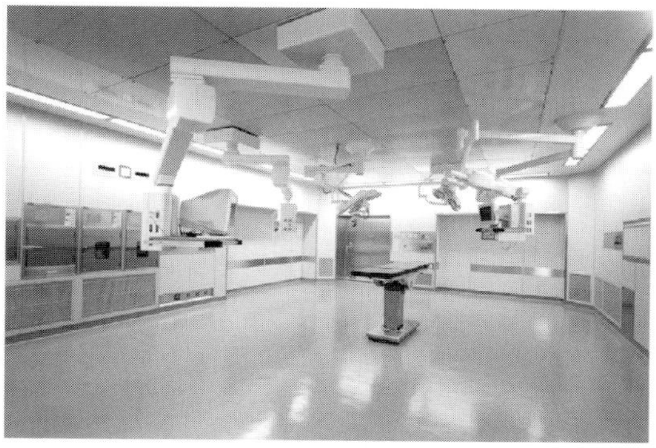

写真１　BCR手術室の例

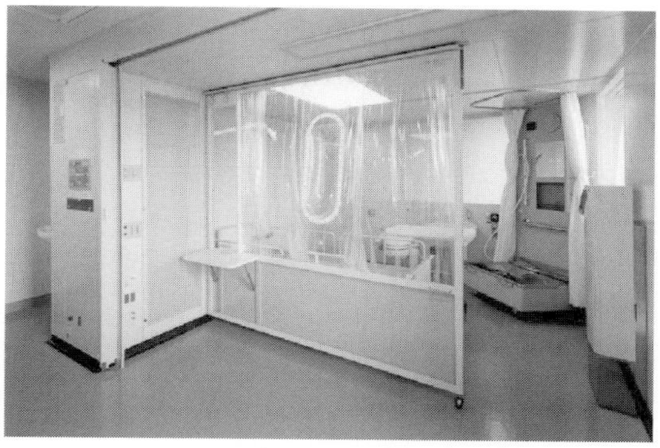

写真２　無菌病室の例

②　微生物の滅菌と消毒、洗浄

BCRの大きな問題は、微生物の増殖によって、時間と共に加速度的に汚染が増すことです。

人、材料、機械、製品、気流などあらゆる面から起こりうるリスクを検討し、適切な滅菌、消毒、洗浄を計画、実施することが最も重要です。

③　ドライ化と温度・湿度管理

微生物の増殖に関わる主な要因に水分（湿度）、温度、栄養分があり、これらを適切に管理することにより、静菌（菌の増殖を抑制すること）が可能です。

消毒剤などによる清拭を行い、床をドライな状態に保つことにより、菌の増殖を抑制する方法が、医薬品工場、手術室等に広く採用されてきています。また、温度、湿度ともに、なるべく低く保つことが有効です。

④　室内圧力制御

外気には、0.5μm以上の塵埃が1m^{3}中350万～３億５千万個も存在し、微生物も無数に存在します。

また、無菌室の周囲であっても無菌室の100倍から1,000倍に汚染されています。従ってこの空気をBCRに侵入させないことが重要であり、BCRの気密度を高くするとともに、BCRの圧力を周囲より10～15Pa高くして、BCRに汚染空気が入らないように、常にプラス圧力を維持する必要があります。

⑤　防虫管理

グレード５よりも高度なICRでさえも微小昆虫が見つかり、大きな問題になることがあります。

昆虫の侵入は建築・設備の構造の不備によることが多く、当然微生物的にも汚染されていると考えられます。徹底した防虫管理が必要です。

BCRの維持・管理

BCR を適正な清浄度に維持するには、それに適した使い方と、日常の管理が重要です。

作業員は常に身を清潔にし、化粧も好ましくなく、健康でなければなりません。

また、作業員が最大の汚染源であることを認識し、BCR の構造による清浄空気の流れ方を良く理解し、行動する必要があり、作業者の教育、訓練も重要です。

清浄度のモニタリングは常時、菌のモニタリングは定期的に行い、異状の有無を確認し、作業方法の見直し、消毒方法の見直しなど、適切な措置をする必要があります。

基本編Ⅲ

清浄度クラスとは

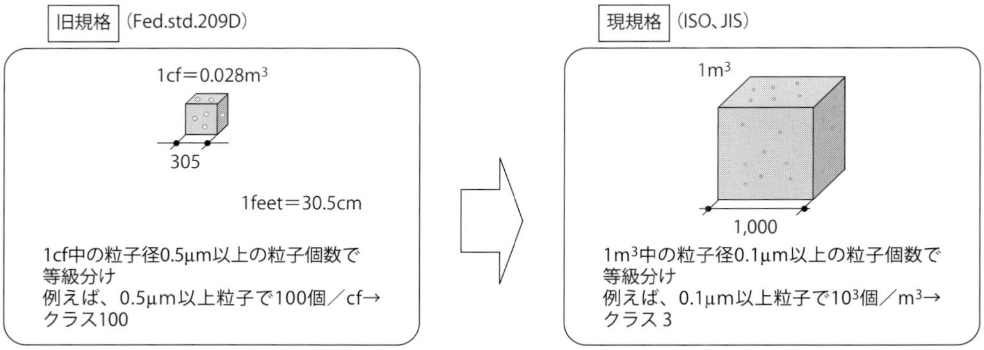

図１　清浄度クラスの旧、現規格の概要比較

要点：清浄度クラスは下記のように定義されます[(1)]。
【清浄度レベル】　特定のある場所、又はある容積中に存在する汚染物質の量若しくは粒子の大きさ別の数によって、格付けされた清浄度の程度。
【清浄度クラス】　清浄度レベルを等級分けする指標。例えば、粒子濃度についての等級付けは、粒径別の粒子濃度の程度によって決定される。ISO 14664-1、JIS B 9920では清浄度クラスを1m^{3}の空気中に含まれる粒径0.1μm以上の微小粒子数を10のべき数で表し、ISOはクラス１から９、JISはクラス１から８に分類している。

清浄度クラス規格の歴史

清浄度クラスの規格は1961年の米国空軍規格に端を発します。1963年にFederal Standard 209（FED-STD-209）を制定、1988年FED-STD-209D（ポンド・ヤード法）に改定、さらに1992年FED-STD-209E（メートル法）に改定された後、2001年11月に廃止されISOに統合されました。日本では1975年にJIS B 9920（クリーンルームの空気清浄度の評価方法）が制定され、2002年に改定されました。JIS規格化と並行して、1999年に国際規格ISO 14644-1が制定されました。さらに、2015年にISO 14644-1が改定され、整合性をとるためにJIS B 9920も2019年に改正されました。。なお、いまだに日本や米国では旧FED-STD-209Dの呼称が一般的ですが、FED規格の廃止に伴い、今後ISOまたはJISの表記が基本となります。

ISO、JISの清浄度クラス

清浄度クラスは、1 m^3 の空気中に含まれる粒径 0.1μm 以上の微小粒子数を 10 のべき数で表しています。ISO はクラス１から９、JIS はクラス１から８に分類しており、対象とする粒径が異なります（表１）。図２に示すとおり、粒径と累積濃度の特性は一致します。図２に示す特性は下記の式で求められます。

$$Cn = 10^N \times (0.1/D)^{2.08}$$

Cn ：粒子濃度（個／m^3）
N ：清浄度クラス
D ：粒径

粒子濃度は、ほぼ粒径の二乗に反比例しています。

クリーンルーム内外の粒子濃度

市街地や農村部、一般室内の粒子濃度とクリーンルーム内の粒子濃度を比較すると表２の様になります。比較的粒子濃度が低い農村部と比べてもクリーンルーム内の粒子濃度は顕著に低い値になっています。室内の粒子濃度を低減した、すなわち清浄度を確保したのがクリーンルームです。この環境は、外気を導入する箇所に設置された空調機内の中性能フィルタと高性能エアフィルタ（後述するHEPAフィルタやULPAフィルタ）や、

表1　ISO 規格（ISO14644-1：2015）

ISO清浄度クラス	指定粒径以上の許容粒子濃度［個／m^3］						（参考）Fed.Std.209D清浄度クラス
	0.1μm	0.2μm	0.3μm	0.5μm	1μm	5μm	
1	10	—	—	—	—	—	
2	100	24	10	—	—	—	
3	1,000	237	102	35	—	—	1
4	10,000	2,370	1,020	352	83	—	10
5	100,000	23,700	10,200	3,520	832	—	100
6	1,000,000	237,000	102,000	35,200	8,320	293	1,000
7	—	—	—	352,000	83,200	2,930	10,000
8	—	—	—	3,520,000	832,000	29,300	100,000
9	—	—	—	35,200,000	8,320,000	293,000	

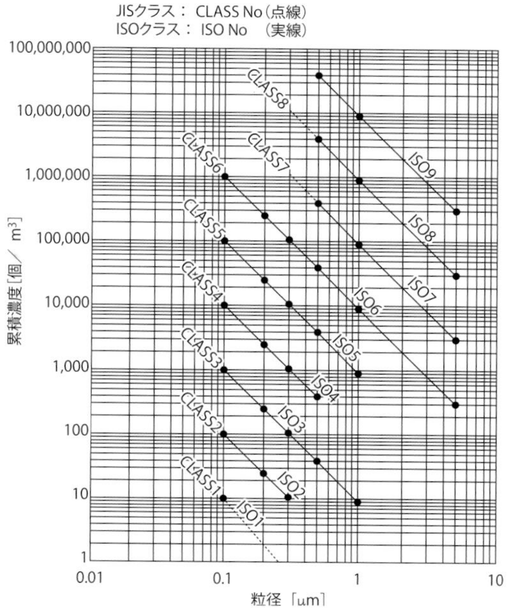

図2　JIS B 9920とISO14644-1の累積濃度と粒径

表2　クリーンルーム内外の粒子濃度比較

市街地	100,000,000～500,000,000
農村部	10,000,000～50,000,000
一般室内	100,000,000～1,000,000,000
クラス5	3,520
クラス6	35,200

（個／m^3、0.5μm径以上）

表3　清浄度クラスと換気回数、フィルタ天井配置率一例

クラス	換気回数［回／h］	フィルタ天井配置率
3（1）	420	全面
4（10）	360	全面
5（100）	200	50%
6（1,000）	35	10%
7（10,000）	25	7%
8（100,000）	15	4%

（　）内はFed, Std.表示

クリーンルーム内の空気循環経路（主に天井部）に設置されたHEPAフィルタやULPAフィルタで粒子を除去することにより確保されます。

所定の清浄度を確保するには

クリーンルーム内の清浄度は、HEPAフィルタやULPAフィルタなどの高性能エアフィルタを通過する空気量と発じん量により決まります。クリーンルームの創世記には計算で清浄度を求めていました。装置や作業者などの発じん量を計算で求め、清浄空気で希釈したときの濃度から清浄空気量を求めていました。粒子は瞬時に拡散して濃度がクリーンルーム内で均一に分布すると仮定します。求められた清浄空気量からフィルタの枚数、吹き出し風速を設定していました。その後、装置が多様化し、発じん源が複雑化してきたこと、反面、多くの実績を積み上げることにより、経験値から設計できる環境が整ってきました。現在では経験値から設計する方法が主流になっています。その一例を表3に示します。表3は天井に高性能エアフィルタを設置した場合の事例です。高性能エアフィルタにより清浄化された空気で1時間当たり何回クリーンルーム内の空気が置き換えられたのかという換気回数で設計します。この換気回数は、表3の場合、天井に設置する高性能エアフィルタの枚数、すなわち天井に占めるフィルタ設置率と吹き出し風速で決定されます。表3のクラス3、4では、天井スペースに高性能エアフィルタを全面に設置します。換気回数の違いは、吹き出し風速が違うことによります。クラス5では、一般的には高性能エアフィルタを千鳥配置にする方法を取ります。クラス5までの高清浄クリーンルームのフィルタ設置率はほぼこのように決まっています。クラス6以下の低清浄クリーンルームの換気回数、フィルタ設置率は設計者や経験によりバラツキがあります。換気回数、設置率ともに小さくなる傾向にあります。また、設置率は変わりませんが、省エネルギーを実現するため、吹き出し風速を小さくして換気回数を低減する傾向も見受けられます。高清浄クリーンルームではULPAフィルタを採用するケースが多くなります。なお、表3の事例は天井にフィルタを設置する事例ですが、クラス7より低清浄なクリーンルームでは空調機に設置された高性能エアフィルタで除じんしてクリーンルームに清浄空気を供給するケースもあります。

基本編Ⅳ

微粒子とは

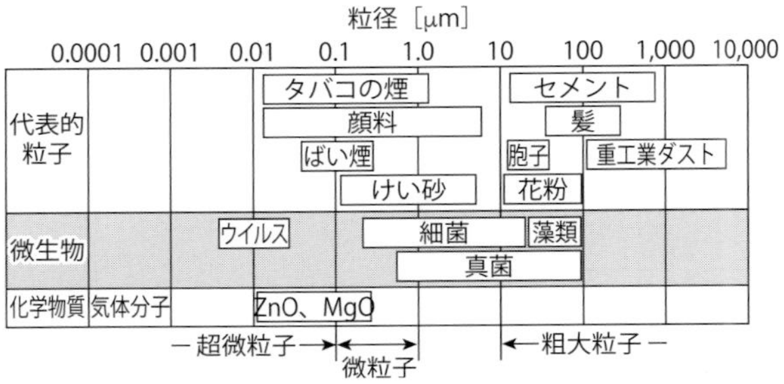

図１　大気中の粒子

要点：微粒子（微小粒子）とは、一般に、気体中、又は液体中に浮遊し、ほとんど沈降しない粒径が1μm程度以下の粒子を言う。発じん源の由来から２μm以下とする場合もある。粒子は各種形状を持っているので、粒径は測定法ごとに定められた方法によって表す。例えば、顕微鏡によって測定した粒子は粒子の最大差渡し寸法、粒子の沈降速度によって測定した粒径は空気力学的に等価な球形粒子の直径、光散乱式自動粒子計数器法で測定した粒径は粒子からの散乱光量の等しい球形の試験粒子の直径で表す。一般にクリーンルームの浮遊粒子は光散乱式で計数するため、散乱光量で求めた粒径で表す[(1)]。

大気中の粒子

図１に大気中の代表的な粒子の種類と粒径分布を示します。大気中の粒子は、ばい煙、タバコの煙やけい砂（砂ほこり）などの一般的な粒子とウィルス、真菌（カビ）、細菌などの微生物、化学物質に大別されます。一般的な粒子では、ばい煙、タバコの煙、顔料、微細けい砂などが1μm以下の微粒子に属します。微生物では、ウィルスが微粒子の部類に属します。大気中の粒子は0.1μm以下から100μm以上まで粒径が広く分布しています。1μm以下のほとんど沈降しない粒子を微粒子と呼んでいますが、このうち、JIS Z8122では、１～100nm（0.1μm）程度の粒子を超微粒子と呼んで分類しています。また、粒径が10～100μmの粒子を粗大粒子と定義しています。細菌、真菌類は一般的には1μm以上の粒子に属します。

空気中の微粒子挙動

ここではクリーンルーム内での微粒子挙動の特徴を粗大粒子の挙動と比較して説明します。図２に微粒子挙動の概念と特徴、図３に粗大粒子挙動の概念と特徴を示します。粒子は質量がありますから空気中では重力の影響を受けて落下しようとします。図３で示す粗大粒子はこの重力の影響を顕著に受けて落下する傾向にあります。しかし、100μm以下の粗大粒子は、図で示すように、静止空気中では、空気の粘性の影響（浮力）を受けて、最終的には、一定の速度になります。この一定速度を一般にストークスの終末速度と呼んでいます。この速度は粒子の密度（比重）と粒径の２乗に比例します。図３には密度の違う粒子（完全球形）の終末速度を粒径別に示してあります。その終末速度は比較的小さい値です。粗大粒子の挙動の特徴は、重力の影響を受けて落下しやすいが、終末速度より大きい上昇流があると上昇してしまうことです。

これに対して、図２に示す微粒子では、粒子が小さいために周辺の酸素や窒素など空気の分子一つ一つの影響を受けます。顕微鏡レベルの視野でみると酸素や窒素は複雑な衝突を起こしていますが、この中にある微粒子は、これら酸素や窒素と衝突して、酸素や窒素と同様に複雑な動きをします。一般にブラウン運動と呼んでいます。微粒子は微小空間ではブラウン拡散を起こしますが、マクロ的な視野でみると空気の流れに沿って、移動します。微粒子の挙動の特徴は、落下しにくく、静止空気中でも空間に浮遊して滞留していることです。

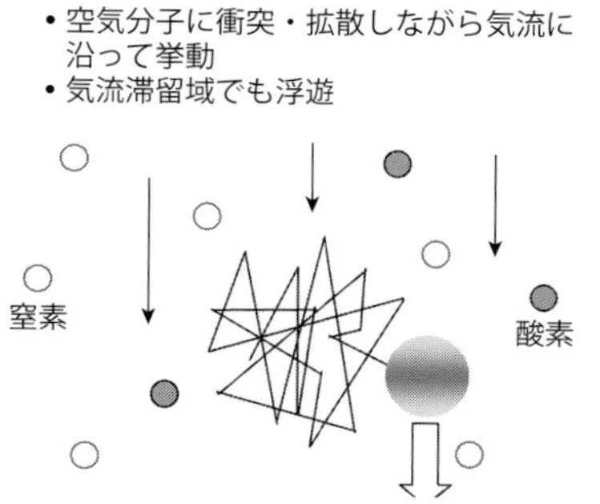

図２　微粒子挙動の概念と特徴

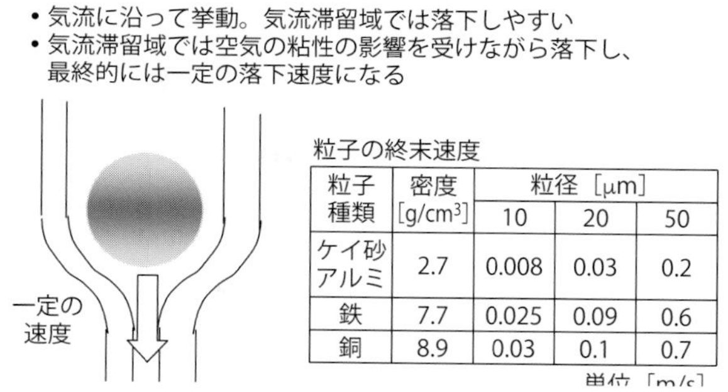

粒子の終末速度

粒子種類	密度 [g/cm^3]	粒径［μm］		
		10	20	50
ケイ砂 アルミ	2.7	0.008	0.03	0.2
鉄	7.7	0.025	0.09	0.6
銅	8.9	0.03	0.1	0.7

単位［m/s］

図３　粗大粒子挙動の概念と特徴

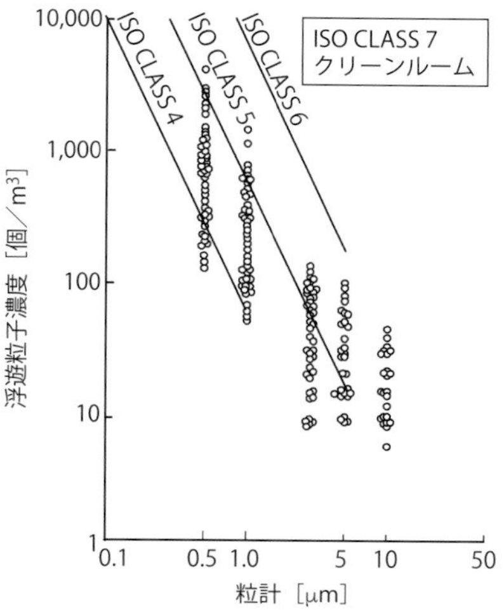

図４　クリーンルーム内の浮遊粒子濃度の一例

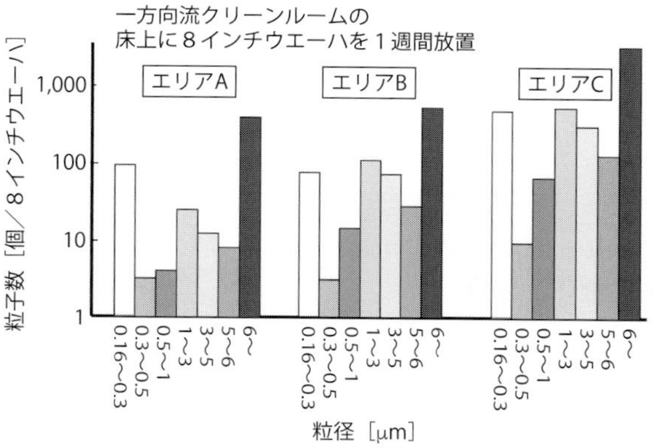

図５　クリーンルームの床沈着粒子数の分布一例

浮遊粒子

図４はISOクラス7のクリーンルームの浮遊粒子を光散乱式の自動粒子計数器(パーティクルカウンタ)で計数した事例です。このクリーンルームは電子部品製造用のクリーンルームですが、実際に作業者が作業し、装置も稼動している実稼動状態のクリーンルームです。浮遊粒子濃度は累計で示してあります。例えば、0.5μmの浮遊粒子濃度は0.5μm以上のすべての浮遊粒子濃度を示してあります。図４に示すように、浮遊粒子は微粒子が多く、その数は、ほぼ粒径の２乗に反比例しています。これは先に述べた微粒子の挙動で示したように、落下しにくく、空間に浮遊している特徴を裏付けています。

クリーンルームの浮遊粒子は、クリーンルームの上下方向において、下部で粗大粒子が上部で微粒子が浮遊しているというような傾向はありません。一般に浮遊粒子は均一に分布していると考えてよいでしょう。

沈着粒子

クリーンルームの床、装置上、作業台などに沈着（落下）する粒子について述べます。図５にクリーンルームの床沈着粒子の分布一例を示します。このクリーンルームは半導体用のクリーンルームです。ほぼ天井全面にULPAフィルタが設置された一方向流のクリーンルームです。８インチウエーハを３箇所のプロセスエリアの床上に１週間放置して、ウエーハ上に沈着してくる粒子を測定しました。ウエーハ表面検査装置によって、沈着した粒子を粒径別に計数した結果です。ウエーハ表面検査装置は、レーザー光をウエーハ表面に照射して粒子から散乱する光のパルスの個数と強度から個数と粒径を測定する装置です。６μm以上のレンジで個数が多くなっています。粗大粒子の挙動で述べたように沈着粒子は粗大粒子が多い傾向にあります。銅や鉄など密度が大きい重金属類も沈着しやすいことが類推されます。比較的粗大な粒子や重金属の汚染対策が必要な分野のクリーンルームでは、床や装置上、作業台など沈着粒子が多いと思われる箇所のクリーン化が重要となります。

基本編Ⅴ

クリーンルームの４原則とは

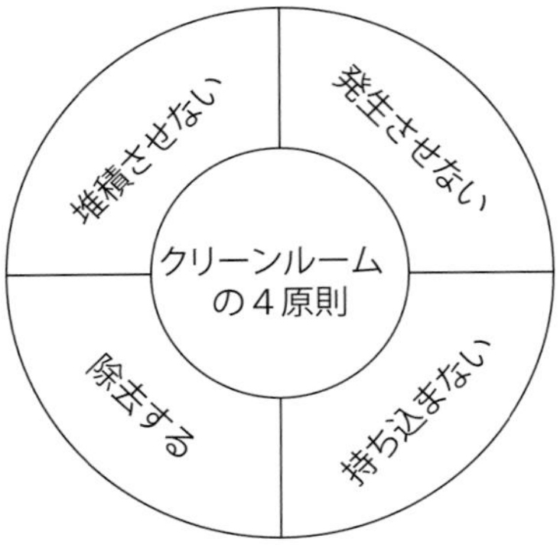

図１　クリーンルームの４原則

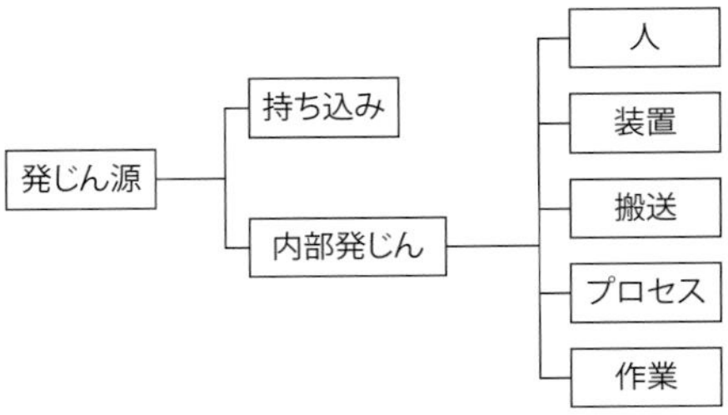

図２　発じん源の種類

要点：クリーンルームの運用時における清浄度維持・向上を図るための四つの原則をいう。
　クリーンルームでは必ず発じんする。発じんする中でクリーンルームの清浄度を維持・向上するためには、以下の４原則の遵守が必須。

1．発生させない
2．クリーンルーム外部からじん埃をクリーンルームに持ち込まない
3．じん埃を速やかに除去する
4．堆積させない

発じん

作業者が作業する、装置が稼動する、材料や工具類などが持ち込まれる、製品を製造する段階、すなわちクリーンルームの運用時には発じんは免れません。図２は運用時における発じんの種類の概要を示した図です。発じんは大別するとクリーンルームに持ち込む「持ち込み」じん埃、「内部発じん」の２種類になります。「内部発じん」には、人（作業者）、装置、搬送、プロセス、作業の５種類があります。「持ち込み」じん埃は、持ち込む材料、部品、工具類に付着したじん埃のことを言います。搬送・作業時に材料などの付着じん埃はクリーンルームで脱離、拡散する危険性があります。「内部発じん」の人は人体からの発じん、歩行による気流とじん埃の拡散、歩行による床沈着じん埃の巻上げがあります。装置、搬送では各所に稼動部があり、そこが発じん源になります。また搬送台車などでは、床沈着じん埃の巻上げが生じます。プロセスでは、粉体材料の調合、反応生成物、材料切断時などにおいて発じんする危険性があります。作業は特に装置メンテナンスに伴う装置や配管の汚れの飛散があります。

クリーンルームの４原則

(1)　発生させない

作業者の発じん量は無じん衣の着用により低減します。表１は作業者の動作と衣服の種類を変えた時の発じん量です。例えば、代表的な動作である歩行の欄をみると、普通作業服と比較するとカバーオール型の無じん衣着用で発じん量を１／30以下に低減できます。装置駆動部はクリーンルーム用の低発じん仕様の採用が求められます。また、発じん源の排除という観点から自動化、無人化も重要な対策となります。

(2)　持ち込まない

クリーンルーム外部からのじん埃の持ち込みを低減するには次の三つ方法から対策する必要があります。クリーンルーム内部の圧力を外部より高くする（陽圧）することにより外部からのじん埃の侵入を防止します。外気取り入れの空調機に高性能フィルタを設置することも外部からの侵入を防止することになります。次に、作業者、部品・工具・装置などがクリーンルームに入る場所に更

表１　人の動作、衣服と発じん量

動作＼衣服	普通作業服	無塵衣	
		白衣型	カバーオール型
立っている時	543,000	151,000	13,800
座っている時	448,000	142,000	14,800
腕の上下	4,450,000	463,000	49,000
上体の前屈	3,920,000	770,000	39,200
腕の自由運動	3,470,000	572,000	52,100
首の上下左右	1,230,000	187,000	22,000
上体のひねり	2,240,000	390,000	31,400
屈伸	4,160,000	1,110,000	62,500
足踏み	4,240,000	1,210,000	92,100
歩行	5,360,000	1,290,000	157,000

粒径0.3μm以上（個／min・人）

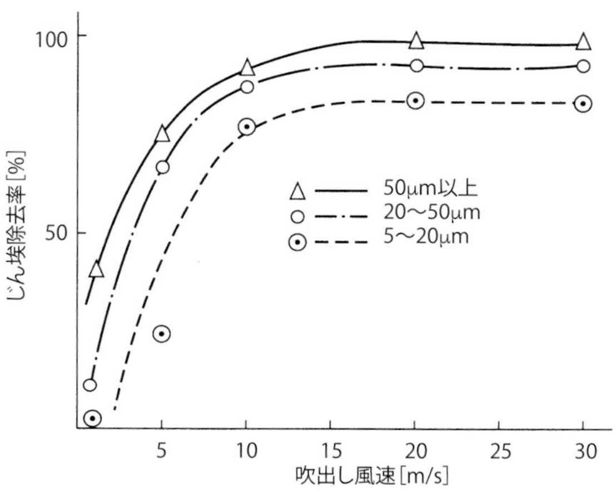

図３　エアシャワーの効果

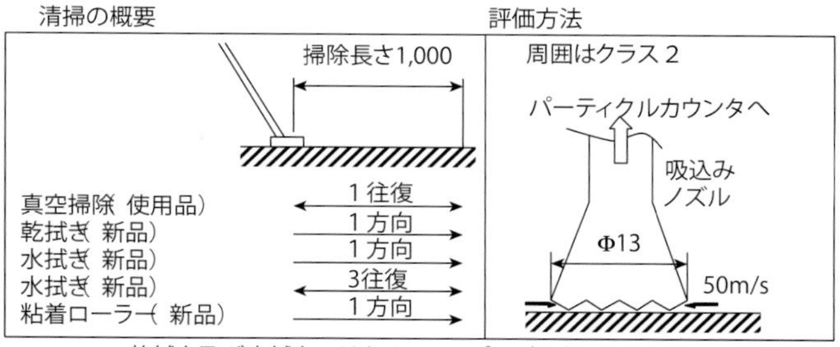

乾拭き及び水拭きにはクリーンスポンジを使用

$$\text{除去率} = 1 - \frac{\text{（各方式のじん埃量の４点の平均値）}}{\text{床の汚れの４点の平均値}} \times 100$$

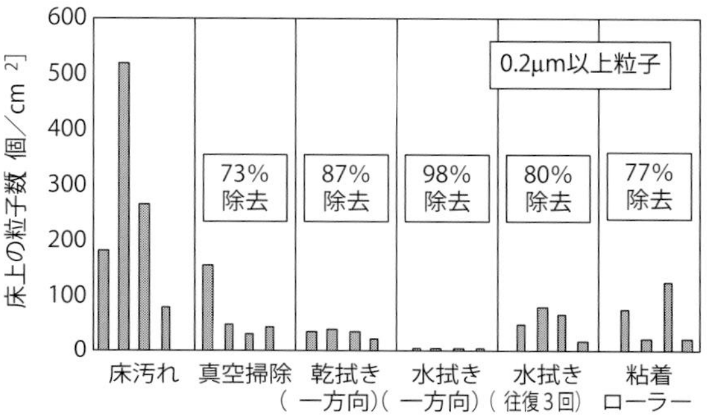

図４　各清掃の効果

衣室、エアシャワーなどを設けることが大事です。図３はエアシャワーのじん埃の除去効果を示したものです。所定の時間、エアシャワーを浴びることは厳守すべきです。三つ目は持ち込むものに付着しているじん埃の除去です。持ち込むものをクリーン用ワイパーで拭き取ることも持ち込み低減に寄与します。

⑶　すみやかに除去する

浮遊しているじん埃は、製品への付着、汚染を防止するために、すみやかに除去することが求められます。じん埃が長時間空間に滞留すると製品への汚染危険性が増大します。滞留の少ない気流形成、そのための適正なフィルタ配置や吸い込み位置の設定が大事になります。気流シミュレーションは、事前に適正な気流形成のためのフィルタや吸い込み口の配置を決める有効な手段となります。また、プロセスや装置メンテナンス時の発じんには、局所排気や清掃を行い、クリーンルームへのじん埃拡散を防止することが重要となります。

⑷　堆積させない

装置天井面や製品出し入れ部（ロードアンロード部）、作業台、クリーンルーム床、クリーンルーム内に設置された配管、ダクト上面などにはじん埃が沈着します。そのまま放置すると堆積していきます。特に台車が走行する、人が歩行、作業する床の堆積じん埃はそれらの動作により上部に巻き上がり、じん埃が広範囲に拡散する危険性があります。さらに装置ロードアンロード部では製品そのものを取り扱う場所であり、取り扱い時にロードアンロード部に沈着した粒子が巻き上がることが想定されます。沈着したじん埃の堆積を防止し、じん埃巻上げ、拡散を低減することは清浄度を維持する上で重要となります。特に巻上げが生じる危険性の高い床、装置ロードアンロード部の定期的な清掃が重要となります。図４は各種清掃方法を基礎検討してその効果を比較したものです。定期的な清掃は必須条件となります。水拭きは純水を用いることにより、さらに効果が上がります。床については堆積じん埃を低減するために開口床を設置して床面積を低減すると同時に、じん埃をすみやかに床下に排除することも有効な手段となります。

基本編Ⅵ

室圧とは

図１　クリーンルームの室圧

要点：室圧（室内圧力）とは室内の気圧。室内と外気、または隣室との差圧で示すことが多い[1]。

クリーンルームは外気、または隣室に対して差圧（圧力差）を設けます。外部からの粒子や菌類の侵入を防止するためには室圧を外部に対して高くします。これを、外部に対して陽圧にすると言います。また、クリーンルーム内部で取り扱う危険な菌類などの外部流出を防止するためには室圧を外部に対して低くします。これを、外部に対して陰圧にすると言います。

分野別クリーンルームの室圧

半導体や液晶などインダストリアルクリーンルームは一般に室内を陽圧に保っています。バイオクリーンルームも手術室などは陽圧に保っています。これに対し、クリーンルームの室圧を陰圧にしている施設は下記の３種類が代表的です。

⑴　バイオセーフティ施設

エボラ菌など危険性が高く外部への流出防止が必要な菌を扱う施設や遺伝子組み換え施設など

⑵　ケミカルハザード対策施設

ダイオキシンなど危険性の高い物質を分析、対策検討する施設

⑶　ラディエーションハザード対策施設

放射線を扱う施設

室圧の設定

一般にクリーンルームは清浄度の異なる複数の部屋から構成されています。また、更衣室、材料や製品出荷の準備室など、清浄度はそれほど高くない準クリーンゾーンが付帯しています。ここではインダストリアルクリーンルームなど室圧を陽圧にするクリーンルームを例にとり各部屋間の室圧の関係を説明します。図２はクリーンルーム（クリーンゾーン）と付帯する部屋間の室圧の関係を示した図です。室圧の高い順番に＋＋＋、＋＋、＋と表示しています。高清浄な環境を維持しなければならないクリーンゾーンの室圧が一番高く（＋＋＋）、セミクリーンゾーン（＋＋）、更衣室（＋）や準備室（＋）の順に室圧が低くなっています。ただし、更衣室や準備室は隣接する一般居室や廊下などよりも室圧が高くなっています。室圧が低い更衣室や準備室も一般居室や廊下などから汚染空気が流入しないように設定されています。これら部屋間の必要室圧の一例を表１に示します。クリーンルームの清浄度の異なる部屋数、クリーン廊下やセミクリーンゾーンの有無によって設定する室圧は異なってきますが、最も室圧が高いクリーンルーム（クリーンゾーン）と一般室の間は高くて20Paに設定するのが一般的です。室圧が高いとクリーンルームから一般室に漏洩する空気量が増えますので、今後室圧は小さくなる傾向にあります。

室圧コントロール

クリーンルームの室圧はクリーン

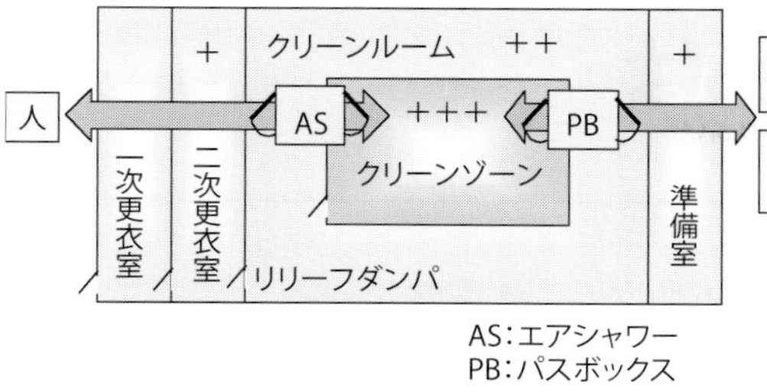

図2　クリーンルームの室圧設定の概念一例

表1　隣室間の必要差圧一例

隣室との関係	差圧［Pa］
清浄度クラスの異なるクリーンルーム間	5
クリーンルームとクリーン廊下・更衣室等	5～10
クリーン廊下・更衣室等と一般室	10
クリーンルームと一般室	15～20

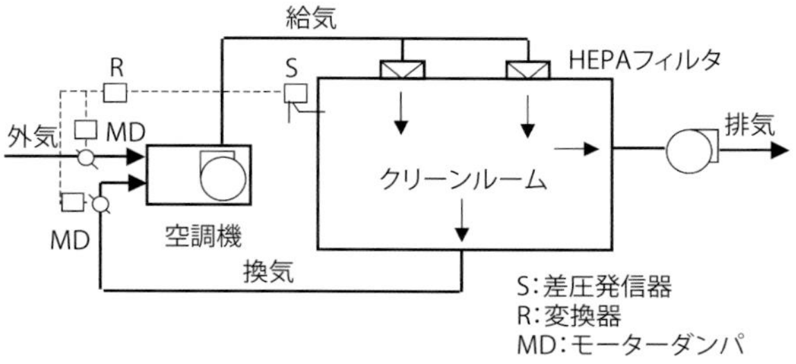

図3　室圧コントロール概要一例

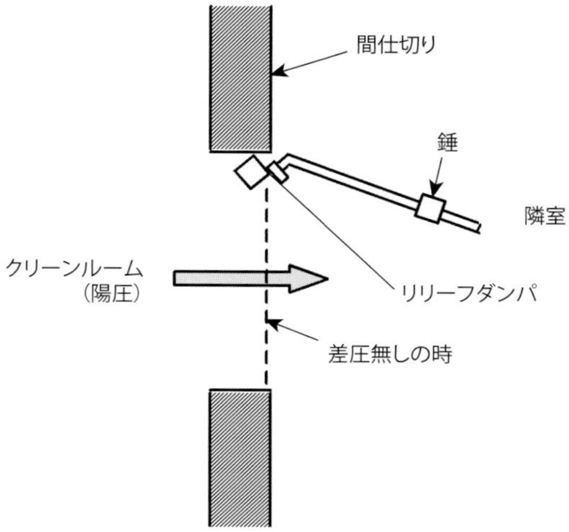

図4　リリーフダンパ概要

ルームに取り込む空気量（外気量）と装置などから排気される排気量をコントロールすることにより所定の圧力に制御します。図3はクリーンルームの室圧コントロールの概要を示した一例です。基本的には外気量と排気量のバランスをコントロールして室圧を設定値に維持しています。図3では、先ず室圧を検知し、この圧力を差圧発信器（S）で発信します。これを変換器（R）で信号変換して外気と換気のモーターダンパ（MD）をコントロールします。この例では空調機の給気風量は一定とし、外気量と換気量を変化させています。外気量が多くなると室圧は高くなり、外気量が減ると室圧は低くなります。製品を製造している稼動時と待機しているスタンバイ状態では製造装置の排気量が異なる場合があります。また、薬品を取り扱うドラフトチャンバの使用状態によっても排気量は変わります。従って、常に室圧を検知して設定室圧を維持することはクリーンルームにとっては必須な機能です。図3に示すダンパによるコントロールは従来から多くのクリーンルームで採用されています。このほか、給気や排気の送風機に送風機モーターの回転数を変えるインバータを取り付けてコントロールする方式も採用されています。インバータ方式は送風動力低減を図る省エネシステムです。

室圧の維持

図2に示したようにクリーンルームでは、人や材料、製品の出入りがあります。クリーンルームの間仕切りの人や材料、製品の出入り部にはエアシャワーやパスボックスがあります。エアシャワーは人の出入り用、パスボックスは部品や製品の出し入れ用です。エアシャワーやパスボックスは出入り口の2箇所に扉があります。この2箇所の扉は同時に開かないようなインターロック機能が付加されています。従って、人、材料、製品などが出入りしても、圧力を乱す開口部分が生じません。エアシャワーやパスボックスは室圧維持に寄与しています。また、クリーンルームには図4に示すリリーフダンパが取り付けてあります。リリーフダンパは錘を取り付けてダンパ開度を調整しています。排気などの急激な風量変化をこのリリーフダンパで調整して、室圧の安定を保ちます。

基本編Ⅶ

局所清浄化とは

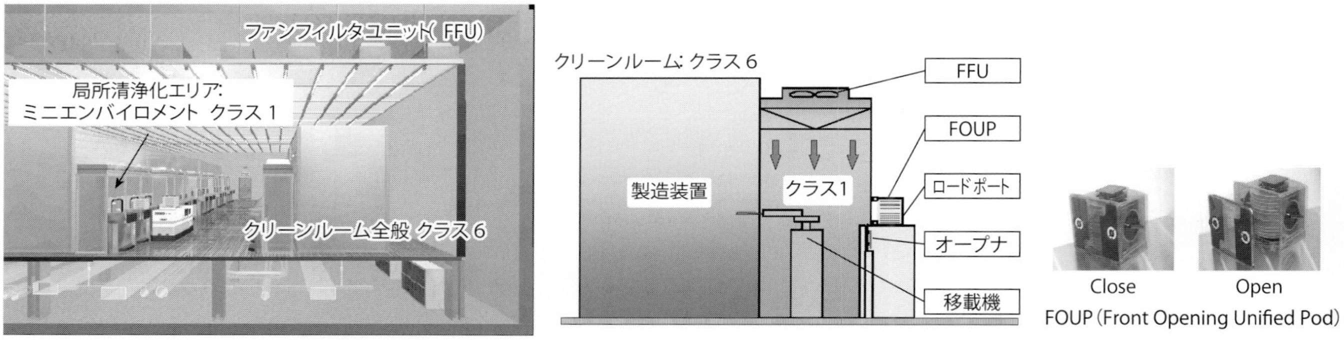

ミニエンバイロメント方式のクリーンルーム　　ミニエンバイロメント断面

図１　半導体デバイス製造用クリーンルームの局所清浄化

要点：ICRでの局所清浄化とは、環境全体を高清浄度にせず、必要な領域のみを高清浄度に保つ構造をいう。一般に人は汚染源であり、局所清浄化により製品が保護される。ICRの局所清浄化の典型例としては、半導体デバイス製造用のミニエンバイロメント方式（図１）のクリーンルームがある。ミニエンバイロメントは「製品を汚染と人から隔離するための囲いによって作られた局所環境」と定義される[(1)]。（危険度の高いウィルスや菌を扱うクリーンルームでは人が対象の危険物による汚染から保護され、アイソレータと言われている。）

局所清浄化の歴史

ICRにおける局所清浄化の動向は、半導体デバイス製造用クリーンルームの変遷に代表されます。図２は半導体デバイス製造用クリーンルームの変遷をクリーンルーム断面で示したものです。1980年代以前は全面一方向流方式のクリーンルームが一般的でした。クリーンルームはボールルームと呼ばれ、クリーンルーム全体が高清浄を保つ構造でした。1980年代に入ると、装置の前面（ウエーハを取り扱うロードアンロード部）のみが一方向流の環境に露出し、間仕切りを介して装置本体の大部分が低清浄なクリーンルーム環境に設置される方式に変わってきました。装置が間仕切り（ウォール）を貫通（スルー）するのでスルーザウォール方式のクリーンルームと言います。2000年代に入ると300mmウエーハを使った製造が始まりました。その際、世界的に装置に関わる規格化が行われ、ウエーハの搬送容器であるFOUP（Front Opening Unified Pod）と移載機を収納するクリーンチャンバなどからなるミニエンバイロメント方式が採用されました。広義の意味ではスルーザウォール方式も局所清浄化に属します。狭義の意味でミニエンバイロメントを局所清浄化と呼ぶ場合もあります。これら局所清浄化の変遷はウエーハ周辺環境の粒子やガス汚染に対する清浄度の要求が高まってきたこと、反面、省エネルギー・低コストの要求が強まってきたことが背景としてあります。

クリーンルーム全体は清浄度を緩和して省エネルギー・低コストを図り、ミニエンバイロメント内部はより高清浄な環境を作り出しています。

局所清浄化の方法

ICRにおける局所清浄化としてはクリーンブースがあります。クリーンルームのあるエリアをより高清浄とするためにファンフィルタユニット（FFU）などを付加したクリーンブースを設置することは、以前からICR全般で実施されてきました。ミニエンバイロメントもクリーンブースの一つです。最近、局所清浄化の手法としてたれ壁（アイリッド）を採用するケースが増えてきました。図３はファンフィルタユニット直下の気流とじん埃分布を測定した結果です。気流は床面までほぼフィルタ

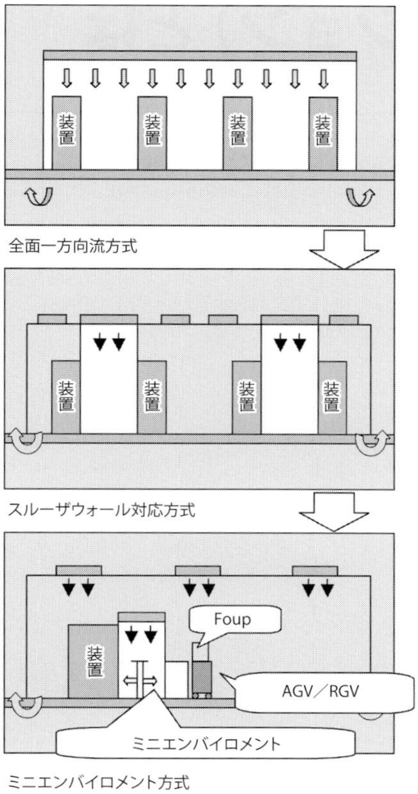

図2　半導体用クリーンルームの変遷

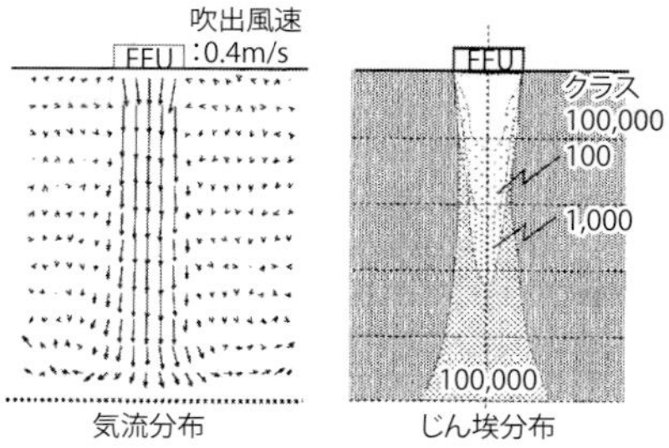

図3　ファンフィルタユニット（FFU）直下の気流、じん埃分布

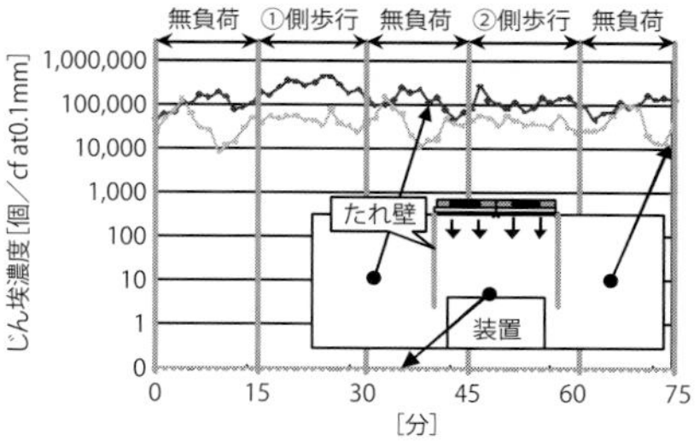

図4　たれ壁による局所清浄化

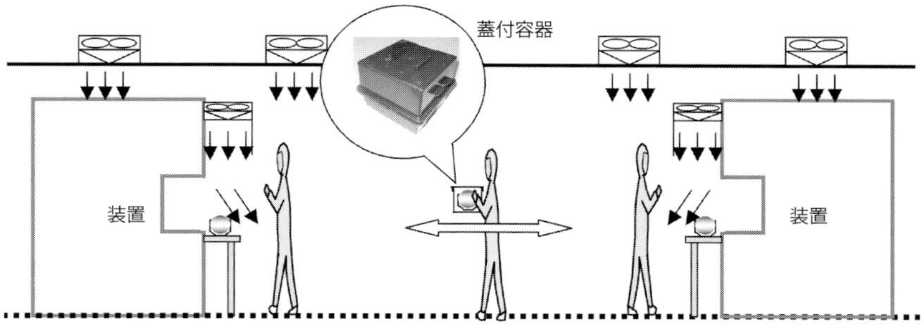

図5　既存クリーンルームの局所清浄化事例

の幅で一方向流が形成されています。しかし、じん埃濃度は下部にいくにしたがい、高くなっています。これは空気が流れているエリアと滞留している界面で滞留空気の一部が一方向流に巻き込まれていることに起因しています。汚染した周辺空気が巻き込まれ下部（下流）に行くに従い清浄度が低下したものです。この界面の気流巻き込みを防止するのがたれ壁です。図３はたれ壁による局所清浄化の事例です。たれ壁の設置により、周辺の汚染空気が装置上部に巻き込まれることなく、装置上部は周辺で人が歩いても（図の前から奥、奥から前に歩行を繰り返す）常に高清浄が保たれています。たれ壁を軟質素材で構成することにより、装置近傍での作業が容易になります。

今後の局所清浄化の動向

半導体デバイス製造用クリーンルームの変遷でみられるように局所清浄化の潮流は、ICR全体に広がっていく傾向にあります。フラットパネルディスプレイ（FPD）の代表である液晶ディスプレイも製造プロセスでは局所清浄化が採用されています。ガラス基板は金属製の収納枠（オープンカセット）に収められ、クリーンストッカ、クリーンチャンバー内の移載機を経由してクリーン化された装置に搬送、処理されます。装置間やプロセス間の搬送もクリーントンネルを介して行われます。ガラス基板と作業者は隔離されており、基板は局所清浄化された環境で搬送、処理されます。その他のICRでも局所清浄化の傾向は強まっていくものと考えます。プリント基板などの多層配線、ハードディスクドライブ、FPD用各種機能性フィルムなど電子部品は今後、益々微細化、高密度化、薄膜化が進んでいきます。それに伴い、製品周辺の環境はより清浄度が求められていきます。そのニーズに応える上で局所清浄化は極めて有効な手段となります。図５は小型ウエーハを使った手動搬送のクリーンルーム局所清浄化の事例です。既存のクリーンルームでグレードアップ品を作る機会に、装置のロードアンロード部に小型クリーンブースを設置して装置間は蓋付容器にウエーハを収納して搬送しています。クリーンルームの改造は行っていません。今後、局所清浄化はクリーンルームの主要な形態の一つとして定着していくと考えます。

基本編Ⅷ

交差汚染（クロスコンタミネーション）とは

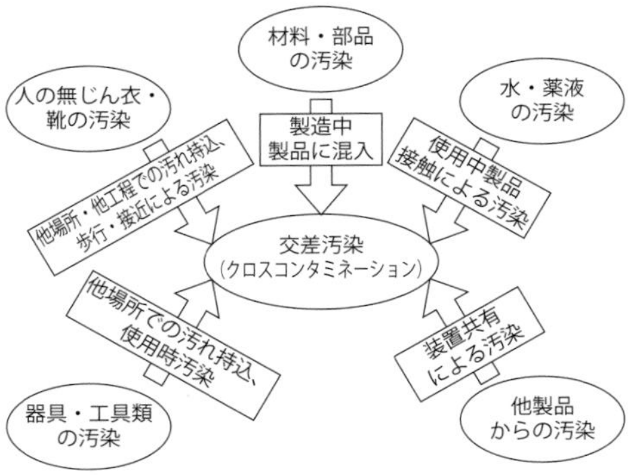

図１　交差汚染（クロスコンタミネーション）の概念

要点：交差汚染（クロスコンタミネーション）とは、一つの物体又は場所から他の物体又は場所に移動し汚染を及ぼすこと。同義語として2次汚染、相互汚染などがある[(1)]。

交差汚染

汚染（コンタミネーション：Contamination）の一種に交差汚染（クロスコンタミネーション：Cross Contamination）があります。汚染は大きく二つのパターンに大別されます。一つは製品を製造する環境中の異物がその製品に混入するものです。もう一つは他の場所、他の製造工程などで汚染されたものが移動し、その汚染物が製品を汚染することです。後者を交差汚染と呼んでいます。交差汚染の概念を図1に示します。移動によって汚染する媒体としては、作業者、持ち込む器具・工具類、また、製品そのものの材料や部品、製造に使う水・薬品などがあります。これらが他の場所、作業、工程などで汚染され、その汚染物が対象となる工程に持ち込まれて汚染するというのが交差汚染です。さらに一つの装置で違う製品を処理する場合の相互汚染も交差汚染の一つです。例えば、Aという製品を洗浄装置で洗浄した時、そのA製品の汚染物が洗浄装置に残留する場合があります。その後、Bという製品を同じ洗浄装置で洗浄した際、Aの汚染物がB製品を汚染する危険性があります。これも、交差汚染の部類に入ります。交差汚染は、危険性の高い病原菌などを扱う生物分野、細菌などによる食中毒を嫌う食品分野などのバイオ分野から、半導体などの産業分野など広範囲なクリーンルームで起こりうる汚染です。全てのクリーンルームで対策が求められていると言っても過言ではありません。ここでは、食品分野と半導体分野を例に取り、対策について述べます。

食品分野における交差汚染対策

食品分野では、HACCP（Hazard Analysis　Critical Control Point）で危害分析と管理が定義されています。Hazard Analysisとは危害分析、Critical Control Pointとは重要点管理ということです。簡単に言うと食材を取り扱う上で、危険なことを事前に分析予測して、調理過程の重要なポイントに集中して管理することです。その重要管理の手法が「つけない、増やさない、殺す」ということです。このうち、主に「つけない」という手法に交差汚染対策が入ります。

⑴　作業者からの汚染防止

図２は病院待合室で行った人数と浮遊菌の関係の測定結果です。人は菌類の汚染媒体であることが分かります。汚れているものに触れた手指、着衣は洗浄、消毒あるいは着替えることによって防止し、マスク、無じん衣、手袋を着用します。

⑵　原材料などからの汚染防止

原材料は食材毎に保管庫や冷蔵庫の決められた場所に保管し、調理済食品から隔離します。

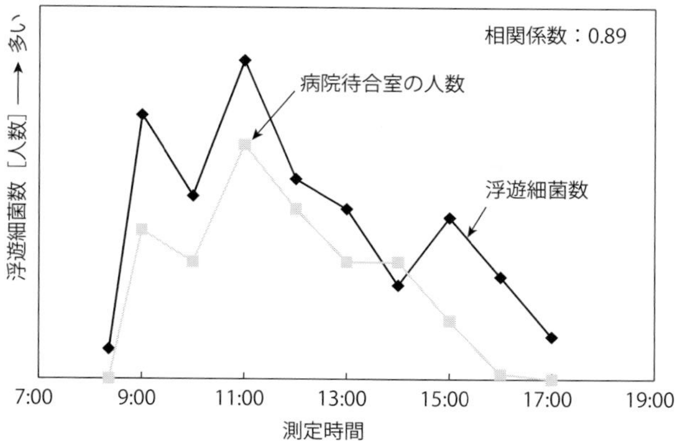

図２　人数と一般細菌数の関係

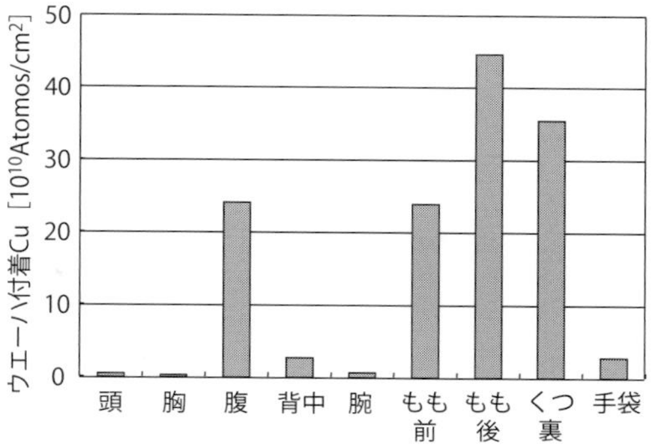

図３　Cu-CMPパッド交換作業によるCu汚染

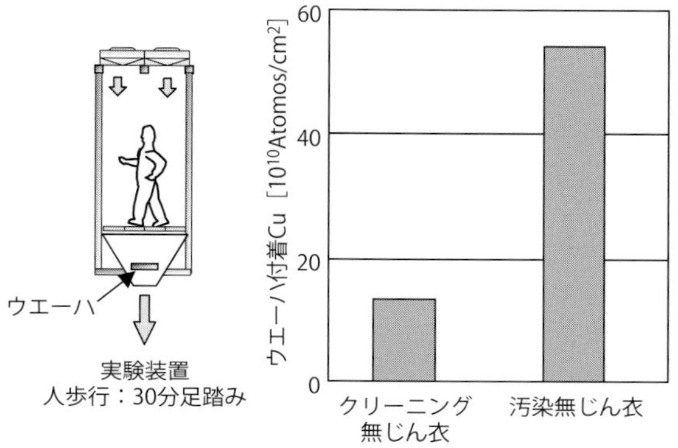

図４　汚染された無じん衣からのCu飛散

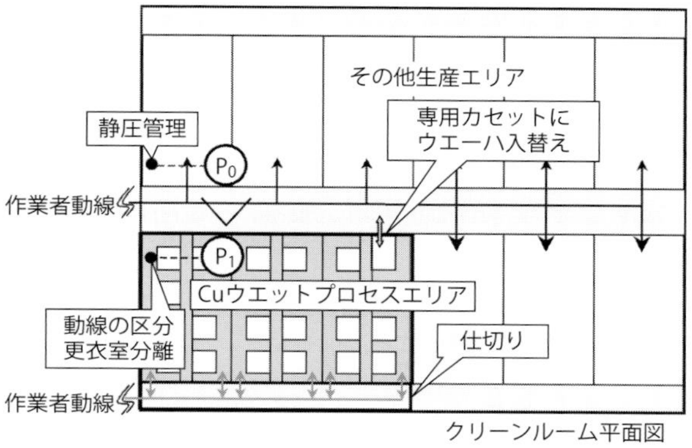

図５　半導体Cu配線用クリーンルームの交差汚染防止対策事例

(3)　水や冷却水などからの汚染防止

飲用に適する水を使い、受水槽などがある場合は管理を適切に行います。

(4)　機械、器具などからの汚染防止

食材の下処理には専用の器具を使い、機械、器具は洗浄、殺菌が必須です。

(5)　施設からの汚染防止

適正な気流調整、室圧調整を行い、床からの跳ね水を防ぐために作業台を高さ80cm程度にします。

半導体分野における交差汚染対策

半導体デバイスでは多種の材料を使います。特に、デバイスの電気特性に影響を与える重金属類の交差汚染は要注意です。最近、配線材料に銅（Cu）を使用しています。Cuはシリコンウエーハ内部への拡散速度が速く、デバイス不良をおこす金属です。重金属、とりわけCuの交差汚染対策が求められています。CuのCMP（Chemical Mechanical Polishing）装置やメッキ装置などがあるウエットプロセスエリアはCu汚染の危険が高いエリアです。Cuの交差汚染対策としては、Cuウエットプロセスエリアからの他のプロセスエリアへの拡散防止が重要です。図３はCMPの部品であるパットの交換作業を行った時の作業者の無じん衣のCu汚染を評価した事例です。作業後の無じん衣にウエーハを接触させてウエーハ上に無じん衣のCuを転写させ、これを全反射蛍光X線装置でウエーハ上のCuを測定しました。パッドを取り扱う前面の腹、ももあたりにCuが多く検出されています。パッドと無じん衣は接触していませんが、無じん衣は汚染されています。この汚染された無じん衣を着用したまま歩くとCuが気中に拡散します。図４がその評価事例です。Cu交差汚染対策としては、作業者からの汚染対策を含めて図５に示す手法があります。Cuウェットプロセスの作業者動線と他のプロセスの作業者動線を分離すること、ウエーハを収納するカセットは必要に応じて別けること、特にCuウエットプロセスのカセットは専用カセットとすること、気流によるCuウエットプロセスから他プロセスエリアへのCu拡散を防止するために、差圧を設けたり、天井から床下まで仕切りを設けるなどの対策が必要となります。

基本編Ⅸ

静電気障害と対策とは

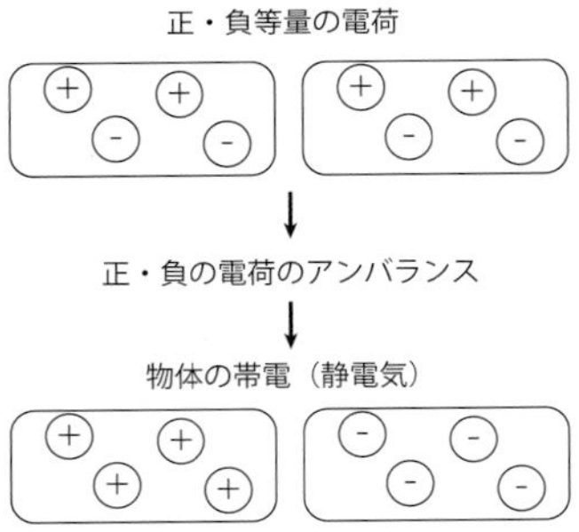

図1　静電気の発生

表1　静電気の発生と帯電

	帯電の種類	内　容	帯電の強さの比較
1	摩擦帯電	物質と物質の摩擦による帯電で、接触面積に比例して大きくなる。固体同士や固体と液体など全ての状態において起こる。	◎
2	接触帯電	物質と物質が接触するときの電子の移動による帯電。接触面積が一時的あるいは小さい摩擦帯電といえる。	◎
3	イオン流帯電	外部イオンが物質の表面に付着して帯電する。外部イオン源としては紫外線、X線などによって電離した空気などが考えられる。	△
4	光電効果による帯電	紫外線あるいはX線照射により物質自体が電子を放出またはγ線などの場合は物質内で電子を吸収して帯電する。	△
5	誘導帯電	帯電した物質が近傍に存在する場合それとは逆極性の電荷が引き寄せられ帯電する。	○

要点：クリーンルーム内の生産装置では製品の製造過程で分離、摩擦、変形、イオン付着などにより多くの静電気を発生させています。この静電気が原因で塵埃の吸着や放電によって製品不良や歩留まり低下などの問題が生じています。その対策としては、加湿、帯電防止内装材、除電器で対応しています。

静電気の発生

すべての物質は、正負二種類に帯電した小さい物質（原子）で構成されています。原子は正に帯電した陽子と、負に帯電した電子で通常の状態では電気的に中性で電気的なバランスの取れた状態です。

静電気の発生は図１に示すようにこのバランスの崩れた状態で正または負のどちらかの電荷が他方よりも過剰になった現象で、この過剰電荷を静電気といいます。

発生静電気の種類

過剰電荷が発生する原因として表１に示すような、摩擦帯電、接触帯電、イオン流帯電、光電効果による帯電、誘導帯電があります。フィルム、半導体、FPDなどが製造される工程で摩擦、剥離・洗浄が行われる工程では、摩擦・接触帯電が、加熱、冷却工程ではイオン流・光電効果帯電が起こり、帯電物体の近傍に存在する導体には誘導帯電が発生します。静電気発生の種類にはこのほかに、流動、粉砕、衝突によるものがあります。帯電の強さは一般に誘導、イオン流、摩擦の順に帯電量が大きくなります。

静電気による障害

静電気による障害は、表２に示すように吸引・反発による力学的現象と放電を伴う電気的現象があります。

(1)　力学的現象

帯電物体同士の引き合い、引き付け、反発が生じます。クリーンルーム内では特に引き付けによる塵埃の吸着が大きな問題となっています。この現象は帯電した物質重量に比べて静電気力が大きい場合に発生するものです。したがって、吸着される物質が比較的軽い場合によく見かけられる現象です。

(2)　電気的現象

静電気帯電の電気的現象として一般的に知られているのが静電気放電現象です。空気中への放電は爆発、火災事故の原因でよく知られています。この空気中への放電現象は、物質の帯電電位が空気の絶縁破壊電圧（3×10^6V/m）以上になったときに発生するものです。誘導放電は帯電体近傍に導体が存在する場合に発生するものです。誘導帯電を受けた導体は近傍の導体に放電します。静電気放電は帯電した人間または帯電物が接地された導体へ放電するものです。作業員が製品・機械に触っとき発生するもので、製品破壊、誤動作の原因となります。また、電撃もこの現象です。

静電気対策

静電気対策は、除電空間の大きさによって対応が異なります。表３に示すように大空間では加湿や帯電防止内装材で、小空間では除電器で対応しているのが一般的です。クリーンルームでは加湿、帯電防止内装材、除電器が製品、生産工程で使い分けされています。

(1)　加湿効果

加湿による静電気対策の効果例を

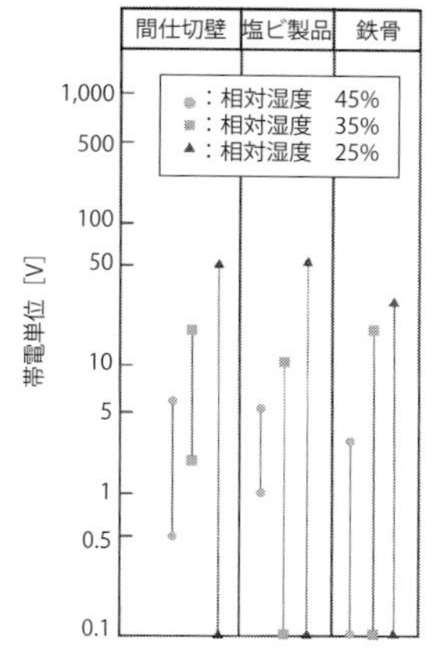

図2　加湿による静電気対策効果

表3　クリーンルームの静電気対策

空　間	対　策
大空間	加　湿
	帯電防止内装材
小空間	除電器

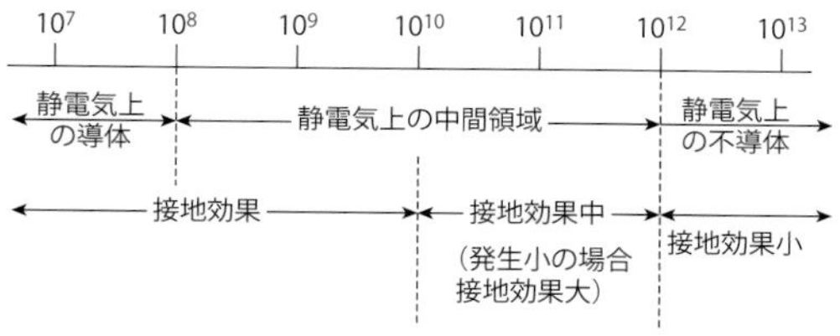

図3　体積固有抵抗率と静電気の発生の目安
材料の体積固有抵抗率（Ω・m）

表2　静電気による障害

- 力学的現象（吸引・反発）
  1．帯電物体の引き合い
    - スカートのまとわりつき
  2．帯電物体の粒子の引き付け
    - 帯電物へのゴミの吸着
  3．同極性帯電物の反発
    - 糸、紙などの破片の反発
- 電気的現象（放電）
  1．空気中への放電
    - 爆発、火災事故
  2．誘導放電
    - 近傍導体への誘導帯電による導体からの放電
  3．静電気放電
    - 半導体などの製品破壊、誤動作、電撃

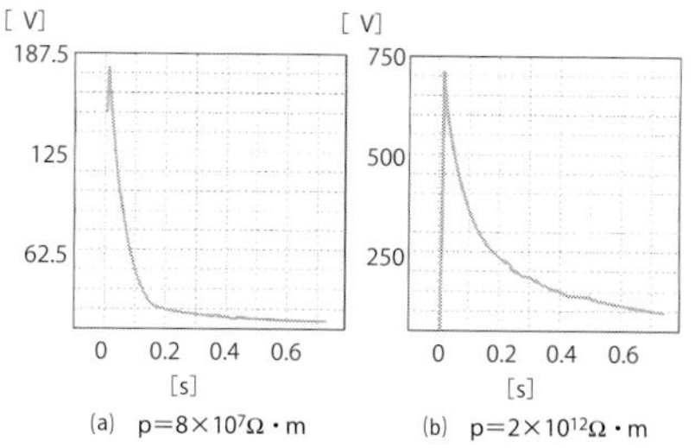

図4　帯電防止材の帯電電位の減衰特性

表4　除電器の種類

種類		特　徴	主な除電対象
電圧印加式除電器	交流型	除電能力が大きく、機種が豊富である	フィルム、紙、布
	送風型	ブロワー型、ノズル型等がある	配管、局所
	防爆型	点火源にならないが、機種が限定される	可燃性液体
	直流型	除電能力は大きいが、逆帯電のおそれがある	単一極性の帯電体
自己放電式除電器	導電性繊維入り布、導電性フィルム	取扱いが簡単で点火源になりにくいが、初期電位が低いと除電能力が小さく、2-3kV以下に除電できない	フィルム、紙、布、ゴム、粉体等
放射線式除電器	X線源	点火源にならないが、放射線管理を要し、除電能力が小さい	密閉空間内

図2に示します。相対湿度が高いほど、壁、塩ビ製品、鉄骨などの帯電電位が低いことが分かります。これは材料表面の水分子によって電気抵抗率が低下し電荷の漏洩を早める為です。相対湿度を80～100%RHまで上げればかなりの効果が期待できますが、人間の作業環境を考慮すると40～60%RH程度が上限かと思われます。

⑵　帯電防止内装材

クリーンルーム用帯電防止材として必要なことは、静電気特性として、スパークの発生及び静電気放電などの二次的障害がなく、発生電荷は速やかに漏洩し、抵抗率が安定し劣化しにくい（寿命が長い）ことがあげられます。施工性からは材料つなぎ目間の導電処理及び施工が容易で、価格が安く、表面汚染されにくく、塵埃が付着しにくく、化粧材として併用できることがあげられます。図3は帯電防止内装材の静電気特性で静電気性能の指標である体積固有抵抗率と静電気発生の目安について示しています。静電気は10^8Ω・m以下なら電荷の蓄積はありません。したがって、帯電防止材の上限抵抗も多くのメーカは一部の例外を除き10^8Ω・m前後を目標に設定しています。抵抗を下げれば、電荷は速やかに逃げますが、スパークが発生する頻度が高まり、前述の静電気放電に伴う障害が発生します。帯電防止材の抵抗率の違いによる電荷の漏洩時間特性を図4に示します。一例として10^7Ω・mと10^{12}Ω・mで見てみますと電荷の漏洩時間は抵抗率が低い方が短く、この傾向はすべての帯電防止材に当てはまります。

⑶　除電器

帯電とは正、または負極性の電荷が絶縁体表面に部分的、または全体に過剰になった状態をいいます。除電器はこの過剰になった電荷を中和するのに必要な反極性の電荷を発生させる装置です。この反極性の電荷を発生させる方法として空気を電離させる方法を利用しています。空気を電離させる方法として電圧印加式、自己放電式、放射線式に分けることができます。表4にその種類、特徴を示します。

電圧印加式は高電圧を針状の放電極に印加してコロナ放電を発生させイオンを生成する方式です。発生イオンは印加電圧の極性によって正極性と負極性に分けられます。また、電圧印加式は交流型と直流型に分けられます。コロナ放電に伴って発生したイオンは帯電体へ向かう途中で空気中の中性分子に衝突しイオン風を発生させます。このイオン風でイオンが搬送され除電能力を上げることができます。しかし、距離が離れている場合にはイオン風は帯電体まで届かず搬送空気などの補助手段が必要になります。電圧印加式はコロナ放電部に静電気現象（電界勾配力）として塵埃が付着します。この付着した塵埃がイオン風によって飛散され汚染の原因となるため、定期的な電極清掃が必要です。

自己放電式は除電ブラシを直接接地し、帯電体の静電気エネルギーを利用するものです。専用の電源も不要で、取り扱いが容易ですが除電能力は低いです。放射線式は、軟X線、紫外線、α線を用いてイオンを発生させる方式です。

基本編Ｘ

ユーティリティ設備・中央監視設備とは

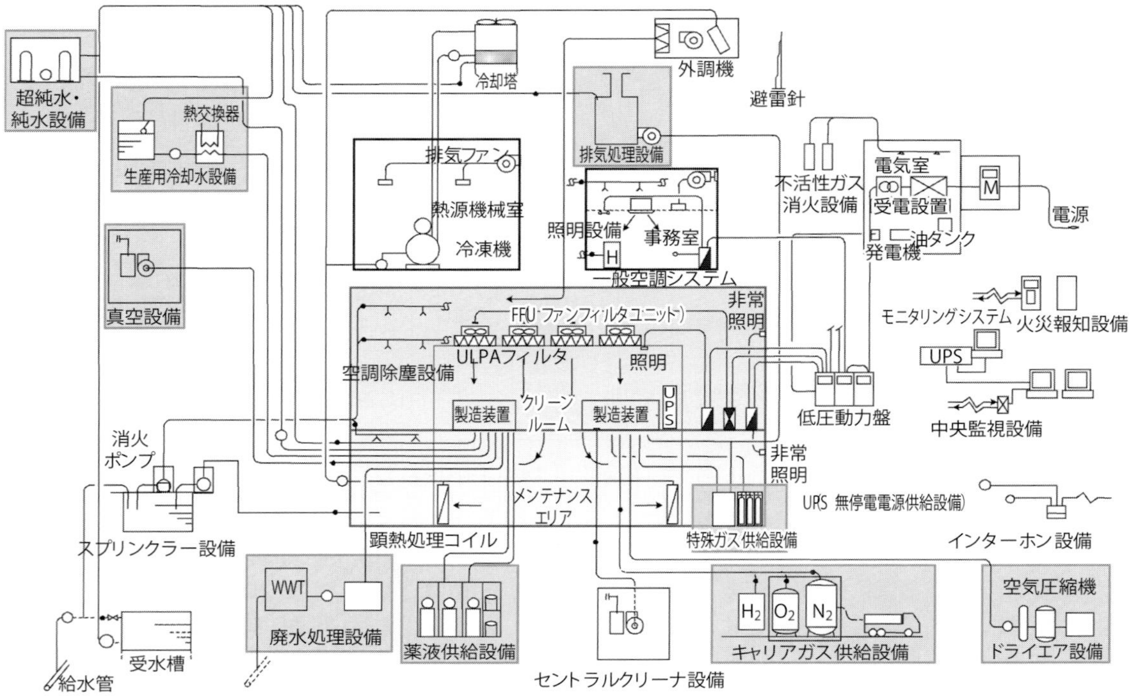

図１　ユーティリティ設備構成概要

ユーティリティ設備

図１に半導体製造におけるユーティリティ設備の位置づけと構成概要を示します。

半導体製造プロセスにおいてのユーティリティ設備は、デバイス製造装置の性能・能力を十分に発揮するために必要欠くべからざるものです。

ユーティリティ設備をその機能別に大まかに区分すると下記のようになります。

(1)　半導体製造装置の稼動に必要とするもの

①生産冷却水設備
②ドライエア設備
③真空設備
④排気処理設備
⑤廃水処理設備

(2)　半導体製造装置の性能維持に必要とするもの

①超純水・純水設備
②キャリアガス供給設備
③特殊ガス供給設備
④薬液供給設備

それぞれの設備の構成と要求品質・供給条件等について、以下に説明してゆきます。

(1)─①　生産冷却水設備

製造装置の大型化による発熱量の増加に伴って、必要とされる冷却水量を十分に確保する必要が生じています。また、伝熱面積は限られた装置空間内に収める必要があり、冷却水配管の口径が細くなる傾向にあります。そのため、安定した供給圧と不純物の少ない清浄な冷却水が求められています。

図２は生産冷却水設備の概略構成であり、その特徴は以下の通りです。

・冷熱源

一般的に空調設備系統の冷熱源（吸収式冷凍機、ターボ冷凍機、チラーユニット）より冷水を供給

・熱交換器

ステンレス製プレート式（耐圧に注意、低圧損設計に留意）

・循環ポンプ

高揚程ポンプ（揚程50～80mH）

・循環タンク

製造装置への背圧を抑制するため、

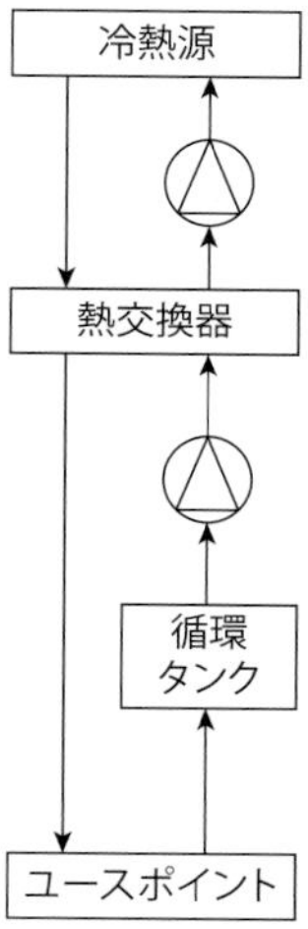

図２　生産冷却水設備構成

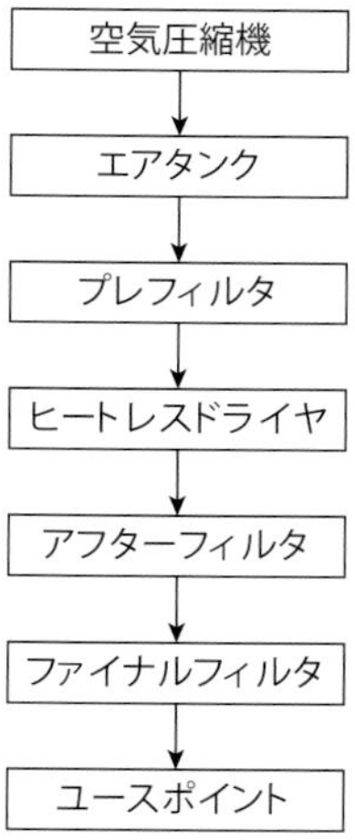

図３　ドライエア設備構成

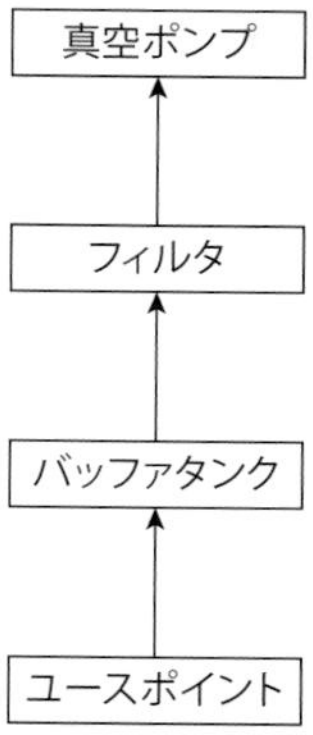

図４　真空設備構成

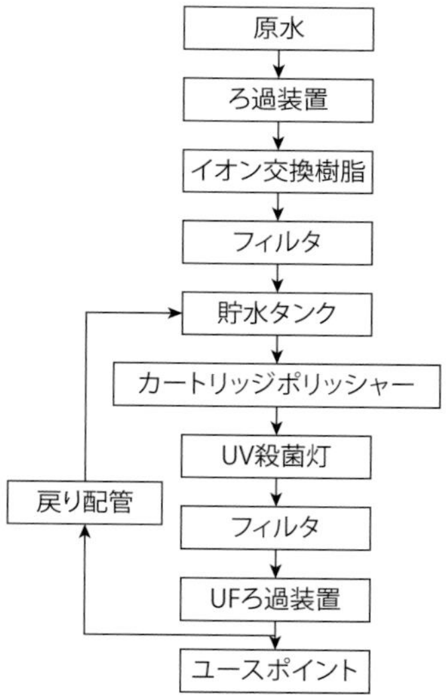

図５　超純水供給設備構成

開放型配管系にしてタンクへは自然落下配管とします。

・ユースポイント
　配管長に応じてループ配管にリバースリターン方式を用いる

・配管材質
　塩ビライニング鋼管、耐圧塩化ビニル管

・取出し弁
　SUS製ボール弁等

(1)―②　ドライエア設備

製造装置用のドライエアは空気作動弁、ロボット、エアシリンダー等のエアアクチュエータ系に使用されます。圧力系統は、高圧(0.5〜0.8MPa)及び低圧(0.1〜0.4MPa)に区分されます。要求される品質は空気中同伴水分量で空気露点温度DP=−50〜−70℃(大気圧換算)が一般的で、油分を含まず、塵埃微粒子は対象粒子径が0.3μm以上において50ヶ/ft^3（約1,800ヶ／m^3)以下が求められます。

図３はドライエア設備の概略構成であり、その特徴は以下の通りです。

・空気圧縮機
　一般的にスクリュー圧縮機オイルフリータイプで、高圧吐出は0.9MPa、低圧吐出は0.7MPa

・プレフィルタ
　焼結金属性、対象粒径1.0μm

・ヒートレスドライヤ
　２塔式（吸着塔＋再生塔）で、吸湿材は活性アルミナやシリカゲル

・アフターフィルタ、ファイナルフィルタ
　焼結金属性、対象粒径0.2μm

・配管材質
　SUS304BA管

・取出し弁
　SUS304BA、ベローシール弁

・ユースポイント
　露点温度DP≦−70℃又は−40℃
　微粒子0.3μm≦20ヶ/ft^3

(1)―③　真空設備

半導体製造工程における真空系は、真空ピンセット用や製造装置内のウェハハンドリング真空チャックに使用され、製造装置の反応真空チャンバー用の超高真空系とは違って200mmHg〜500mmHg程度の比較的低真空が用いられます。真空ピンセットや真空チャックは間欠的に使用される事が多いためON-OFFでの圧力変動を抑えるために配管系は低圧損設計にする必要があります。

図４は真空設備の概略構成であり、その特徴は以下の通りです。

・真空ポンプ
　ポンプ形式は水封式、ロータリー式で、真空の安定維持のために予備ポンプを設置

・フィルタ
　メンブレンフィルタ、2μm〜5μm

・配管材質
　SGP（白)、SUS304（洗浄管）

・取出し弁
　SUS304ボール弁

(1)―④　排気処理設備

半導体製造工程における排気の種類とそれぞれの処理方法を表1に、また、排気系統に用いられるダクト材質を表２に示します。半導体クリーンルームのエネルギー消費量のうち排気量に応じた取入外気量の温湿度調整に費やすエネルギーは35%〜50%を占めると言われており、排気量を低減する事はクリーンルームの省エネ対策として非常に有効です。現在では、熱排気や一般排気のうち製造装置の筐体排気等の無害な排気はクリーンルーム内に排気し取入外気量

表１　排気種類と処理方法

系統	系統細分		処理方法
無機排気	酸排気	一般酸	スクラバー洗浄
		フッ酸	スクラバー洗浄
	アルカリ排気	一般アルカリ	スクラバー洗浄
		アンモニア	スクラバー洗浄
有機排気	アルコール排気		活性炭吸着
	有機溶剤排気		活性炭吸着
特殊排気	エッチング排気 CVD排気	毒性排気 可燃性排気	スクラバー洗浄
			スクラバー洗浄
熱排気			排気ファン
一般排気			排気ファン

表２　排気系統のダクト材質

系統	ダクト素材
無機排気	塩化ビニル板
有機排気	ステンレス鋼板
	亜鉛鍍鉄板
特殊排気	ステンレス鋼板
熱排気	ステンレス鋼板
	亜鉛鍍鉄板
一般排気	ステンレス鋼板
	亜鉛鍍鉄板

表６　特殊ガス代表例

ガス名
SiH_4
PH_3
SiH_2Cl_2
Cl_2
ClF_3
NH_3
NF_3
HBr
WF_6
BCl_3
F_2／Ne
N_2O
CF_4
CHF_3
C_2F_6
C_4F_8
SF_6
Kr／Ne

表３　廃水区分、廃水配管材質

廃水種類	処理方法	配管材質
酸・アルカリ	中和処理	耐衝撃・耐熱塩化ビニル管
フッ酸	中和処理＋凝集	耐衝撃・耐熱塩化ビニル管
有機	曝気処理他	ステンレス鋼管
特殊（砒素等）	回収処理が主	耐衝撃・耐熱塩化ビニル管
洗浄水	純水用原水	耐衝撃・耐熱塩化ビニル管
CMP	スラリーを分離回収	耐衝撃・耐熱塩化ビニル管

表４　超純水の水質例

項目	単位	品質 管理値
比抵抗	［MΩ・cm　at25℃］	≧18.2
微粒子	［ヶ／mL］＞0.05μm	≦1
生菌数	［ヶ／L］	≦0.5
TOC	［ppb］	≦1
SiO_2	［ppb］	≦0.2
Cl	［ppt］	≦10
金属成分（Na、K、Ca、Fe、Al、Cu）	［ppt］	≦10
DO	［ppb］	≦1
温度	［℃］	23±1

表５　ガス種別の配管材質

ガス名	配管材質	備考
N_2	SUS316L-BA	取出し弁：SUS316Lベローシール弁
P-N_2	SUS316L-EP	取出し弁：SUS316Lダイヤフラム弁
P-H_2	SUS316L-EP	取出し弁：SUS316Lダイヤフラム弁
P-O_2	SUS316L-EP	取出し弁：SUS316Lダイヤフラム弁
P-Ar	SUS316L-EP	取出し弁：SUS316Lダイヤフラム弁

表７　供給薬液と配管材質

供給薬液	配管材質	備考
H_2SO_4	PTEE／透明塩ビ	二重管施工
HF	PTEE／透明塩ビ	二重管施工
現像液	PTEE／透明塩ビ	二重管施工
NH_3	PTEE／透明塩ビ	二重管施工
剥離液	SUS316L	
IPA	SUS316L	

を低減する方法が採用されています。

(1)—⑤　廃水処理設備

半導体製造工程からの廃水区分の大まかな分類と廃水配管に使用される主な材質を表3に示します。

(2)—①　超純水・純水供給設備

半導体製造工程に使用される超純水の水質例を表4に示します。図5は超純水供給設備の概略構成であり、その特徴は以下の通りです。

・配管材質

クリーン塩化ビニル管、PVDF

・取出し弁

塩ビダイヤフラム弁、PVDFダイヤフラム弁

(2)—②　キャリアガス供給設備

キャリアガス供給系で要求される事は、ユースポイントでの純度、供給圧力、配管材質及び安全対策です。ガスの供給はクリーンルーム外部に設置されたタンクから集中配管にてクリーンルーム内に導かれ、さらに純度が要求される系統には精製装置を設置して不純物を除去します。また、ユースポイントでのガスの純度を確保するには配管系の計画も重要で、表5にガス種別の配管材質を示します。ユースポイントでは、水分量及び微粒子濃度も厳しく管理されます。

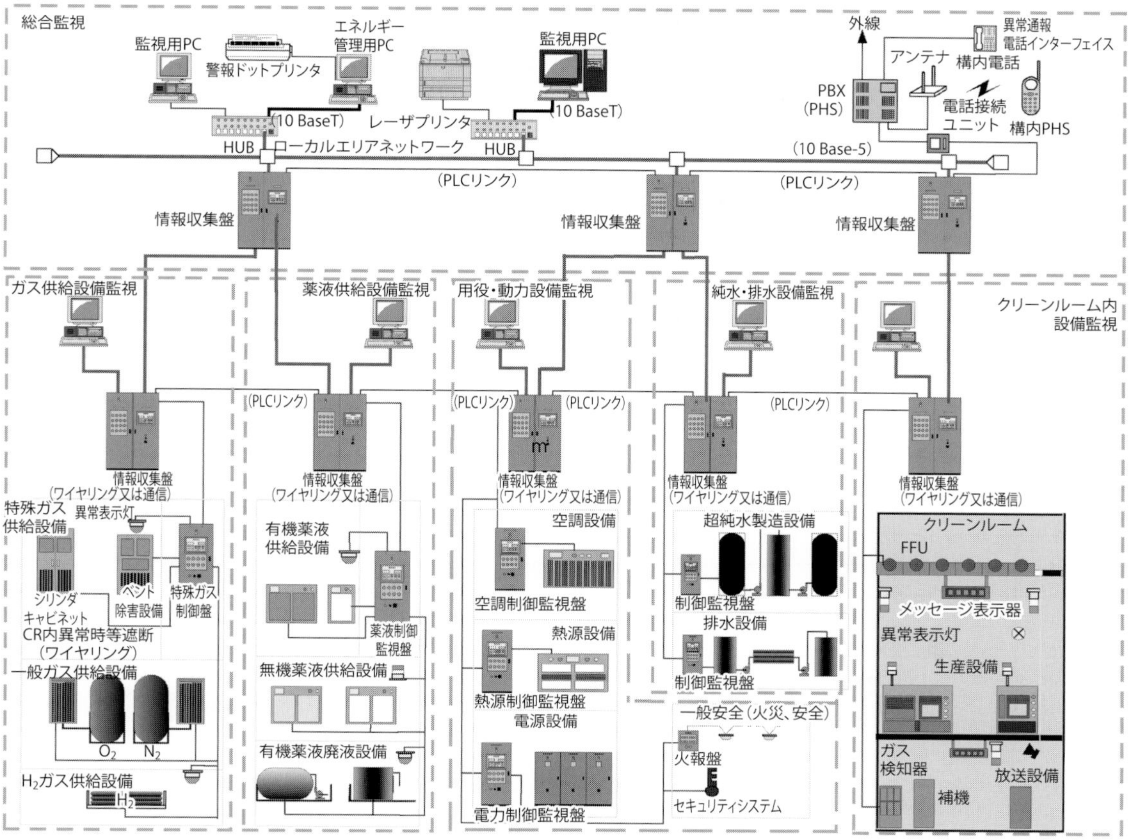

図6　監視設備システムの構成事例

(2)—③　特殊ガス供給設備

特殊ガスとして分類されるガスは、直接半導体製造プロセスに使用されドーピング用、エッチング用などとして少量ですがその種類は多くあります。表6に代表的なガスを示します。一般にガスメーカが所定のガス濃度に充填したボンベからプロセス装置に供給されます。ボンベはシリンダーキャビネットと呼ばれる鋼製の収納ボックスに収められ、内部は常に排気を行います。配管材質はSUS316L-EP、取出し弁はSUS316L-EPダイヤフラム弁で、その他、シリンダーキャビネットのベント除害装置やガス種によっては緊急除害装置を設置する必要があります。

(2)—④　薬液供給設備

半導体製造工程では様々な薬液を使用しますが、製造プロセス規模により使用する薬液をクリーンルーム外部より集中供給する場合があります。供給方法には、N_2ガスによる圧送方式やポンプによる圧送方式があります。供給をうける製造装置との信号インターロックには十分留意する必要があります。

薬液供給設備に用いられる代表的な薬液と使用される配管材質を表7に示します。

中央監視設備

半導体製造クリーンルームは、図1に示しましたユーティリティ設備をはじめ、クリーンルームの空調・除塵装置、熱源装置や電気設備等を包括した多岐に亘る装置、設備の有機的な結合システムとなっています。これらの設備の状態を総合的に監視するのが中央監視設備です。

中央監視設備はコンピュータを用いた機能分散型監視設備の方式を採用する事が主流になっています。監視対象とする設備としては下記のものがあります。

①ガス供給設備
②薬液供給設備
③廃水処理設備
④生産装置設備
⑤空調・熱源設備
⑥クリーンルーム内環境
⑦その他ユーティリティ設備

図6は、監視設備システムの構成事例です。このような監視システムによって各管理部署で必要な情報を管理・監視しています。

基本編XI

装置の諸元表とは

表1　生産装置諸元表

生産装置諸元表

室名 ○○○室

別途負荷率を指示　接地種別を確認　背圧の指定を確認　排気種別を指定

NO. 装置名称				電力			アース		純水・その他				冷却水					排水、廃液（濃度／流量）						ガス（圧力／流量）					真空掃除	排気					
外形寸法			重量	3φ 200V	1φ 100V	1φ 200V	種類	個数	超純水 l/min	純水 l/min	工水 l/min		圧力（MPa）		温度（℃）		供給量	一般	酸	ｱﾙｶﾘ	有機	HF		N_2	H_2	Ar	DAir	特ｶﾞｽ	個数	排気量（m^3/min）					
	w×	d× h(m)	(kg)	kVA	kVA	kVA							入口	出口	入口	出口	l/min	ppm l/min	ppm l/min	ppm l/min	ppm l/min	ppm l/min	ppm l/min	MPa l/min	MPa l/min	MPa l/min	MPa l/min	MPa l/min	（口）	一般	酸	ｱﾙｶﾘ	有機		熱（℃）
○○装置（1）	1.2	1.8 2.25	2800	180		10	A種	1					0.2	×	20	25	50							1100			150	0.2		10	20				
○○装置（2）	1.2	1.6 2	2800	40		5	A種	1					0.2	×	20	25	10							100			30	0.1		5	10				
○○装置（3）	1.2	1.8 2.25	2800	35		10	A種	1					0.2	×	20	25	80							1900			240	0.3		10	20				
○○分光計	0.8	0.6 1.2	550		○ 10			1																						2					
○○測定装置	0.6	0.5 1	400		○ 1			1					1				10	15						20			50			10					
合計				255	11	25			0	0	0	0					150	15	0	0	0	0	0	3120	0	0	470	0	0	37	50	0	0	0	
備考				○：ｺﾝｾﾝﾄ要 △：装置直接接続 ▲：分電盤以降別途 M：電動機 H：ヒーター			D：D種共用 A：A種共用 AS A種専用		□：停止時制御要（冷却水バックアップ） ●：冷却水の水質を指定する装置（一次純水・軟水） ×：背圧のかけられない装置															特殊ガスは別途指示による。 微小量の場合は1とする。（1l/min未満）					真空圧力 mmHg	静圧に指示がある場合は（　）にて記入 特殊ガスの排気は別途指示による					

生産装置の諸元表

　クリーンルームの機能・品質が計画時点に設定した検収条件を実現できているかの評価は施工完了後の試運転調整・検査によって確認されますが、施工着手前の設計段階においてクリーンルームユーザー及び設計・施工者双方で連携を取って情報を共有する事が高機能・高品質なクリーンルームの実現に結び付きます。

　表1に生産装置の諸元表の例を示しますが、このような表によってクリーンルームユーザーは、要求する清浄度や温湿度だけでなくクリーンルームの空調負荷の大半を占める生産装置・機器の負荷条件を十分開示し、その後の熱負荷計算、方式決定、機器選定の精度を高める事が重要です。

　諸元表の記入項目としては、クリーンルームに設置予定の装置・機器毎に、電力、純水、冷却水、排水・廃液、ガス（圧縮空気を含む）、真空、排気の項目などがあります。特に留意すべき項目について、以下にポイントを示します。

- 電力：装置、機器の定格電気容量及びアース種別を明確にする。
- 純水：純水や超純水の水質を指定する場合には、純度、微生物数等の要求性能を別途明確にする。
- 冷却水：温度条件だけでなく供給圧力基準を明確にする。また装置の冷却水出口側の圧力（背圧）も明確にする。
- ガス：流量と共に圧力の指定を明確する。各ガス種の純度（不純物濃度）を必要とする場合は特記する。
- 真空：真空掃除とは別に装置用真空を必要とする場合はユースポイントにおける真空度と流量を明確にする。
- 排気：排気種別毎に流量を明確にし、排気処理の有無を指定する。

　これらの中で、電力消費量はクリーンルームの空調負荷量の大きな比率を占めるため、負荷率を別途指示する必要があります。また、装置メーカによっては電力消費量だけでなく装置の冷却水による除去熱、排気による除去熱を考慮した装置発熱を提示する場合もあります。

　なお、表1の注釈を付けた項目や表中備考欄に記される項目を十分調査し記入提示する事が精度の高い設計に繋がります。また、特殊な事項がある場合は別途書類として提示す

表２　クリーンルーム熱負荷集計表

件名　〇〇〇〇〇〇〇 殿　〇〇〇室クリーンルーム設備

系統	室名	床面積 CH= (m2)	清浄度 μm クラス	温度 (℃)	湿度 (%)	照度 (lx)	冷房負荷 室内負荷 顕熱負荷 建屋負荷 (W)	照明負荷 (W)	人体 (W)	装置負荷 W/m² (W)	FFU台数 搬送負荷 (W)	搬送負荷 全圧(Pa) (W)	小計 ① (W)	潜熱負荷 人体・他 ② (W)	合計 ①+② (W)	SHF	空調風量 (m3/h)	外気負荷 排気量 局所排気 (m3/min) (m3/h)	陽圧分 T/h (m3/h)	合計 (m3/h)	③ (W)
		2.7	0.5	S: 23±2	S: 50±10	(W)	@47	@30	3人	@180		784 Pa		3人			Δt=9.3℃	15	2.0		ir=45.3
1F	クリーンルーム	33	1,000	W: 23±2	W: 50±10	700	1,550	989	210	6,000		1,100	9,849	300	10,149	0.97	3,210	900	180	1,080	14,440
										想定負荷								ドラフトチャンバーを想定			
合計		33					1,550	989	210	6,000		1,100	9,849	300	10,149	0.97	3,210	900	180	1,080	14,440

外気条件	乾球温度	相対湿度	エンタルピ	絶対湿度
夏季	34.4 ℃	58 %	85.80 kJ/kg	20.03 g/kg
冬季	−1.1 ℃	61 %	4.18 kJ/kg	2.12 g/kg

系統	室名	全負荷 ①+②+③ (W)	単位面積 (W/m2)	除塵風量 (m3/h)	空調 決定風量 (m3/h)	暖房負荷 建屋負荷 (W)	外気負荷 (W)	合計 (W)	単位面積 (W/m2)	加湿量 (kg/h)
				45T/h		@70	+23℃迄			X=8.7
1F	クリーンルーム	24,589	750	4,006	3,000	2,308	8,589	10,897	331	8.6
合計		24,589	750	4,006	3,000	2,308	8,589	10,897	331	8.6

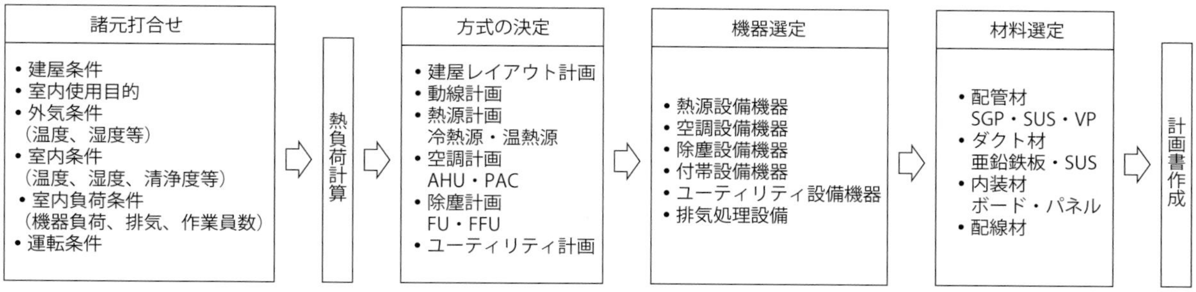

図１　クリーンルーム設計手順

図２　クリーンルームCG[1]

る必要がありますが、諸元表中にも概略を記載して、この表をクリーンルームユーザー及び設計・施工者の共有情報とする事が重要です。

熱負荷集計とクリーンルームの設計

クリーンルーム設計者は本表とクリーンルーム要求書を基に設計を進めて、熱負荷計算、除塵・空調方式選定、機器選定に繋げます。

表２にクリーンルームの熱負荷集計表の参考例を示します。このような生産装置・機器諸元表の各項目の集計値を使用して、図１に示すような流れによってクリーンルームの設計を行います。

また、設計を進めた段階で具体的なクリーンルームのイメージを作成してユーザーと共に検討を進める必要があります。

作成する資料としては以下のようなものがあります。

① クリーンルームパース図
② クリーンルーム断面構成図
③ クリーンルーム内CG
（図２に参考例を示します[1]）

必要に応じてこのようなコンピュータグラフィックを作成する事も有効です。特に施工平面図、断面図から作成したCGは施工前において任意の断面を見る事が出来るため床下ピット内のユーティリティ配管・排気ダクト等の取合い調整に重宝します。

基本編XII

検収試験とは

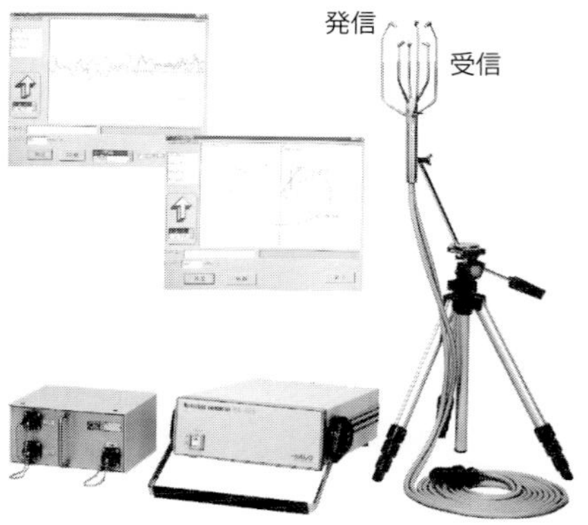

写真１　三次元風速計概観
（超音波の発信、受信センサが３軸有り、そこを通過する気流による振動のドプラー効果から気流の速さと風向を測定する。）

写真２　フィルタのリークテストの様子

クリーンルーム検収試験

クリーンルームを設置する目的は、塵埃やケミカル成分による製造及び加工する製品の汚染を防ぐことにあります。クリーンルームは製品の研究・開発及び製造・生産する作業環境が清浄な状態に形成され、更にその清浄環境が常に維持されている空間である事が必要です。また、扱われる製品や製造・加工プロセスの種類によっては清浄度だけではなく、微生物量、温度、湿度や静電気などの環境条件を制御対象として設定して管理されます。この制御対象を定量的に評価・検証することが必要です。

クリーンルームを定量的に評価・検証し性能を試験する主な項目は次の３項目に大別されます。

⑴　空間の清浄度に関する試験

⑵　清浄度を維持するための基本的要素に関する試験

⑶　その他の各種環境条件に関する試験

表１に各種の検証試験項目の目的を示します。

表中の試験項目に関して主要な項目の解説を以下に記します[2]。

・清浄度

クリーンルーム空気の単位容積中に存在する単位粒子径以上の塵埃個数をべき乗表記し、その指数を基にして清浄度クラスを規定します。統計的手法によりサンプリング、計算を行い、高清浄度クラスの場合には逐次サンプリング法を用います。ISO14644-2（試験、モニタリング）には定期的な継続的適合性の実証について記述されています。

・清浄度の立上り・回復特性

対象領域における清浄度の回復の速さを調べます。その場所での塵埃濃度の減少率（減少の傾き）が大きい場合は、そこでの清浄度回復は速いと言えます（小さい場合は遅い）。また、ある場所における塵埃濃度減少の傾きの数値は、その場所における局所的な換気回数を現しています。

ISO14644-2には定期的な継続的適合性の実証について記述されています。

・風量・風速

風量、風速の測定器として３次元風速計が用いられることが一般的で、デジタル処理によりリアルタイムで気流速度ベクトルが表示されるので、不具合があった場合には早い

表1　各種試験項目の目的[1][2]

試験項目		評価試験の目的
空間清浄度に関する試験	清浄度	クリーンルームの空間清浄度を把握し、清浄度クラスを分類
	表面付着粒子	クリーンルーム内での製品などの表面にどの程度の微粒子が付着するのかを評価
	清浄度の立ち上がり・回復特性	クリーンルームが運転を開始した場合や、汚染物質発生後に所定清浄度レベルに至るまでの動的な特性を評価
	空気中細菌の測定	クリーンルーム内に浮遊する細菌の濃度を評価（バイオロジカルクリーンルーム）
	空気中微量ガス成分	空気中の微量ガス成分の種類及び濃度レベルを評価（主として半導体ウエーハプロセス）
清浄度を維持するための基本的要素に関する試験	風量・風速	所定の循環送風量が得られていることを確認し、クリーンルーム各部の風速のばらつきを評価
	差圧	クリーンルーム内外及びクリーンルーム内の各領域間に所定の設定差圧が得られていることを確認
	設置フィルタのリーク	ダクト内及び天井に設置されたエアフィルタにリークがないことを確認
	気流の可視化	クリーンルーム内の気流パターンがよどみや渦領域を形成しているか否かを確認
	気流方向	整流方式のクリーンルームで所定の気流方向からのずれを生じているかどうかを確認
その他の各種環境条件に関する試験	温度、湿度	クリーンルーム内の温湿度及びばらつきを評価し、空調設備が所定の空調能力を発揮していることを確認
	静電気	各部の静電気帯電量、接地抵抗量を評価。除電器により静電気除去特性が得られていることを確認
	微振動	クリーンルームの振動レベルを評価（精密光学機器などが設置されている場合）

表2　クリーンルーム性能評価試験の項目選定例[1][2]

試験項目	一方向流形クリーンルーム	非一方向流形クリーンルーム	混合形クリーンルーム
風量とそのばらつき	1、2、3	1、2、3	1、2、3
風速とそのばらつき	1、2、3	OPT	OPT
フィルタリーク	1、2	1、2	1、2
空気中微粒子の計数	1、2、3	1、2、3	1、2、3
空間差圧	1、2、3	1、2、3	1、2、3
気流の平行性	1、2	N／A	OPT（1、2のみ）
閉鎖空間の密閉性	1、2	1、2	1、2
清浄度の立ち上がり・回復特性	1、2	1、2	1、2
表面付着粒子	1、2、3	1、2、3	1、2、3
照度	1、OPT（2、3）	1、OPT（2、3）	1、OPT（2、3）
騒音レベル	1、2、3	1、2、3	1、2、3
温度のばらつき	1、2、3	1、2、3	1、2、3
湿度のばらつき	OPT	OPT	OPT
振動	OPT	OPT	OPT

注）N／A：不適合　OPT：オプション的な試験
1：as-builtクリーンルームに適用する　2：as-restクリーンルームに適用する　3：operationalクリーンルームに適用する

対応が可能です。写真1に三次元風速計の概観を示します。

風速や風量は、設計時点で設計風量・風速として規定していることの確認のために必要です。

・差圧

クリーンルームの用途により対象室や対象領域が、周囲の室や領域に対して陽圧であったり陰圧であったりします。所定の差圧が確保されていることを確認する必要があります。

・フィルタリーク

リークテスト時のモニターエアロゾル投入、プローブ（エアロゾル吸引端）、走査方法が具体的に提示されており、それに従って実施します。

写真2にリークテスト実施の様子を示します。

・温度、湿度

温湿度記録計などにより、各室における温湿度が規定の範囲内に維持されていることを確認します。

・静電気

帯電量、静電場、正負イオン分布等を測定します。対象物や対象領域の他に除電器自体の評価を行う場合もあります。

クリーンルームの性能検収試験を実施する時期によっても試験項目と重要度が異なります。施工完成直後から本格的生産稼動中のクリーンルーム維持管理中の各段階によって下記の様に分類されます。

(1)　as-built（施工完了時）

クリーンルームの循環送風系統・空調設備系統が施工完了し稼動状態であるが生産設備・機器が搬入されていない状態。

(2)　as-rest（製造装置設置時）

生産設備・機器が搬入・設置され配線、配管が接続されているが稼動していない状態。

(3)　operational（通常運転時）

生産設備・機器が稼動し生産状態で作業員も入室している状態。

また、クリーンルームの方式によっても試験項目の内容は異なります。表2にクリーンルームの方式別及び試験実施時期別の試験項目選定の例を示します。

Part 1　基本編　参考文献・引用資料

Ⅰ　ICRとは

⑴　コンタミネーションコントロール用語　JIS Z8122

Ⅱ　BCRとは

⑴　NASA（米国航空宇宙局）規格

Ⅲ　清浄度クラスとは

⑴　コンタミネーションコントロール用語　JIS Z8122

Ⅳ　微粒子とは

⑴　コンタミネーションコントロール用語　JIS Z8122

Ⅵ　室圧とは

⑴　クリーンルーム環境の計画と設計　日本空気清浄協会編

Ⅶ　局所清浄化とは

⑴　クリーンルーム環境の計画と設計　日本空気清浄協会編

Ⅷ　交差汚染とは

⑴　コンタミネーションコントロール用語　JIS Z8122

Ⅺ　装置の諸元表とは

⑴　クリーンテクノロジー，Vol.14 No.11 クリーンルームの計画・設計　日本工業出版

Ⅻ　検収試験とは

⑴　クリーンルーム環境の施工と維持管理　日本空気清浄協会編　オーム社

⑵　初心者のためのクリーンルーム入門　クリーンテクノロジー編集委員会編　日本工業出版

Part 2　空気浄化システム編

Ⅰ フィルタの効率と寿命とは
Ⅱ クリーンルームの清浄度計算方法とは
Ⅲ 換気回数と清浄度の関係とは
Ⅳ 室圧と清浄度の関係とは
Ⅴ 気流性状とは
Ⅵ 空気浄化システムとは
Ⅶ 排気処理設備とは
Ⅷ 空調機器の決め方とは
Ⅸ 熱源システムの省エネルギーとは
Ⅹ 搬送システムの省エネルギーとは

フィルタの効率と寿命とは

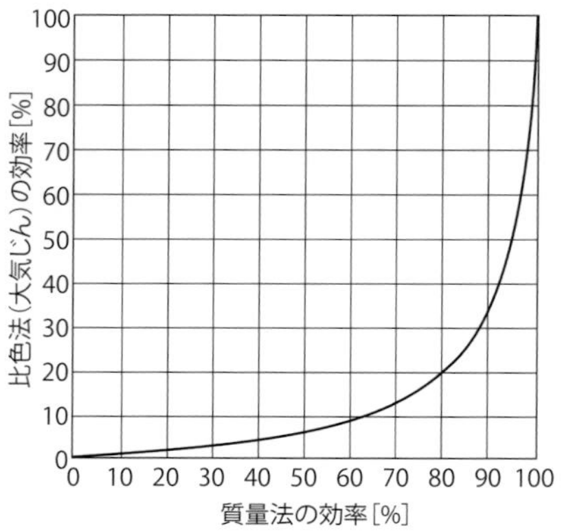

図１　フィルタ効率の関係（比色法と質量法）[1]

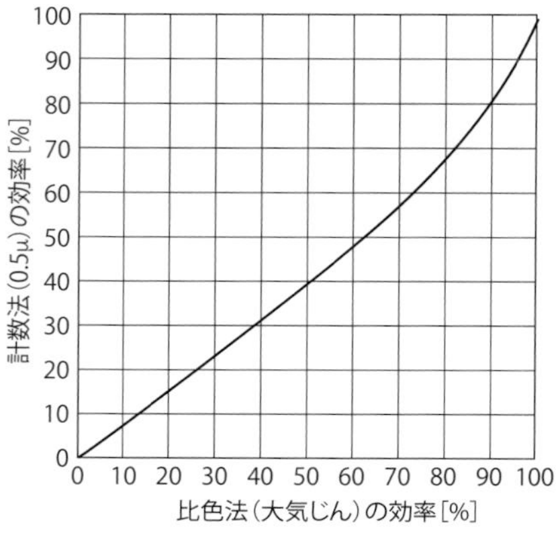

図２　フィルタ効率の関係（計数法と比色法）[2]

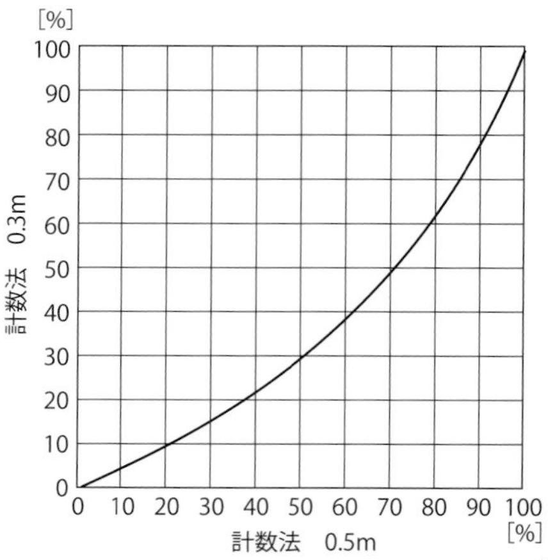

図３　フィルタ効率の関係（計数法0.3μmと0.5μm）[3]

表１　フィルタ効率測定法と試験概要

試験法	試験概要	対象粒径
質量法	試験フィルタ前後より、一定風量をそれぞれ超高性能濾材を通して吸引し、この濾材に捕集されたダスト量を計測し、その重量比で効率を表示する（JIS B 9908）。	1μm以上プレフィルタ
比色法	試験フィルタ前後より、一定風量をそれぞれ試験用濾紙を通して吸引し、この試験用濾紙の色つき具合を光学的に測定し、色の濃度比で効率を表示する（JIS B 9908 2001）。	1μm以下中高性能フィルタ※
計数法	試験フィルタ前後より、一定風量の空気をとり、その中に含まれる塵埃の数をパーティクルカウンターで計測し、その塵埃数の比で効率を表示する（JIS B 9927）。	0.3μm〜0.1μm程度 HEPAフィルタ

※：中高性能フィルタは2011年以降計数法に改訂

フィルタ効率の測定法

フィルタの集塵効率の測定法には、その性能、用途により質量法、比色法（光散乱積算法）、計数法の３種類あり、表1に測定法の特徴と試験概要を示します。なおこれらの測定法による効率表示の相互関係は確立しているわけではありませんが、一応の目安を図１〜３に示しますので、塵埃計算を行う時に使用してください。

例えば図４に示す外調機から室内に送風する外気の塵埃量を計算します。条件は図示のとおりです。

プレフィルタ　90%（質量法）は図１より30%（比色法）、図２より20%（計数法0.5μm）、図３より10%（計数法0.3μm）となります。

又中性能フィルタ60%（比色法）は、図2より50%（計数法0.5μm）、図３より30%（計数法0.3μm）となります。

この結果、外気は$10^8×0.9×0.7×0.0003$となり18,900個／m^3(0.3μm）が室内に入ってくることとなります。この計算は、今後クリーンルームの清浄度計算の基礎となるものです。またフィルタの特性として定格風量と捕集効率に図５があります。この特性から考えて、循環送風量を大幅に減らすことができるのではと考えられますが、後に説明しています清浄度計算によれば、フィルタの効率が一桁上がっても送風量を少なくすることができません。計算例－３に示しますので、後で計算例－１と比較して下さい。

フィルタの耐用年数と圧力損失

基本的にはフィルタの耐用年数は、フィルタとしての機能がなくなる期間、つまり塵埃が入ってきた量だけ出て行くことを言い、フィルタ入り口の塵埃濃度とフィルタの保塵容量により求められます。しかしながら塵埃濃度が一定でないこともあり、正確な耐用年数を求める事が困難です。そこでフィルタの通過圧力損失を目安として耐用年数とする事が一般的です。特にHEPAフィルタは微少粒子を対象としているので、フィルタの保塵容量を表すことが現実的でないことも理由に挙げられます。

フィルタの最終抵抗について説明します。半導体用外調機を例にとると、通常プレフィルタ、中性能フィ

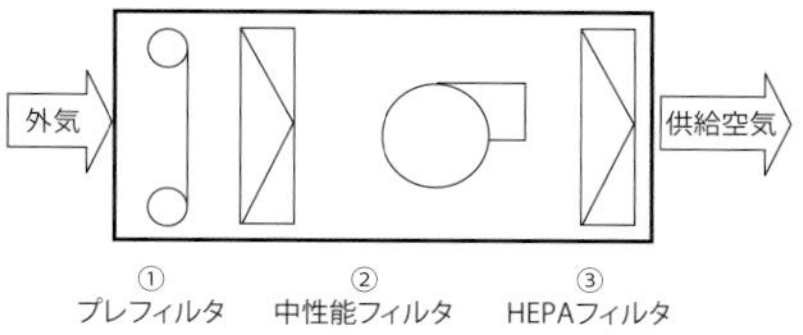

条件
外気濃度　：10^8個／m³　(0.3μm)
①プレフィルタ　：90%　(質量法)
②中性能フィルタ　：60%　(比色法)
③HEPAフィルタ　：99.97%　(計数法0.3μm)

図４　外調機のフィルタ構成

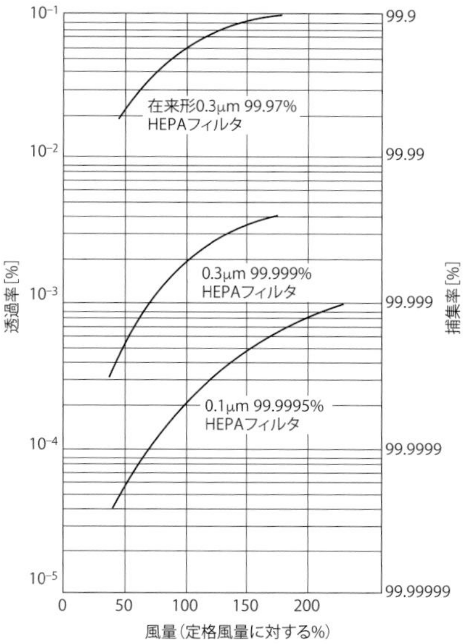

ニューミクロンフィルタ（0.1μm99.9995%HEPAフィルタ）の0.1μm粒子通過率の対風量特性（在来形HEPAフィルタ対比）

図５　粒子通過率の対風量特性[4]

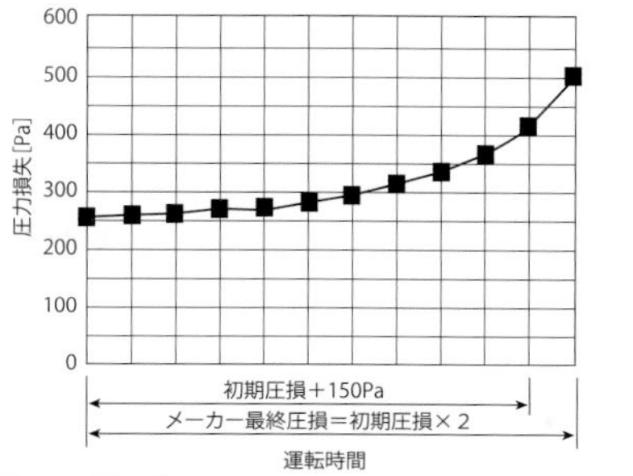

図６　運転時間とフィルタの圧力損失との関係

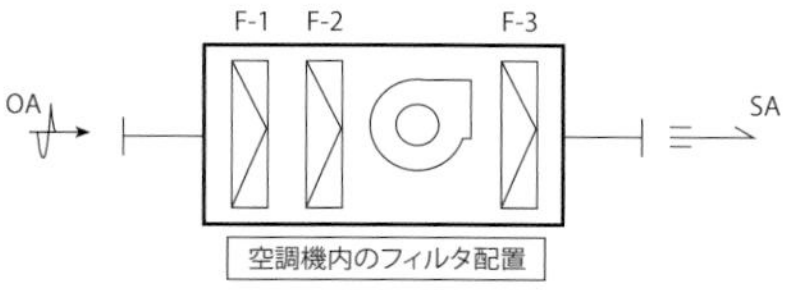

各フィルタの初期・最終圧損と交換頻度

記号	名称	初期圧損［Pa］	最終圧損［Pa］	交換頻度
F-1	プレフィルタ	50	200	3ヶ月
F-2	中性能フィルタ	150	250	6ヶ月
F-3	HEPAフィルタ	250	400	1年
	計	450	850	

図７　外調機のフィルタ構成例

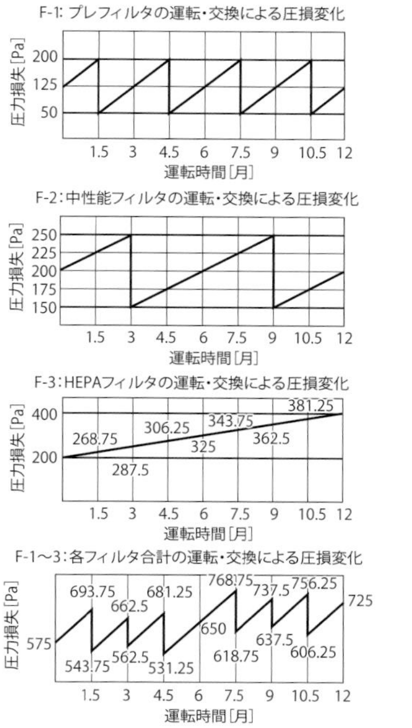

図８　各フィルタの運転・交換による圧損変化

計算例－３

計算例（0.3μmを対象、η2の効率を上げたとき）
計算条件
G　：室内発塵量（対象粒径以上）　1×10^7個／min
Nr　：室内塵埃濃度（対象粒径以上）　35,300個／m³{35.3×クラス表示(Fed.St.)}
Nf　：外気塵埃濃度（対象粒径以上）　1×10^8個／m³
η1　：前置きフィルタの効率　20%（計数法）
η2　：HEPAフィルタの効率　99.997%（計数法）
Qf　：外気量　10m³/min
Qe　：排気量　10m³/min
Qr　：再循環風量　m³/min
Qs　：送風量（再循環風量＋外気量）　m³/min

$$Qr=\frac{1\times10^8\times10\times(1-0.2)(1-0.99997)+1\times10^7}{0.99997\times35{,}300}-\frac{10}{0.99997}$$
$$=\frac{0.0024\times10^7+1\times10^7}{0.99997\times35{,}300}-\frac{10}{0.99997}$$
$$=284-10$$
$$=274\ [m^3/min]$$
$$Qs=274+10$$
$$=284\ [m^3/min]$$

HEPAフィルタの効率を10倍にしても送風量は2%しか減らせられない

ルタ、HEPAフィルタの構成です（図６）。各々低圧損型、多風量型、アウトガス対策型等がありますが、一例として、プレフィルタの初期圧損は50Pa程度で最終圧損が200Pa、中性能フィルタの初期圧損は150Pa程度で最終圧損が300Pa、HEPAフィルタの初期圧損は250Pa程度で最終圧損が500Paとなっています。この最終圧損で送風機の能力を決めると過剰な能力となり、省エネルギー運転にならないばかりではなく、騒音、振動の原因となります。その理由を考えて見ましょう。まずフィルタの使用時間と圧損の関係として経験的に図６のような傾向があると考えられており、HEPAフィルタは初期圧損＋100～150Paからメーカ仕様の最終圧損になる時間は、加速度的に圧損が増加し、その結果短時間で最終圧損に到達すると考えられています。また中性能フィルタは初期圧損＋100Paを最終圧損として取り扱います。プレフィルタも同じ関係がありますが、交換頻度が高いためメーカの最終圧損まで使うこととします。次に図７のフィルタ構成の外調機において、前述の仕様のフィルタが使われているとします。各フィルタは所定値を越えると新製品に交換されます。その交換周期としてプレフィルタは３ケ月、中性能フィルタは６ケ月、HEPAフィルタは１年とします。そしてその周期で初期圧損から最終圧損になるとし、各フィルタの交換時期は同時でないとします。最終圧損はプレフィルタは200Pa、中性能フィルタは250Pa、HEPAフィルタは400Paとすると、図7の運転時間とフィルタ圧損の関係となりますが、送風機の能力は850Paではなく、770Paで十分で、しかも、HEPAフィルタの交換時でない時期に、必要圧損が最大になることが解ります。これを見てもフィルタ全部が同時に目詰まりすることがないような交換時期の設定と、風量を一定にするための送風機のインバーター制御等の省エネルギー運転の検討も必要です。

次に管理されたクリーンルーム内に設置されるHEPA、ULPAフィルタについては、経験的に10年以上目詰まりした事例がなく、それだけ低濃度であるということの現れと考えます。

空気浄化システム編 Ⅱ

クリーンルームの清浄度計算法とは

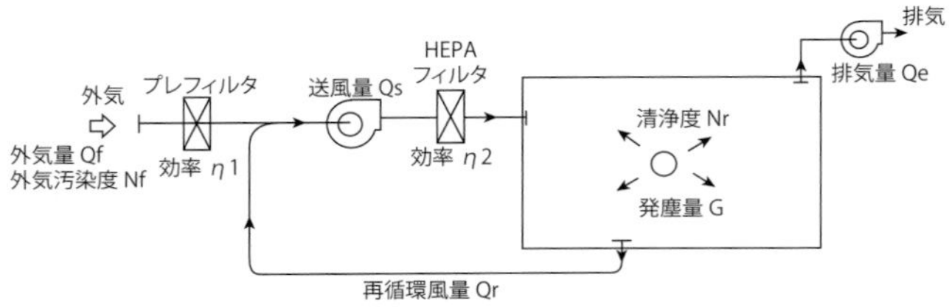

G　:室内発塵量(対象粒径以上)　個／min

Nr　:室内塵埃濃度(対象粒径以上)　個／m^3{35.3×クラス表示(Fed.St.)}

Nf　:外気塵埃濃度(対象粒径以上)　個／m^3

η1 :前置きフィルタの効率　%(計数法)

η2 :HEPAフィルタの効率　%(計数法)

Qf　:外気量　m^3/min

Qe　:排気量　m^3/min

Qr　:再循環風量　m^3/min

Qs　:送風量(再循環風量＋外気量)　m^3/min

○入ってくる塵埃量

・外気より入ってくる塵埃量　:Nf×Qf×(1－η1)×(1－η2)…式2－1

・再循環より入ってくる塵埃量　:Nr×Qr×(1－η2)

・室内発塵量　:G

○出ていく塵埃量

・排気により出ていく塵埃量　:Nr×Qe

・循環より出ていく塵埃量　:Nr×Qr

$$Nr\times Qe+Nr\times Qr=Nf\times Qf\times(1-\eta 1)\times(1-\eta 2)+Nr\times Qr\times(1-\eta 2)+G \quad \cdots 式2-2$$

$$Qr=\frac{Nf\times Qf\times(1-\eta 1)\times(1-\eta 2)+G}{\eta 2\times Nr}-\frac{Qe}{\eta 2} \quad \cdots 式2-3$$

図１　清浄度計算用のクリーンルームのフローと計算式

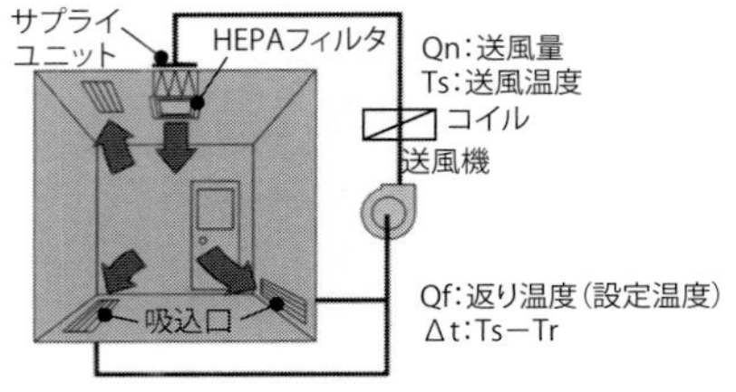

温度許容差と換気回数の関係(目安)： 経験則

温度許容差　℃	±2	±1	±0.5	±0.25
吹出温度差Δt℃	8～10	4～5	2～2.5	1～1.25

条件

クリーンルームの顕熱負荷　:L　kW/h

送風量　:Qn　m^3/h

$$Qn=\frac{L}{1.2(\text{空気重量}/m^3)\times\text{吹出温度差}(℃)\times 2.777\times 10^{-4}} \quad \cdots 式2-4$$

$$\eta 2=1-\frac{Nr\cdot Qe+Nr\cdot Qr-G}{Nf\cdot Qf\cdot(1-\eta 1)+Nr\cdot Qr} \quad \cdots 式2-5$$

但し、捕集効率(DOP法)60%以下のフィルタは粒子除去の信頼性確保のため、使用しないこと。

図２　熱負荷から算出する時のクリーンルームフローと計算式

一方向流クリーンルームの送風量の決定方法

ISO14644-1(表1)、JISB9919クリーンルームの設計・施工及びスタートアップ（表2）の中で規定されており、クラス1～5に対しては一方向流でそれぞれの規格値は少し違いがあるものの、天井全面吹き出し風速を、0.2 m/s ～ 0.5m/sで規定され、送風量はそれにより決まります。これらのクラスにはULPAフィルタが採用されます。様々な風速が出てきますが、その理由を少し説明します。クリーンルームの当初の基準は、アメリカの規格（連邦規格、航空宇宙告規格）であり、0.45±0.1m/sと定められ、これが基準となりました。また空軍規格で垂直一方向流の気流速度は0.25m/s以上となっており、欧米ではこれが厳守されています。ただ日本においては実績と省コストの視点から0.35～0.3m/s、実績による、熱による上昇気流を制御できる最小風速として0.2m/s以上により、これらの値が使われているようです。室内設定温度と吹出温度は、ほぼ同じとなります。

清浄度計算方法

非一方向流のクリーンルームの送風量は、換気回数により決定される事が多く、その根底となる原理・原則により決定していないことにより、清浄度の問題を解決することができないということがあります。そこで、まず基本的な事を説明します。

非一方向流のクリーンルームは、いわゆる希釈することで、清浄度を維持する方法です。つまり室内の清浄度が一定に維持されている場合は、室内に入ってくる塵埃量と、出ていく塵埃量とが等しいとして計算します。図1の循環フローにおいて各記号を表記とすると次の事が成立します。

○入ってくる塵埃量

○出ていく塵埃量

この量が等しいとして計算する事となります。これを整理すると式２－２、式２－３により、送風量が計算できます。(計算例－1参照)

ここで室内発塵量をできるだけ正確に推定することが重要です。発塵としては、作業員からの発塵と、室内に設置される機器、材料からの発塵の二種類に分けられ作業員からの発塵量については、様々な資料がありますが、図3に示す数値を使用して推定します。

室内に設置される機器からの発塵については、多機種であることもあり、ほとんど資料がなく発塵量を推定することは更に困難です。そのため略式な方法として、人以外の発塵量を

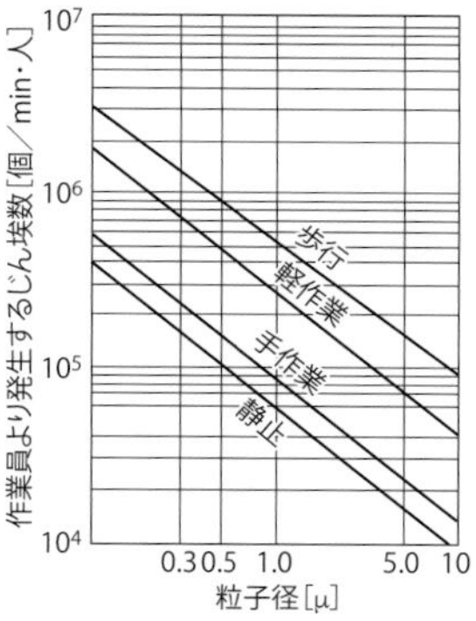

注１）白衣型無塵衣を着用した場合の値
２）一般作業衣を着用した場合の値（上図の値）×（４～５）
３）カバーオール型無塵衣を着用した場合の値（上図の値）×（0.1）

図３　作業員からの発塵量

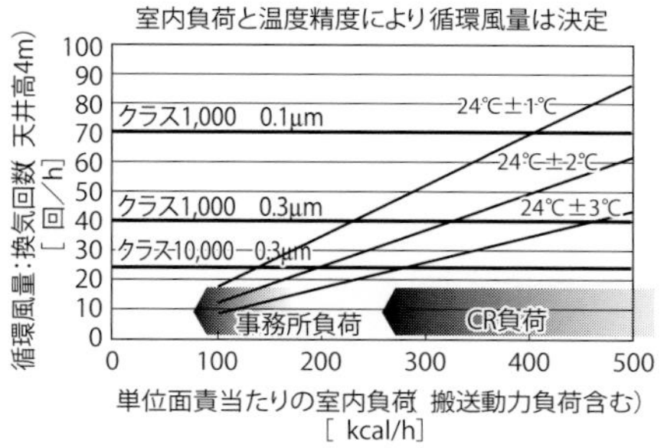

図４　熱負荷の送風量と洗浄度の関係

表１　ISO　14644－1

Classification ISO Number	Fsd. 209E	airflow Type	Average Velocity ft/min	Average Velocity m/s	Air changes Times/h
Better than 3		U	60～100	0.3～0.5	360～600
3	1	U	60～90	0.3～0.5	360～600
4	10	U	50～90	0.25～0.5	300～540
5	100	U/N/M	40～80	0.2～0.4	240～480
6	1000	No/M	25～40	0.125～0.2	150～240
7	10000	N/M	10～15	0.05～0.075	60～90
8	100000	N/M	1～8	0.005～0.04	5～48

U：Uniform air flow　N：Non Uniform air flow　M：Mixed air flow

表２　JISB9919 クリーンルームの設計・施工及びスタートアップ 2004/03/20制定

表　B.2　マイクロエレクトロニクスのクリーンルーム例

清浄度クラス通常運転時	気流形式	平均気流測度 m/s	換気回数 回／h	適用例
2	U	0.3～0.5	適用外	フォトリソグラフィ工程 半導体プロセスゾーン
3	U	0.3～0.5	適用外	作業域 半導体プロセスゾーン
4	U	0.3～0.5	適用外	作業域、多層マスクプロセス コンパクトディスク製造
5	U	0.2～0.5	適用外	半導体サービスゾーン ユーティリティゾーン
6	NorM	適用外	30～90	ユーティリティゾーン、多層プロセスゾーン、半導体サービスゾーン
7	NorM	適用外	20～40	サービスゾーン 表面加工
8	NorM	適用外	10～20	サービスゾーン

U：一方向流　N：非一方向流　M：併用方式

計算例－１

計算例（0.3μmを対象）
計算条件

G　：室内発塵量（対象粒径以上）　1×10^7個／min
Nr　：室内塵埃濃度（対象粒径以上）　35,300個／m^3｛35.3×クラス表示（Fed.St.）｝
Nf　：外気塵埃濃度（対象粒径以上）　1×10^8個／m^3
η1　：前置きフィルタの効率　20%（計数法）
η2　：HEPAフィルタの効率　99.97%（計数法）
Qf　：外気量　10m^3/min
Qe　：排気量　10m^3/min
Qr　：再循環風量　m^3/min
Qs　：送風量（再循環風量＋外気量）　m^3/min

$$Qr=\frac{1\times10^8\times10\times(1-0.2)(1-0.9997)+1\times10^7}{0.9997\times35{,}300}-\frac{10}{0.9997}$$
$$=\frac{0.024\times10^7+1\times10^7}{0.9997\times35{,}300}-\frac{10}{0.9997}$$
$$=290-10$$
$$=280\ [m^3/min]$$
$$Qs=280+10$$
$$=290\ [m^3/min]$$

計算例－２

計算例（0.3μmを対象、η1の効率を上げたとき）
計算条件

G　：室内発塵量（対象粒径以上）　1×10^7個／min
Nr　：室内塵埃濃度（対象粒径以上）　35,300個／m^3｛35.3×クラス表示（Fed.St.）｝
Nf　：外気塵埃濃度（対象粒径以上）　1×10^8個／m^3
η1　：前置きフィルタの効率　99.97%（計数法）
η2　：HEPAフィルタの効率　99.97%（計数法）
Qf　：外気量　10m^3/min
Qe　：排気量　10m^3/min
Qr　：再循環風量　m^3/min
Qs　：送風量（再循環風量＋外気量）　m^3/min

$$Qr=\frac{1\times10^8\times10\times(1-0.9997)(1-0.9997)+1\times10^7}{0.9997\times35{,}300}-\frac{10}{0.9997}$$
$$=\frac{0.000009\times10^7+1\times10^7}{0.9997\times35{,}300}-\frac{10}{0.9997}$$
$$=283-10$$
$$=273\ [m^3/min]$$
$$Qs=273+10$$
$$=283\ [m^3/min]$$

外調機フィルタの効率を上げても、送風量は室内発塵量により決定し循環送風量はほとんど変わらない！！

一括して以下の数値を一般的に用いることとなっています。

5.0×10^4（個/min・クリーンルームm^2）としています。しかし明らかに発塵量が多いと予想される場合は必ず局所排気などの処置をすることになります。一度計算されて、大変さを実感してみて下さい。

熱負荷から求められる送風量

次に非一方向流のクリーンルームの室内顕熱負荷（建物負荷、照明負荷、作業員負荷、装置からの負荷）に対応する送風量を求めます。図２のフローにおいて求め方は経験的に、以下の手順となります。吹出温度差として、【循環空気の吹出温度】－【レターン温度】＝温度精度±℃の４～５倍とします。

つまり24±１℃であれば、吹出温度差を４～５℃、24±２℃であれば、８～10℃として循環風量を算出します。式２－４に算出方法を示します。±1℃の場合は、吹出温度差は4～5℃となります。

送風量の決定

非一方向流のクリーンルームでは、清浄度を基準にして求めた送風量と、熱負荷から求めた送風量とを比較して、多い方を最終送風量とします。図４に熱負荷の送風量と清浄度の関係を示します。顕熱負荷が0.35kw/クリーンルームm^2以上の負荷があると、天井高さ４mで換気回数50回必要であり、温度精度を大きくしない限り、クラス７（ISO表示）のミニエン対応クリーンルームでは対応できません。

外気フィルタの選定

外調機の最終フィルタを決める際、室内最終フィルタと同等として、外気の塵埃を最終フィルタの負荷としない設置を要求されることがありますが、室内循環風量より外気量は少なく、外気から入ってくる塵埃量は、少なく、室内発塵量により送風量が決まってしまいます。計算例－２を示しますので、計算例－１と比較してみてください。最終フィルタがHEPAフィルタであれば、外調機最終フィルタは、捕集効率90%程度（比色法）の中性能フィルタとし、最終フイルタがULPAフィルタであれば、外調機最終フィルタは、捕集効率99.97%の（計数法）のHEPAフィルタで対応することにしています。また最終フィルタについて、熱負荷から求めた送風量が清浄度から求めた送風量より、大幅に多い場合は、捕集効率の低いフィルタを選定することができます。手順は、式２－５により捕集効率を求めます。

空気浄化システム編 Ⅲ

換気回数と清浄度の関係とは

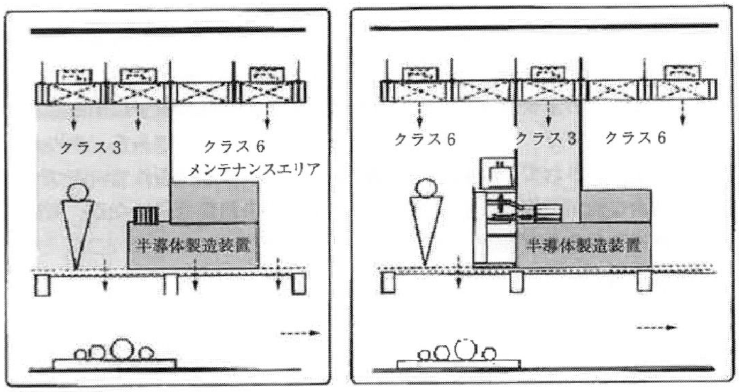

(a)　一般的なクリーンルーム　　(b)　ミニエンバイロンメントを用いたクリーンルーム

図1　ミニエンバイロンメントシステムのイメージ(1)

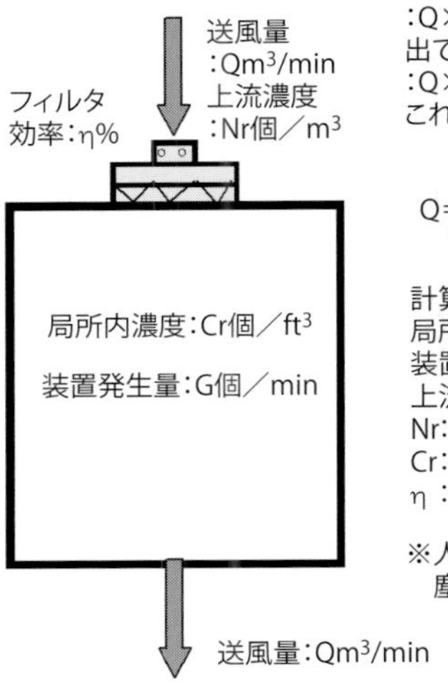

戻ってくる塵埃と発生する塵埃量
:Q×Nr×(1−η)+G
出て行く塵埃量
:Q×Cr×35.3(単位をあわせる)
これらが等しいとして計算する

$$Q=\frac{G}{Cr\times35.3-Nr\cdot(1-\eta)}\ m^3/min$$

計算例
局所化として1m×1m×1mの容器
装置発生量:10^5個／min
上流濃度
Nr:35.3×1,000(／ft^3):個／m^3
Cr:1,000個／ft^3
η :99.9999%

※人の正座で100,000個／minの塵埃発生量

Q=2.83m^3/min
=170m^3/h

換気回数　170回／h

図2　局所化の送風量

非一方向流の換気回数と清浄度

前出(クリーンルームの清浄度計算方法とは)の表1、表2のISO 14644-1、JISB9919クリーンルームの設計・施工及びスタートアップにも規定されており、清浄度は、あたかも換気回数から決められる、と思われている方がいるのではないかと思います。しかしながら、あくまで清浄度計算による送風量が決められ、その結果として、その時の換気回数がいくらであったというものなのです。

但し、クリーンルームの実施例が多くなり、実施結果により、簡易的に換気回数から送風量を算出されることがありますが、あくまでチェックリストとして使われるべきと考えます。その理由を述べていきたいと思います。

天井高さと送風量の関係

例えばあるプロセスの為のクリーンルームの増設計画がありました。従来とほぼ同じで、部分的に少し装置の高さが高くなったということでした。装置のレイアウトが決められ、その結果、面積が決められ、作業員数が決まりました。その人数も従来とほぼ同じか、少し減らせるというものでした。そして天井高さを決める時に、既存のクリーンルームの3mより、少し装置の高さが高い為、4mにしたほうがいいのではとの要望があり、それをもとに計画を開始しました。既設とほぼ同じ発塵量として、4m天井でも3m天井での送風量を計画していましたが、施主から「4m天井での換気回数でないのは納得行かない」との申し入れに対して、清浄度計算の説明を行い、室内発塵量が同等で有れば送風量が変わることはなく、天井高さが高くなっても、低くなっても送風量が影響されることはない、ということを説明したところ、やっと納得していただきました。これは換気回数では説明できないものでした。

最近の半導体用クリーンルームでは、300mmウエーハにより製造されることが多く、それに伴い製造装置が大型化されています、その為クリーンルームの天井高さも5mが珍しくなくなってきています。しかしながら、装置の高さが高くなっても、発塵密度(個/クリーンルームm^2)は変わらないと考えられ、既設クリーンルームの経験値から推定すると、同等の送風量ということになります。反対に換気回数としてみると少なくなったということになります。従って清浄度に関する問題が出たときは、まず基本に立ち戻ることにより、検討していただきたいと考えます。

型式	SS-CB-1200F	SS-CB-1800F	SS-CB-2000F	SS-CB-2500F
清浄度	ISOクラス6（クラス1000）			
風量（m³/min）	約3 /3.5	約4.5 /5.4	約10	約15
フィルターユニット	MAC-ⅡA-31	MAC-ⅡA-51	MAC-ⅡA-100	MAC-ⅡA-150
循環回数（回/時）	約83 /97	約62 /75	約83	約90
電源	AC100V 1φ 50/60Hz			
消費電力（W）	29 / 37	約50	98 / 114	150 / 160
重量（kg）	約41	約50	約59	約100
構造	フレーム：31□鋼板製角パイプ焼付塗装			40□鋼板製角パイプ焼付塗装
その他	周囲/天井：帯電防止ビニールカーテン t0.2			
	電源コード（5m、プラグ2PE付）			

SS-CB-2000F

図３　クリーンブースの換気回数[2]

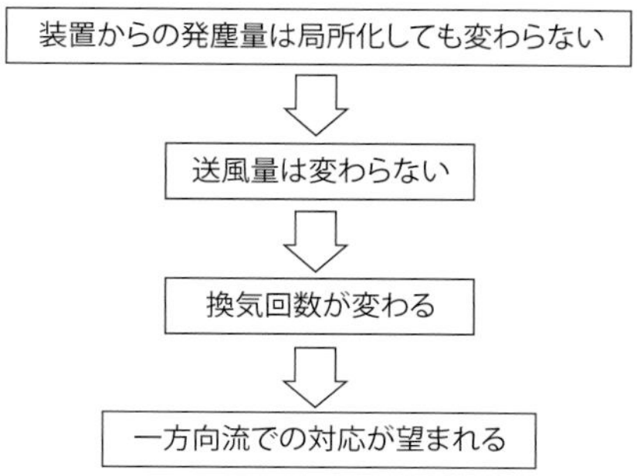

図４　局所化のツボ

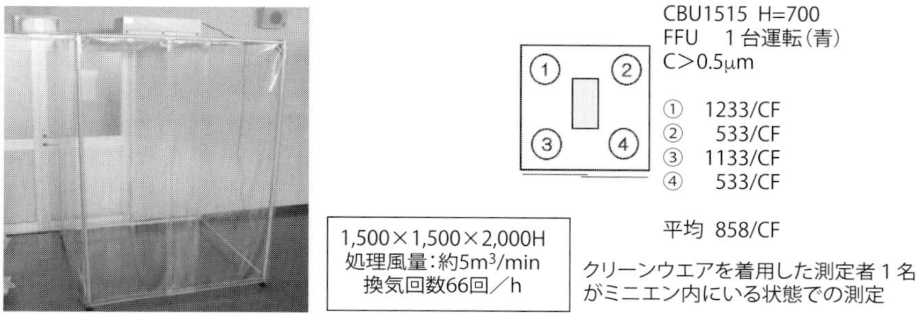

図５　クリーンブース内実測値例

局所内での送風量

上述した大空間に対する事例に対して、反対に、局所内のことについて説明したいと考えます。

現在主流である半導体用クリーンルームは、局所クリーン化システム（ミニエンバイロメントシステム）と呼ばれています。クリーンルームとしてはクラス６（ISO：0.1μm）程度の非一方向流クリーンルーム（ボールルームタイプ）にウエーハはFOUPと呼ばれる密閉容器に収納され、製造装置の場所へ搬送されます。その後移載機により製造装置内に移動し加工されることになります。その製造装置内は、高清浄度を維持できるようにされており、プロセスの所だけを高清浄にし、全体クリールームは低清浄度で維持する方式のことで、発塵の多い作業員との分離による、高い信頼性と省エネルギー効果が認められています。イメージを図１に示します。

ところで局所化というと少ない風量で高清浄度が得られると思われていないでしょうか。プロセスの発塵量は以前と変わらないと考えられるため、清浄度の計算より送風量は変わりません。装置内容量が小さいために、装置内の換気回数で表示すると非常に大きいということになります（図２）。

同様な事例としてクリーンブースを取り上げます。クリーンブースの仕様で大きさと送風量を調べてみました。図３に外形図と仕様を示します。また実測例を示します。換気回数としてはかなり過剰仕様ではないか、と思われるほどの換気回数ですが、実測値をみても効果が少なく換気回数とあまり関係していないのが分かると思います。ところで汎用品でなく、FFUを買ってきて、自分たちで作ったクリーンブースの場合、換気回数で風量を決められることが多いと思われますので、クリーンブース内の発塵量が多いと、性能がでないこともありますので注意が必要です。

局所内で高清浄度を維持させるためには、一方向流によるクリーン化の検討が必要です。一方向流を作るには、全面吹出時の吹出し風速分布の管理、吸込部の抵抗調整による偏流防止等、以前に蓄積した、一方向流クリーンルームの施工経験が、重要になってきます。

現在のボールルームクリーンルームは、クリーンルームを汎用化して、誰でもそこそこできるようになっていますが、簡単になったということではないので、更なる研鑽が望まれます。

室圧と清浄度の関係とは

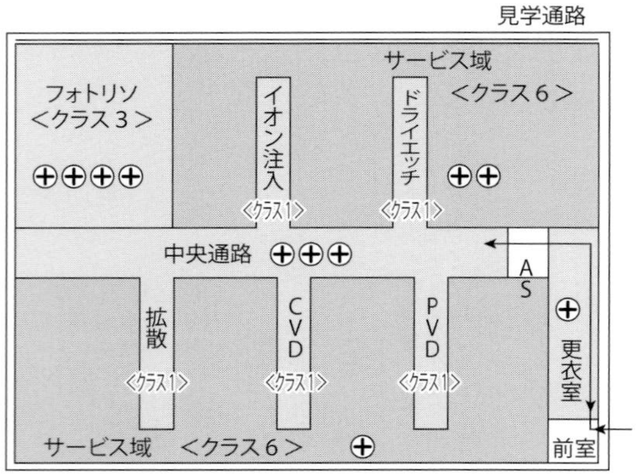

図１　ベイ方式クリーンルームのゾーニング

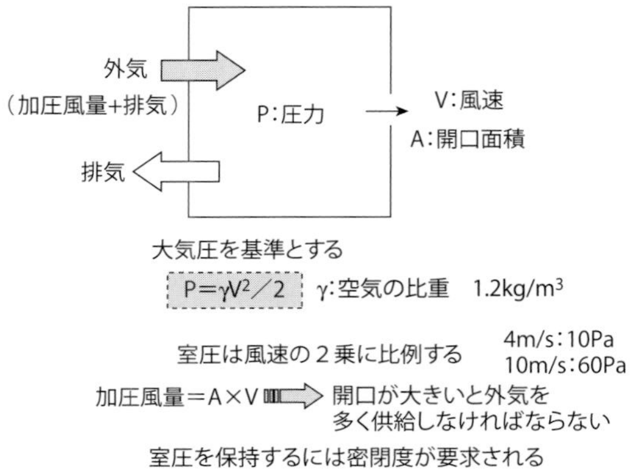

図２　室圧の決まり方

ゾーニングと室圧の関係

クリーンルームの清浄度を維持するために、クリーンルームの４原則
・持ち込まない　・発生させない
・堆積させない　・排除する
を守る必要があります。その中の、持ち込まないという対策の一つに室圧制御があります。

クリーンルーム外部からの塵埃、各種ガス成分の流入を防止するため、外部に対し、常に正圧に保持するということになります。またクリーンルーム内で清浄度の異なる部屋間では、清浄度の高い部屋から、清浄度の低い部屋へ空気が常に流れるような制御を行い、逆転することによる汚染を防止しています。

また外部との差圧が大きければ大きいほど、侵入防止の効果は大きいですが、加圧のための外気量が多くなり、エネルギー消費が増大すること、クリーンルーム内装の倒壊の危険性が増大するため、ベイ方式である図１を例にとると、一般室→更衣室・エアロック室→低清浄クリーンルーム→高清浄クリーンルームの順に室間差圧（5Pa ～ 10Pa）を段階的に高めていく方法が、一般的です。又低清浄クリーンルーム→高清浄クリーンルーム間は、生産装置が横切っていたり、自動搬送用の大きな開口があったりして、5Paの室間差圧がとれないことが多く、空気の流れ方向の確認で、代用する事もあります。

室圧について

室圧がどのようにして決まるか、説明します。クリーンルームは密閉容器ではなく、空気の流れがあるため、ベルヌーイの法則が適応できます。図２に説明していますが、室間の開口を流れる空気の速度で決まります。開口としては、ドア、ドア枠、壁・天井の隙間、微差圧ダンパです。省エネルギーの観点からも、ドアの開閉以外の隙間は、外気量の増大につながりますので、出来るだけ隙間塞ぎをする必要があります。しかしながら、全体の開口面積を算出することが出来ないため、ここでも経験的に、全体の加圧空気量をクリーンルーム容量の１～２回／hとして設定し、それを各エリアに室圧に応じて分配します。また半導体用クリーンルームでは、ドアの開・閉時の室間差圧の逆転があったとしても、短時間で戻ればいいということで、特に問題にされませんが、製薬工場の無菌製剤用クリーンルームでは、それが許されないため、特別な制御が行われます。

ところで、あるクリーンルームの説明会で客先から「クラス３とクラス４（ISO）は設備としては、どちらも全面FFUの計画であり、何が違うのか」との質問がありました。その質問に対して、「どちらも高清浄度が必要ですが、クラス３はプロセス

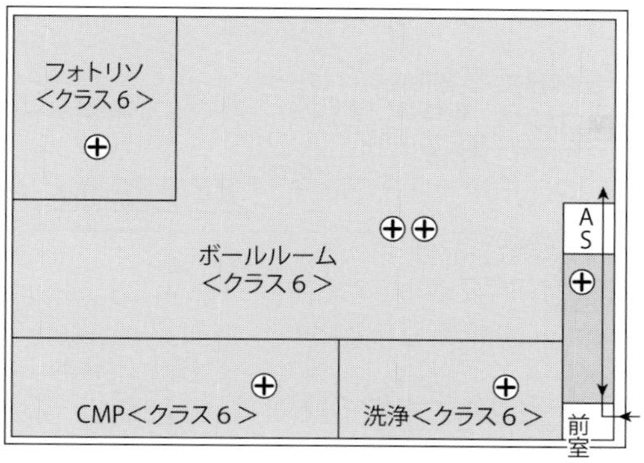

図3　ボールルーム方式クリーンルームのゾーニング

微差圧ダンパ[1]

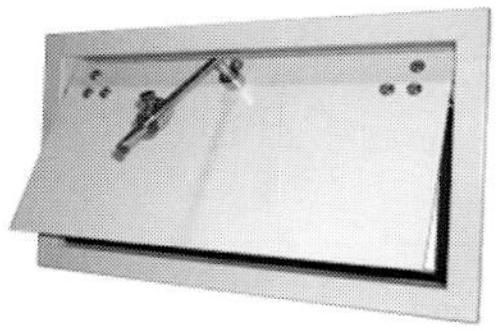

微差圧ダンパ[2]

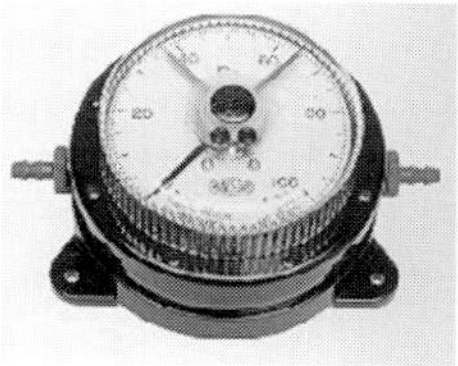

マノスターゲージ[3]

写真1　微差圧ダンパの例

エリアで、クラス4はウエーハの搬送エリアのため、室間差圧を取りクラス表示が変わりました」との説明をしました。

局所化クリーンルーム（ボールルーム方式）の室間差圧の考え方

ベイ方式をベースに述べてきましたが、次に現在主流である、局所化クリーンルーム（ボールルーム方式）の室間差圧について考えてみましょう。図3のレイアウト例のように、間仕切りのないクリーンルーム（ボールルーム方式）と言われるわりには、ゾーニングされているのがわかります。プロセスエリアの清浄度はすべてクラス6（ISO：0.1μm）です。ここでは塵埃の制御と同様に、分子汚染防止の制御が強く求められています。すると多量に他品種のガス、薬液を使うプロセスエリアの空気が、他のプロセスに悪影響を与えないようにするためのゾーニング、と考えられます。つまり、ベイ方式のクリーンルームは、高清浄を得るために、どんどん加圧することを基本としていることに対し、ボールルーム方式では、分子汚染のある可能性のあるプロセスエリアは、通常プロセスエリアより、負圧に制御しなければならない方式と言えます。

ところがフォトエリアだけが、この考えに合いません。清浄度が同じであるにも関わらず、通常プロセスエリアよりも加圧するように計画しています。その理由を考えると、我々設備業者が、ベイ方式からボールルーム方式の移行に際し、全然違う物であるという認識なしに、ベイ方式のフォトエリアの考えに固執して、「一番高い室圧にしなければならない」と思いこんでしまったというのが、正直なところです。実際のところ負圧にするか、イエローランプを全面に採用したとして、「間仕切りを止めてしまってもいいのではないか」と考えますが、実状はどうでしょうか。

微差圧ダンパの有効性

クリーンルームには、微差圧ダンパが取り付けられており、ダンパが開放していれば、室圧が保持されているということになっています（写真1）。計画時の加圧風量を処理できる個数を、設置するようにされていることが多いですが、ドア廻りの隙間と現状の室圧制御の能力から考えて、適正な個数とし、むやみやたらに設置するのではなく、事故時に内装が破損する事の防止を、主な設置理由として、反対に外気量を削減できるように計画したいものです。室圧の確認は、マノスターゲージで十分代用できます。

室圧変動の要因

クリーンルームの運転管理として、室圧を常に一定に維持させる事が望まれますが、各種外乱により変動してしまうことが多いのも事実です。自然による外乱として、気圧の変動、外部の風による変動が主なものです。建物の配置位置の決定には、年間の風向き調査は必ず行い、吸気位置と排気位置の確認と共に、吸気口と排気口に風が当たり、風圧の影響を常に受けることのないような配置検討が必要です。

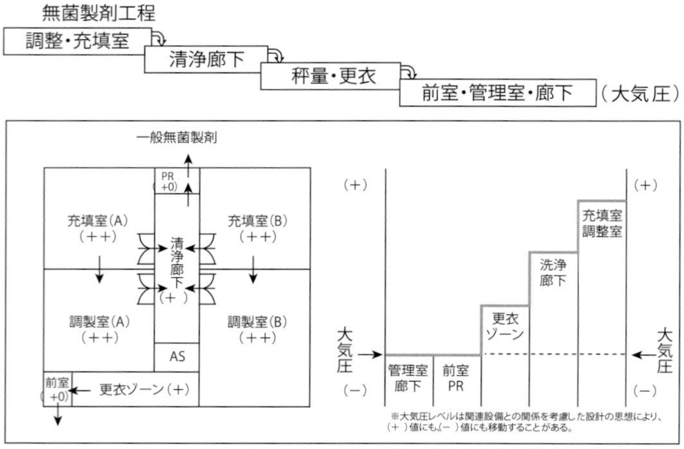

※医薬品開発・製造におけるバリデーションの実際　川村邦夫　著　薬業時報社　page.162〜167を編集

図4　無菌製剤工程の室圧制御

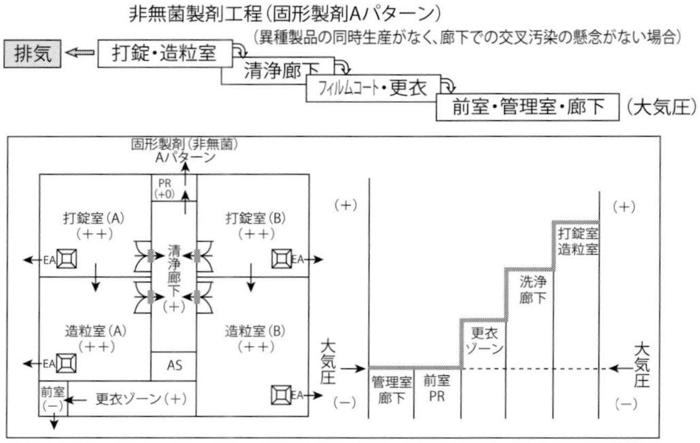

図6　非無菌製剤工程の室圧制御　Aパターン[4]

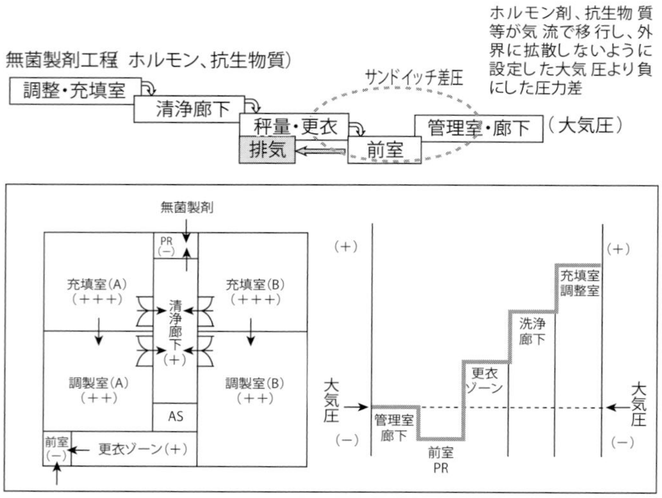

※医薬品開発・製造におけるバリデーションの実際　川村邦夫　著　薬業時報社　page.162〜167を編集

図5　無菌製剤工程（ホルモン、抗生物質）の室圧制御

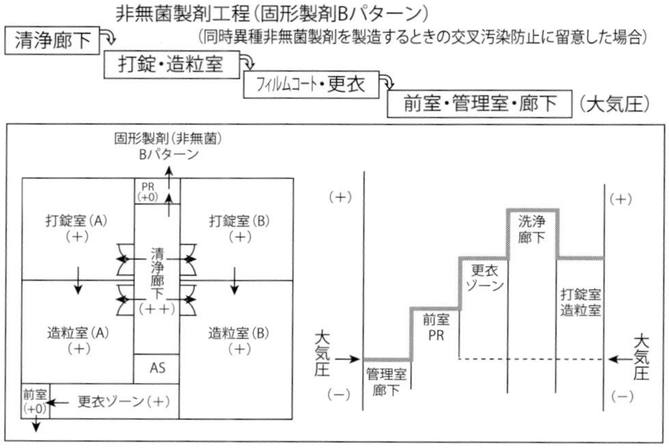

図7　非無菌製剤工程の室圧制御　Bパターン[5]

また人工的な外乱としては、生産装置や作業員の動作によるものがあり、生産装置用排気ファンの起動、停止や、前述したドアの開閉、送風量の昼夜切替等がありますので、設計時にその対応を考慮しておく必要が有ります。設計の問題としては、圧力の基準点設定場所が、外部の風圧に影響される場所を選定したとか、クリーンルーム自体に開口が大きく、室圧を維持しづらいとか、室圧の制御システムの問題とかがあります。

経年変化としては、各種フィルタの目詰まりとか、機器やシステムの故障、装置やシステムの圧力変化に起因することがありますので、適切な維持管理が望まれます。

製薬工場における室圧制御

各種工程により室圧・エアフローの考え方が違っていますので、それぞれを説明します。これらの考え方は、製薬に限定されることなく、他業種でも利用できることであり、何が大事な物で、どのように保護しているのかを、よく理解しておく必要があります。

(1)　無菌製剤工程

図4のゾーニングと室圧の設定を見てください。薬品に他からの雑菌が混入しないように充填室・調整室を他室に比べて正圧にしてコンタミを防止しています。半導体用クリー

	給気側	制御システム	排気側	他室への影響	省エネルギー	フィルタ圧損変化		ドアの開閉		工事費
						定室圧	定風量	定室圧	定風量	
1	VD	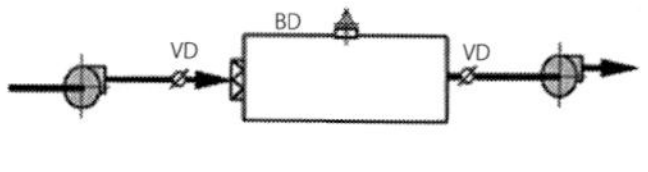	VD	−	×	×	△	−	−	安い  高い
2	CAV	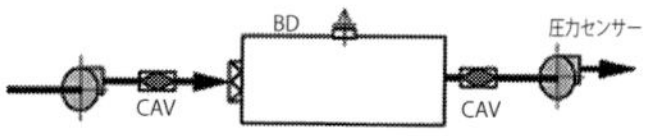	CAV	○	×	○	○	○	○	
3	CAV	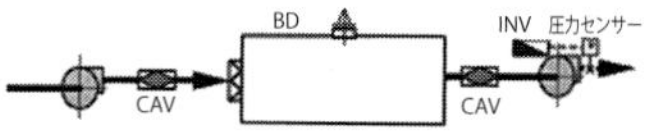	CAV+インバータ	○	△	○	○	○	○	
4	風量センサ+インバータ+VSTD	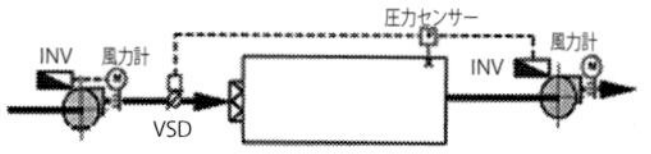	圧力センサ+インバータ	○	○	○	○	○	−	
5	風量センサ+インバータ+VSTD	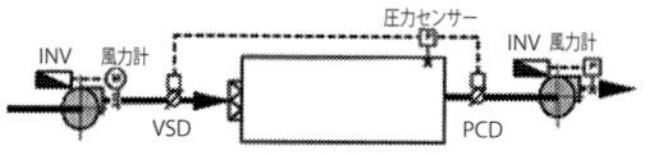	圧力センサ+インバータ+PCD	◎	○	○	○	○	○	

図８　室圧制御システムの比較

ンルームと同様な考えです。

⑵　無菌製剤工程（ホルモン、抗生物質）

図５のゾーニングと室圧の設定を見てください。製剤に他からの雑菌が混入しないように充填室・調整室を他室に比べて正圧にしてコンタミを防止しているのは同じですが、外部に流出すると、自然界に影響が大きいため前室を廊下より負圧にして、空気が外部に出ていかないようにしています。この前室の負圧を介した差圧の取り方を、サンドイッチ差圧と呼ぶこともあります。当然ながら、充填室・調剤室は外部に対して正圧であるので、特に部屋、ダクトの密閉性が要求されます。

⑶　非無菌製剤工程（異種製品の同時生産がなく、廊下での公差汚染の懸念がない場合）

図６にゾーニングと室圧の設定を示します。打錠室・造粒室を清浄廊下よりも正圧とし、他からの汚染を防止します。清浄廊下は各室の前室の機能を持たせています。

⑷　非無菌製剤工程（異種製品の同時生産があり、廊下での公差汚染の懸念がある場合）

図７にゾーニングと室圧の設定を示します。清浄廊下から各部屋に入退室するときに、各部屋からの交叉汚染を防止するため、清浄廊下を他室より正圧として、空気の流れを作っています。当然ながら作業員からの発塵は、防止出来ませんのであくまで非無菌製剤の時に限られます。

室圧制御方法

半導体用クリーンルームの室圧制御としては、室内の圧力を圧力センサにて検知し、外調機からの外気量を、給気ダクトに取り付けたモーターダンパにより制御しています。給気の制御だけであることと、大空間であることにより、室圧変動も少なく、安定した制御ができます。

それに対し製薬工場の室圧制御は小部屋が多く、かつ部屋間の室圧差の逆転が許されないと言うところから、給気と排気を同時に制御する必要があり、非常に難しい制御が要求されています。かつ前述した、ドアの開閉時も制御する必要があり、その為、各社で独自のシステムを開発して対応しています。各社の方式は、ホームページで紹介されていますので、検索してください。図８に室圧制御システムを含んだ、比較表を参考に示します。VSTD：(Variable Stroke Time Danper, PCD：Pressure Control Danperという特殊なダンパ制御を行う時との比較表です。起動時、夜間風量変更時、ドアの開閉時等に室圧の逆転が起こりやすいわけですが、これらを解決したシステムです。ドアの開閉時、及び夜間の風量変更時にも、A室とB室の室圧の逆転がないことを確認しています。

空気浄化システム編 V

気流性状とは

表1　ITRS　2005の要求値

ITRS、2005 の要求値抜粋

Year of Production	2005	2006	2007	2008	2009	2010	2011	2012
DRAM 1/2 Pitch［nm］	80	70	65	57	50	45	40	36
MPU/ASIC 1/2 Pitch［nm］	90	78	68	59	52	45	40	36
Airborne Moleculer Contaminants gas phase［pptM］								
Lithography（Cleanroom ambient）								
Total acids（as SO_4）including organic acids	5,000	5,000	5,000	5,000	5,000	5,000	5,000	5,000
Total bases（as NH_3）	50,000	50,000	50,000	50,000	50,000	50,000	50,000	50,000
Condensable Organic（w/GCMS retention times≧benzene、Calibrated to hexadecane）	26,000	26,000	26,000	26,000	26,000	26,000	26,000	26,000
Refractory compounds（organic containingS，P，Si）	100	100	100	100	100	100	100	100
Gate Wafer environment（Cleanroom/PDP/FOUP ambient）								
Total Metals（As Cu）	1	1	1	1	1	0.5	0.5	0.5
Dopants［D］	10	10	10	10	10	10	10	10
SMC organics on Wafer，ng/cm^2/week	2	2	2	2	2	0.5	0.5	0.5
Salicidation Wafer environment（Cleanroom/PDP/FOUP ambient）								
Total acids（as SO_4）including organic acids	100	100	100	100	100	10	10	10

◆工程毎の制御対象物質と制御レベルを規定
リソ：酸、塩基性物質、有機物、ゲート酸化：金属、ドーパント、有機物、サリデーション：酸性物質

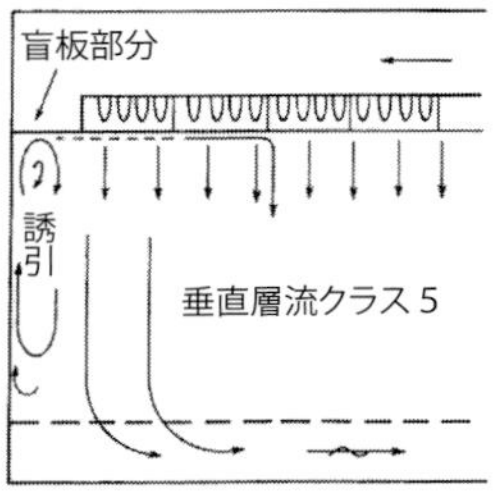

図１　壁際の誘引事例[1]

一方向流クリーンルームの気流

クリーンルーム４原則の、排除することに関しては、特に一方向流クリーンルームは気流により制御されます。室内の発塵を、清浄空気流に乗せて、床下に速やかに排出するという清浄化機構です。従って発生した塵埃は常に下流に流され、上流にさかのぼる事が出来ないという、考え方に基づいて計画されています。偏流のない気流の作り方は、別項で述べられていますので、ここでは省略しますが、気流の平行性の検収では、タフトを用いた方法が、一般的に行われていました。タフト法では糸の種類とサイズの選定、自重を考慮した偏流角度の設定が行われました。当社では、気流偏流角度14°以内の検証に絹ミシン糸50番をほぐした物で、8°以内を合格とする等、の細かい決まりを作っていました。また吹き出し風速はJIS B 9919によると、0.2～0.5m/sとなっており、高風速ほど高清浄度が得られると考えられていますが、省エネルギーの観点から、0.3～0.35m/sが日本に於ける一般的な風速です。また今後の半導体の微細化に伴う高清浄度化の要求として、表１のITRS 2005年度版に示めされているように、0.05μm以下の粒子の制御が必要となっています。ところが0.05μm以下の粒子は、ガスの領域に近づいていくため、粒子の性格とガス状の性格もあり、粒子がフィルタをすり抜ける現象も報告されています。と言うことは、従来言われているように、単に大風速が高清浄という常識が通用しなくなってくることになり、また前出の「フィルタの効率と寿命とは」の図５に示されたように処理風量を大きくすれば、捕集効率が下がってしまうことも事実であり、装置内を非一方向流で希釈するのではなく、一方向流をどのようにして作るかの検討が重要と考えます。

一方向流で、偏流と共に問題となることに、誘引現象があります。図１のように壁際部に発生しやすく、流れ方向と異なる流れが発生し、室内で発生した塵埃を上流の方へ、誘引する現象を言います。天井チャンバー正圧のシステムでは、これを防止する為に、特殊サイズのフィルタを作り、デッドスペースを極力なくすような対策をしてきました。そしてFFU方式となっても、同じように特殊サイズのFFUにより対策することもありますが、FFU方式の利点の一つである、天井チャンバー内がクリーンルームより負圧であることを利用して、少し

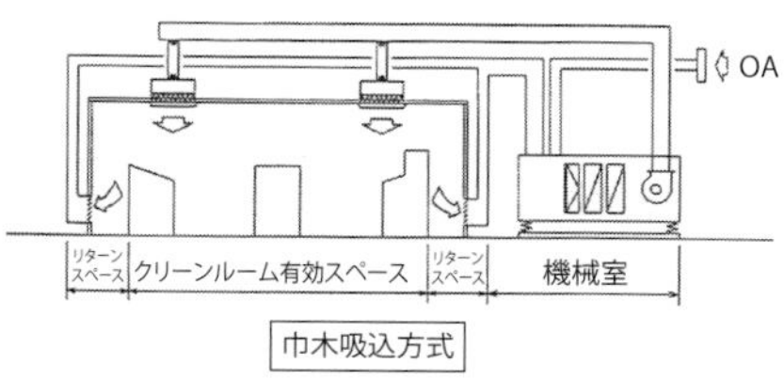

図２　クリーンルームシステム（巾木吸込方式）

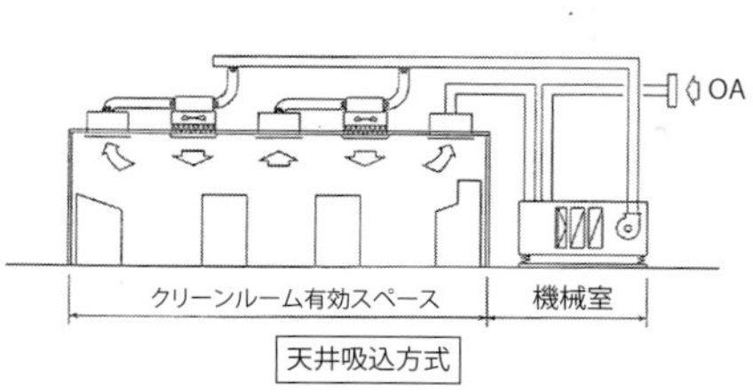

図３　クリーンルームシステム（天井吸込方式）

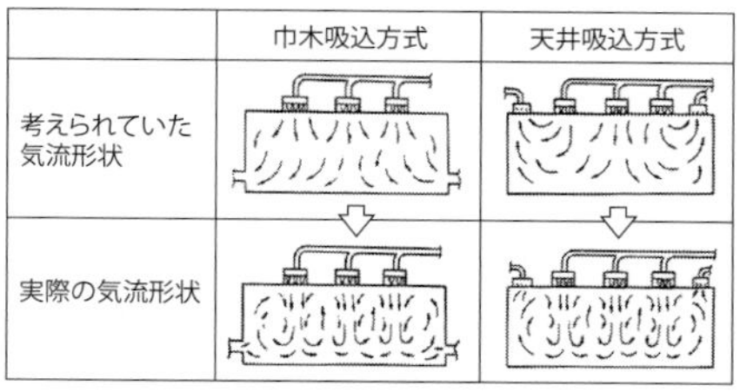

図４　巾木吸い込みと天井吸い込みの比較

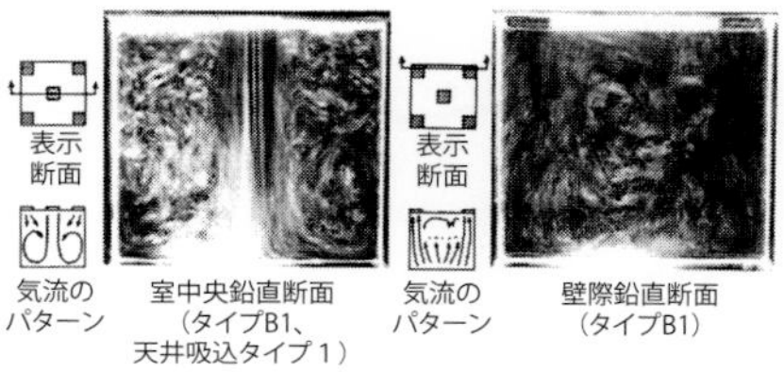

写真１

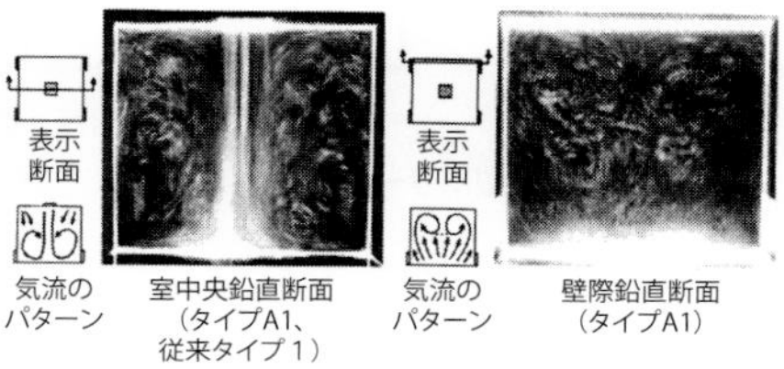

写真２

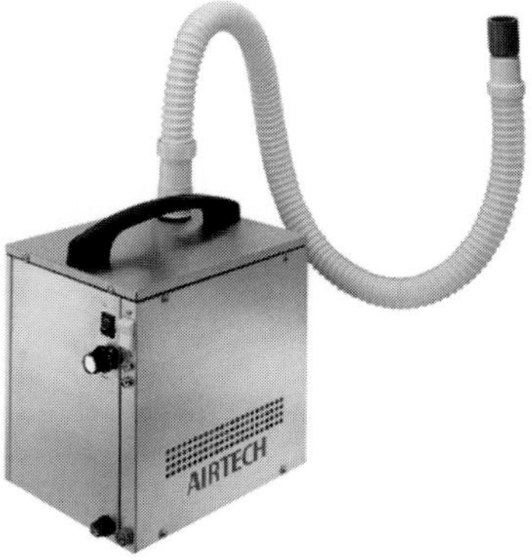

写真３　クリーンビューワー（気流可視化装置）(2)

隙間をあけて天井吸い込みさせた方が、効果があります。

非一方向流クリーンルームの気流

非一方向流クリーンルームは、気流による塵埃の排除は出来ないため、希釈による排除となります。その為送風量の設定と、吹出口の形状、配置が重要です。吹出口としては広範囲拡散で、誘引しないものを選定します。清浄度に与える影響として、吸い込み口の形状及びその配置は、吹出口ほど強くなく、巾木吸い込みと天井面に配置された吸い込み口による、気流性状の比較した実験結果によれば、ほとんど差異が認められないことが解っています（図２～４、写真１～２）。またアクセスフロアにより下面吸い込みとしているクリーンルームもよく見受けられますが、一方向流になることはなく、気流性状は同じです。但し床付近の塵埃は、他の吸い込み位置に比較して、速やかに床下に排除されます。

気流の可視化

気流性状の解析方法としては、可視化、三次元風速計による計測、数値シミュレーション等があります。気流の可視化としては、前述のタフト法、純水ミストを使ったトレーサー法、写真３のような、トレーサー粒子の発生装置やレーザー照射システム、高速度ビデオカメラ、画像解析装置で構成された可視化システムも開発されています。また気流解析のソフトも売り出されており、以前と比べて使いやすくなっています。

空気浄化システム編 Ⅵ

空気浄化システムとは

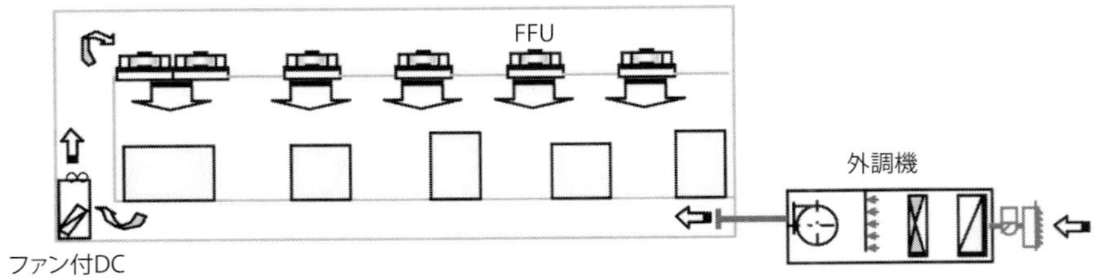

図１　一方向流方式の代表的システム

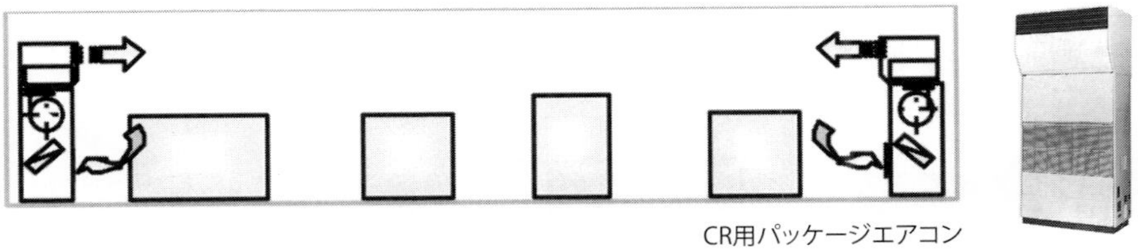

図２　直吹型クリーンルームシステム

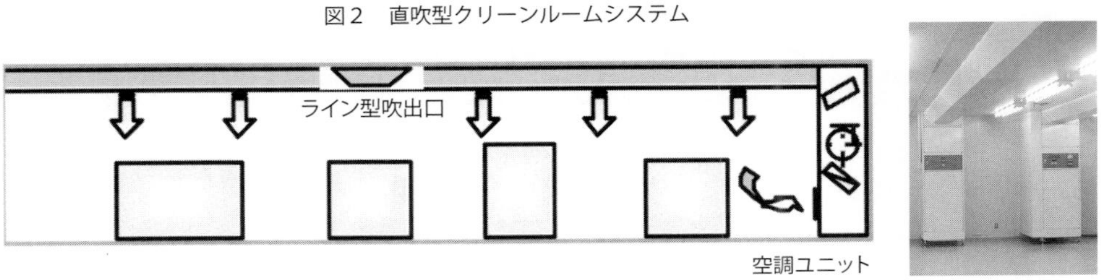

図３　ライン型クリーンルームシステム

クリーンルームシステム

　クリーンルームの方式は、一方向流及び非一方向流方式に大別できます。

　クリーンルームの一般的な空気浄化システムを図に示します。

　図１は、一方向流方式クリーンルームのシステムで、外気処理用の外調機、室内熱負荷処理用のドライコイルユニット（DC）と清浄度を確保するためのファンフィルタユニット（FFU）の組み合わせになります。

　従来の一方向流方式クリーンルームでは、大型の循環ファンにて送風していましたが、FFUが開発されたことにより、低圧損ULPA（あるいはHEPA）フィルタや高効率小型モータ採用による省エネルギー性の向上や危険分散などのメリットから最近のクリーンルームの主流になっています。

　またDCも、従来は全風量を賄っており、温度のバラツキをなくすため冷水供給温度を16～18℃（露点温度＋４～６℃）且つコイルの出入口温度差を２℃程度に制御していましたが、ファン付DCの開発により、循環風量の一部をバイパスさせることにより、また通常供給条件である冷水供給温度７℃、且つコイルの出入口温度差を５℃程度に緩和できる様になりました。これらの低圧損化や制御系の精度の緩和が図れることにより、系全体の抵抗が減り、またFFUの機外静圧も小さくでき、益々の省エネルギーが図れるようになってきています。

　ただ、デメリットとしてはFFUの騒音が大きいこと、天井チャンバー内の気密不良により生外気が侵入し易く、湿度不良を引き起こすなどが挙げられましたが、前述のファン付DCのおかげで、FFUの機外静圧が小さくなり、天井チャンバー内が外部に対して正圧を維持できる事例もあり、システムとして改善しています。

　ただ騒音に対しては、直上部のファンからの直接音の影響を受けやすく、室内の騒音値が音の合成でFFU単体の音＋15db程度になります。室内騒音規制値を60db（A）以下とした場合には、FFU単体の騒音値を45db（A）以下にする必要がありますが、グラスウールからのボロンの発生の恐れがあることから、以前は取り付けていた消音内張を行わなくなっており、そのような低騒音のFFUを採用することは困難です。

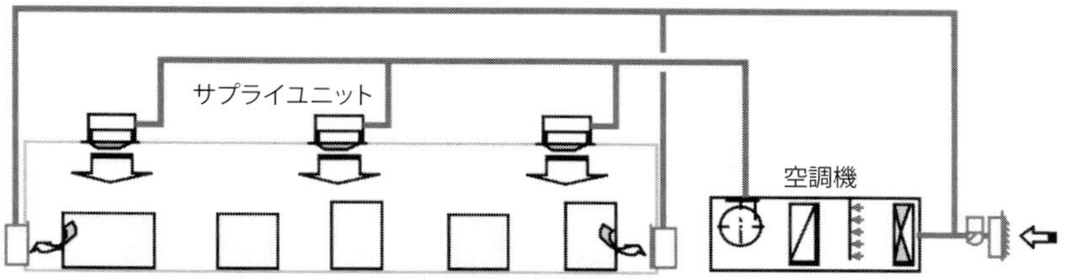

図４　非一方向流方式の代表的システム

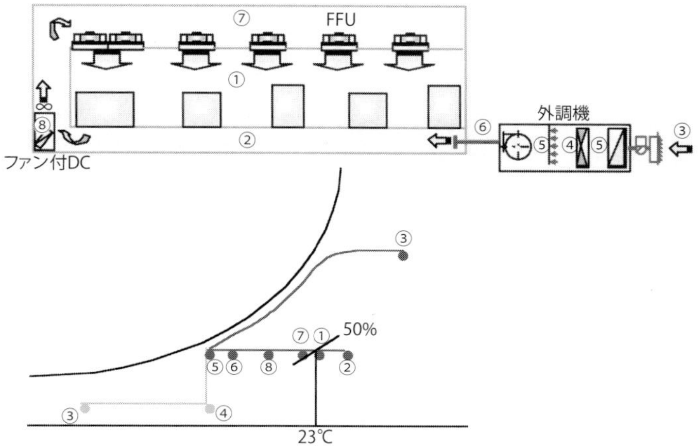

図５　一方向流方式システムと空気線図上の動き

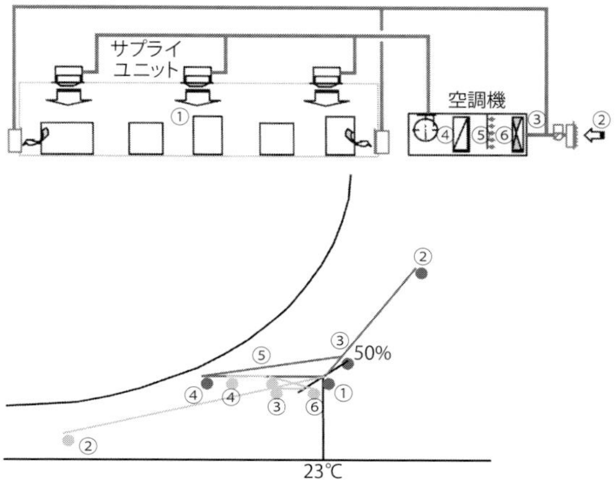

図６　非一方向流方式システムと空気線図上の動き

製造装置の発生騒音とか、各種ユーティリティの発生騒音を考慮すると、65db (A)を目標とする、というのが現実的だと考えます。

室内の湿度は外調機のみで制御されています。そして多少の外気の侵入でさえ、湿度不良が顕著になってしまうことを考えると、室内湿度のフィードフォワード制御を加味する必要もあります。

図２の直吹空調機システムは最も簡単に、安価にクリーンルームを形成するシステムです。

一般に、クリーンルーム用パッケージエアコンと呼ばれる、フィルタ付パッケージエアコンをクリーンルーム要所に設置するシステムで、換気回数を確保し、希釈により全体の清浄度を維持する大部屋対応のシステムです。

もちろん、パッケージエアコンの代わりにコンパクト型エアハンドリングユニットを使用することも可能です。

また、同上のクリーンルーム用パッケージエアコンに、吹出口とダクトを一体にし、台形や円筒形の形状により気流の拡散性を向上させた図３のようなライン型クリーンルームシステムもあります。

図４の空調機＋ダクト＋サプライユニットシステムが、非一方向流方式クリーンルームの代表的なシステムです。

サプライユニットを天井部の要所に配置することができ、吹出気流を満遍なく拡散できるため、安価にクリーンルーム性能の確保ができます。

さらに、サプライユニット船底形吹出口を改良し、拡散性能を向上させた機器もあります。

図５と図６に一方向流、非一方向流方式の代表的なシステムについて、空気線図上の動きを示します。

図５の一方向流方式では、外調機により露点温度制御＋出口温度制御された外気と、ファン付DCにより室内顕熱負荷を処理する様温度制御された空気が、FFU循環系で混合され温湿度制御を行っています。DCの温度制御上の注意事項は前述のとおりです。

図６の非一方向流方式では、温湿度制御精度に幅があり、安価なシステムが求められるため、一般に外気処理は空調機で行います。また、中間期（地域によっては冬期）に外気冷房システムが検討され、相応の省エネルギー効果が得られています。

排気処理設備とは

表１　ダクト仕様区分表

種別	名称	酸	アルカリ	有機	一般	熱40℃以上	危険物	除害-2（緊急含む）	非常
ダクト材質	亜鉛鉄板	×		○	○	○			○
	SUS	×		○	○	○	○		○
	PVC、FRP、PP	○	○	×	△※１	×※１			
	一般配管用ステンレス鋼管						(○)	○	

凡例　○：良　△：使用可　×：使用不可　　※１　ミスト系排気の場合

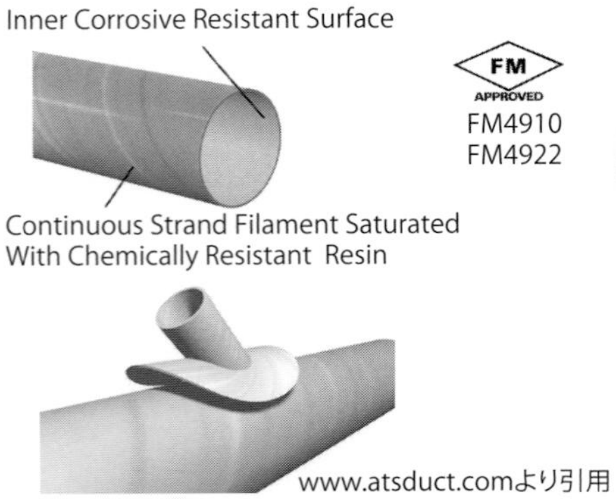

www.atsduct.comより引用
図１　耐火FRPダクト

FRPターボ送風機[1]

PVCターボ送風機[2]

片持型送風機[3]

写真１　各種送風機

生産排気の基本計画

(1)　排気の系統分け

半導体用クリーンルームで一般的に必要な排気の種類としては、酸、アルカリ、有機、一般、熱、危険物（シラン、オゾン等）に系統分けされ、それぞれの処理設備で処理され排出されます。酸とアルカリを同系統とすることがありますが、塩の生成が生じる場合があり、ダクト、排気処理装置の閉塞を招く原因となりますので、あまり好ましいことではありません。

(2)　排気処理装置の設置場所

騒音、振動が大きく、外気温度降下とか２種類以上の気体の化学反応により、白煙がでることが多いため、敷地境界までの距離を十分長くする必要があります。また排出されたものが、風向きにより外気取入口に流入することのないようにしなければなりません。また特に日常の保守点検が必要ですので、容易に近づけるよう、機器の配置には十分な注意が必要です。また排気処理装置には、薬品を使用しますので、薬品の搬入ルートの確保と、薬液タンクを含めて防液提を設ける等の対策が必要です。防液提の容量としては、その提内に薬品の漏洩対策設置される最大タンクの容量以上となります。

(3)　ダクトの材質

一つの基準として、表１に示すように、酸、アルカリ系に対しては、耐食性のあるPVCが使用されます。薬品の蒸気、水蒸気等の排気となるので、ダクトの曲がり部に水が溜まるところには、必ず水抜きを取り付け、ダクトの閉塞を防止出来るようにしてください。後で取り付けようとしても、操業に入れば、運転を止められなくなることと、薬液の処理で、大がかりな工事になってしまいますので、特に注意してください。有機系に対しては、多少腐食性のあるガスが含まれるため、亜鉛鉄板もしくはSUSが使用され、有機溶剤が排気されるため、PVCは使用されません。一般と熱系は基本的には亜鉛鉄板を使用しますが、高温度による影響を考慮すると、保温、耐腐食の為、SUSも検討する必要があります。

欧米系の物件では、保険の関係でFM認定に沿った仕様が要求されます。基本的に可燃であるPVCダクトは、内部にスプリンクラーを設置したものでないと使用できません。欧米で一般的なものとして、耐火FRPダクト（図１）であるとか、ステンレスダクトにエポキシ等のコーティングダクトが要求されます。日本で製作する所がないため、通常アメリカ

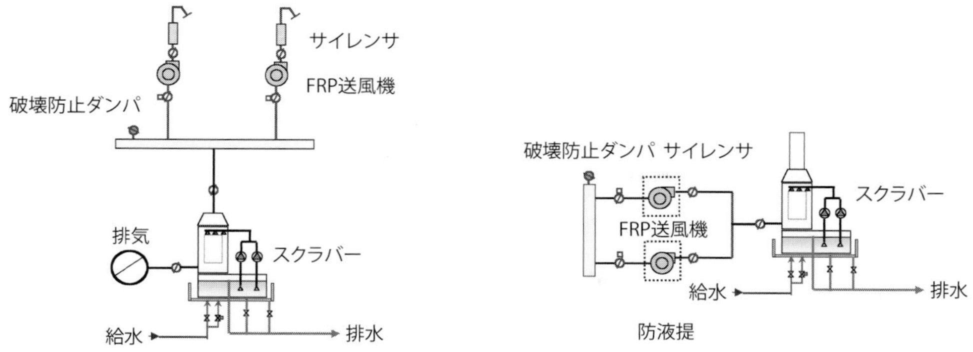

図２　送風機とスクラバの設置位置例

表２　各種スクラバの比較表

型式	充填塔スクラバ	多孔板塔式スクラバ	スプレー塔式スクラバ
概略図	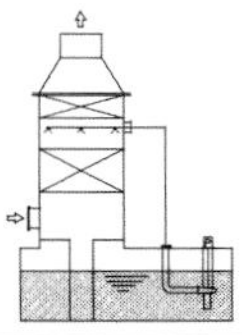	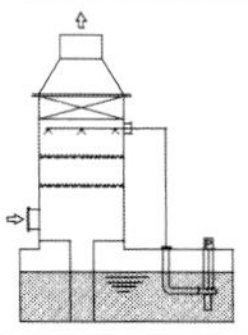	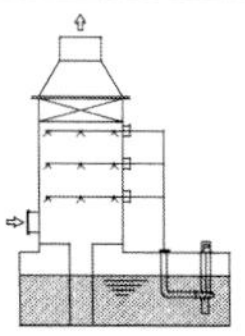
スケール目詰	吸収液濃度により大	小	小
圧損［kPa］	0.4～1.0	0.7～1.0	0.3～0.5
風量変化の除去効率に対する影響	小	大（但し風量可変型は小）	大
空塔速度［m/s］	0.3～2	2.0～3.0	0.2～3.0
特長	・圧力損失が少なく液の残液量が少ない ・粉塵対策が必要 ・風量変動に対し、性能が比較的安定している	・構造が簡単である ・ダスト混入ガスであっても、目詰まりせず、除去効果も安定 ・半導体工場に実績が多い	・構造が簡単である ・ダスト混入ガスで低濃度系に採用 ・半導体工場に部分的採用

の工場へ、ダクト部材を製作依頼し、輸入し現場取り付けします。現場取り付けに際しては、アメリカの技術者を現場に召集し、ダクト接続方法の指導を仰ぐということになります。かなり手配に、労力を要することになりますので、日本にも代理店ができていますので、依頼することをお勧めします。

(4)　風量等の留意点

風量の決定に関しては、各社、各業種で異なっていますが、各生産装置の排気風量緒元表で示された、積み上げ値に対して、稼働率、余裕率、将来対応の考慮を行って、各ダクトの風量を決定されます。あまり余裕を見過ぎると、過大なコストとなりますので、客先とよく打ち合わせを行い、過不足のない計画を行う必要があります。

またガス供給業者との間でよく問題となることに、ガスシリンダー排気風量があります。ガス供給業者からの要求風量が、ガス漏れ時に爆発限界以下に希釈するためとか、引火する限界濃度まで希釈するための風量が、理にかなった形で提示されるわけですが、当初計画風量になかったことが主な理由にも関わらず、例えば6m^3/min・台について、「キャビネット容量から考えて、150回／hもあり要求は過大であり、もっと減らして頂きたい」との要求をしたものでした。しかしながら、塵埃計算で示したように、一定量を希釈するときには、希釈風量は一定であり、局所化した時は、見かけ上換気回数が大きくなると言うことに気がつきませんでした。従ってシリンダーキャビネット及びバルブボックスの排気は、必ず必要な物であり、当初から要求通り計画していただき、業者間の連携を密にし、後のトラブルとならないようにしてください。

ダクトサイズの決定については、通常ダクトの単位摩擦損失（1.0～2.0Pa/m程度）を決めて決定されますが、半導体用クリーンルームの近辺を通す場合、振動対策として、10m/s以下の風速で決めることもあります。最近の装置排気は、下部からの接続が多くなってきていますので、メインダクトがクリーンルームの直近を通るため、微振動には特に注意を払う必要があります。

(5)　送風機の留意点

材質は、耐食性が必要であり、PVC、FRP製が使用されます。（写真１）排気処理装置と送風機との位置関係について上流側と、下流側に比較して説明します。（図２）処理装置の下流に送風機を設置する場合、送風機に流入する空気は処理されてお

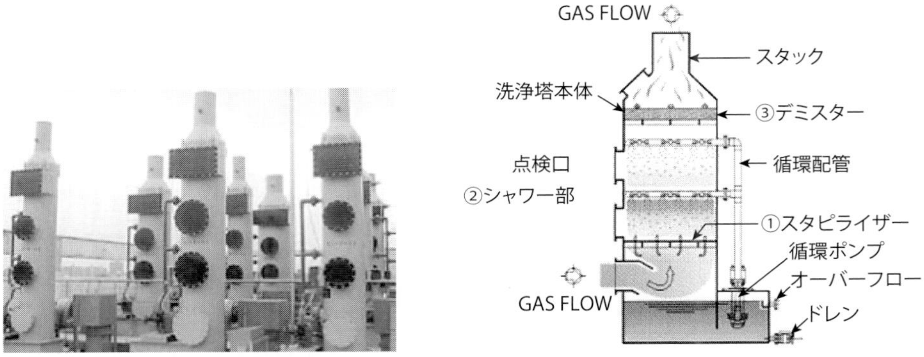

写真２　スプレー塔式スクラバの例[4]

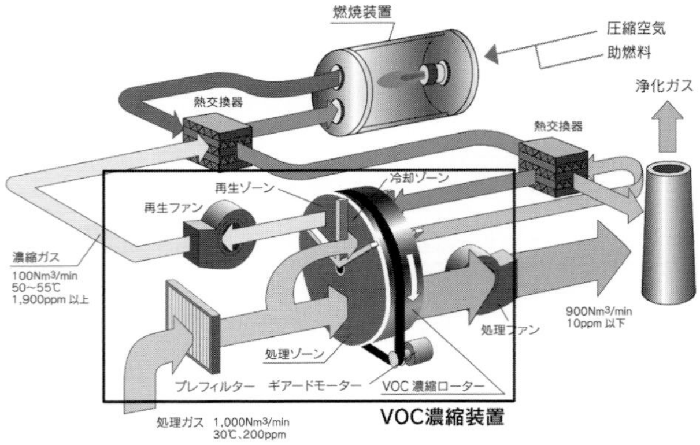

図３　濃縮燃焼装置の基本構造例[5]

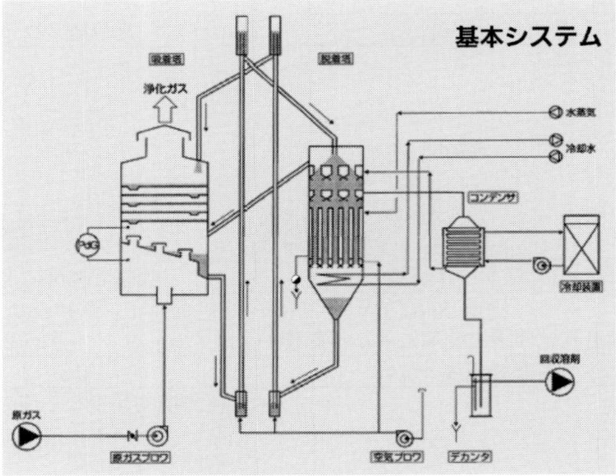

図４　流動床吸着方式例[6]

り、送風機に対して負担が少ないことと、処理機が大気に対して負圧であるため、破損時に大気への漏れが押さえられます。また騒音対策としては、送風機吐出部に、消音器の設置により対応することになります。しかしながら設置スペースが、押し込みの場合と比較して大きくなり、コスト面で不利となります。また送風機の必要全圧は、製造装置の接続部で250 ～ 500Paを要求されるため、1,500Pa以上となることが多く、1,000Pa以下の時は、注意が必要です。補足として、熱排気送風機には、ベアリング保護の観点から、片持式を選定する必要があります。

排気処理設備

排気系統には、分野によっても違いますが、一般排気、酸排気、アルカリ排気、有機排気、熱排気、集塵排気、特殊ガス排気などがあります。このうち、排気処理を行う系統は一般排気、熱排気を除くすべての系統です。

硫酸・塩酸に代表される酸排気や、アンモニアなどのアルカリ排気の処理には、一般にスクラバーが用いられています。スクラバーの種類は、表２に示すように、その濃度や変風量対応、目詰まり防止の観点などから、多孔板式、充填塔式、水スプレー式に大別できます。

多孔板式スクラバーは、気液接触部分に多孔板を使用し、粉塵混入ガスでも目詰まりせず、性能が安定しています。多孔板を通過する風速に下限がありますので、風量が変動するシステムには向いていません。

一方、充填塔式スクラバーは、気液接触部分にプラスティック系充填材を使用し、高濃度ガス・大風量処理に適しています。また、風量変動に対して性能が比較的安定した機種といえます。ただ、充填材が目詰まりし易く、粉塵を含んだガス処理には不向きです。

また最近、実際の排気ガス濃度を調べると結構低濃度であることから、低圧損機種の水スプレー方式スクラバーが多用されてきています（写真２）。塔内には多孔板や充填材といったものがなく、数段の水スプレーノズルのみのため機構が簡単で故障も殆どありません。風量変動にも対応し易く、低圧損で低濃度ガス・大風量処理に適しています。

本体及びダクトの材質にはPVCやFRPが使われています。

アセトンなどの有機溶剤は、一般的には水に溶解し難いものが多くあります。その有機系排気は、従来は

表３　溶剤処理装置の比較

方式	燃焼方式			吸着・回収方式		
	・大気にCO_2排出あり ・比較的処理エネルギー小		・大気にCO_2排出 ・処理エネルギー大	・大気にCO_2放出なし ・処理エネルギー大		
	蓄熱燃焼方式	触媒燃焼方式	直接燃焼方式	流動床方式	固定床方式	
				窒素脱着方式	蒸気脱着方式	窒素脱着方式
装置概要	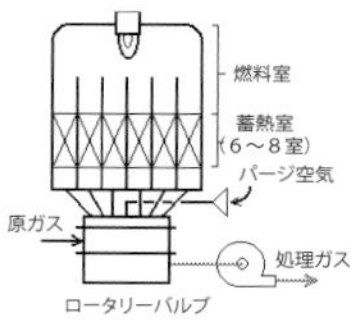	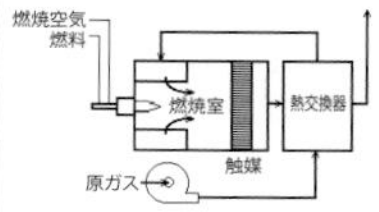	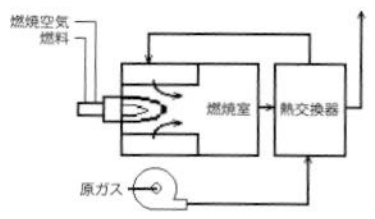	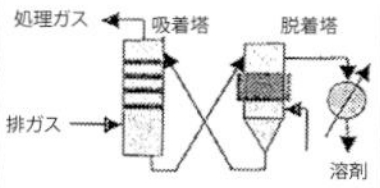	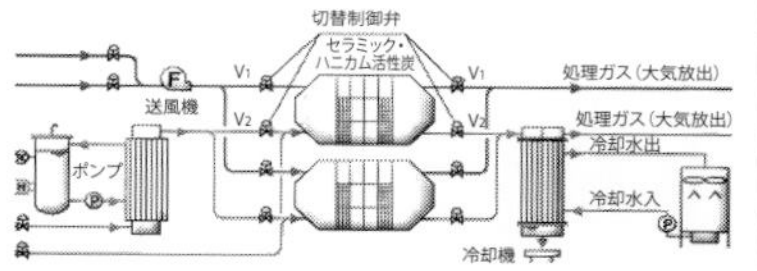	
原理	セラミックなどの蓄熱体を媒体として800～1,000℃で溶剤物質を酸化分解	触媒を用いて燃焼温度を250～350℃の低温下で溶剤物質を酸化分解	触媒を用いて燃焼温度を250～350℃の低温下で溶剤物質を酸化分解	吸着剤(球状活性炭)を吸着塔と脱着塔で流動させて160～180℃窒素により吸脱着を連続的に行う方式	吸着剤を設置した２～３塔の吸脱着塔を切替えて蒸気により吸脱着を連続的に行う方式	吸着剤を設置した２～３塔の吸脱着塔を切替えて160～180℃窒素により吸脱着を連続的に行う方式
除去効率	95～99%	99～99.9%	95～99%	60～80%	80～90%	80～90%
メリット	低濃度で自燃する為、濃度によっては直接燃焼方式に比べて助燃料の消費量が少ない	低濃度で自燃する為、濃度によっては直接燃焼方式に比べて助燃料の消費量が少ない	酸化分解可能であればほとんどの有機溶剤ガスに対応できる	成分によっては排水の処理が必要ない	風量や濃度変動に対応しやすい	成分によっては排水の処理が必要ない
デメリット	送風機の電力消費量や装置重量が比較的大となる	成分によっては触媒毒の影響が大	助燃料の消費量が多い	除去効率が低い	凝縮排水の処理設備が必要	水溶性物質の場合凝縮排水の処理設備が必要
その他	・排熱ボイラによる熱回収可能 ・低濃度時は濃縮装置を利用	・排熱ボイラによる熱回収可能 ・低濃度時は濃縮装置を利用	・排熱ボイラによる熱回収可能		・低濃度時は濃縮装置を利用	・低濃度時は濃縮装置を利用
代表メーカー	・中外炉工業	・TESSHA ・カンケンテクノ	・月島環境エンジニアリング ・カンケンテクノ	・クレハ環境	・栗本鉄工所 ・月島環境エンジニアリング	・栗本鉄工所

そのまま大気開放が多く見受けられました。しかし、近年の大気汚染による環境問題から、ある程度の高濃度の有機系ガス処理には燃焼方式や吸着・回収方式といった溶剤処理装置が使われています。また、低濃度の場合には濃縮装置を併設しています。溶剤処理装置には、表３に示すように、燃焼方式には直接燃焼方式、触媒燃焼方式、蓄熱燃焼方式があり、吸着・回収方式には流動床方式、固定床方式があり、さらに蒸気脱着方式、窒素脱着方式に細分されます。

燃焼方式では、排気ガスを燃焼させるため、大気にCO_2を排出してしまいますが、直接燃焼方式以外では排ガス処理エネルギーが小さく、省エネルギーに考慮されています。

吸着・回収方式では大気へのCO_2排出はないものの、除去効率が低い、凝縮排水の処理設備が必要といったデメリットがあります。

粉塵を含む集塵排気の処理には、バッグフィルタタイプが多く採用されています。フィルタの圧損が大きく（1,000 ～ 1,500Pa程度）、目詰まり防止用のパルスジェットのような払い落とし機構が不可欠です。

フィルタの種類には、一般集塵用の布製フィルタ、高性能集塵用HEPAフィルタなどがあります。

集塵排気があれば、特に気をつけなければならないのが粉塵爆発です。搬送されてくる粉塵の摩擦、バッグフィルタ払い落とし時の剥離放電などの静電気力が存在しており、作業者や関連設備への安全対策が必要です。そのためには、バッグフィルタに導電性繊維の編み込みによるアースや装置全体のアースなどの対策が必要になります。また、装置の安全を確保するため、必ず爆発放散口を設ける必要があります。これは、労働安全衛生規則などにより義務付けられています。

半導体産業などで多く使用されるシラン、アルシン、ホスフィンなどの特殊ガス処理には、触媒などによる吸着剤で一次処理を行い、スクラバーで二次処理を通常行っています。

これら特殊ガスには自燃性のものや、H_2などのキャリアガスが存在すれば火災の危険性が伴ってきます。発火。爆発などについての安全対策が必要になってきます。

以上、排気処理設備共通にいえることは、火災、爆発などへの安全性への配慮はもちろんのこと、排気風量の変動を極力抑え、予備機切替、停電・瞬停・復電時の自動運転など、連続した安定運転の対策を考慮する必要があります。

空気浄化システム編 Ⅷ

空調機器の決め方とは

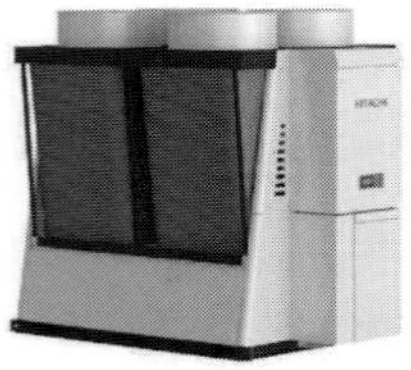

空冷チーリングユニット

ターボ冷凍機（INVタイプ）

吸収冷凍機

炉筒煙管ボイラ

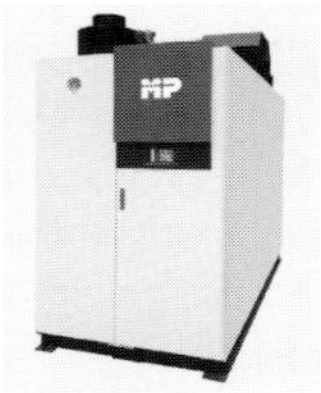

貫流ボイラ

写真１　冷凍機・ボイラ種類の例[1]

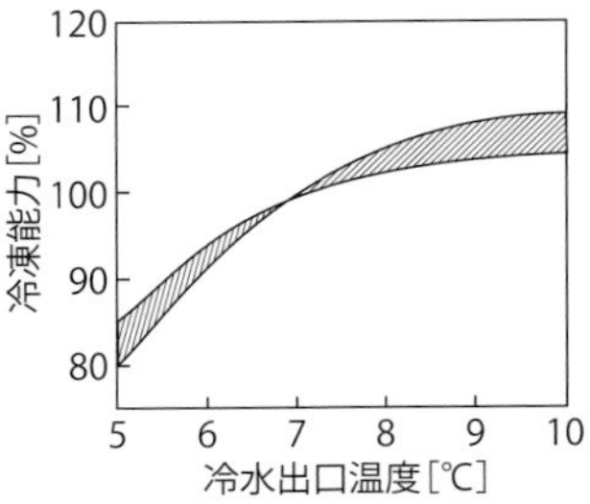

図１　冷水出口温度と冷凍能力の関係[2]

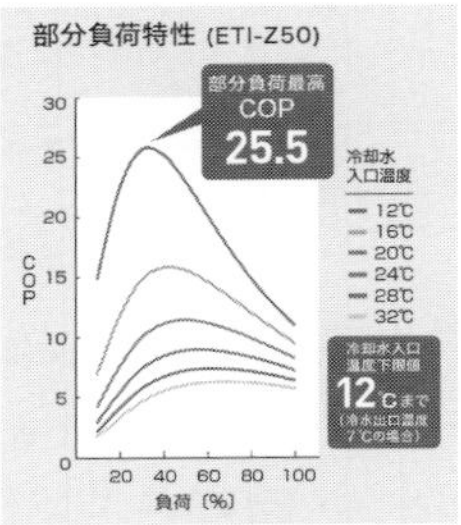

図２　冷却水温度と部分負荷の関係[3]

生産機器の熱負荷

クリーンルームの設計において、まず空調負荷を算定する必要があります。

空調負荷のうち、躯体負荷、照明負荷、人体負荷は一般空調の計算と一緒ですが、装置負荷、特に装置稼働率×負荷率の考え方によって機器の容量が大きく変わってしまいます。ここでは、一例としてその算出方法を示します。装置負荷は、モータを主とする負荷と、ヒータを主とする負荷に二分されます。筆者はこれまでの経験から、電気容量に、モータを主とする負荷率を0.9、ヒータを主とする負荷率を0.2とし、各々に稼働率0.4を乗じています。モータ・ヒータが組み合わさった場合にはそれぞれの電気容量に上述の負荷率・稼働率を乗じ合算します。この方法がそれなりの根拠もあり、実負荷とも大きな乖離もなく今日に至っています。

熱源機器の選定

次に熱源容量を算出し、機器を選定します。

熱源容量は前述の空調負荷に外気負荷、再熱負荷などを加算して決定します。一般空調の場合には、数値に若干高めに出ることがこれまでの経験から分かっており、その合計値の80％程度を機器容量にしている場合もあります。しかし、工場空調の場合には、熱源容量不足が即製品の品質に影響することから、熱源容量は計算どおりの数値を使用することもあります。

写真１に示すように、冷凍機には、チーリングユニット、ターボ冷凍機、吸収冷凍機などがあります。また、ボイラにも、貫流式ボイラ、炉筒煙管式ボイラなどがあり、いずれもその容量、インフラを考慮して機器選定を行います。

また冷水温度は外気の湿度制御に関係しており、夏期以外は7℃以上に冷水取出温度を変えることができます。取出温度を標準の7℃から9℃にすると、能力が6％あがります。その為7℃と12℃の２系統の冷水システムとしているところもあります（図１）。

さらに、図２のように、部分負荷時のCOPが25.5の機器も開発されており、機器の分割に配慮が必要となります。また熱回収機器やフリークーリングシステム（外気による熱回収システム）を採用することもできます。

湿球温度に関して

最近地球温暖化現象で、外気湿球温度が高くなり、冷却塔の能力が不

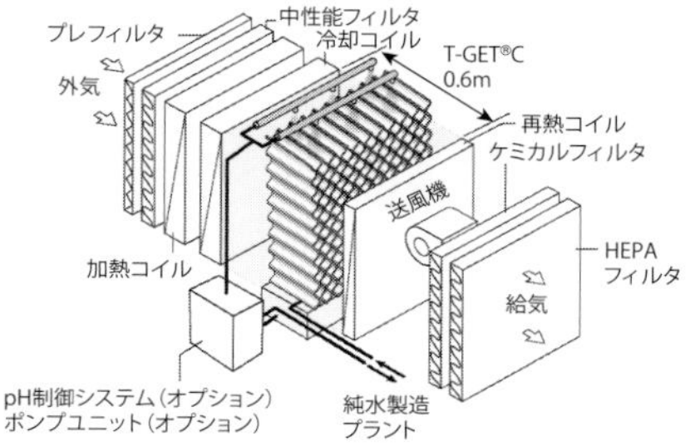

除去性能（年間平均値）	
アンモニウムイオン NH_4^+	90%
硫酸イオン SO_4^{2+}	85%

高砂熱学工業総合研究所実測値に基づき算出。
pH制御システム採用の場合

図３　気液接触式ケミカルワッシャー

表１　空調機ファン比較

	多翼送風機（シロッコ）	翼型（リミットロード）	プラグ型送風機
外観			
特長	多翼羽根 汎用性が高い	翼形（後向き）羽根 高静圧、大風量、効率が良い リミットロード特性	リミットロード特性
風量範囲［m^3/h］	～35,000	15,000～120,000	500～60,000
静圧範囲［Pa］	～1,300	～2,000 MAX3,000	～2,000
効率［%］	MAX 62	MAX 72	MAX 70
駆動方式	小風量：直動式 大風量：ベルト掛式	小風量：直動式 大風量：ベルト掛式	小風量～大風量： 直動式
吹出方向	ファンのケーシングに対して前方向のみ	ファンのケーシングに対して前方向のみ	モータ設置面以外は自由に取出し可能
設置スペース	100	100	62
保守性	ベルト・ベアリング保守必要　△	ベルト・ベアリング保守必要　△	直動のためベルトのメンテ不要 ベアリング保守必要　○
総合評価	△	○	◎

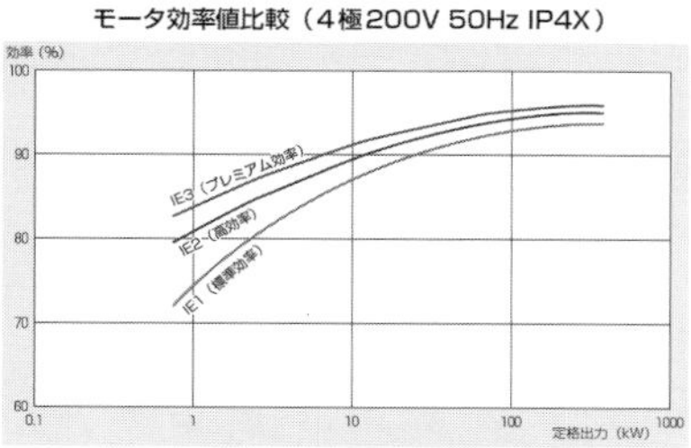

図４　モータ効率の比較(4)

表２　全国の外気湿球温度

最高は3年間における月別最高湿球温度,平均は3年間の午後3時の月別平均湿球温度（1996～1998年の気象庁データに基づく）

	東京		大阪		名古屋		福岡		仙台		広島		高松		札幌		新潟		富山	
	最高	平均	最高	平均	最高	平均	最高	平均	最高	平均	最高	平均	最高	平均	最高	平均	最高	平均	最高	平均
１月	15.0	4.0	13.7	4.3	12.6	3.8	13.8	4.8	9.4	0.7	13.6	4.3	12.3	4.4	4.2	-4.5	10.2	1.7	10.6	2.8
２月	15.6	4.2	13.4	4.8	12.3	4.2	15.9	5.9	10.8	1.3	13.4	4.9	13.4	4.8	5.6	-3.0	10.9	2.2	12.1	3.0
３月	17.2	7.3	18.0	7.4	16.9	7.2	19.2	8.7	12.9	3.8	15.6	7.7	15.9	7.6	8.6	-0.2	13.4	4.8	15.7	5.9
４月	21.7	11.7	21.9	12.0	21.7	11.9	22.0	13.1	20.2	8.5	20.7	12.0	21.7	12.2	16.4	5.5	20.3	9.5	20.8	10.3
５月	22.8	16.1	23.4	16.8	22.8	16.5	23.3	17.4	20.5	13.0	21.8	16.5	23.1	16.8	17.7	9.9	20.9	14.5	21.0	15.3
６月	25.2	19.4	25.1	20.5	25.7	20.3	26.4	21.0	24.3	16.7	25.0	20.3	25.7	20.6	21.8	14.1	23.9	18.6	24.6	19.2
７月	26.9	23.0	26.5	23.4	26.4	23.6	27.6	24.2	26.3	21.0	26.1	23.6	27.3	24.1	24.5	19.1	26.8	22.6	26.6	22.8
８月	27.4	23.5	27.3	24.3	28.0	23.9	27.8	25.1	26.6	21.5	27.4	24.1	27.6	24.7	24.1	18.8	27.1	22.9	27.6	23.6
９月	26.0	20.3	26.0	20.8	25.6	20.7	25.9	21.5	26.0	18.9	26.1	21.1	26.8	21.2	23.5	16.0	24.5	19.7	24.7	20.2
10月	24.3	15.8	25.3	16.2	24.6	15.6	24.1	16.8	23.8	13.7	24.1	16.5	25.7	16.4	20.1	10.1	22.6	14.4	24.3	15.2
11月	20.0	10.8	20.3	11.4	19.2	10.6	20.8	12.3	16.3	8.1	21.0	11.8	21.1	11.7	14.4	3.2	16.9	9.1	18.3	10.2
12月	17.5	6.7	16.5	7.4	13.6	6.7	16.1	8.0	11.9	4.0	16.1	7.8	14.7	7.5	8.1	-1.6	13.2	5.0	15.0	6.1

足するということを、耳にすることがあります。しかしながら設置スペースの少なさによる、ショートサーキットが主な原因であり、湿球温度の上昇ではないと考えています。東南アジアで、外気が40℃を経験しましたが、湿球温度としては、27℃でした。汗で体温調節している生物が生きていけるには、湿球温度が27℃程度以下と考えています。湿球温度を大きくすると冷却塔のサイズが上ります（表２）。

空調機器の選定

通常半導体用外調機の構成では、外気のケミカル物質除去のため、ケミカルワッシャ、（図３）ケミカルフィルタが設置されます。

冷却コイルの選定で特に注意したいことは、冷水の入口温度を何℃にするかということです。大規模のエネルギープラントがある場合は別ですが、冷凍機の発停によって冷水温度が変化し、それに合わせて湿度の変化が顕著に現れます。筆者は冷水入口温度を１～２deg上げて冷水コイル設計を行っています。温度は再熱コイルで補償しますので、許容範囲内で制御できます。

顕熱処理空調機やDCの場合には、冷水温度を15～20℃に上げて負荷処理することができ、外調機還り冷水や冷凍機COP（成績係数）を上げた中温冷水の利用が可能となります。

外調機、空調機のファンには、表１に示すような、シロッコファン、リミットロードファンがありますが、より高効率になったプラグファンの採用が多くなってきています。プラグファンにはさらに、吐出方向が自由に選択でき、発生騒音が他と比べて小さいというメリットもあります。また使用モータもトップランナー方式が導入され、IE1モータ、IE2モータにIE3モータに区分されます。図４に各モータの効率比較を示します。IE3モータはIE2モータよりも、さらに5%程度効率が高くなっています。

FFUの選定に際しては、前述のように低騒音機種の選定はもちろんですが、低圧損フィルタの採用、機外静圧の低減にてモータ動力の小さい機種を選定します。開発当初11.8 W/CMMだった機種も、最近では3.5 W/CMM程度まで効率が上がっています。

排気ファンの選定では、静圧計算を行い、機種を選定します。特に注意したいのが、一般に生産機器への接続は当初から100%はあり得ないので、試運転当初ではP-Q（静圧-排気風量）線図からサージング域に入ってしまうことがありますので、リミットロードファンの選定をするように心掛けてください。

熱源システムの省エネルギーとは

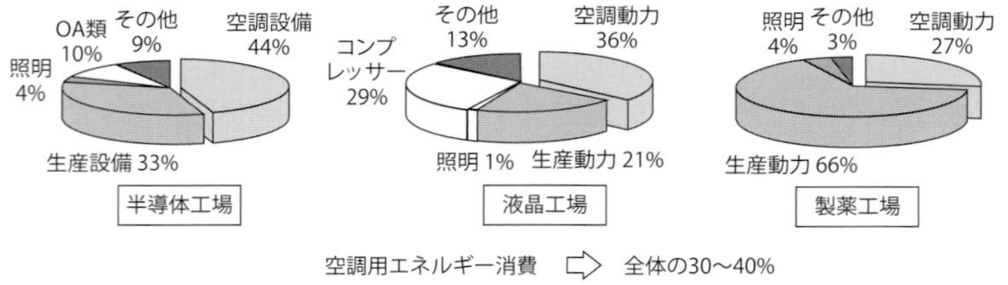

図１　各工場の消費エネルギー比率

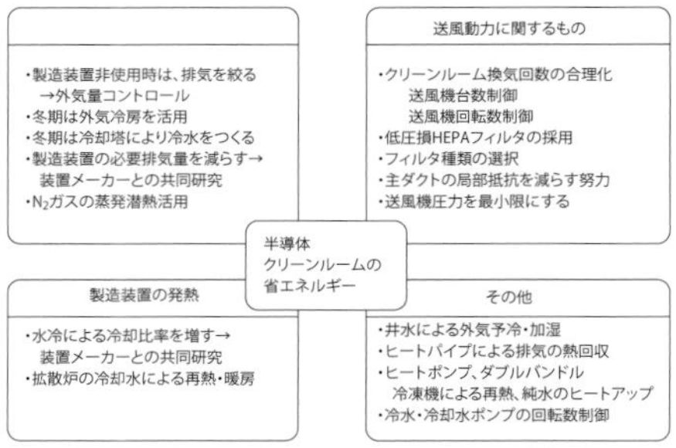

図３　主なる省エネルギー対策[1]

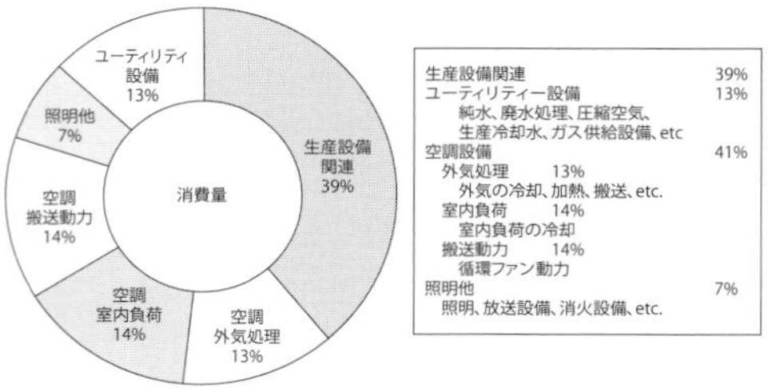

図２　半導体工場の消費エネルギー事例

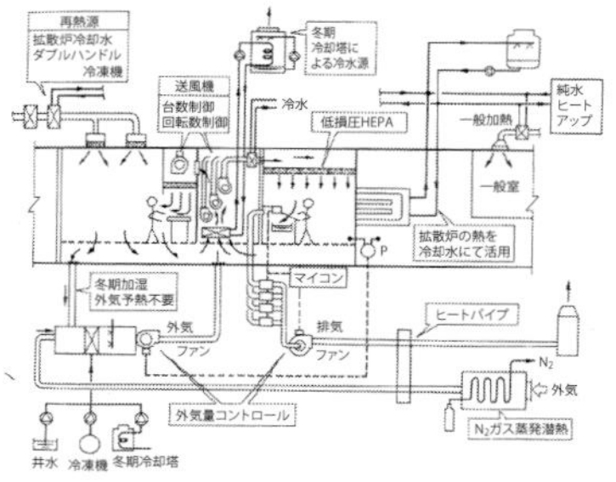

図４　LSI工場クリーンルーム省エネルギー適用図[3]

省エネルギーとクリーンルーム

クリーンルームの消費エネルギーは非常に大きく（図1、2）、当初から省エネルギーの対応が行われていました。1989年発行の、クリーンルームハンドブックの図3、4を見ていただければ、最近の対策と遜色がないことが解ります。クリーンルームシステムは省エネルギーの対策を常に含んでいると考えて頂きたいと思います。

熱源システムの省エネルギー

クリーンルームの省エネルギーの具体例について紹介します。

対象は、冷凍機やボイラなどの熱源システム、ポンプやファンなどの搬送システム、自動制御などをふくめた空調システムに大別できます。

熱源システムの省エネルギー項目には、高効率熱源機器やインバータ機種の選定、蓄熱システムの採用、最適な送水温度や圧力の設定、台数制御による細やかな運転管理、フリークーリング・廃熱による熱回収システムの採用などが挙げられます。

熱源の搬送システムでは、低圧損機器採用、可変風量システムや機器のインバータ化推進、高効率モータの採用、大温度差送水の採用、台数制御などが、空調システムでは、過冷却・過加熱の防止、全熱交換器の採用、外気冷房の導入、空調制御の最適化などが挙げられます。

熱源システムの具体例を図５に示します。

特にターボ冷凍機ではインバータ搭載機の開発により、低温度の冷却水の使用が可能となり、最高効率点ではCOPが25程度にも向上しています。それと蓄熱システムの採用により、夜間電力による蓄熱システムを採用し、冷凍機を高効率運転すると共に、電力負荷ピークカット及び冷凍機容量の低減が図れます。

次に冷凍機のCOP向上のため、冷水温度や冷却水温度設定を変更します。例えば、ターボ冷凍機の場合、冷水出口温度を５℃から７℃に設定変更することにより、COPは６％向上します。また、冷却水でも同様に、冷却水出口温度を32℃から20℃に設定変更すれば、COPは20％以上向上します。さらに、通常の冷水出入口温度差５℃から７℃に変えれば28％以上の送水量が低減でき、配管サイズが小さくなると共に、搬送動力の低減が図れます。しかしながら、常に大温度差にするような制御を入れておかないと、成り行きの温度差で運転することになり、省エネルギー運転にならないことがありますので、注意してください。その他中間期や冬

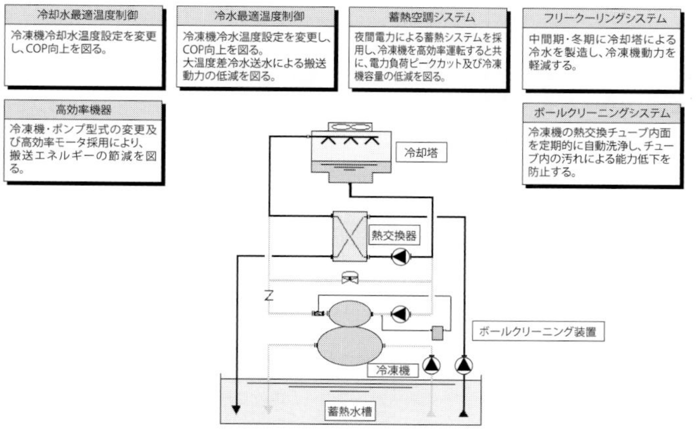

図5　熱源システムの省エネルギー[2]

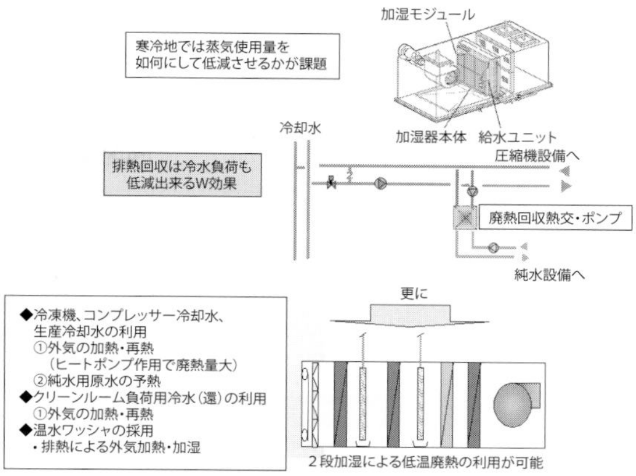

図７　廃熱利用の省エネルギー

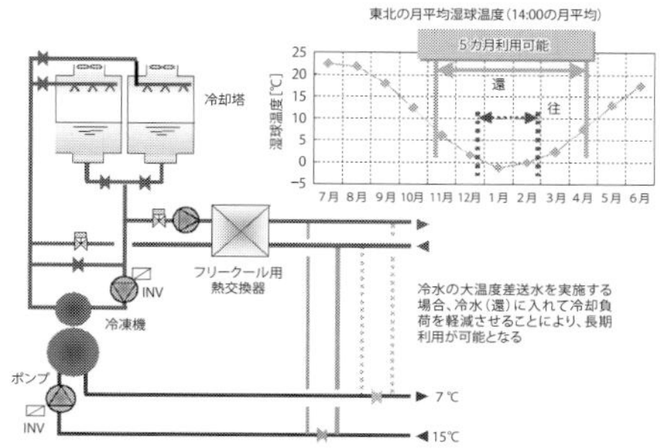

図６　フリークーリングによる冷水製造[4]

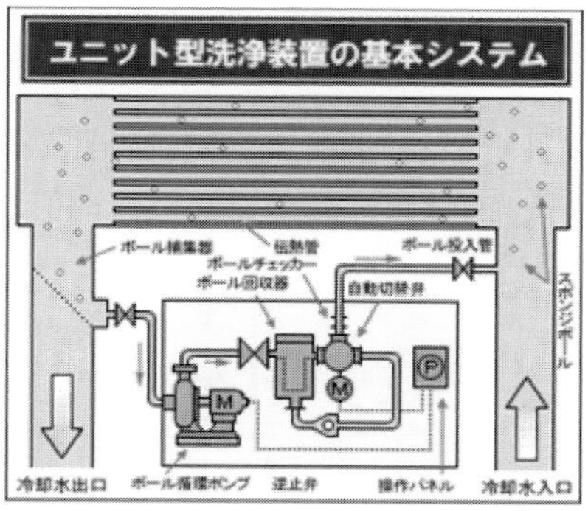

図８　ボールクリーニングシステム[5]

期に冷却塔による冷水製造するフリークーリングシステムが有効です。冷水の予冷に使えば、利用期間を長くすることができます（図６）。また冷却水の廃熱は、ヒートポンプとして、効率のいい加熱源であり、廃熱回収も積極的に利用され、大きな効果を得ることができます（図７）。また熱交換効率の維持が、重要ですので、冷凍機凝縮器チューブを自動洗浄し、能力低下を防ぐボールクリーニングシステムなどがあります（図８）。

熱源システムの省エネルギー実施時の注意点

ここでは今まで実施されてきた事例の中から、省エネルギーの側面はありますが、ある面では不具合を生じさせる事例について紹介します。

最初に、冷却水温度の低温度運転による冷凍機の高効率運転について述べます。前述のように、冷却水温度を低下させると冷凍機のCOPは向上します。その場合、次のような注意点があるので十分な検討が必要となります。中間期に冷却水温度を少しでも下げようとして、冷却塔の送風機の発停制御を行わずに送風させておくと天候により冷却水温度が変動しそれにつられて冷水温度が変動することがあります。また、低温度冷却水の運用となり、シリカの溶解度が減少し、冷却水が濃縮するため、シリカが析出し易くなります。従って、シリカ対策とメンテを十分に行わないと、次第に効率が悪くなってくるため、導入後の管理が特に重要となります。

次に、大温度差送水による搬送動力の低減について述べます。半導体クリーンルームの温湿度条件は温度23±１℃、湿度45±５％のことが多く、その精度を維持させるために５℃差で運用されていました。大温度差にする場合には、オーバーシュートしたり、大きく変動する可能性があるため、制御幅を±２℃、±10％のように緩和することも同時に検討する必要があります。また、大温度差冷凍機のCOP低下、機器抵抗の増大、配管経路の長さ等の兼ね合いで必ずしも省エネとならないこともあります。

最後に、フリークーリングシステムについて述べます。冷却水温度は天候により変動し、直冷システムでは供給温度が安定せず、切り替えの判断が非常に難しいため、冷却水温度を安定させる制御を組み込むことと、各種データから中央監視で切替の判断ができ自動で切り替えられるシステムとすることが望まれます。寒冷地では、冷却塔ルーバ面が凍結してしまい冷水が得られないことがあります。また、前述したようにシリカが析出し易く、シリカ対策が必要となります。

空気浄化システム編 X

搬送システムの省エネルギーとは

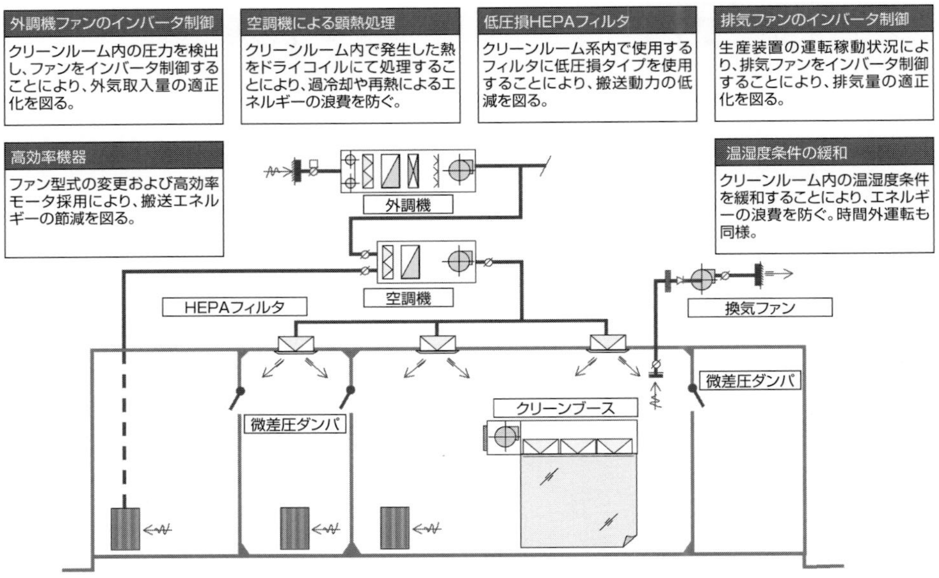

図１　搬送・空調システムの省エネルギー

搬送システムの省エネルギー

次に搬送・空調システムの具体例を図１に示します。

クリーンルームで使用するHEPAフィルタは、一般に初期圧損250Paですが、これを低圧損（あるいは多風量）タイプにすると初期圧損150Paまで低減でき、ファンの搬送動力の低減が図れます。

外調機ではクリーンルーム内の圧力を検出し、外気導入量の適正化を図り、また排気ファンでは生産装置の稼働状況に合わせて、排気量の適正化を図るために、インバータ制御を導入します。また図２のように、外調機における送風機の配置について検討したことがあります。送風機の発熱を考慮すると、冷却コイルの下流側設置とし、レヒーターによる加熱に寄与させるほうが、省エネルギーとなります。さらに、レヒーターで再熱を行わず送風することで、再熱負荷を低減すると同時に、室内負荷処理に寄与させることができるため、大きな省エネ効果が得られます。

クリーンルーム内での水噴霧で省エネを図るシステムもあります。外調機での加湿を最小限とするために、クリーンルームの内部負荷を利用して、空気の循環経路内に純水噴霧することで加湿するシステムで、加湿のための加熱が不要となり、噴霧水の気化熱による冷却効果で室内負荷の低減も期待できます（写真１）。

前述のように、プラグファンやIE2モータ・IE3モータの採用により空調動力は大幅に低減できます。

また、FFUもDCブラシレスモータを搭載した機種で　風量あたりの電気容量が3.5W/CMMまで低減できており、従来比70%減もの省エネルギーを実現しています。しかしながら、新設はもとより、既存設備に採用する時には、特にモータの耐電圧、電気ノイズ、発生騒音等の問題も発生しますので、確認が必要です。

財団法人省エネルギーセンターのHPに「工場の省エネルギーガイドブック」として、写真２のように各種項目が出されています。また図３のように、「省エネチューニングマニュアル」も非常に参考になりますので、一度チェックしてください。

一般にクリーンルームの温度を1℃上げることにより１%の省エネルギーが図れると言われています。無塵着（クリーンスーツ）を着用するため、暑いからということで設定を低く要求される場合があります。従来からの設定値を守るという姿勢から、本当に適正な温度を何度にするのかを含め、地球温暖化現象が叫ばれている今日、システムはもとより、基本的な設計条件を、もう一度考え直す時期に来ているのではないでしょうか。

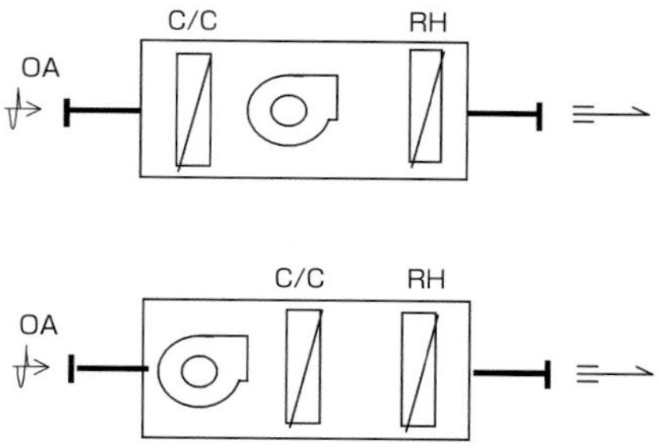

図２　外調機における送風機の配置

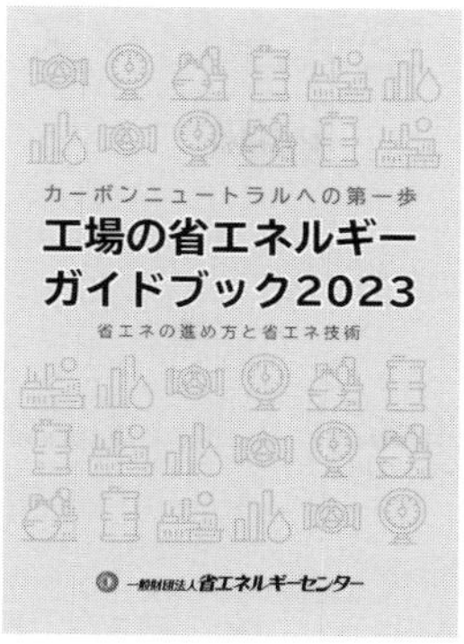

目次
Ⅰ．省エネルギーの意義と進め方
Ⅱ．工場の省エネルギー診断と
　　結果概要
Ⅲ．省エネルギー改善提案事例

写真２　工場の省エネルギーガイドブック

写真１　ドライフォグ加湿システム
（出典：霧のいけうちホームページ）

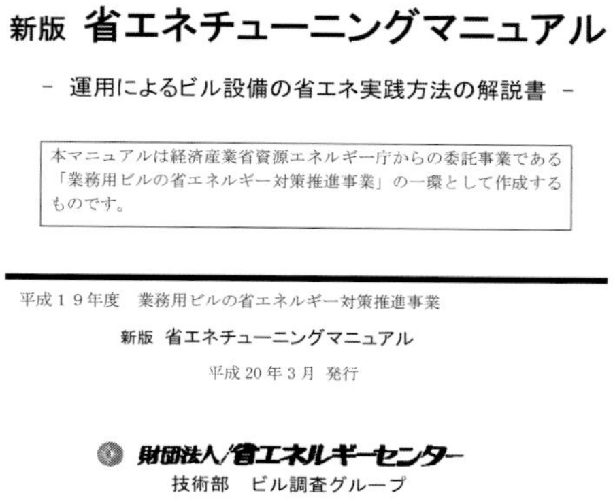

新版　省エネチューニングマニュアル

－ 運用によるビル設備の省エネ実践方法の解説書 －

本マニュアルは経済産業省資源エネルギー庁からの委託事業である「業務用ビルの省エネルギー対策推進事業」の一環として作成するものです。

平成１９年度　業務用ビルの省エネルギー対策推進事業

新版　省エネチューニングマニュアル

平成 20 年 3 月　発行

財団法人省エネルギーセンター
技術部　ビル調査グループ

図３　省エネチューニングマニュアル

搬送システムの省エネルギーの注意点

熱源システムの省エネルギーと同様に、搬送・空調システムの省エネルギー技術に関してもこれまで実施したときの課題を踏まえて注意点を述べます。

最初に、外気空気を再熱せずに送風し、再熱負荷の低減と室内負荷処理への適応を図る省エネ手法について述べます。効果の高い省エネ手法の一つとして採用されていますが、クリーンルームの温調は循環空気、ファンコイル通過空気、外調空気を均一に混合しFFUより吹き出すことで行っていますが、そのまま吹き出すと混合せずに分離したまま吹き出すことになり、温度むらが生じることがあります。そのため如何に均一に混合させることができるかがポイントになります。また、室内負荷が少ない場合には、外調空気により室温の低下を引き起こすことになります。操業状態により低負荷操業で機器の発熱負荷が減っている場合には、温湿度安定のためには室温近くまで再熱することも必要となってきます。

次に、クリーンルーム内での水噴霧加湿について述べます。噴霧器がクリーンルームのレターンシャフト全域に設置する必要があり、メンテ箇所が増加します。また、前述したように低負荷操業になると噴霧水の気化熱のため、設定温度が維持できず低い温度になる可能性があります。

世界同時不況と省エネルギー

2008年の世界同時不況が発生した頃、半導体製造各社は景気回復まで操業停止をさせておくという事態に陥りました。半導体製造各社では大幅な赤字を背負うこととなり、設備投資の見送り、見直しが一般化し、エネルギー消費がそれに伴い減少し、省エネ施策を推進することなしに、ある程度のエネルギー削減量が達成することとなりました。世界同時不況が究極の省エネであったとすれば、今まで地道に省エネに対し努力を重ねていたにも関わらず、目標を達成するまでには至っていなかっただけに、技術力だけでは限界があることを実感する事態となりました。また、世界同時不況からの教訓としては、今後のクリーンルームの計画には省エネだけではなく、いつでも止められるクリーンルームの計画が求められており、かつクリーンルームの回復時間を如何に短時間で行うことができるかのシステムの構築が急務であることが挙げられます。

Part 2

Part 2　空気浄化システム編　参考文献・引用資料

Ⅰ　フィルタの効率と寿命とは

(1)(2)　AAF・ケンブリッジ資料

(3)　新津ら　空気調和衛生工学会誌　第40巻7号　㈳空気調和衛生工学会

(4)　実践LSI工場清浄化技術　鈴木道夫他編集委員　超清浄空間を得るための条件より引用　昭和60年　㈱サイエンスフォーラム

Ⅲ　換気回数と清浄度の関係とは

(1)　クリーンルーム環境の計画と設計第3版 p.8　㈳日本空気清浄協会編　平成25年第3版第1刷　オーム社

(2)　日本エアーテック㈱：製品カタログ

Ⅳ　室圧と清浄度の関係とは

(1)　協立エアテック㈱：製品カタログ

(2)　クリフ㈱：製品カタログ

(3)　山本電機工業㈱：製品カタログ

(4)(5)　医薬品開発・製造におけるバリデーションの実際第3版 pp.162～167を編集　川村邦夫　薬業時報社

Ⅴ　気流性状とは

(1)　実践LSI工場清浄化技術　鈴木道夫他編集委員　超清浄空間を得るための条件　昭和60年　㈱サイエンスフォーラム

(2)　日本エアーテック㈱：HP

Ⅶ　排気処理設備とは

(1)(2)(4)　協和加工㈱：カタログ

(3)　㈱荏原製作所：ファンカタログ

(5)　西部技研工業㈱：カタログ

(6)　㈱クレハ環境：カタログ

Ⅷ　空調機器の決め方とは

(1)　㈱日立製作所、三菱重工サーマルシステムズ㈱、川重冷熱工業㈱、㈱ヒラカワ：製品カタログ

(2)　空気調和衛生工学便欄　第13版2.　汎用機器・空調機器編 p.464　㈳空気調和衛生工学会

(3)　三菱重工サーマルシステムズ㈱：製品カタログ

(4)　㈳日本電機工業会：パンフレット

Ⅸ　熱源システムの省エネルギーとは

(1)～(4)　クリーンルームハンドブック p.102　㈳日本空気清浄協会編者 1989年第一版第一刷　オーム社

(5)　昭和ゴム㈱：HP

Part 3　内装システム編

Ⅰ クリーンルームレイアウトとは

Ⅱ クリーンルーム内装とは

Ⅲ クリーンルームの天井とは

Ⅳ クリーンルームの間仕切とは

Ⅴ クリーンルームの床とは

Ⅵ クリーンルームの躯体処理とは

Ⅶ 内装の振動対策とは

Ⅷ 内装の耐震設計とは

Ⅸ クリーンルームの施工管理とは

内装システム編 Ⅰ

クリーンルームレイアウトとは

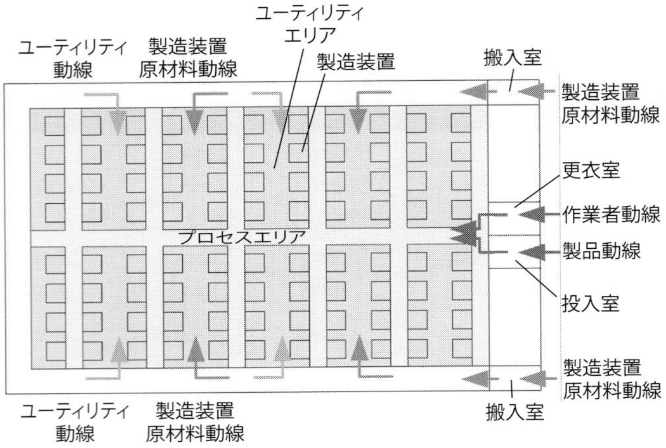

図1　ベイ方式の例

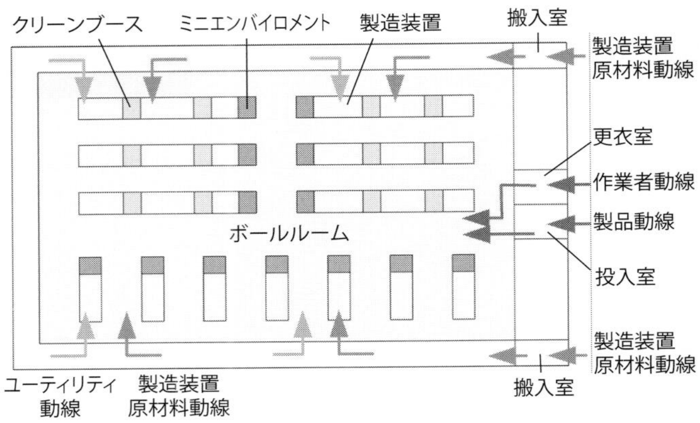

図2　ボールルーム方式の例

動線計画

クリーンルームレイアウトは動線計画が重要です。製造プロセス動線、原材料動線、ユーティリティ供給動線、製造作業者動線、保守管理作業者動線などが、効率的に計画されている必要があります。製造装置を配置し、原材料やユーティリティの供給ルートを設定し、さらに各種作業者の移動ルートや必要に応じて製造仕掛品のバッファーエリアを計画します。各ルートやエリアは、最短距離で必要最小限のスペースで、相互汚染や干渉のないレイアウトが要求されます。

ベイ方式の例（図１）

1990年代の64～256MDRAM半導体工場はベイ方式というレイアウトが主流でした。これはISOクラス５程度のプロセスエリア（作業エリア）とISOクラス７程度のユーティリティエリア（メンテナンスエリア）をクシ状に配置したものです。製造装置はこの間仕切を貫通する形で設置され、ウエーハを出し入れする側がプロセスエリアに面しており、装置本体はユーティリティエリアで各種ユーティリティ配管やダクトの接続、メンテナンスを行います。高清浄が必要なウエーハが暴露されるエリアを最小限にして、ウエーハ搬送効率の向上とクリーンルームコストの削減を狙ったレイアウトです。また、ウエーハ動線と、原材料やユーティリティ、保守管理動線を分離して、相互汚染を防止しています。

ボールルーム方式の例（図２）

2000年代に入ると半導体のウエーハ大口径化と高集積化により、クリーンルーム面積の増大と分子状汚染物質も含めた超高清浄化が要求されてきました。それをベイ方式で対応しようとすると建設コストや運

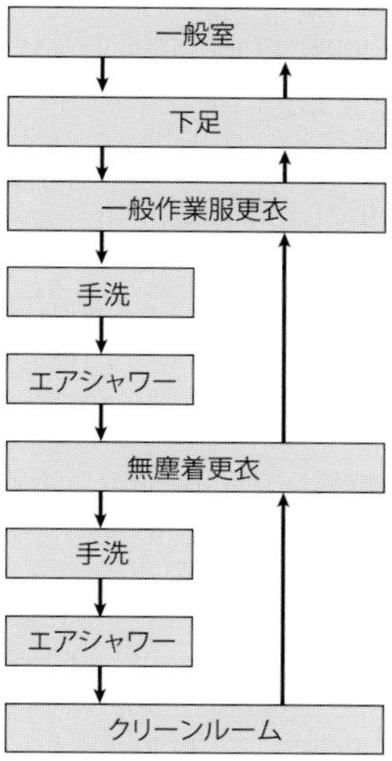

図３　クリーンルーム入退場プロトコルの例

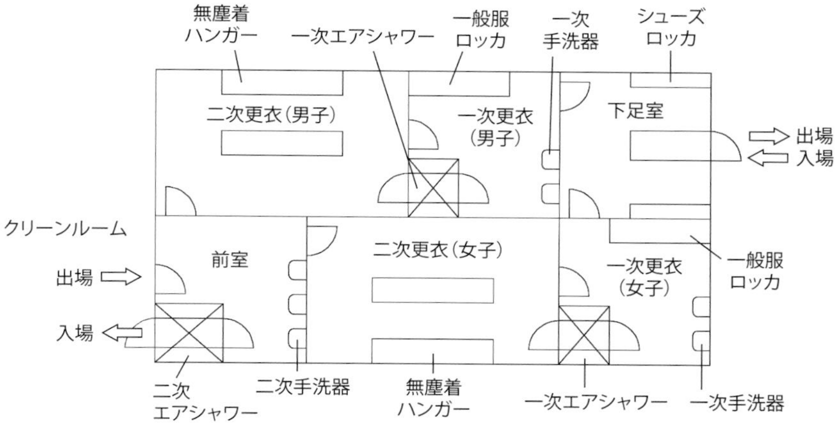

図４　更衣室レイアウトの例

転コストが増大するため、半導体工場ではミニエンバイロメントを採用することが多くなってきました。ミニエンバイロメントとは、クリーンルーム全体を超高清浄化するのではなく、ウエーハを密封容器（FOUP、SMIF PODなど）に収納して工程内および工程間搬送をすることにより、超高清浄空間を局所化する技術です。ウエーハはクリーンルーム雰囲気に暴露されることがないため、クリーンルーム全体の清浄度レベルを下げることができます。ボールルーム方式は、ベイ方式のように内部にクシ状の間仕切を設置しない、ISOクラス６程度の大部屋大空間のクリーンルームレイアウトです。FPD（フラットパネルディスプレイ）工場は製造装置が大きく大空間を必要とするため、ボールルーム方式が主流になっています。ボールルームは非常にフレキシビリティが高い反面、各種動線が混在しやすく、相互汚染の問題もあり、局所的な清浄度確保に注意が必要なレイアウトです。

更衣室、前室レイアウト

クリーンルームでは作業員の入退場や物品の搬出入に伴う汚染源の持込を防止しなければなりません。そのために機能的な更衣室や前室のレイアウトが必要です。クリーンルーム入退場プロトコルの例を図３に示します。更衣室は、一般衣服に付着した埃を落とし、手を洗い、無塵着を着用し、エアシャワーを使用してクリーンルームに入場する、一連のプロトコルに沿って配置します。図４に更衣室レイアウトの例を示します。物品の搬出入では、クリーンルーム手前に前室を設けて、クリーンルームが直接、外部環境に接することを防止し、また、そこで物品の洗浄作業が行えるようにします。

内装システム編 Ⅱ

クリーンルーム内装とは

表１　クリーンルーム内装材選定基準

表面が平滑であること
表面が耐摩耗性であること
気密性があること
断熱性があること
表面電位が低いこと
アウトガスが少ないこと
吸、透湿性がないこと
吸音性がよいこと
建築的に加工し易いこと
表面に粉塵が付着し難いこと
付着粉塵を除去し易いこと
価格が安いこと

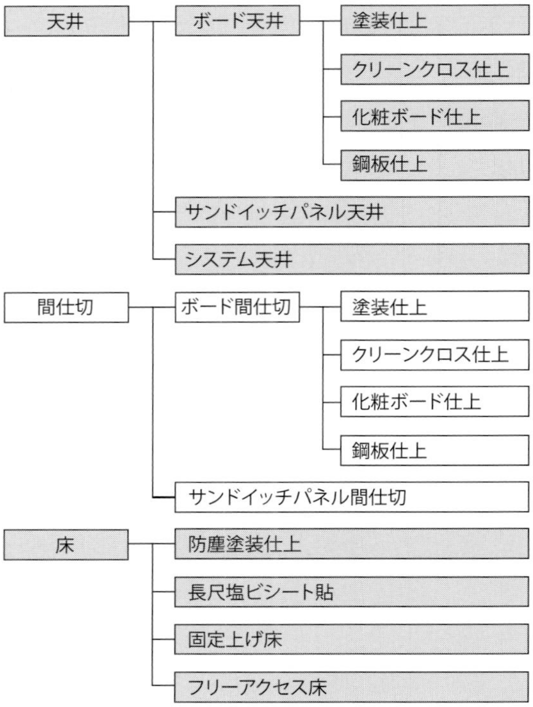

図１　クリーンルーム内装の種類

クリーンルーム内装の必要条件

クリーンルームの内装材には表１に示す性能が求められます。まず、第一にクリーンルームに対する汚染源である塵埃を発生しないことで、またクリーンルームの加圧を維持するための気密性も必要です。半導体製造プロセスなどでは、静電気による製品不良を防止するため表面電位が低い、つまり導電性の高い内装材が適しています。半導体の集積度が上がるにつれて、酸系ガス、塩基性ガス、揮発性有機物などの分子状汚染物質がウエーハに与える影響が問題となっています。内装材では、床材に使用する塩ビシートに含まれる可塑剤DOPの発生やシール剤からのシロキサンの発生、各種接着剤からの揮発性有機物、パーティションやフィルタ類からのボロン（B）やリン（P）、腐食性雰囲気での金属イオンの発生など、様々なアウトガスが考えられます。内装材の含有成分を調査確認したうえで、分子状汚染物質の発生の少ない材料が求められます。また、建築基準法上の内装制限や自主的な防災対応のために、不燃性能あるいは準不燃性能が求められる場合もあります。外壁や屋根直下の天井などは、断熱性能が重要です。

クリーンルーム内装の種類

図１にクリーンルーム内装の種類を示します。クリーンルームの天井には、ボード天井、サンドイッチパネル天井、システム天井があります。ボード天井のボードにはプラスタボードやケイカル板を使用し、単層貼か二層貼、表面仕上げには塗装、クリーンクロス貼、化粧ボード表し、鋼板貼などを、クリーンルーム要求性能に合わせて選択します。サンドイッチパネルは両面鋼板の内部にウレタンやケイカル発泡注入、あるいはペーパーやアルミハニカムを挟み

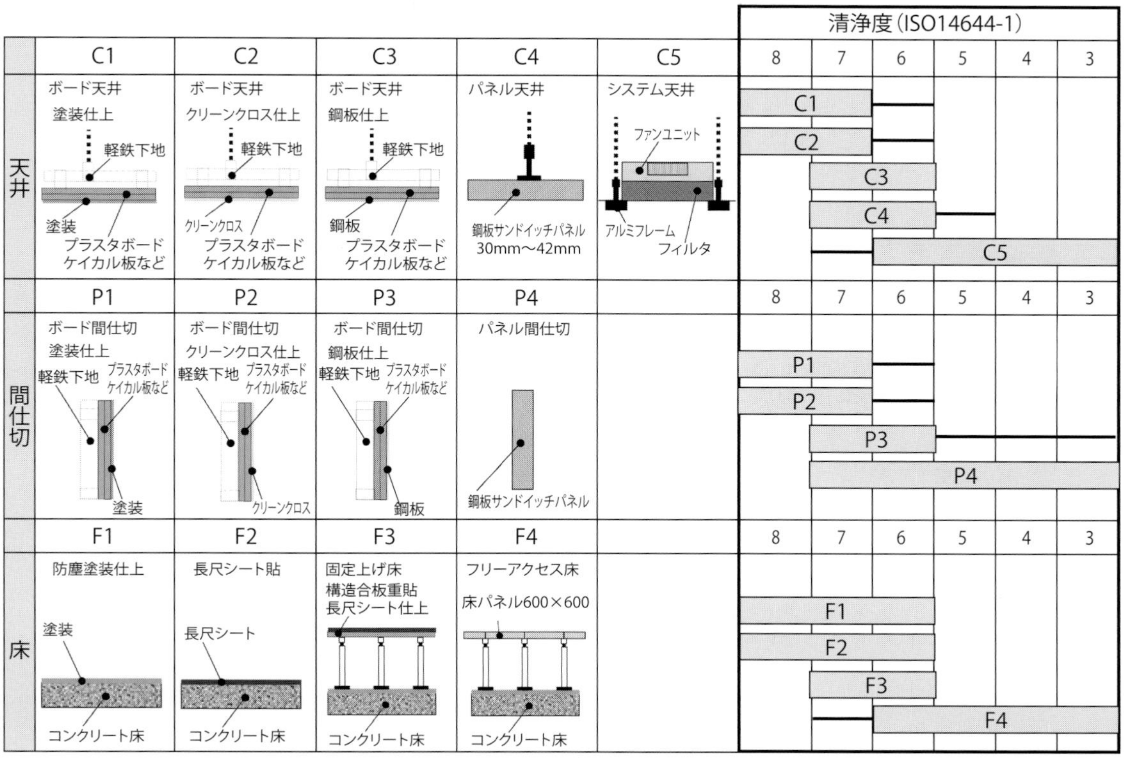

図2　クリーンルーム内装の適用

込んだ構造をしています。パネル天井は強度がある為、歩行可能天井とする事も可能です。システム天井は格子状にアルミフレームを組み上げて、その枠にフィルタやブランクパネルをはめ込みます。

クリーンルーム間仕切には、ボード間仕切、サンドイッチパネル間仕切があります。クリーンルーム床は、直床と二重床に分かれます。直床とは建築構造のコンクリートがそのままクリーンルームの床となる工法で、コンクリート表面は、防塵塗装あるいは長尺塩ビシートで覆います。二重床は、クリーンルーム床下を循環空気のレターンスペースに使用したり、ユーティリティ配管やダクトルートに使用する場合です。全体的に床を上げて、吸込口や点検口、ユーティリティ貫通部分のみ切り欠く構造を固定上げ床、600×600程度の金属パネルを敷き詰めてどこでも脱着可能とした構造をフリーアクセス床といいます。

クリーンルーム内装の適用

クリーンルーム内装の種類と清浄度の適用例を図２に示します。クリーンルームの内装は、クリーンルームの清浄度クラスや空調方式と密接な関係があります。天井内部を循環空気スペースとして使用する場合には、ボード天井は天井内部のボード表面からの発塵があることや気密性が悪いことから使用できません。また、床吸込み方式とするなら、固定上げ床かフリーアクセス床とする必要があります。クリーンルーム内部の間仕切で、ユーティリティー配管やダクト、製造装置が貫通する場合は、加工が簡単で移動も容易なサンドイッチパネル間仕切が適しています。

内装システム編 Ⅲ

クリーンルームの天井とは

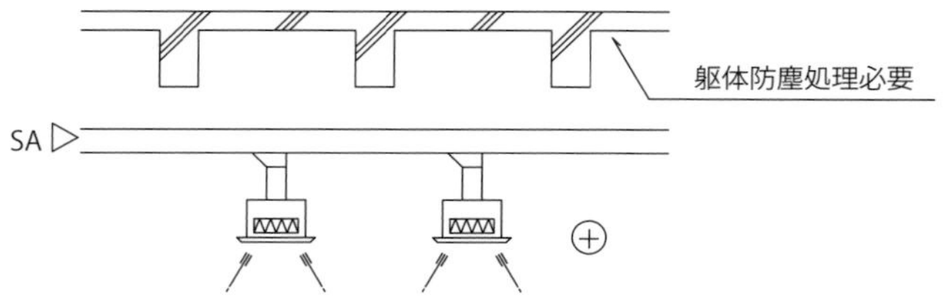

図1　直天

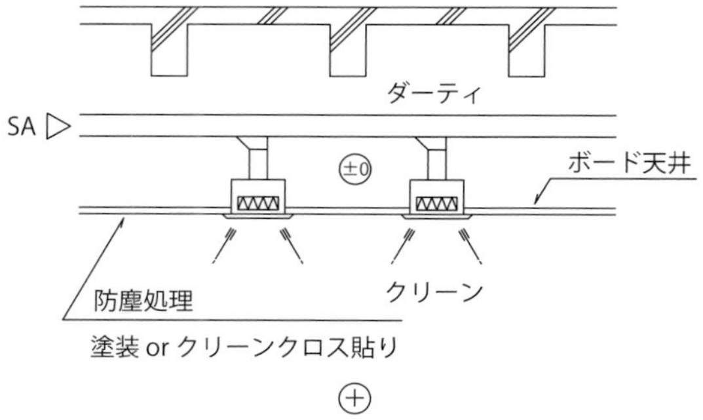

図2　ボード天井

クリーンルームにおける天井設備

クリーンルームの天井は、基本的な特性として発塵が無い事が求められます。クリーンルームに採用される天井方式にはいくつかの方式がありますが、その選定にあたっては、採用する空調方式により、天井内をクリーンゾーンにするか、ダーティゾーンにするか、また天井内が負圧か、正圧かによっても、採用する天井方式が変わってきます。

現在、クリーンルーム用として一般的に採用される天井方式は下記の通りです。

⑴　直天
⑵　ボード天井
⑶　パネル天井
⑷　システム天井

これらの方式はそれぞれに特徴があり、対象となるクリーンルームに採用される空調方式や要求される清浄度、フレキシビリティ、建設コスト等を勘案して決定されます。

各種天井方式

⑴　直天（図１）

クリーンルームの天井は無しとし、ダクトや吹き出し口は「あらわし」とします。

上階スラブ下面や構造鉄骨等も、クリーンルーム内に露出となりますので、防塵塗装等の処理が必要となります。また清浄度維持の為、構造体の気密処理も重要になります。

この方式は一般的に建設コストが安く、フレキシビリティもある程度確保できますが、エアフローとしてはコンベショナルの考え方を基本とせざるを得ないため、高清浄度クリーンルームへの採用は困難となります。

⑵　ボード天井（図２）

一般的な事務室の天井と同様、天井材料としてプラスターボードやケイカル板を使用し天井を築造します。そのままだと天井材料からの発塵がありますので、クリーンルーム側表面を塗装仕上げとしたり、クリーンクロスを貼る等の発塵対策を行ないます。天井内は基本的にダーティゾーンとなりますので、天井部分で気密処理を行い、天井内の塵埃がクリーンルームに入ってこない対策が重要となります。

この方式は、クリーンルームを使いながら後から吹出口を移設したり、増設したり等の作業を行なう事は難しく、フレキシビリティに難がありますが、建設コストが安く、ある程度の清浄度までは対応可能です。

⑶　パネル天井（図３）

基本的にはボード天井と同じ構成ですが、天井構成材料をサンドイッ

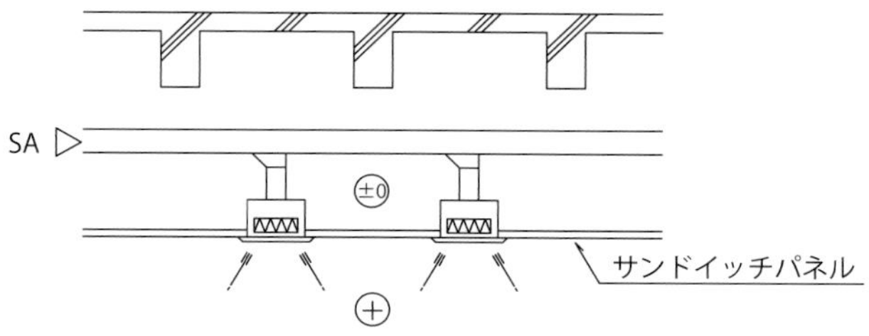

図３　パネル天井

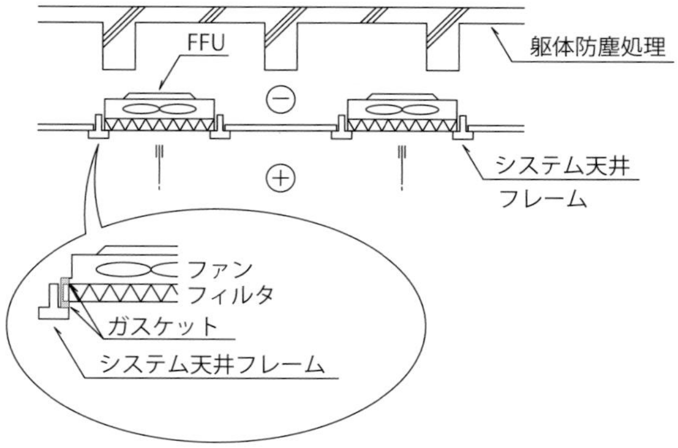

図４　システム天井（ガスケットタイプ）

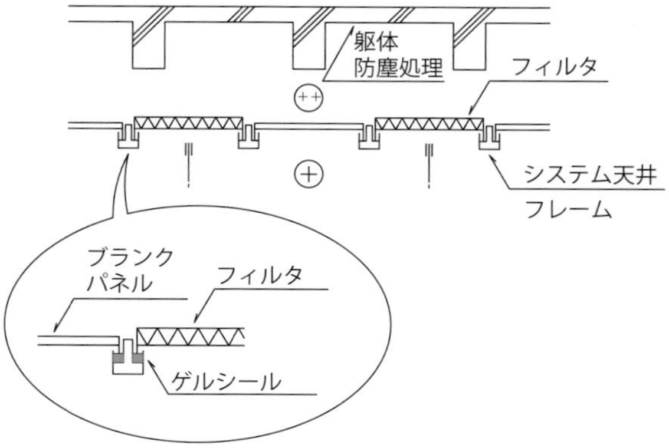

図５　システム天井（ゲルシールタイプ）

チパネルとした工法です。代表的なサンドイッチパネルは、表面を焼付け塗装した鉄板の間に、ウレタンやペーパーコアなどを挟みこみ、パネルとしています。サンドイッチパネルは、各種厚みがラインナップされている為、天井を歩行可能天井とする事も可能です。

⑷　システム天井

アルミ押し出し材で作られたフレームを格子状に組み天井を築造します。格子フレーム部分に、ファンフィルタユニット（FFU）やブランクパネル、フィルタ等をセットします。この方式は一般的には高清浄度のクリーンルームに採用され、天井内部もクリーンエリアとなるため、天井内の各構造体には防塵処理や気密処理が必要となります。また、クリーンルーム用のシステム天井には、ガスケットタイプとゲルタイプの２種類があり、採用される空調方式に合わせて選択する事になります。また天井方式により、天井フレームとフィルタの納まり方が違うため、フィルタ側のフレーム形状にも違いがあります。

〔システム天井の種類〕

・ガスケットタイプ（図４）

ガスケットタイプのシステム天井は、基本的にFFUと組み合わせて使用されます。この場合クリーンルームは正圧、天井内は負圧となるため、天井内部の塵埃がクリーンルームに落ちて来る危険性が少なくなり、厳密なシールは不要となります。天井フレームとフィルタ部分の気密は、フィルタ側のフレームに設置されたガスケットにより確保しています。

・ゲルタイプ（図５）

一方、FFUを使用しない加圧チャンバー方式のシステム天井は、天井内に送風機で清浄空気を送り込み、天井面の高性能フィルタを通して室内に送風する空調方式と組み合わせられます。この方式ではクリーンルーム内より天井内の圧力が高いため、天井部分に少しでも隙間があると、天井内の塵埃がクリーンルーム内に吹出す事になるため、厳密なシールが必要となります。したがって、このタイプの天井フレームは確実にシール出来るよう、ゲル（液）でシールを行なうような断面形状となっています。（図５）この方式は、FFUが一般的でなかったクリーンルーム創世記において良く採用されていましたが、現在においてはFFUの採用が困難な、防爆対応のクリーンルームや電磁対策が必要なシールドクリーンルームに採用されるのみとなっています。

内装システム編 Ⅳ

クリーンルームの間仕切とは

写真１　天井内間仕切（サンドイッチパネル）

写真２　クリーンルーム内間仕切（サンドイッチパネル）

クリーンルームにおける間仕切設備

クリーンルームの間仕切は、基本的な特性として発塵が無い事や、半導体などのクリーンルームにおいてはアウトガスの少ない事が求められます。また設置される場所により、間仕切に求められる性能が違ってきます。間仕切の選定にあたっては、設置される場所と求められる性能（フレキシビリティ、強度、コスト、アウトガス等）により、材料と工法の選定を行なう事となります。

設置場所による分類

⑴　天井内間仕切（写真１）

天井内間仕切は、各クリーンルーム間のコンタミネーション防止や、クリーンルームの各ゾーンにおける発熱状況の違いによる温度精度維持の為などを目的として設置されます。天井内に清浄空気を流通させるシステム天井方式が採用される場合、天井内間仕切の材料としては、大きく分けて下記の２種類が多用されています。

・サンドイッチパネル

システム天井部分と上部スラブ部分にアルミの型材を設置し、そのベース材を使ってサンドイッチパネルを設置していく工法です。一般的には、FFU間に設置する場合も多いので、10mm程度の薄いサンドイッチパネルを使用する事が多くなります。この工法は、天井内高さにもよりますが、基本的にサンドイッチパネルが自立可能な為、軸組みが不要となります。その為、短工期で設置可能で、後からの移設も可能です。

・鋼板

アングル等の鋼材により軸組みを構成し、それに鋼板をビス留め＋コーキングで天井内間仕切を構成します。鋼板材料としては、亜鉛鉄板やガルバリウム鋼板が使われます。この工法は比較的建設コストを安くする事が可能ですが、サンドイッチパネルと比較するとクリーンルームを稼動しながらの移設工事等は難しいため、フレキシビリティという面では難があります。

⑵　クリーンルーム内間仕切（写真２）

クリーンルーム室内に設置される間仕切は、各室間をセパレートしたり、清浄度の違う部屋をセパレートしたり、またクリーンゾーンとダーティーゾーンを分けたりと様々な目的で使用されます。クリーンルーム内間仕切もまた、その設置目的によりその材料や工法を選択する事になりますが、下記の３種類が多用されています。

写真３　シースルーパーティション（サンドイッチパネル）

写真４　床下間仕切（サンドイッチパネル）

・パネル間仕切

この工法では、サンドイッチパネルを間仕切として使用します。天井部分と床部分にアルミの型材を設置し、そのベース材を使ってサンドイッチパネルを設置していく工法です。クリーンルーム内高さにもよりますが、基本的にサンドイッチパネルが自立可能な為、軸組みが不要となります。その為、短工期で設置可能で、後からの移設も可能です。サンドイッチパネルの厚みも10mm～50mm程度まで用意されており、必要強度により厚みを選択します。パネル間仕切の施工方法については、ジョイント材を挟んで接続していき、ジョイント部分をコーキングする従来工法と、アルミ型材による接合材料により、コーキング無しで接続していくノンシール工法の２種類があります。

・透明間仕切（写真３）

クリーンルームの間仕切において、各工程間を見えるようにしたい場合や、見学者通路からクリーンルーム内部を大きく見せたい場合等に採用されます。アルミ等の型材で軸組みを構成し、必要に応じ、ガラス板や透明のアクリル板、見せたくない箇所には薄いサンドイッチパネルを設置します。

・ボード間仕切

LGSなどの軽量軸組みを建て、その軸組みにプラスターボード等をビス留めしていく工法です。クリーンルーム側表面は、その清浄度レベルや必要条件により、塗装やクリーンクロス貼り、鉄板貼り等の仕上げを行い、発塵対策を施します。この工法は比較的建設コストを安くする事が可能ですが、クリーンルームを稼動しながらの移設工事等は難しいため、フレキシビリティという面では難があります。なお、クリーンルーム内に防火区画を形成する必要があるケースなどでは、プラスターボードを目地をずらすように両側２枚貼りとし、表面を防塵処理した構成で防火区画間仕切を築造する事もあります。

⑶　床下間仕切（写真４）

基本的な種類は天井内間仕切と同様、鋼板とサンドイッチパネルの2種があります。高清浄度クリーンルームにおいては、床下にユーティリティダクトや配管が敷設される事が多いため、間仕切に開口を空けてダクトや配管を通し、その周囲を塞ぐ等の作業が出てきます。また、竣工後の装置入れ替え等のユーティリティ変更に伴い、床下間仕切に後から開口を空ける等の作業が発生します。したがってその場合の作業性等も重要なポイントになります。

内装システム編 V

クリーンルームの床とは

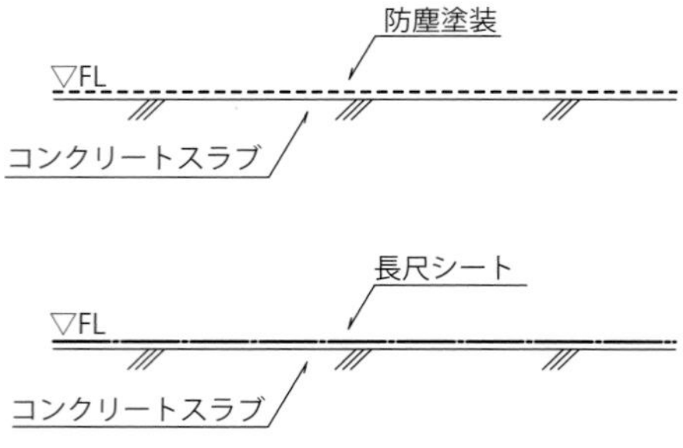

図1

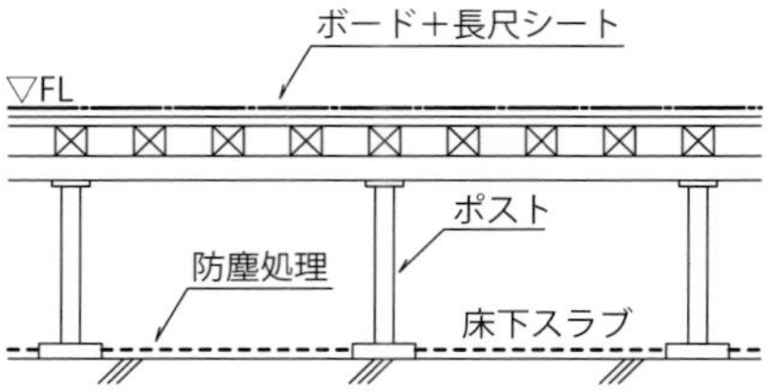

図2

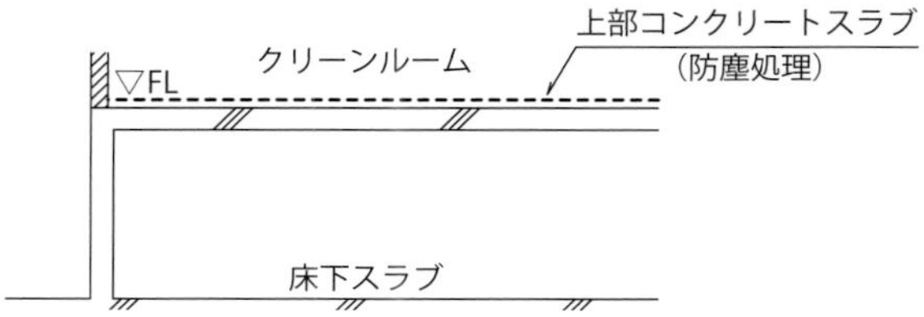

図3

クリーンルームにおける床構造

クリーンルームの床構造は、床下エリアの必要性、必要高さ、床の振動条件、コスト等を検討して決定されます。

現在、クリーンルーム用として一般的に採用される床の構造は下記の通りです。

(1)　直スラブ
(2)　固定床
(3)　アクセス床

各種床構造

(1)　直スラブ（図1）

建築のコンクリート床に防塵処理を行い、クリーンルームの床とする方法です。直スラブ方式では、生産装置へのユーティリティ供給は基本的に天井からの供給となります。したがって、装置からの排水がある場合には、装置のレイアウト変更に対するフレキシビリティ性とそれに見合った排水方式の検討が必要になります。この方式は、安いコストで床を構築する事が可能ですが、エアフローはコンベンショナルとなるため、高清浄度クリーンルームには対応できません。

(2)　固定二重床（図2）

二重床で床を構築する方法の一つですが、床下コンクリートスラブの上に、床ポストを建てて、床面はボード＋長尺シート貼りもしくは、穴無しのブランクパネルの設置等で構築します。装置用ユーティリティの供給は床下から可能ですが、床面が全面ブランクで固定されているので、床下はダーティエリアになります。またエアフローは床上でのコンベンショナルとなるため、高清浄度クリーンルームには対応できません。

(3)　固定コンクリート床（図3）

これは、二重床の構成を上下ともコンクリートスラブで築造した固定床です。この方式は、クリーンルーム内に設置される生産装置が重い場合に有利となります。ただし、基本的なエアフローはコンベンショナルとなりますので、高清浄度クリーンルームには対応できません。最近の大型クリーンルームでは、生産装置が大きく重いため、採用が増えてきています。ただし、上部床が従来のコンクリートスラブ方式のままでは、完全なコンベンショナルフローとなり、ISOクラス５以上の高清浄度対応が難しいので、上部コンクリートスラブにグレーティング等の床吸込み口を設置し、床下も防塵処理を行い、床吸込みのエアフローとする事でダウンフローに近い気流を確保しようとする例もあります。

(4)　アクセスフロア（図4～6）

クリーンルームの床を上げ床とし、鋼材で床構造を構築し、その上にアルミダイキャスト製の床パネルを敷設していく工法です。アクセスフロアの構造は、その床下高さによりいくつかの方法があります。床下高さが低い場

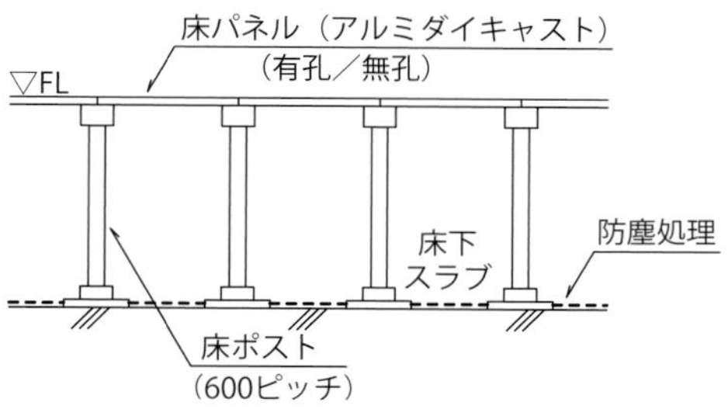

図4

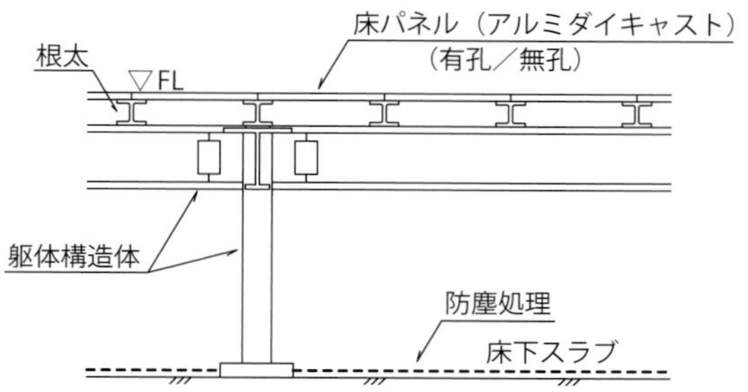

図5

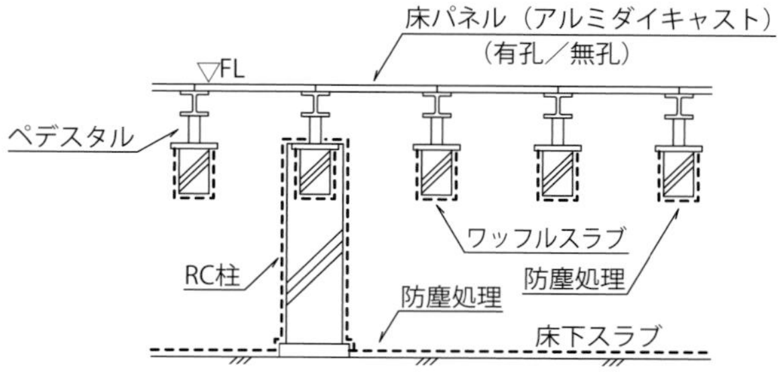

図6

合は、600mmピッチで立てた床ポスト（柱）の上に床パネルを乗せる方式を採用します（図4）。床下高さが概ね1m～2m程度になると、床ポストと根太鉄骨を組み合わせた構造に、床パネルを乗せる方式（図5）となり、それ以上の床下高さになると、建築の構造鉄骨やワッフルスラブの上に、レベル調整用のペデスタルとパネルで床を築造します（図6）。クリーンルームで使用される床パネルは、600mm×600mmサイズのものを使用する場合が多く、その種類も大きく分けて穴の無いブランクパネル、空気が流通するよう穴を開けたパンチングパネル、スリット状に穴の開いたグレーティングパネルの3種類があります。また、それぞれ耐荷重別に、いくつかの厚みが用意されています。耐荷重は、パネル中心にある荷重をかけた時のたわみ量で規定されています。なお、概ねISOクラス5以上の高清浄度のクリーンルームでは、エアフローがダウンフローとなり、気流角度の調整を行えるよう、アクセスフロアパネルの裏側にシャッターを設置します。

クリーンルームの床の表面仕上げ材

(1)　シート貼り仕上げ

前述の各種床構造に採用可能です。母材はコンクリートスラブやアルミダイキャストパネル等の床パネルとなりますが、基本的には接着剤で母材とシートを接合します。シートの種類は、帯電防止対策として導電性能を持たせたもの、耐薬品性能を持たせたもの、移動荷重の耐久性能を上げたもの、またアウトガス対策を行ったもの、またこれらの性能を複合的に持たせたもの等、さまざまな仕様があります。したがって、対象となるクリーンルームの床に必要とされる機能とコストを検討して、これらの中から選定する事になります。

(2)　塗装仕上げ

これも、前述の各種床構造に採用可能です。コンクリートスラブの場合は、現場にてコンクリート面の下地処理を行った後、プライマーを塗り、仕上げ剤を1～2層塗ります。塗装材料はエポキシ系が多く、この塗料も帯電防止対策として導電性能を持たせたもの、耐薬品性能を持たせたもの、移動荷重の耐久性能を上げたもの、またアウトガス対策を行ったもの、またこれらの性能を複合的に持たせたもの等、さまざまな仕様があります。したがって、対象となるクリーンルームの床に必要とされる機能とコストを検討して、これらの中から選定する事になります。

また、床パネルの塗装仕上げとしては、エポキシ焼付け塗装、ニッケルクロムメッキ仕上げの2種類が多く使われます。これも床パネルに必要とされる機能とコストを検討して選定します。

クリーンルームの躯体処理とは

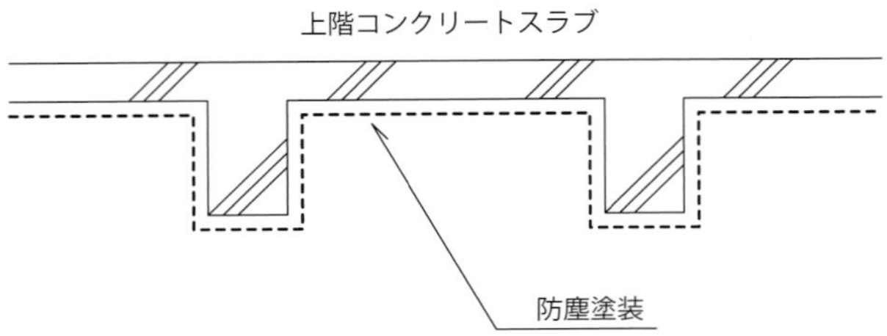

クリーンルーム天井内
図1

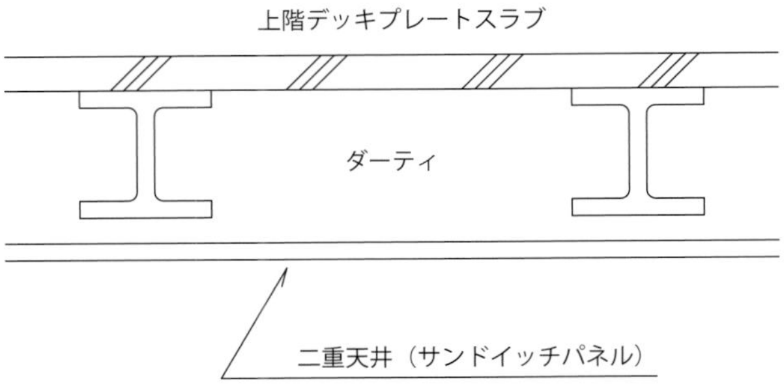

クリーンルーム天井内
図2

クリーンルームにおける躯体処理

クリーンルームの建築躯体（いわゆる床、壁、上階スラブ）は、それが清浄空気に触れる部分に関しては、発塵対策や気密対策を行う必要があります。これらの方法はいくつかありますが、対象となる躯体と必要とされる機能、コストを検討し決定する事になります。

クリーンルームで処理が必要となる建築躯体は下記の通りです。

(1)　天井内上階スラブ下面
(2)　外壁や防火区画間仕切
(3)　スラブ床

天井内上階スラブ

(1)　コンクリートスラブ（図1）

上階のコンクリートスラブが天井内にあらわしとなる場合、コンクリートは発塵源となりますので、発塵対策が必要です。また、半導体クリーンルームにおいては、ケミカル対策として、コンクリートからのアルカリ成分の発生を抑える場合もあります。現在では、コンクリート面に対しては、エポキシ系塗装を行う方法が一般的に行なわれています。コンクリートスラブの場合は、基本的に気密性は高いので、コンクリートとクリーンルーム間仕切壁の取り合い部分はコーキングによる気密処理を行いますが、躯体としての気密処理は不要です。

(2)　デッキプレート床（図2）

上階がデッキプレート床の場合、デッキプレート自体は鋼板製で発塵しませんが、床のコンクリート打ちを行う時、デッキプレートの繋ぎ目部分からコンクリートが漏れ出す（ノロ）事がよくあります。また、デッキプレートと鉄筋をスポット溶接して接合するため、その溶接部から錆が出る事もあります。ノロにしても錆にしても発塵源であり、少量であればその部分に鉄板をあてて発塵を防ぐ等の対応が可能ですが、大きな面積となると部分的な対応では困難となります。その様な場合は、上階スラブ下面に防塵塗装を行なうか、スラブ直下のレベルに天井を設置し、二重天井にするなどの対策が必要となります。なおデッキプレー

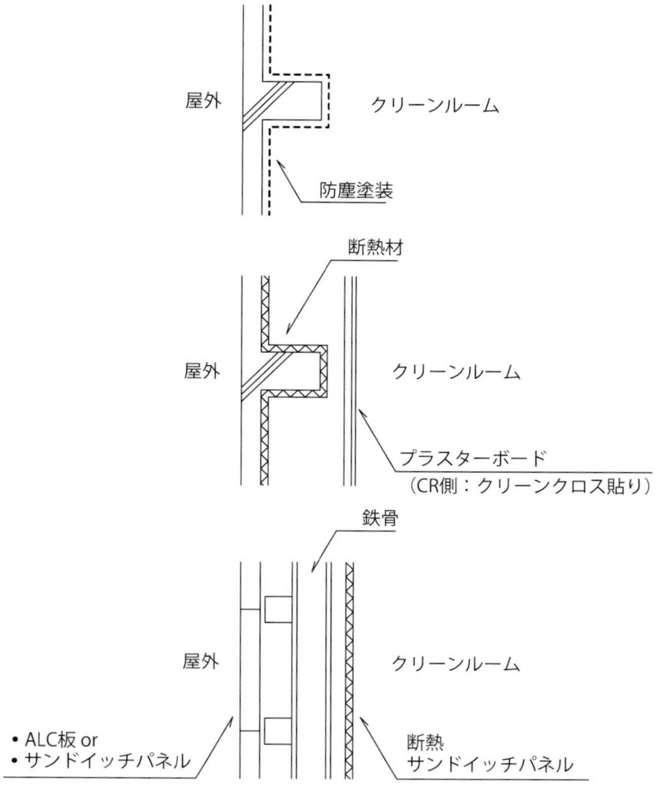

図3

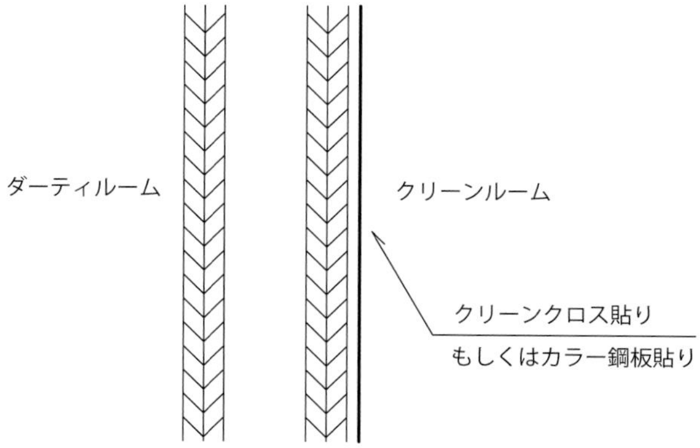

〈防火区画間仕切〉
図4

トは、端部の外壁部分との取り合い部分や鉄骨梁のジョイント部分等にわずかな隙間があるので、これらの部分に対してはコーキング処理等の気密対策が必要となります。

外壁や屋根、防火区画間仕切

(1)　外壁や屋根（図3）

外壁や屋根は発塵対策に加えて、断熱性能が必要になります。建築躯体として、断熱性能が十分ある場合は、防塵塗装やボード貼り（クリーンルーム側表面はクリーンクロスか焼付け鉄板貼り）等、発塵しない材料で気密処理を行います。一方建築躯体の断熱性能が不十分でクリーンルーム内装として断熱性能が必要となる場合は、ボード貼り内部に断熱材を充填したり、断熱サンドイッチパネルを採用します。

(2)　防火区画間仕切（図4）

大型クリーンルームの場合、クリーンルームと一般室の境界の間仕切が防火区画になる場合が多くあります。防火区画間仕切は、その表面仕上げが発塵源となる場合が多いのでその対策が必要となります。これも外壁と同様、作業員にあやまって傷つけられる可能性のある箇所は鉄板を貼り付ける等の処理を行います。一方、防火区画間仕切がレタンシャフト等で傷つけられる可能性が少ない場合は、クリーンクロス貼りにする場合もあります。

床スラブ

クリーンルームが直床タイプの場合、または上げ床方式の場合の床下スラブは、コンクリートスラブとなる場合がほとんどです。したがって、表面の発塵対策が必要となります。この処理方法に対しては前述の「クリーンルームの床とは…」の頁を参照してください。

内装システム編 Ⅶ

内装の振動対策とは

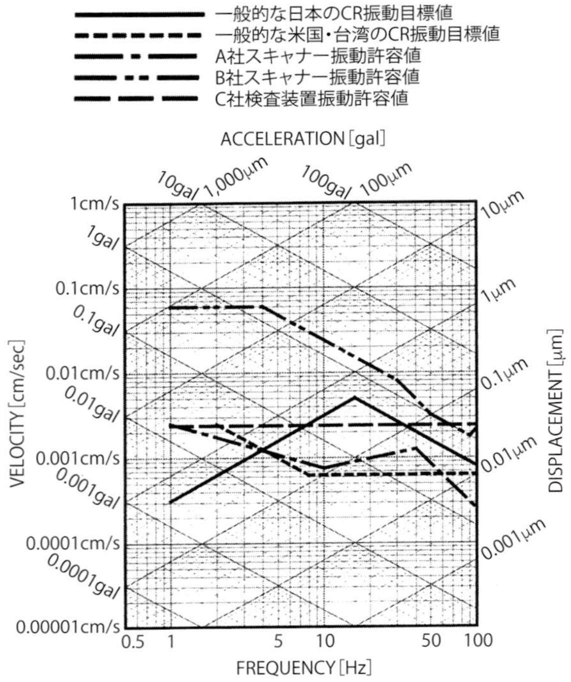

図1　嫌振機器の振動許容値の例[1]

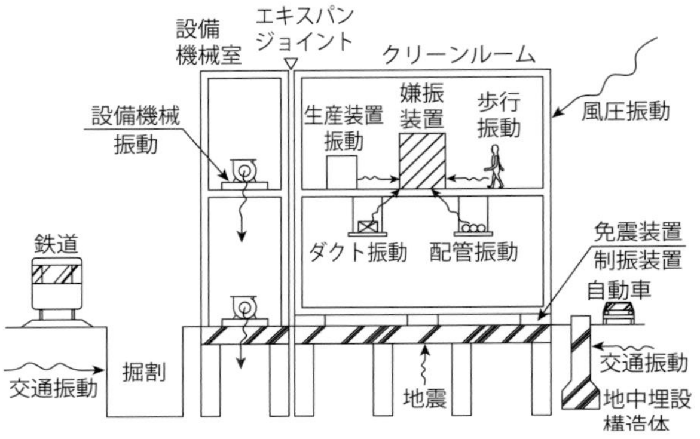

図2　クリーンルームの振動要因

振動対策の必要性

クリーンルーム環境の要求条件の一つに振動条件があります。微細加工を必要とするプロセスではクリーンルームのミクロンオーダーの振動が大きな影響を与えます。半導体製造装置において、露光装置や検査装置には厳しい振動許容値が要求されています。図1に嫌振機器の振動許容値の例を示します。クリーンルームの振動を許容値以内とするために、加振源に対する対策と振動を嫌う装置に対する対策が必要となります。

振動要因とその対策

クリーンルームには様々な振動要因が存在します。クリーンルームの外部環境からは、周辺の自動車や鉄道などの交通振動、風圧による振動、地震などがあります。交通振動に対しては、掘割や地中埋設構造体などの対策が取られることがあります。積層ゴムやオイルダンパ、アクティブ制振装置を採用して、建物自体を免震構造や制振構造とする場合もあります。建物内部からは、設備機械やダクト、配管からの振動、生産装置自身の振動、人間の歩行や台車移動に伴う振動が考えられます。基本的には、振動発生源に防振装置や高剛性架台を設置してクリーンルームに伝わる加振力を低減します。また、設備機械室とクリーンルームの間を建築構造的に分けたり、平面的に充分な距離をとって配置するなど、嫌振エリアと加振源を物理的に離隔、絶縁する方法も有効です（図2）。

防振方法

設備機械などの振動発生源に対しては防振を行います。防振材には、ゴムパット、防振ゴム、空気ばね、金属

表１　防振材の特徴(2)

防振材	金属コイルスプリング	空気ばね	防振ゴム	ゴムパッド
選択可能な固有振動数［Hz］	2〜10	1〜5 密閉型3〜10	7〜20	15〜
減衰比率	0.005	0.1〜0.2	0.05〜0.1	0.005〜0.1
高域での絶縁性能	△	○	○	○
加振力の大きい機械への適用	○	◎	△	×
価格	△	×	○	◎
設計に対する信頼度	◎	○	△	×
製品の均一性	◎	○	△	○
寿命	◎	△	△	×
使用上の注意	共振点通過時間の長いものはダンパを併用。ゴム等と併用して高次の改善をはかる。	空気圧を保つためのメンテナンス必要。密閉型のものではあまり低い固有振動数を得られない。	温度の影響が大きい。製品のばらつきが大きく、余裕のある設計をする。	防振に対する効果はあまり期待できず、補助的な使用が望ましい。

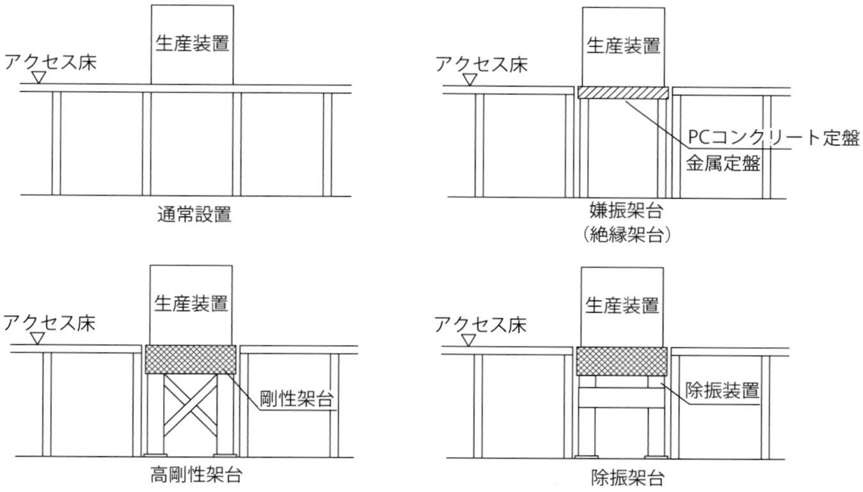

図３　装置架台の例

コイルスプリングがあります（表1）。それぞれ対応可能な固有振動数が異なるので、加振力や加振周波数に合わせて最適な防振材を選択します。また、重量物など加振力の大きな機械は、コンクリート基礎を厚くして重量をもたせたり、建築構造と絶縁することも有効です。ダクトや配管も設備機械の振動に合わせて脈動するので、防振材を使用したハンガーなどで防振する必要があります。防振した機械やダクト、配管は、地震時の転倒や破壊を防止するために適切なズレ止固定をとります。

嫌振方法

振動を嫌う装置に対しては、その振動許容値と周囲の振動レベルに応じて、嫌振架台や高剛性架台、除振架台で対応します。嫌振架台は、比較的振動許容値がゆるい場合に、架台を定盤構造として剛性を上げたり、アクセス床と絶縁して周辺振動や歩行振動の影響を受けないようにします。嫌振装置には、スキャン型露光装置のように内部で重量ステージの高速移動がありそれ自身が加振源となる装置があります。その場合には架台の剛性を上げることで、その加振力に対して抵抗できるように高剛性架台を採用します。嫌振架台や高剛性架台は、その周辺の加振力の影響を受けないようにしますが、架台が設置されている地点の暗振動レベルより振動を低減させることはできません。その必要がある場合には除振架台を採用します。除振架台は、空気ばねや金属ばね、粘性ダンパなどを組み合わせて、架台上の振動レベルを低減します。露光装置などは、架台上の振動レベルを計測して、それが一定以下になるように架台の動特性を自動制御するアクティブ型の除振装置を使用することがあり、その装置架台には超高剛性能が要求されます（図3）。

内装システム編 Ⅷ

内装の耐震設計とは

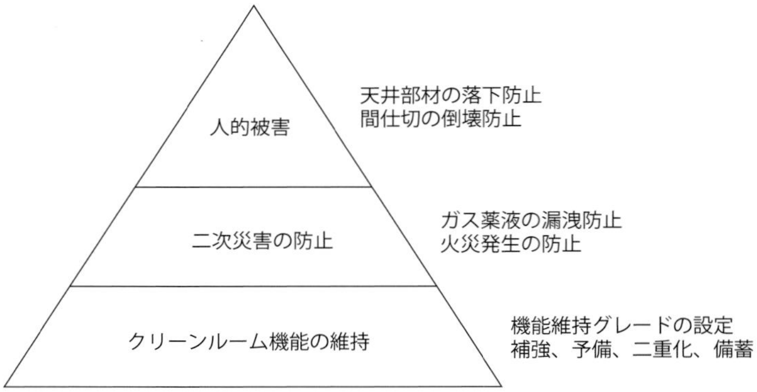

図１　耐震設計の目的

表2　設計用標準水平震度（Ks）

設置場所＼分類	耐震安全性の分類	
	重要用途Ⅰ	通常用途Ⅱ
上層階、屋上及び塔屋	1.0	1.0
中間層	1.0	0.6
1階・地階	0.6	0.4

上層階は、次のとおりとする。
2〜6階建の場合は最上階
7〜9階建の場合は上層2階
10〜12階建の場合は上層3階
13階建以上の場合は上層4階

耐震設計の考え方

⑴　人的被害の防止（図1）

内装の耐震設計において最優先で考えなければならないのが、人的被害の防止です。天井部材の落下や間仕切の倒壊などによって、人を負傷させたり、避難動線を遮断することのないように計画します。

⑵　二次災害の防止

有害なガスや薬液を使用しているクリーンルームでは、地震によるそれらの漏洩や火災などの二次災害も防止しなければなりません。そのためには、倒壊や移動しない内装構造、不燃材料の使用、重要機器が転倒・移動しないように固定するなどの検討が必要です。

⑶　クリーンルーム機能の確保

クリーンルームの用途によっては、たとえ地震があったとしてもその機能を維持確保することが求められます。その要求グレードによって内装の耐震強度を計画する必要があります。

耐震計算方法

耐震計算は、設計用水平または鉛直震度に内装部材と積載荷重の重量を乗じて設計用地震力を算出し、この力に耐えうる部材強度を求めます。

設計用水平地震力

$Fh = Kh \times W$

$Kh = Z \times Ks$

ここで

Fh：設計用水平地震力

Kh：設計用水平震度

W：部材と積載荷重の合計重量

Z：地域係数（原則として1.0　建告1793参照）

Ks：設計用標準水平震度（表1参照）

設計用鉛直地震力

$Fv = Kv \times W$

$Kv = (1 / 2) \times Kh$

ここで

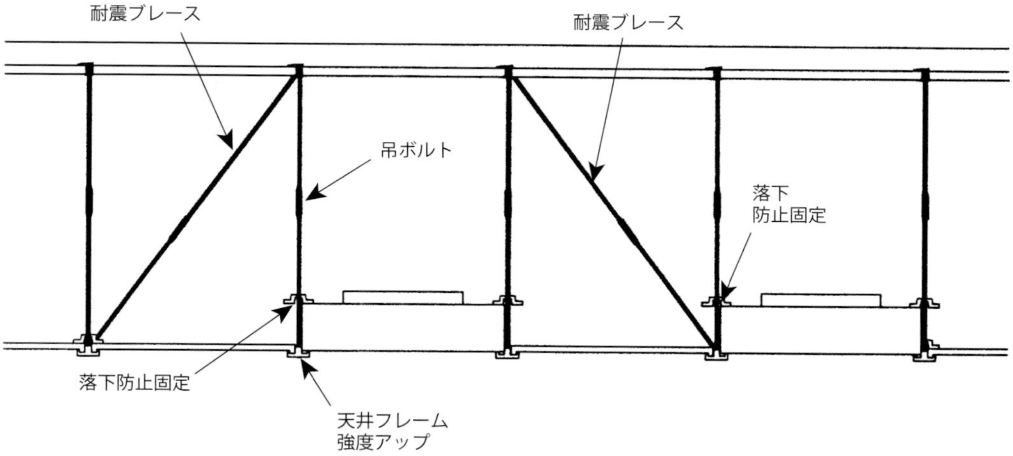

図2　天井の耐震方法

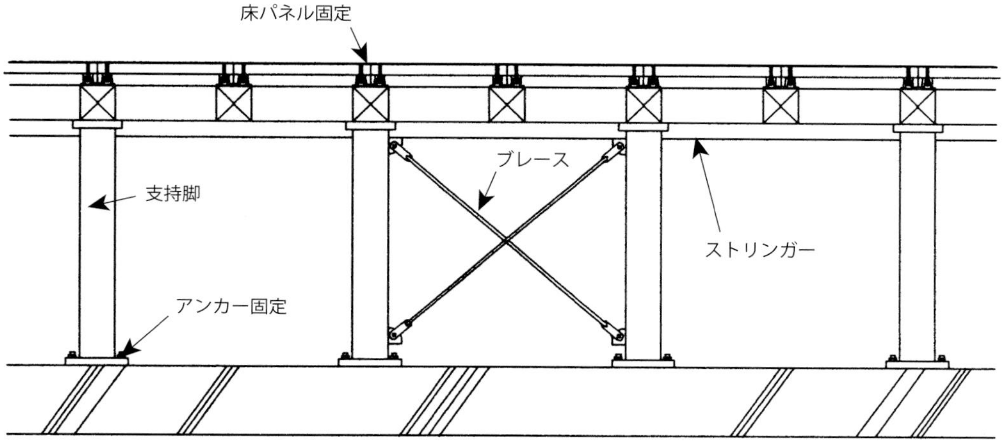

図3　床の耐震方法

Fv：設計用鉛直地震力
Kv：設計用鉛直震度

天井の耐震方法（図２）

天井は一般的に吊り構造となっているため、地震による横揺れや波打ちが発生しやすくなります。横揺れを防止するためには、天井フレームの強度を上げたり、ブレースを使用して水平地震力に対抗します。また、波打ちを防止するために、吊りボルトの代わりに部分的に鋼材を使用して上下動に対する圧縮力を分担させます。建築躯体の壁や柱に固定する場合、振動周期の違いにより破壊される可能性を検討する必要があります。システム天井などは、フィルタやパネルが落下しないように天井フレームに固定したり、落下防止ワイヤーを設置します。

間仕切の耐震方法

間仕切は上部と下部の固定部分の強度を上げて、必要に応じて鋼材などで耐震振れ止めを設置します。建築躯体の層間変位が大きい場合は、その変位を吸収して破壊を防止する工法を検討する必要があります。

床の耐震方法（図３）

アクセス床の耐震には、支持脚本体の剛性強化、支持脚のアンカー固定やブレース設置、ストリンガー（支持脚頭部の水平繋ぎ固定）などがあります。また、床パネルをアクセス床構造にボルト固定する方法は、アクセス床の耐震強度を高めるのと同時に地震時の床パネルの浮き上がり脱落防止となり、避難経路が塞がれることも防止します。

クリーンルームの施工管理とは

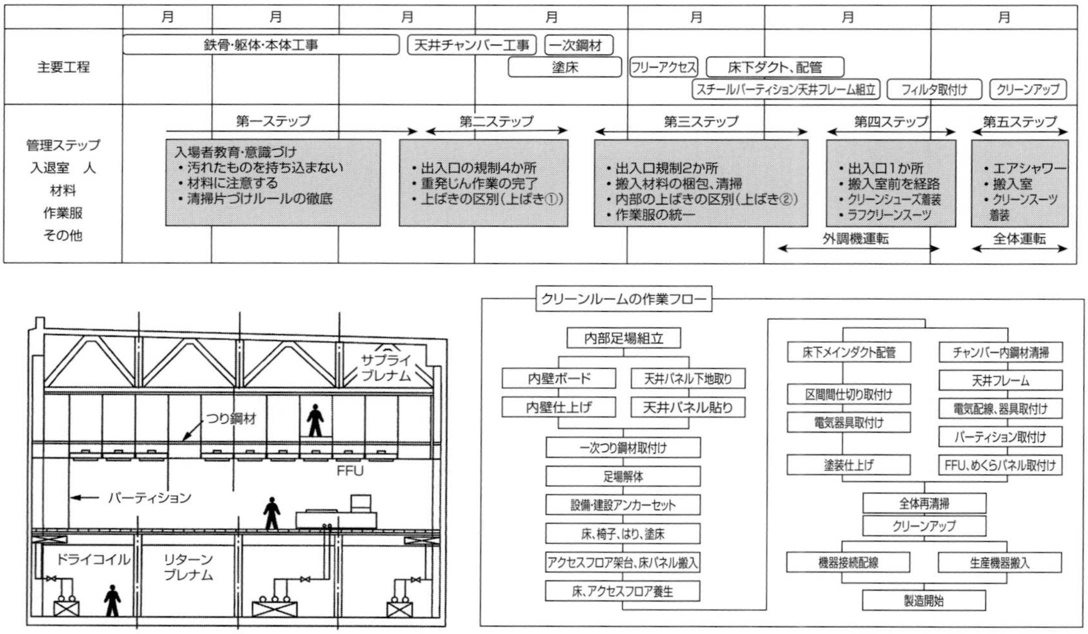

図1　クリーンルーム施工管理フロー[1]

クリーンルームの施工管理

クリーンルームを施工するにあたって、考慮すべき事項は多岐に渡ります。そのなかで、オフィスビルのような建設現場と異なり、特に気をつけるべき事項は、パーティクル(場合によってはケミカル物質も含む)による汚染です。施工時にこれら汚染物質の管理を怠ると、竣工時に清浄度がなかなか上がらなかったり、運転時に思わぬ汚染が生じたりします。

そのため、施工時の汚染対策が非常に重要となります。汚染物質は建設資材や作業者から発生するほか、様々な作業でも発生することから、クリーンルーム建設に携わる作業関係者全員が汚染防止にしっかりと取り組み、同じベクトルで仕事ができるよう、指導及び管理をする必要があります。

施工時の管理要領[1]

クリーンルーム建設では様々な工程があります。図1に主要な工程とそれに対応する主な管理内容を示します。

(1) 第一ステップ：躯体施工時

①汚染物質を持ち込まない

・建屋入場口を指定
(下足洗い場、エアーガンによる汚れ落としの徹底)

・資材搬入の制限
(適正量の搬入及び不要材の随時搬出徹底)

・適正な資材保管
(資材を汚さない、風雨にさらさないようストック場所・方法を規定)

②発生した汚染物質を速やかに除去する

・作業終了時の清掃徹底ならびに一斉清掃の強化

・屋内仮設トイレの水洗化

③クリーンルーム内での作業員への導入教育・訓練準備

(2) 第二ステップ：躯体工事完了後

①汚染物質を持ち込まない

・外部からの入口を数カ所に限定
(履き替え用の下駄箱、靴の用意)

②汚染物質を堆積させず、速やかに除去する

・清掃方法、清掃ルールの徹底

・クリーン区域設置機材、鉄材の清掃、事前補修の徹底
(水分付着による発錆の防止)

表１　クリーンルーム施工時における汚染物質対策の代表的項目[1]

①	ダクト、配管、機器、機材などの開口端部の閉そく養生や搬入時の清掃
②	クリーンルーム対象室内の室内送風加圧による汚染物質の侵入防止
③	クリーンルーム対象室内の仮設空調による作業員の発汗防止
④	仮設搬入前室などの設置による、搬入資材に付着した汚染物質の除去
⑤	建屋入室時における下足の交換や作業服装の指定

表２　施工管理上の不具合事例[1]

	不具合事例
清浄度	○開口部・端部養生不良によるじんあい付着 ○フィルタ取付不良、破損に伴うリーク ○室圧調整不良による圧力逆転現象
温度・湿度	○制御弁選定不具合によるハンチング ○センサ取付位置の不良による誤指示、誤作動
気流・圧力	○室内気流の偏流、横流れ（吹出口、吸込口の配置不良） ○室内圧異常による内装材破損（差圧ダンパ不良など）

③クリーンルーム内作業員への導入教育・訓練の実施
- ・クリーンルーム施設の説明（性能と機能）
- ・機密保持の再確認
- ・清浄度、ケミカル汚染に関する一般的知識の習得
- ・クリーンルーム内の動線（人、機材）確認
- ・室内の清掃要領
- ・緊急時避難方法、安全対策

(3) 第三ステップ：内装仕上げ施工時

①汚染物質を持ち込まない
- ・塗り床、長尺シート部の入室規制と制限
- ・クリーンルーム入室用粘着マットの設置
- ・クリーンエリア内作業服の指定

②汚染物質を堆積させず、速やかに除去する
- ・仮設セントラルクリーナーなどの設置

③クリーンルーム内作業員への導入教育・訓練（第二ステップの教育内容に以下項目を付加）
- ・クリーンスーツ類の更衣と入場手順
- ・クリーンルーム内の動線（人・機材）確認と持ち込み機材の清掃、作業方法の規制
- ・緊急時避難方法、安全対策、作業手順

④外調機など本設機材、仮設機材などにより、クリーンルーム内の加圧と仮設空調の実施
（汚染物質の侵入防止、人体発汗の防止、セミクリーン化による作業の実施）

(4) 第四ステップ：HEPAフィルタ装着時

①汚染物質を持ち込まない
- ・作業服としてクリーンスーツ・シューズ・手袋・マスク着用の徹底

②汚染物質を堆積させず、速やかに除去する
- ・室内構成部材（天井フレーム、パネル、アクセスフロアなど）の無塵クロス、モップによる純水拭き

③クリーンルーム内作業員への導入教育・訓練（第三ステップの内容に以下項目を付加）
- ・入室者の限定と登録
- ・作業場所、作業時間の事前登録許可申請
- ・入退室管理、警備室の配置
- ・汚染物質発生作業の限定と事前許可申請

(5) 第五ステップ：クリーンルーム全体運転

①汚染物質を持ち込まない
- ・クリーンルーム内服装の統一規制（客先管理要領）
- ・持込機材、書類のラミネート化

②汚染物質を堆積させず、速やかに除去する
- ・発じん作業のブース化
- ・セントラルクリーナーなどによる随時清掃

③クリーンルーム内作業員への導入教育・訓練
- ・作業安全、機材保護、性能維持確保、機密保持の再確認
- ・入場、機材持込ルールの再徹底
- ・入場者の事前登録と常時認識票の明示

汚染対策と不具合事例

表１に汚染対策の代表的項目を、表２に管理上の不具合事例を示します。

Part 3　内装システム編　参考文献・引用資料

Ⅷ　内装の振動対策とは

⑴⑵　クリーンテクノロジー Vol.10 No.11　超 LSI 工場の微振動常時監視の重要性　日本工業出版

Ⅸ　クリーンルームの施工管理とは

⑴　（社）日本空気清浄協会編：クリーンルーム環境の施工と維持管理、オーム社、2000.7

Part 4　機器・機材編

前室とは

更衣室、エアシャワー

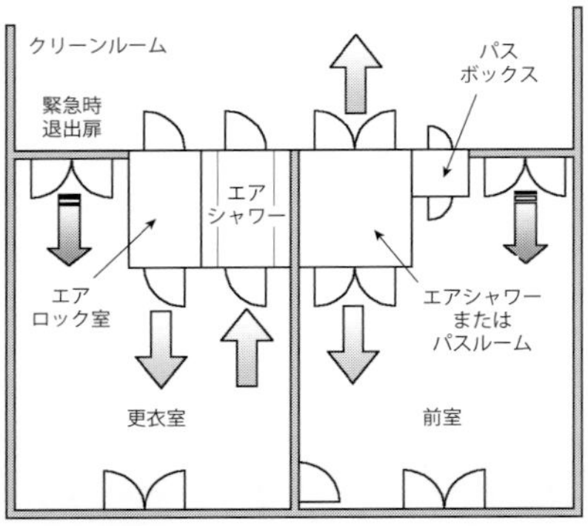

図１　更衣室および前室（文献(1)を元に作成）

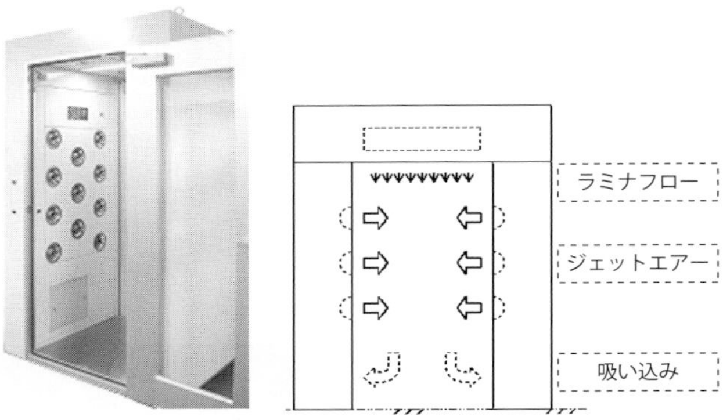

図２　エアシャワー外観[2]と概要図[3]

表１　エアシャワー吹出方式[1]

パンカールーバー	スリット形	圧縮空気形
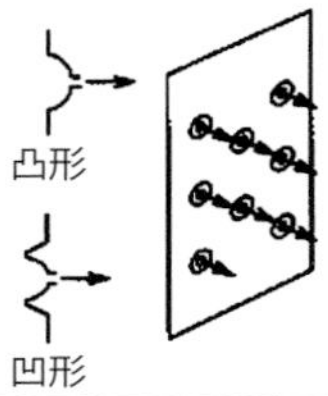 ・最も一般的 ・吹出方向可変 ・取付容易	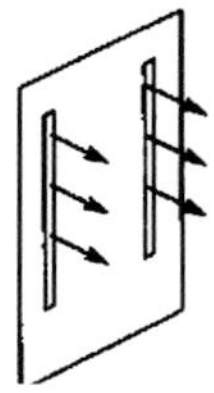 ・風量　大 ・効果　大 ・高価	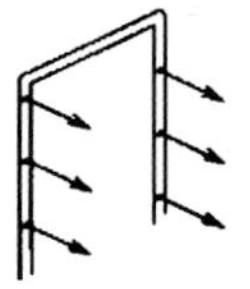 ・吹出風速　大 ・コンプレッサ使用

前室

前室とは、一般室（汚染域）とクリーンルーム（清浄域）との間に設けられるもので、作業者がクリーンルームに入る準備をする室です。使用する目的や頻度などに応じて、室の大きさや設置する機器が決められます。スペースや動線の都合上更衣室を兼ねる場合があるほか、材料や製品の搬入出をするため、図１のように更衣室とは別途に設置される場合や、更衣室通過後に設置される場合もあります。清浄度クラスは目的に応じて設定され、クリーンルームと同等の清浄度クラスが要求される場合もあれば、ISOクラス８～９のような低清浄度で良い場合もあります。

更衣室

更衣室は、一般的にはエアシャワーやエアロック室を介してクリーンルームと繋がっており、作業者はそれらを使ってクリーンルームに入退室します。作業者の人数が多い場合は、エアシャワー（入室用）とエアロック室（退出用）を別個に設置しますが、人数が少ない場合は入退室ともにエアシャワーが用いられます。これらエアシャワーやエアロック室は、更衣室側の扉とクリーンルーム側の扉が同時に開いて清浄空気が汚染されないように、通常はインターロックがかけられています。

更衣室では衣服を着脱する行為により、発生する塵埃の量が多く、床には多量の塵埃が堆積します。そこで、供給風量の増加、クリーンユニットの設置などにより清浄化を図ります[1]。また、床は、グレーチング式が望ましいですが、一般床の場合は高床式更衣ユニットの導入や清掃回数を増加したりして対処します。

なお、作業衣を着脱する室と無塵衣を着脱する室を分離し、それぞれ一次更衣室及び二次更衣室とする場合もあります。

エアシャワー

(1)　概要

エアシャワーとは、クリーンルームやクリーン廊下などの清浄域と更衣室などの非清浄域との間に設けられるクリーン機器の一つで、クリーンルーム内であっても清浄度の異なる室間に設置される場合もあります。エアシャワーを設置する主目的

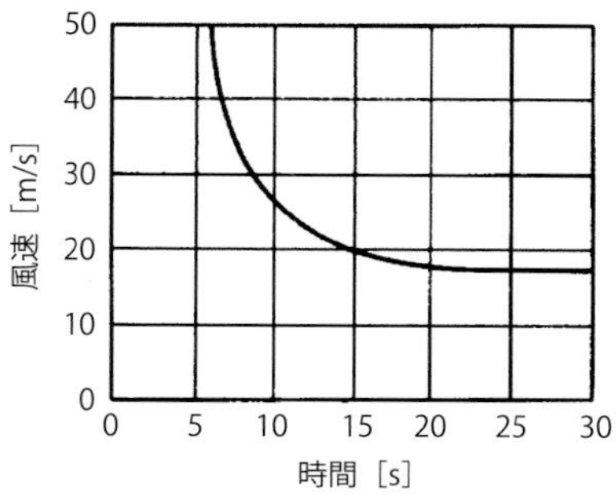

図３　風速と時間[5]

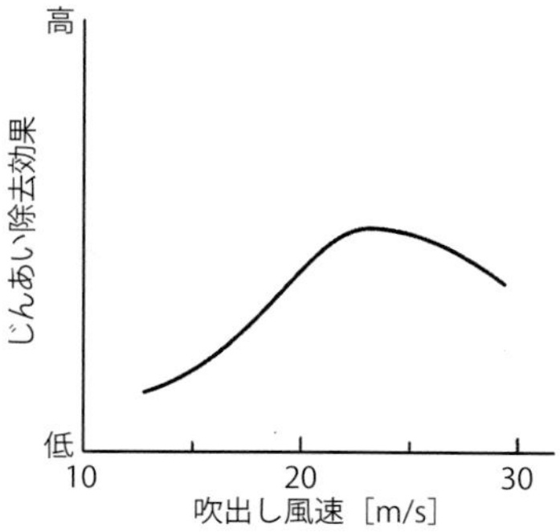

図４　適切な吹出風速[1]

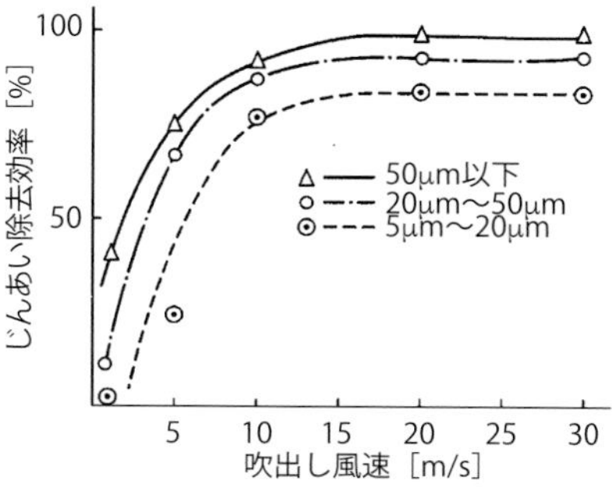

図５　吹出風速と除去効率[1][6]

表２　エアシャワー選定時の検討項目

分類	選択項目
用途	人用・荷物用
構造	直進形・三方向形・直角形・トンネル形・階段形
吹出方法	片吹形・両吹形・天井吹出（有・無）
吸込方法	側面・グレーチング
入室方法	手動・自動（タッチプレート・熱感知・光式）
扉勝手	形開き・両開き・片引き・両引き・他
照明	無・白色・黄色
インターロック	無・有
主フィルタ	HEPA・脱ガス対策品
循環	無・有
案内	無・音声・表示器
警報	ブザー無・ブザー有・火報信号
その他	防爆仕様・連結の有無・差圧計の有無　等

粘着マット　　クリーン手洗器　　無塵衣保管庫

写真１　その他の主なクリーンルーム用品[2]

は、クリーンルーム内の清浄空気とクリーンルーム外の汚染空気との接触を防止すること（エアロック効果）と、クリーンルームに入室する作業者の衣服に付着したゴミを吹き飛ばすことです[4]。その他にも、作業者に対して「これからクリーンな環境に入室する」という意識を向上させる効果もあります。

⑵　構造

エアシャワーの外観と概要図を図２に示します。

高速気流の吹出方法は３つに大別され、パンカールーバー、スリット形、圧縮空気形があります（表１）。

⑶　吹出し風速と時間

図３のように、吹き付け時間に応じた風速が提案されています[1]。

吹出し風速を速くすれば吹き付け時間を短くすることができますが、速すぎると衣服内からの発塵（衣服の構造にも依存します）が増加するほか、作業者の不快感も増加して逆効果です[1]。図４は実験により求められた最適風速ですが、一般的には風速20m/s以上、吹き付け時間は15～20秒が採用されています[1]。

⑷　除去効果

図５は布表面の粒子を顕微鏡で直接計測した実験結果で、風速10m/s以上でエアシャワーが有効であることがわかります[1]。ただし、除去に有効な微粒子の粒径は5μm以上で、2μm以下の微粒子に対してはほとんど効果がない[6]とされています。

⑸　選定時の検討項目

エアシャワーには目的に応じて様々なタイプがあります。表２に検討項目を示します。

その他用品（写真1）

⑴　粘着マット

エアロック室やエアシャワー入口の床面に置き、靴底やキャスターについた塵埃を粘着面で除去します。一定期間使用するごとに粘着シートを剥がしていく使い捨て形と洗浄再利用形があります[4]。

⑵　クリーンエアタオル

手洗後、清浄空気を吹き付けて手を乾燥させる装置です。

⑶　無塵衣保管庫

無塵衣を清浄な状態で保管するためのもので、保管庫にFFUが設置されています。庫内清浄度はISOクラス6程度です[2]。

機器・機材編 Ⅱ

無塵衣とは

表１　主な無塵衣とその適用先

分類	オーバーオール形	ツーピース形	フロックコート形
衣服デザインの例	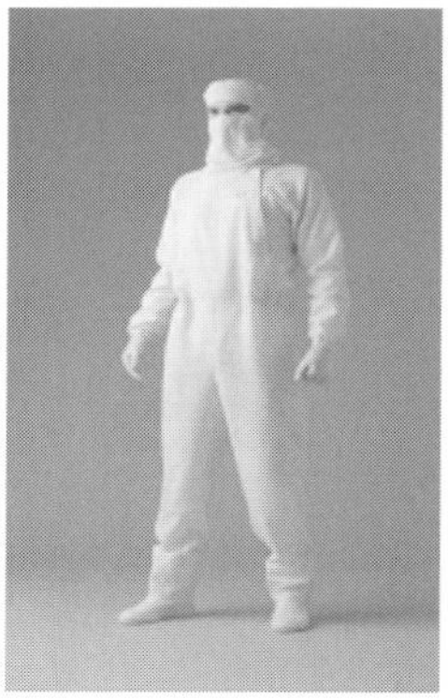 (1)	 (2)	 (3)
適用先[5]	清浄度クラスの高い領域で使用される	ISOクラス７～８程度で使用される	クリーンルーム内での作業時間が短い場合や実験衣として使用される

無塵衣

無塵衣とは、人体から発生する塵埃を抑制するため、クリーンルーム内で着用する専用の衣服のことです[4]。衣服の素材には長繊維、極細のポリエステルやナイロンなどが使用され、衣服自体からの発塵を少なくするとともに、襟元や袖口などの開口部を絞り衣服内部から塵埃が漏出しにくいようになっています。また、ファスナ・ポケット・ひだ等については、塵埃が溜まりやすい箇所を極力排したデザインを採用しています[5]。なお衣服を補完するものとして、ヘッドカバー・マスク・無塵靴・手袋があり、衣服を含めたこれら機能や清浄化等については、JACA指針No.14C[6]、JACA指針No.41[7]に記載されています。

表１に主な無塵衣の適用先を示します。

ヘッドカバー

ヘッドカバーには、フードやキャップがあります。高清浄度域では頭部全体を覆うフード形が適しており、フェイスマスク一体形、フェイスマスク取付形などがあります。一方キャップは清浄度レベルが低い場合に用いられ、つば有り・つば無し・耳まで覆うタイプなどがあります。

マスク

マスクは主に発塵性・フィルタ効果・通気性・経済性を考慮して選択します。なお、マスクは以下の3種類に大別されます[8]。

① 打ち抜き形（使い捨て形）

ポリエステル等の不織布を型で打ち抜き後に成形したもの

② 折り込み形（使い捨て形）

不織布間にフィルタろ材をはさみ込み、フィルタ効果を高めたもの。通気抵抗を下げるため３枚程度に折り込んでいるほか、フィット性能を上げるためマスク上部にワイヤを組み込んだものもあります。また繊維状活性炭をはさみ込んだ防臭用もあります。

③ 布製（再使用形）

織布を縫製したもので、無塵衣と同様の布を用いたもの。フィルタを積層したタイプもあります。

表２　IESTの推奨する衣服システム（文献(6)記載の表を一部改変）

		非一方向流			一方向流			無菌室		
参考清浄度クラス 上段：ISO、下段：FS		5	6	8	3	5	6	3	5	6
		100	1000	100,000	1	100	1000	1	100	1000
無塵衣	フロックコート	NR	AS	R	NR	AS	AS	NR	NR	NR
	ツーピース	AS	AS	AS	AS	AS	AS	NR	NR	NR
	オーバーオール	R	R	AS	R	R	R	R	R	R
靴	シューズカバー	NR	AS	R	NR	AS	AS	NR	NR	NR
	ブーツ	R	R	AS	R	R	R	R	R	R
	特殊シューズ	AS	AS	AS	AS	AS	AS	AS	AS	AS
ヘッドカバー	ヘアカバー	R	R	R	R	R	R	R	R	R
	フード	R	AS	AS	R	R	AS	R	R	R
	フェイスカバー	R	AS	AS	R	R	AS	R*	R*	R*
	バッテリ式 ヘッドギア	AS	AS	AS	AS	AS	AS	AS	AS	AS
手袋	織布手袋	AS	AS	AS	NR	AS	AS	NR	NR	NR
	無孔手袋	AS	AS	AS	R	AS	AS	R	R	R
他	インナースーツ	AS	AS	AS	R	AS	AS	R	AS	AS
	交換頻度	１回／日	2、3回／週	２回／週	入室毎	１回／日	2、3回／週	入室毎	１回／日	入室毎
備考	1）IEST：Institute of Environmental Sciences and Technology 2）R：推奨　AS：仕様により適用　NR：推奨されない 3) フェイスカバー：フードとマスクで顔を覆うもので、マスク一体形とマスク取り外し形を含む 4) バッテリ式ヘッドギア：頭部全体を被覆し、フード内空気をファン（電源：バッテリ）で吸引し、フィルタでろ過後排出する方式のもの									

手袋

手袋は、主に発塵性、作業性、制電性、通気性を考慮して選択します。また場合によっては、耐薬品性、耐熱性なども考慮する必要があります。なおラテックス製などの通気性のないものは、汗吸収用にインナー手袋を装着することもあります。

靴

靴は快適性（はき心地　特に疲れにくさ）・制電性・発塵性・通気性・洗濯のしやすさなどが考慮されます。高清浄度域ではオーバーシューズ（ロングブーツなどとも呼ばれ、短靴とひざ下までのスパッツが一体化したもの）、低清浄度域では短靴が使用されます。

要求性能

無塵衣に求められる性能は以下の通りです[9]。

①　低発塵性

ポリエステルなど長繊維を使用し、布端面は袋状に縫合するなどして端面からの塵埃がでないようにすること。

②　高いフィルタ効果

衣服内側から外側に塵埃が漏出しないよう生地・縫目・ファスナー・袖口・襟などを検討すること。

③　通気性・透湿性

蒸れが少ないこと。

④　制電性

導電性繊維等が生地に織りこまれていること。

⑤　耐久性

100回以上の洗濯に耐え、擦り切れ、破損などしにくいこと。バイオロジカルクリーンルーム用としては、滅菌処理にも耐えること

⑥　粒子が付着しにくいこと

表面が平滑なこと

⑦　耐薬品性

⑧　快適性

着やすく、動きやすいこと

⑨　透明度が低いこと

下着など透けにくいこと

⑩　取扱が容易なこと

アイロンがけ等が不要なこと

清浄度クラス別の推奨衣服システム[6]

清浄度クラス別の衣服システムについて、IEST-RP-CC003.2で推奨されています。その一部を表２に示します。

機器・機材編 Ⅲ

クリーンベンチとは

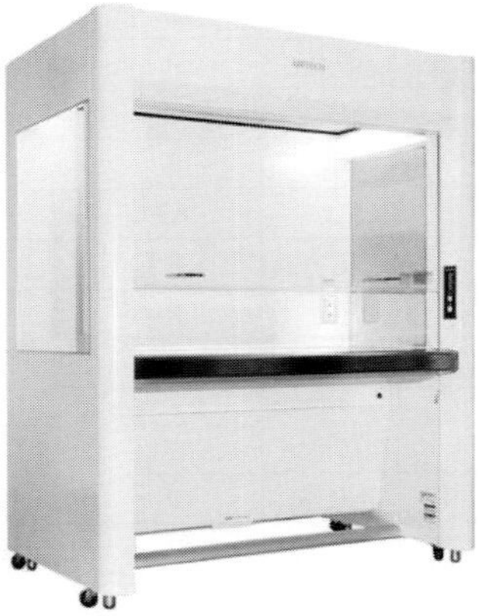

写真１　クリーンベンチの例[2]

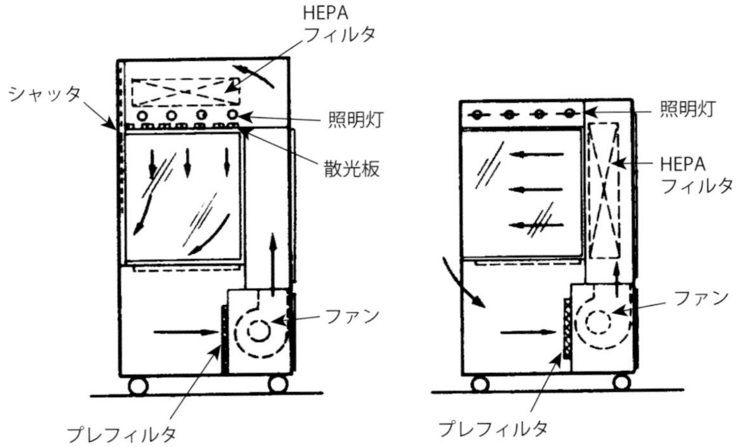

(1)　垂直型

(2)　水平型

図１　クリーンベンチの構造[3]

クリーンベンチ

クリーンベンチとは、規定された清浄度レベルに管理された空気が、作業対象物に対して直接流れるように作られた作業台で、クリーンワークステーションなどとも呼ばれます[1]。製品例[2]を写真1に示します。送風機、高性能エアフィルタ（HEPAフィルタ、ULPAフィルタ）照明のほか、用途に応じて水道・ガス・流し・排気などの機能を有する機器を内蔵しており、清浄度の低い室内において、局所的に高清浄度を作り出すことができます。気流形式は、図1のように垂直型と水平型があり、作業空間を陽圧に保つタイプのクリーンベンチについては、JIS B 9922[4]で性能・構造・試験方法が規定されています。

クリーンベンチの構造[4]

クリーンベンチの構造はJISにより以下のように定められています。

①　保守、点検及び整備が容易にできること

②　作業空間の壁面は容易に剥離及びさびを発生しないものとすること

③　ろ過されていない空気が作業空間に流入しないこと

④　本体を接地可能とすること

⑤　主エアフィルタはHEPA又はULPAフィルタであること

⑥　エアフィルタは通常の空気条件において、容易に変質及び腐食しないこと。また、保守または整備・交換のため容易に脱着できること

⑦　主エアフィルタの取付部は経年変化に対してエアロゾルの漏れがないこと

⑧　酸、有機溶剤、生物粒子、有毒ガスを取り扱う機種の場合、これらを含んだ空気が所定の経路から排出できること

⑨　防爆構造のものはJIS C 0903に準ずる

⑩　照明灯と殺菌灯を備えている機種は、受渡当事者間の協定がない限り、同時に点灯してはならない。

選定上の要点[5]

クリーンベンチの基本形としては、先に述べたように垂直型と水平型があります。垂直型は一般的に使用されているもので、給排水や排気機能を

表1　特殊形クリーンベンチの例[3]

分類	特長
装置組込形	作業台を取り外し、床置きの装置が組み込まれる
無振動形	作業台と本体とを分離し、振動が直接伝わらない
乾燥形	赤外線ランプ等を取り付け、作業台で乾燥が行える
ライトテーブル形	作業台面をアクリルやガラスなどで組み合わせ、蛍光灯を組み込んだ構造
排気形	作業台の一部または全面で排気ができる構造
給排水形	作業台の一部または全面が流しの構造で、正面に給水栓が取り付けられている
循環形	清浄空気をベンチ外に放出せずに循環させる

表２　クリーンベンチ、安全キャビネット、ドラフトチャンバーの比較[6]

	クリーンベンチ	安全キャビネット	ドラフトチャンバー（ヒュームフード）
外観[2]			
気流	全給気方式	一部循環方式	全排気方式
機能	作業台上の無塵・無菌化	① 作業台からの病原菌などの漏洩防止 ② 作業台上の無菌化	作業台からの溶剤・ガスなどの漏洩防止
使用	無塵・無菌操作	病原菌、組換DNA等有害微生物などの取り扱い	有害薬品等の取り扱い

有したもののほか、ベンチ内で発生した汚染物質をベンチ外に出したくない作業にも使用されますが、作業者が覆い被さるような作業には不向きです。一方、水平型は小型部品の組立に適していますが、気流の偏流があると作業台上の汚染物質を巻き上げる場合があります。

以下に機能の主な要点を示します。

① 作業台上で均一な気流速度が得られ、所定の清浄度が保持できること
② 低振動・低騒音であること
③ フィルタの点検・交換が容易であること
④ 排気機能を有するものは外部への漏出が少ない構造であること
⑤ 作業台前面に扉があるものは開閉が滑らかであること

各種クリーンベンチ

クリーンベンチは、作業内容に応じて様々な種類があります。表1に例を示します。

注意事項

作業空間内における清浄空気の気流性状が乱れると、清浄度を維持することが困難になります。気流性状が乱れる場合は以下によります。

〔垂直型、水平型〕

① 作業空間内に大きな障害物がある場合
② クリーンルームに設置してある吹出口からの気流がクリーンベンチの開口部まで及ぶとき

〔垂直型〕

① 作業空間の奥行寸法に対し、空間の高さ方向が高いとき
② 作業空間内に高温の発熱体があり、対流が生じる場合
③ 有孔でない作業台を使用し、気流の方向を変えたとき
④ 排気形で、排気流フィルタの目詰まりにより流入空気量＜排気量となったとき

その他

クリーンベンチと外観が良く似た装置で、安全キャビネットとドラフトチャンバーがあります。これらは使用目的が全く異なりますので注意が必要です。表2にこれら機器の比較を示します。

機器・機材編 Ⅳ

一方向流とは

垂直一方向流、水平一方向流

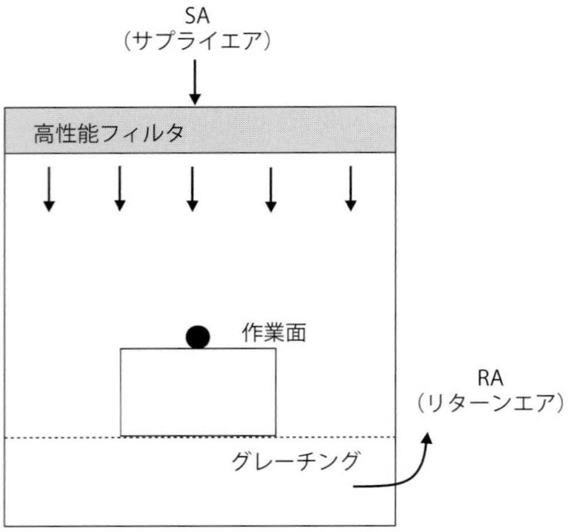

図１　垂直一方向流（文献(3)を元に作成）

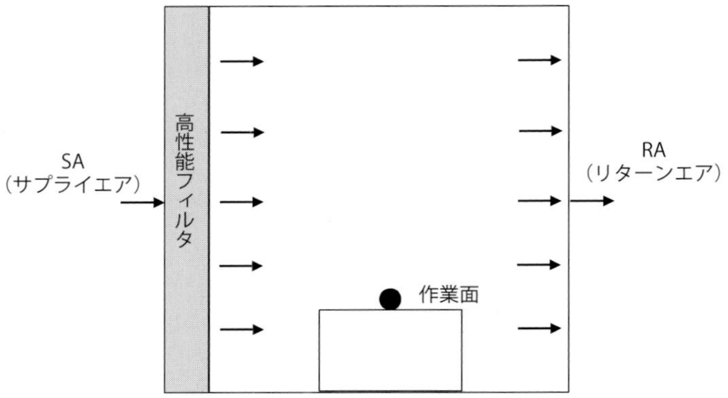

図２　水平一方向流（文献(3)を元に作成）

はじめに

一方向流を用いたクリーンルームのことを層流型あるいは整流型などと呼ぶ場合もありますが、厳密な意味で気流性状が層流あるいは整流を成しているわけではありません。従ってJIS規格やISO規格では、「一方向流（Unidirectional Airflow）」という語句を使用しています。

一方向流には気流の向きによって垂直一方向流と水平一方向流に分類されます。前者は主に半導体などの電子工業用クリーンルームで採用され、後者は主に手術室などバイオロジカルクリーンルーム（BCR）で採用されています。

一方向流型の特徴(1)(2)

一方向流は、押し出し流（ピストン流）により汚染物質を室外に排出しますので、汚染物質を室内に滞留・蓄積することはありません。垂直方式、水平方式いずれの場合でも、換気回数（循環回数）は200～300回／h以上に達し、作業面よりも上流側に汚染物質の発生源がなければ、作業面でJISクラス５以上の高清浄度が得られます。ただし、イニシャルコスト・ランニングコストともに高くなるほか、室の拡張が困難であることに留意する必要があります。

垂直一方向流とは

クリーンルームの天井全体に高性能エアフィルタ（HEPAフィルタ、ULPAフィルタ）を配置して天井全面を吹出口とし、床にはグレーチングを敷設して床全面を吸込口としたクリーンルームにおいては、天井面から床面に対して垂直一方向の気流が形成されます。この気流を垂直一方向流といいます。図１に概念図(3)を示します。

垂直一方向流方式のクリーンルームでは、塵埃の堆積や再浮遊が少ないうえ、発生した汚染物質は気流によりグレーチングに吸込まれることで、室内から連続的に排除されるため、汚染物質の拡散は非常に少なくなっています。そのため、隣接する作業域にもほとんど影響を与えないほか、汚染状態からの回復も非常に早いのが特長です(4)。

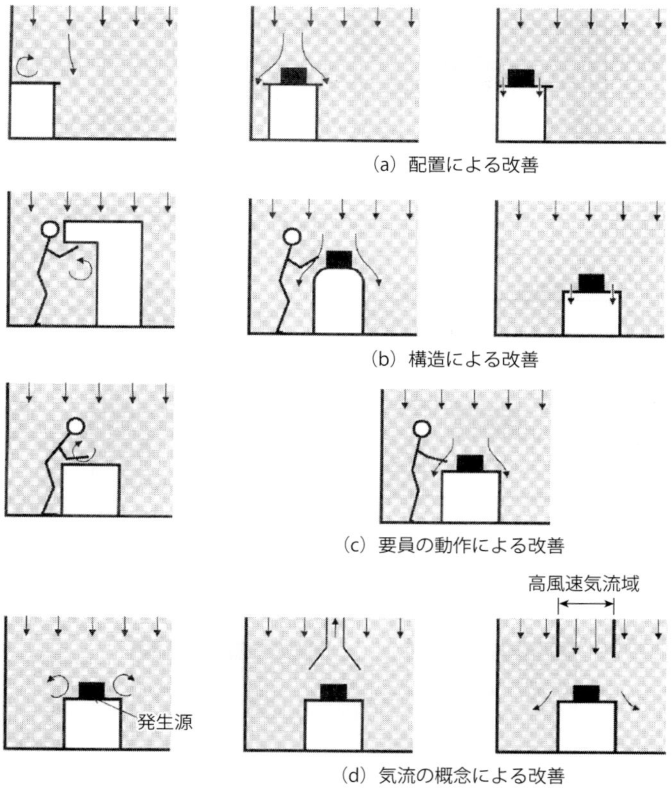

図３　一方向流における要員および物体の影響

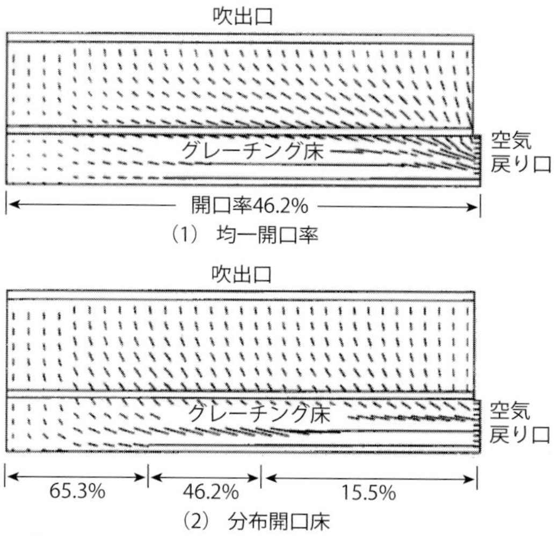

＜原因①＞
SAチャンバーへの給気が一方向のみの場合、室内気流分布に偏流が生じる
⇒対処
- SAチャンバーへ分散給気
- 給気の気流速度を抑える
- 吹出口にFFUを採用

＜原因②＞
RAチャンバーからの還気が一方向のみの場合（図４(1)）室内気流分布に偏流が生じる
⇒対処
- 数箇所から分散して吸込む
- 開口率の異なるグレーチングを適切に配置する（図４(2)）
- 風量調整ダンパ付のグレーチングを採用し、調節する

図４　リターンチャンバーによる偏流とその対処方法例[1]

水平一方向流とは

クリーンルームの壁一面に高性能エアフィルタ（HEPAフィルタ、ULPAフィルタ）を配置して壁全面を吹出口とし、吹出口と対面する壁あるいは天井を吸込口としたクリーンルームおいては、水平一方向の気流が形成されます。この気流を水平一方向流といいます。図２に概念図を示します。

水平一方向流方式のクリーンルームでは、渦流やデッドスペース等に起因する塵埃の堆積や再浮遊が少なく、非一方向流と比較して作業人員や作業状態による清浄度の変動が少ないのが特長です。ただし、吹出面の直近となる一次作業位置においては高い清浄度を維持できますが、下流にいくにつれ、上流域で発生した汚染物質の影響で清浄度は低下します[4]。

一方向流の乱れ[5]

一方向流を採用したクリーンルームでは、作業面で問題となる気流の乱れを極力防止する必要があります。そのためには、物理的障害物（製造装置など）の設計、運転手順、作業者の行動及び製品取扱について、考慮する必要があります。

図３の一番左の列にある四つの図は、気流の乱れの原因となる障害物（物体、作業員）を示したもので、作業面上方に障害物がない場合でも気流の乱れが生じることに注意が必要です。これら気流の乱れを最小限にするためには、図３の右側にある七つの図のように、配置や作業者の動作などを改善していく必要があります。

垂直一方向流方式の注意事項

垂直一方向流方式では、図４(1)に示したような偏流が生じる場合があります。その原因と対処法を図４に示します。なお、このような気流性状に関する問題は、気流シミュレーションによる解析が有効であり、施工前の問題点把握や改善案検討などができます[1]。

機器・機材編 Ⅴ

非一方向流とは

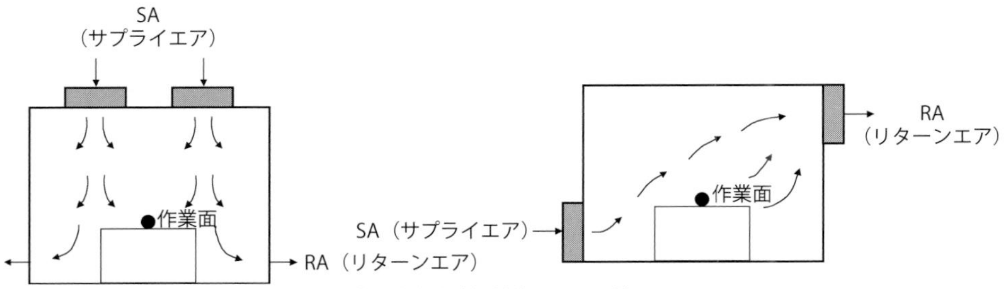

図１　非一方向流（文献(1)を元に作成）

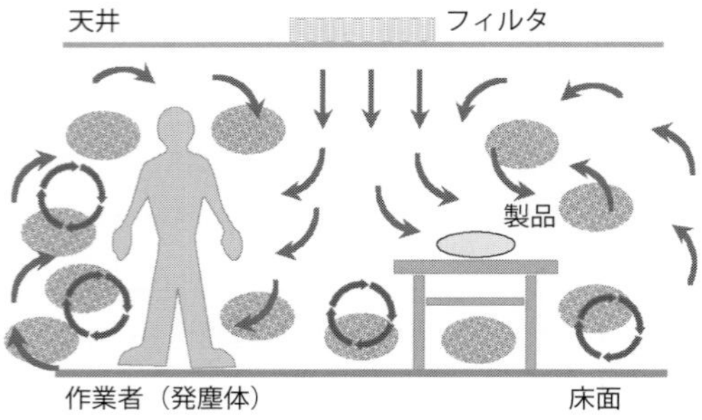

図１　非一方向流型クリーンルーム[2]

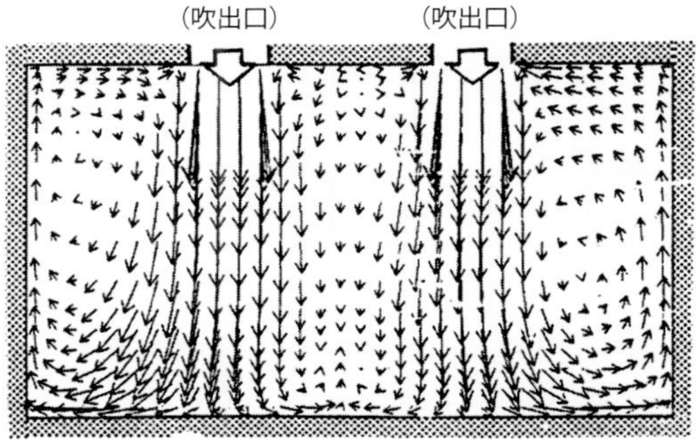

（a）吹出口を含む鉛直断面（U＋W）
（吹出風速の大きさ：――――→）

図３　数値シミュレーション結果[4]

はじめに

非一方向流型のクリーンルームのことを乱流型あるいは非整流型などと呼ぶ場合もありますが、JIS規格やISO規格では、一方向流と対をなす用語として、「非一方向流（Non-Unidirectional Airflow）」と呼んでいます。

非一方向流とは

図1のように、クリーンルームの天井や壁の一部に高性能フィルタ（HEPAフィルタ、ULPAフィルタ）を配置して吹出口とし、天井や壁の一部を吸込口としたクリーンルームにおいては、室内の気流は大きく乱れ、気流方向が定まりません。このような気流のことを非一方向流といいます。

非一方向流型の特徴[2][3]

非一方向流型のクリーンルームでは、清浄空気を室内に供給し、室内で発生した汚染物質を希釈して排出します。そのため一方向流のように発生した汚染物質を押し出し流で排出できず、清浄度はクラス６～８と低くなりますが、設備費を低くすることができるほか、室の拡張も比較的容易になるといったメリットもあります。なお、室内は図２で示したように随所に渦が発生するため、一方向流型よりも製品が汚染する危険性が高くなることから、作業者の動きや生産装置の配置等に留意する必要があります。

非一方向流型のクリーンルームにおける気流性状の特徴[4]としては、以下の４点が挙げられます。

① 室内全体の気流性状は、床まで到達する吹出気流とその周囲の上昇気流で構成される傾向にある（図３参照）

② 吹出口間の間隔が大きくなると、その間に生じる上昇流は到達高さ・範囲とも増大する傾向にある

表1　室内送風量の算出方法（文献(3)を元に作成）

項目	外気量Q_0	清浄度Q_k	室内熱負荷Q_q
算出式	$Q_0=Q_p+Q_e$	下欄のいずれかの方法で換気回数を決め、換気回数に室容積を掛けて算出	下欄のいずれかの方法による
算出方法	Q_p：室圧保持に必要な外気量 ・一般的には換気回数１～２回／h ・室形状、使用状態により増減 ・客先と要打合 Q_e：生産装置排気量 ・各装置仕様をもとに合算値算出 ・将来分が判明している場合は将来分も合算 ・将来分が不明な場合は、合算値に安全率加算（概ね20%であるが必要に応じて客先と要打合）	①客先との打合せの上、換気回数を決定 ②経験則（下図）[3]により決定 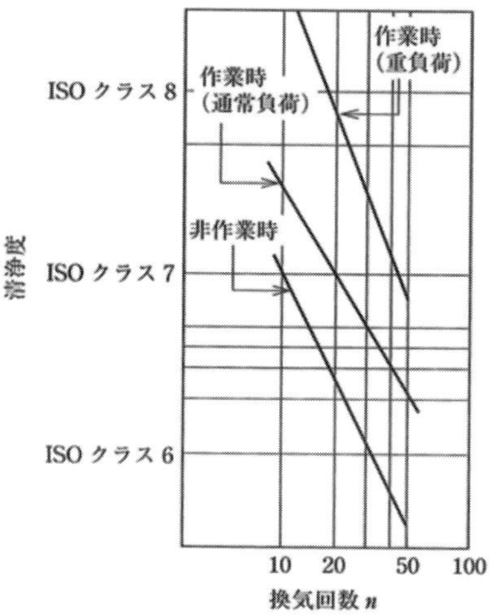	①一般空調と同様、顕熱負荷を吹出温度差で除して算出 $Q=q\div(0.33\times\varDelta t)$ Q：風量［m^3/h］ q：室内顕熱負荷［W/h］ $\varDelta t$：吹出温度差［℃］ ②温度制御の要求レベルが高い場合（制御幅±2℃未満）、下式から算出する場合あり $Q=NV=(30\div t)\times V$ Q：風量［m^3/h］ N：換気回数［回／h］ V：室容積［m^3］ t：温度制御幅［℃］
送風量の決定	上欄で算出された外気量Q_0、清浄度Q_k、室内熱負荷Q_qのなかから、最大値を採用		

注：清浄度から換気量を算出する方法として、外気濃度や室内発生量を実測値や文献値から設定し、清浄度計算（定常計算）から算出する方法もある。詳細は「空気浄化システム編Ⅱ クリーンルームの清浄度計算法とは」を参照のこと。

③　吸込口の個数や設置高さは室内全体の気流性状にあまり影響を及ぼさない

④　机や生産装置などの障害物により、気流性状は大きく変化するが、その範囲は障害物周辺に限定されることが多い

室内送風量の算出

室内への送風量は、清浄度・室内熱負荷・外気量の３項目のうち、各項目から算出される値の最大値で決定されます。表1に算出方法を示します。

非一方向流型クリーンルームにおける留意点

非一方向流型のクリーンルームでは気流の滞留域が発生するため、吹出口を数多く設置した方が滞留域の解消に繋がります。しかし吹出口の増加は、コスト増や施工性低下に直結しますので、3～4mごとに1箇所設置される場合が多くなっています[3]。以下に吹出口・吸込口の設置に関する留意点[3]を列挙します。

①　壁吹出－壁吸込、天井吹出－天井吸込とする場合、ショートサーキットしないよう十分検討すること

②　吸込口を偏った配置にすると滞留域が発生しやすいので、なるべく均一に配置すること

③　吸込口が生産装置等で塞がれないよう、装置レイアウトを十分検討すること

④　バイオロジカルクリーンルームの場合、床面を水清掃する場合が多いため、床面に吸込口を設けるのは望ましくない

なお吹出口としては、なるべく誘引が少なく、拡散半径の大きいものが望ましいので、パンチングメタルのカバーを取り付けることが多くなっています[3]。

機器・機材編 Ⅵ

混在流型とは

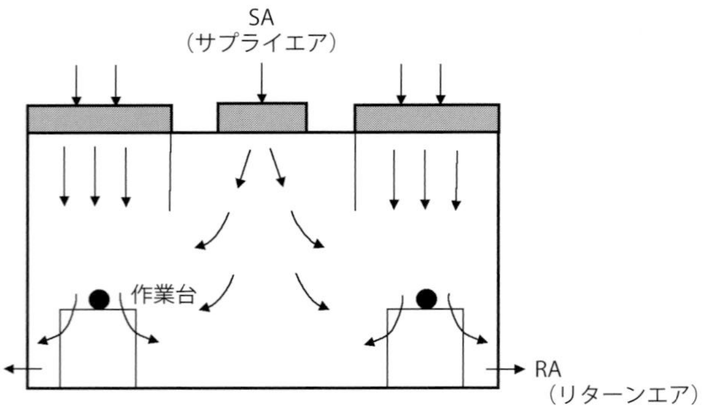

図１　混在流（文献(1)を元に作成）

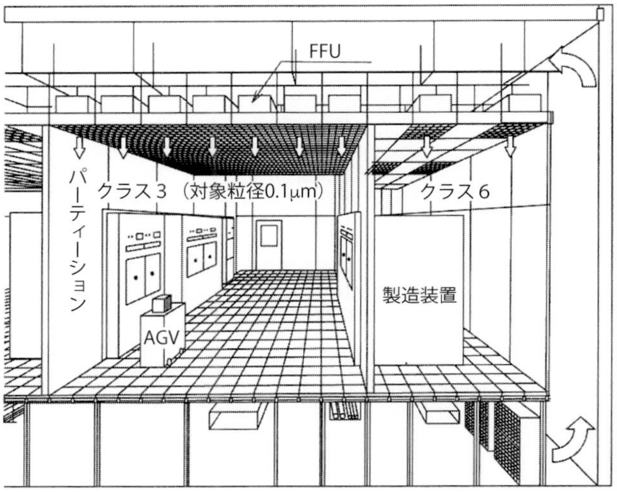

図２　スルーザウォール構造[2]

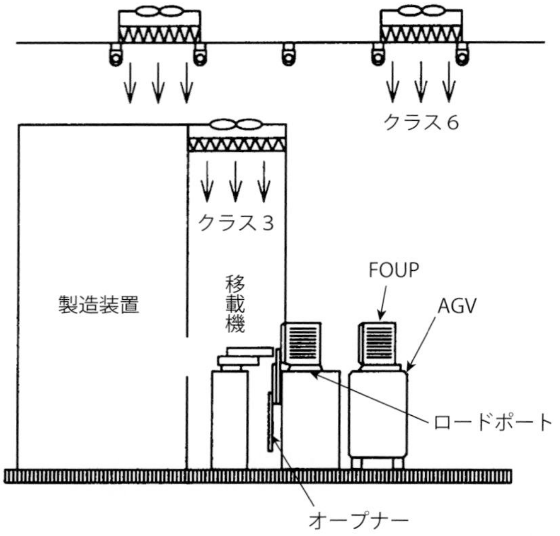

図３　FOUPを用いたミニエンバイメント[2]

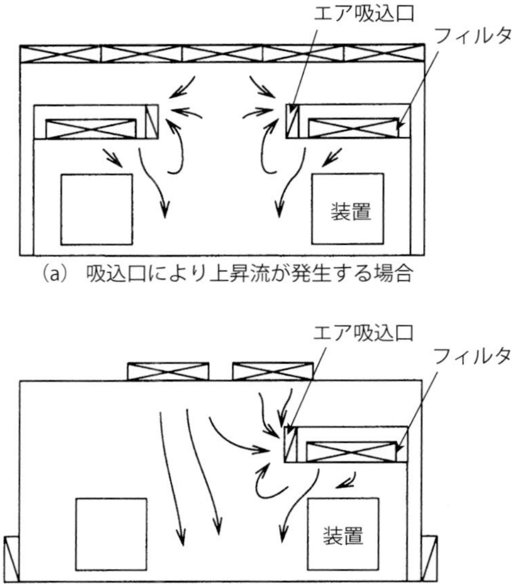

(a)　吸込口により上昇流が発生する場合

(b)　吸込口により気流が偏る場合

図４　混在流型での問題点[2]

混在流型とは

混在流型とは、図1のように、経済的な非一方向流型と高い清浄度が得られる一方向流型を組み合わせた方式のことです。一つのクリーンルームであっても、その室内で行われる作業は多岐に渡ることが多く、その作業に求められる清浄度も様々です。そこで、コストのかかる一方向流部分を必要な箇所のみに施して高清浄度域を確保するとともに、その他の箇所をできるだけ非一方向流とすることで経済性を高めています。

混在流型の種類

非一方向流型クリーンルームの中に、一方向流部分を点在させるアイランド型、生産ラインに沿ったクリーントンネル型、自動製造ラインに適用されるクリーンチューブ型等があります。

表1

	非一方向流方式		一方向流方式		混在流方式		
	一般形	ベクター形	垂直一方向流形	水平一方向流形	アイランド形	クリーントンネル形	クリーンチューブ形
方式図	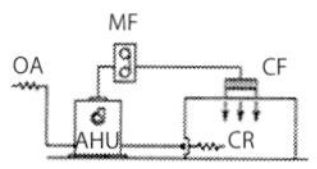	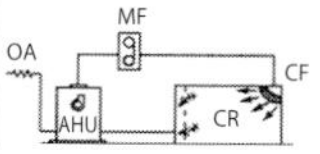	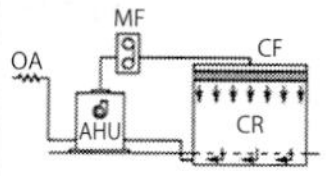	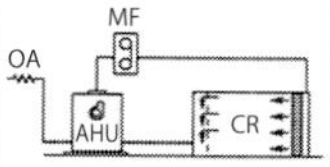	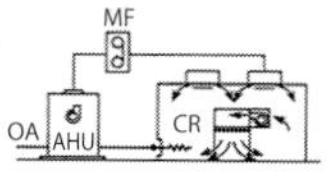	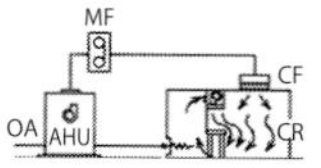	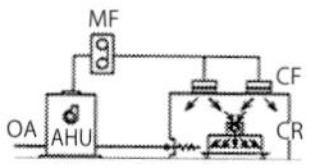
特徴	• 標準的クリーンルーム • 入室管理が清浄度維持に重要	• 作業工程のうち必要分だけを高清浄度化 • 上流と下流の清浄度変化が激しい	• 発じん源より上流においては全域にわたり、つねに一定の清浄度 • 入室管理が比較的容易	• 発じん源より上流においては全域にわたり、つねに一定の清浄度 • 上流と下流の清浄度変化が激しい	• 作業工程のうち一部だけを高清浄度化 • 一般に非一方向流のクリーンルーム内に設置される	• 製品と作業員が明確に区別されるので、超清浄空間を実現しやすい • リターンシャフト部も低清浄度域として利用可能	• 自動製造ラインに適用 • 自動化が必要条件 • チューブ内は少風量で高清浄度化できる
作業域清浄度	ISOクラス4～8	ベクター気流内 ISOクラス4～7	ISOクラス1～4	ISOクラス3～7	クリーンブース内 ISOクラス3～6	クリーントンネル内 ISOクラス1～4	クリーントンネル内 ISOクラス1～4
主な適用先	• 清浄空間の必要な工場全般	• 日本での適用例少	• 一般的なIC工場	• 工業用として適用例少 • 手術室、無菌病室	• 製薬工場無菌室	• 高清浄度の必要なIC工場	• 高清浄度の必要なIC工場
一般的な送風方式	セントラル方式	セントラル方式 （PAC利用可）	セントラル方式 FFU方式	セントラル方式	セントラル方式 FFU方式	セントラル方式 FFU方式	セントラル方式 FFU方式
一般的な換気回数	15～80	30～200	300～600	100～300	ブース内 500～700	トンネル内 500～700	チューブ内 100～500
運転費	小	小	大	大	中	中	小
建設費	小	中	大	大	大	大	中
メンテナンス	良	良	最良	良	難 （ブースのメンテナンスが作業室内での実施となる）	難 （トンネル用のFFUのメンテナンスが作業室内となる）	難 （チューブ用FFUのメンテナンスが作業室内となる）
ユティリティの供給	• 床ピットや壁を利用 • 壁を利用する場合、じんあいがたまりやすくなる	• 床ピットや壁を利用	• 二重床内	• 床ピット又は作業台下	• 床ピットや壁を利用	• 床ピットやリターンシャフト • 吸込口に二重床を採用している場合は二重床内	• 床ピットや壁を利用
装置のレイアウトのフレキシビリティ	良 （換気口が固定の点に注意）	難	最良	難	良 （換気口が固定の点に注意）	難	難

局所清浄化

汚染を制御するためには、対象エリアを周囲の清浄度よりも高い状態に保つ局所清浄化技術が有効です[2]。

半導体製造等で1980年代から90年代に汎用的に使用されていたベイ方式は、図2のようなスルーザウォール構造となっており、気流方式的には混在流型に分類される局所清浄化技術の一つです。

また、局所清浄を狭義にミニエンバイロメントと捉えることもあります[2]。図3は最先端の半導体製造ラインで採用されているFOUP（Front Opening Unified Pod）を用いたミニエンバイロメント方式のクリーンルームですが、これもクリーンルーム自体は非一方向流式、ウエーハが環境に曝されるEFEM（Equipment Front End Module）内環境は一方向流となっており、混在流型クリーンルームの一つといえます。

混在流型の注意点[2]

クリーンブースやクリーンベンチを配置する一般的な混在流型クリーンルームおいては、一方向流領域を受け持つクリーンブースやクリーンベンチの配置が問題となることがあります。

一般的にクリーンブースやクリーンベンチの吸込口は上部または側面に配置されています。これら吸込口が互いに干渉したり清浄空気のショートサーキットなどが生じると周辺空気の気流性状が安定せず、汚染物質の滞留が生じます（図4）。そのため、非一方向流域と一方向流域との干渉が少なくなるよう、それぞれの領域を受け持つ吹出口や吸込口の配置計画を検討する必要があります。

気流方式の比較

クリーンルームの設計にあたっては、それぞれの気流方式の特徴を良く把握した上で、性能（清浄度、回復特性、温湿度制御性など）・コスト等を比較検討し、設計仕様に合致したシステムを選定していくことが重要です。表1に代表的なクリーンルームの気流方式を示します。

機器・機材編 Ⅶ

クリーンブースとは

(1) 非一方向流型（壁面：ソフトパーティション）

(2) 一方向流型（壁面：ハードパーティション）

写真1　クリーンブースの例[1]

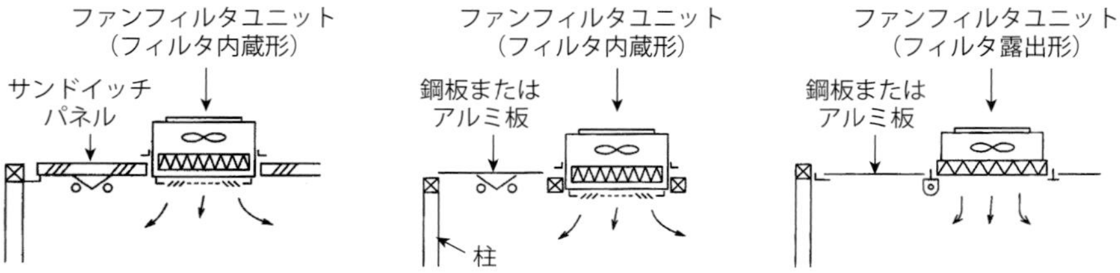

(a) サンドイッチパネル　(b) 鋼板パネル　(c) システム天井形

図1 非一方向流型クリーンブースの構造例[2]

クリーンブース

クリーンブースとは、フィルタと送風機を搭載した自立型の空気清浄装置で、生産装置や作業域を局所的に清浄化する目的で使用されます。通常のクリーンルームと比較して安価であるほか、容易に移動することが可能で、柱脚部にキャスターが付いているものもあります。壁部はビニルカーテンなどのソフトパーティションのほか、プラスチック板や金属板などのハードパーティションが使用され、目的に応じて選択します。

清浄度はISOクラス1〜クラス7程度（周辺環境や内部発生の程度に依存します）まで自由に構築できます。低清浄度の場合は、天井の一部にフィルタが配置される非一方向流型（図1）、高清浄度の場合は、天井全面にフィルタが配置される一方向流型（図2）が使用されます。

なおブース内は、図3のように外部気流の巻き込みや床面からの巻上げによる汚染域が存在するほか、設置機器や作業者など清浄度を低下させる要因が種々ありますので、注意が必要です。

選定上の要点

クリーンブースを選定するにあたり、目的に応じて注意すべき要点[3]は以下の通りです。

① 均一な気流形成
② ブース内清浄度の均一性
③ 低騒音
④ 低振動
⑤ ブース内の有効高さ
⑥ 送風機発熱に対する考慮

吹出口形状の違いによる清浄化能力への影響

図4は非一方向流型クリーンブース（ISOクラス6）において、吹出口形状を平面パンチング形及び拡散形に

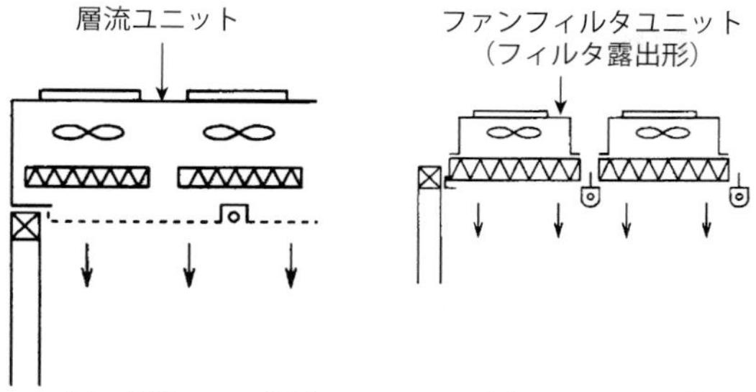

（a） 層流ユニット形　（b） システム天井形

図２　一方向流型クリーンブースの構造例[2]

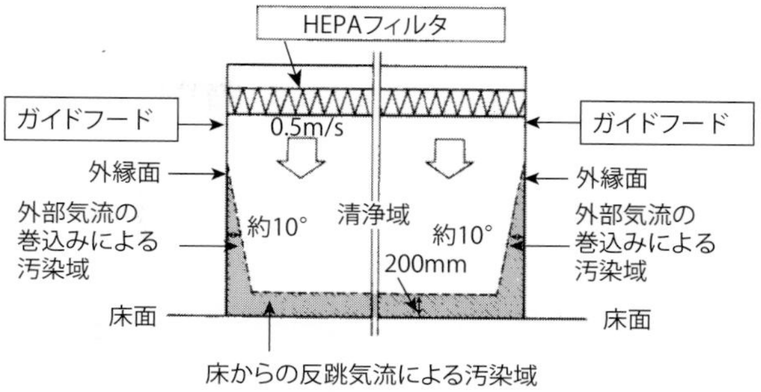

図３　ブース内の清浄域と汚染域[3]

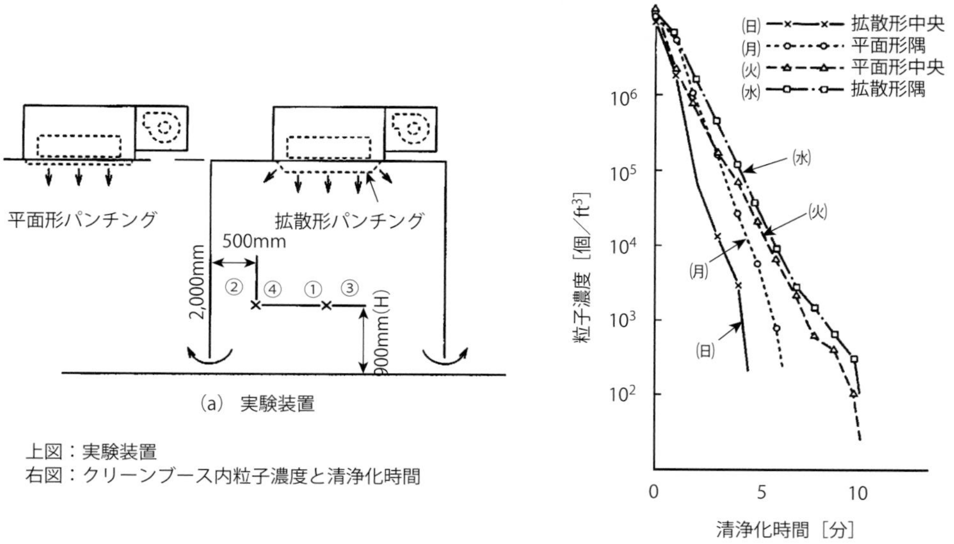

図４　吹出口形状の違いによるクリーンブースの清浄化能力[2]

した場合の清浄化能力を比較した結果です。風量が同じであるにも関わらず、拡散形の清浄化能力が高いことが分かります。このように、安価な非一方向流型クリーンブースの吹出口を拡散形にして、ブース内の清浄化能力を向上することができますので、設計時には考慮する必要があります。

製品例[2][3]

クリーンブースはその目的に応じて、様々な製品がラインアップされています。

① 基本型（写真1）

一般的なクリーンブースです。

② 温湿度制御型

汚染物質のみならず、温度および湿度を単独または両者とも高精度に制御します。

③ 天井吊型

製造装置などがあって、柱の設置が困難な場合に用いられます。

④ ライン型

ライン形に組まれた生産プロセスに用いられ、この形式のユニットを所要の長さに継ぎ足していくことが出来ます。

その他に特殊仕様として、以下のものがあります。

・磁気遮蔽仕様

電子ビーム露光装置などが対象で壁部に特殊材料を使用します。

・X線遮蔽仕様

壁部が二重構造で壁材にX線遮蔽材を貼り付けます。

・暗室仕様

ウエーハ表面検査装置などが対象で本体は黒色、照明は一般形、黄色灯、スポットライトなどを使用します。

・防爆仕様

防爆区域に設置される場合に適用され、安全増防爆が一般的です。

機器・機材編 Ⅷ

エアフィルタとは

プレフィルタ　　中性能フィルタ　　HEPAフィルタ　　ULPAフィルタ

写真１　代表的なエアフィルタ[1]

表１　エアフィルタ単一繊維に対する粒子の捕集機構（文献2を元に作成）

	さえぎり	慣性	ブラウン拡散	静電気力	重力
概略図	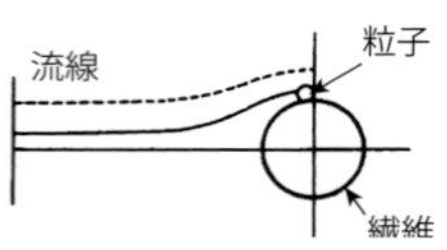	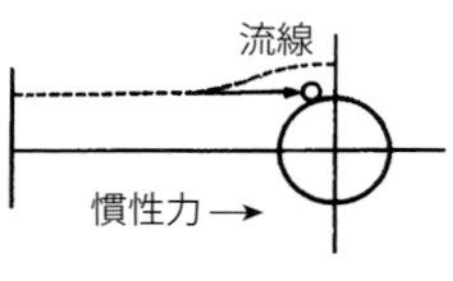	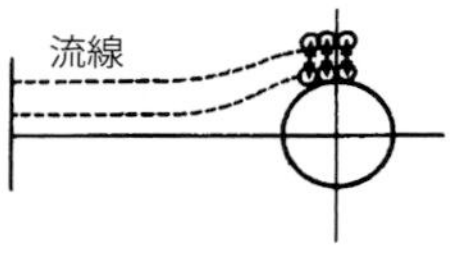	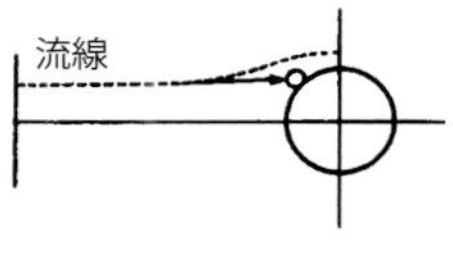	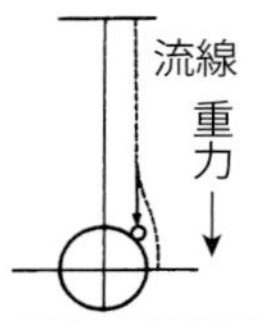
解説	粒子が大きさを持つために生じるもので、粒子が気流と同じ運動をしていても粒子が繊維に接触する。空隙が粒子よりも小さい場合の「ふるい効果」もさえぎりの一種	粒子の持つ慣性力により粒子が気流の流線から外れた運動をして繊維に接触する。粒径が大きく速度が速い場合に有効が増す	微小粒子はガス分子と同様にブラウン運動により拡散し繊維に接触する。粒径が小さく速度が遅い場合に有効性が増す	電界中の粒子や帯電している粒子に静電気力が作用して移動し繊維に接触する。この移動度は帯電量に比例し、粒径に反比例する。帯電量が一定の場合は、粒径が小さいほど移動度が大きい	重力により粒子が沈降して繊維に接触する。粒径が大きく速度が小さい場合に有効性が増す

エアフィルタとは

空気中に浮遊している粒子状物質をろ過により清浄化する装置のことで、クリーンルームでは粗塵用エアフィルタ、中性能エアフィルタ、HEPAフィルタ、ULPAフィルタが使用されます。写真1にこれらエアフィルタの外観を示します。

エアフィルタのろ材[1]

エアフィルタのろ材構造は、そのほとんどが繊維層で構成されており、繊維材質のうちガラス繊維が80％以上使用されています。その他の材質としては、合成繊維（ポリエステル等）や天然繊維（セルロース等）が使用されています。ろ材はこれら繊維の集合体で、エアフィルタ全体積に対する占有率は95％以上となっています。

捕集機構

空気中の微粒子は様々な力を受けて運動し、エアフィルタの繊維表面と接触することで捕集されます。HEPA及びULPAフィルタの捕集機構は、さえぎり・拡散・ブラウン拡散・静電気力・重力という五つの機構が同時に重なって作用しますが、それぞれの有効性はその場の条件によって変わります[3]。表1に各機構の概要を示します。

エアフィルタの種類と性能[4][5]

粗塵・中性能エアフィルタはJIS B9908群によって試験が行われ、要求性能に応じて四つのグループに分類されます。表２に一覧を示します。JIS Coarseが粗塵用、それ以外のグループが中性能エアフィルタに相当します。

高性能エアフィルタは、JIS B9927規格群によって試験が行われ、最大透過粒径（MPPS：Most Penetrating Particle Size）で評価されます。従来、総合捕集率試験と走査漏れ試験は別々の評価項目でしたが、現在では両方（総合及び局所捕集率）の結果を組

表2　粗塵用・中性能エアフィルタの分類[4]

グループ名称	要求性能			クラス報告値
	J-e PM$_{1,min}$	J-e PM$_{2.5,min}$	J-e PM$_{10}$	
JIS Coarse	—	—	<50%	初期質量法捕集率
JIS e PM10	—	—	≧50%	J-e PM$_{10}$
JIS e PM2.5	—	≧50%	—	J-e PM$_{2.5}$
JIS e PM1	≧50%	—	—	J-e PM$_{1}$

備考
捕集性能を高めるために帯電効果を付与したフィルタがありますが、JIS記載の試験方法では除電処理をして試験します。そのため捕集率は設計性能を出せず、表記グレードが下がる製品が出る可能性がありますが、実力性能としてはこれまでと変わるものではないことに留意する必要があります[4]

表3　高性能エアフィルタの分類[5]

フィルタのクラス	総合値		局所値	
	捕集率 (%)	透過率 (%)	捕集率 (%)	透過率 (%)
ISO 15E	95以上	5以下	—	—
ISO 25E	99.5以上	0.5以下	—	—
ISO 35H	99.95以上	0.05以下	99.75以上	0.25以下
ISO 45H	99.995以上	0.005以下	99.975以上	0.025以下
ISO 55U	99.9995以上	0.0005以下	99.9975以上	0.0025以下
ISO 65U	99.99995以上	0.00005以下	99.99975以上	0.00025以下
ISO 75U	99.999995以上	0.000005以下	99.9999以上	0.0001以下

注記
フィルタのクラス分類はISO29463規格群の表記をそのまま採用しています[5]

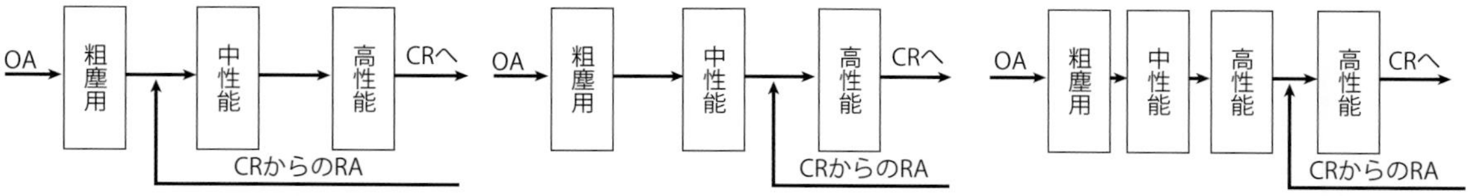

(a)　内部発塵が多い場合　(b)　内部発塵が少ない場合　(c)　外気汚染濃度が高い場合

図1　エアフィルタの組み合わせ例[6]

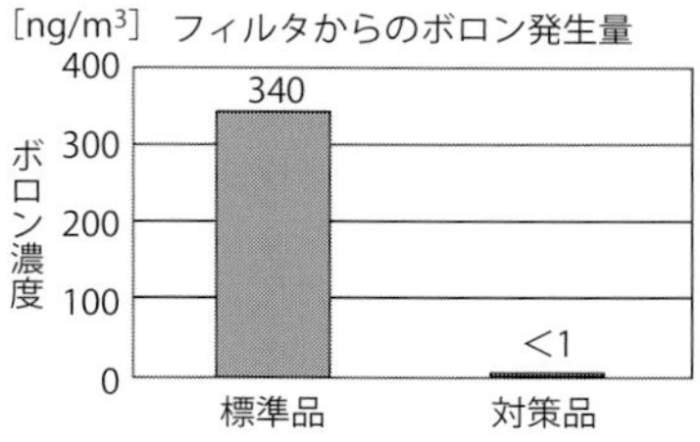

図2　ボロン発生量[8]

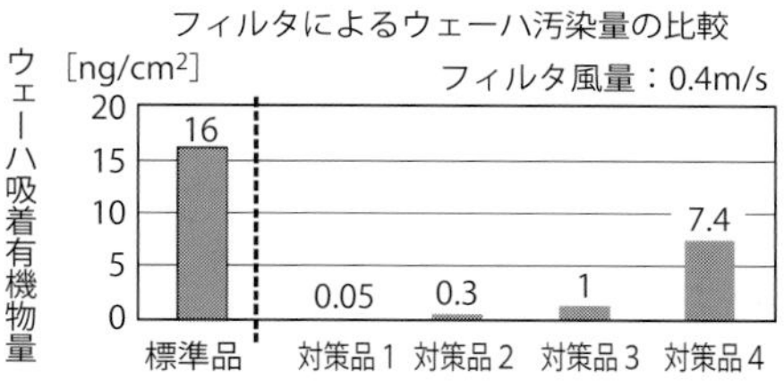

図3　低有機フィルタの性能[8]

み合わせたクラス分類となっています。グループEはEPAフィルタ(Efficient Particulate Air filter)に相当し、一般に準HEPAと呼ばれています。グループHはHEPAフィルタ、グループUはULPAフィルタに相当します。

エアフィルタの選定

エアフィルタを選定する際には以下の項目について留意する必要があります。

① 捕集効率
高い捕集効率を有すること

② 圧力損失
初期圧力損失が低く、最終圧力損失までの圧力上昇が顕著でないこと

③ 処理風量
用途に応じて多風量の処理が可能であること

④ 粉塵保持容量
高い保持容量を有すること

⑤ 耐熱性、不燃性
用途に応じて耐熱性、不燃性を有すること

⑥ 耐薬品性
用途に応じて耐薬品性を有すること

⑦ 脱ガス性
用途に応じて有機物質やボロンなどの発生が少ない、またはないこと

⑧ 経済性
価格や再生の可否について検討

エアフィルタの組み合わせ

図1にエアフィルタの代表的な組み合わせ例を示します。

特殊用途エアフィルタ

5節の項目⑤～⑦に対応するものとして、高温用エアフィルタ、腐食ガス環境用エアフィルタ、低脱ガスエアフィルタなどが市販されています。図2及び図3に低脱ガス対応の測定結果例を示します。

ケミカルエアフィルタとは

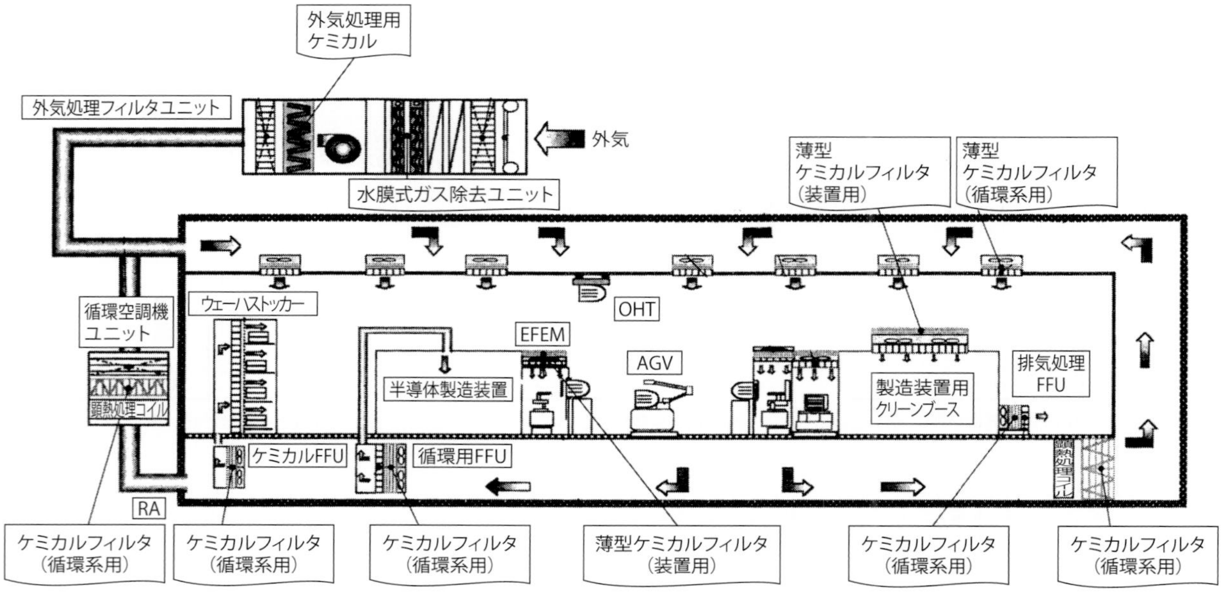

図１　ケミカルエアフィルタの設置場所の例（文献(2)一部改変）

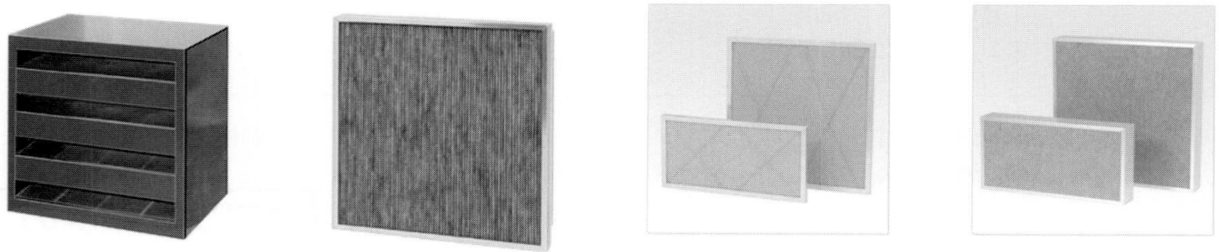

(1) 外気処理・排気用[6]（トレー型）　(2) 循環・装置用[6]（プリーツ型）　(3)循環・装置用[7]（不織布状）　(4) 循環・装置用[7]（ハニカム型）

写真１　ケミカルエアフィルタの例

ケミカルエアフィルタとは

クリーンルームの循環空気系統あるいは外気処理系統において、空気中に含まれる分子状汚染物質（あるいはケミカル物質、ガス状汚染物質ともいいます）を除去するため、物理・化学吸着や化学吸収機構を利用して分子状汚染物質を除去するフィルタ[1]のことをケミカルエアフィルタまたはケミカルフィルタといいます。ただし、単にケミカルフィルタといった場合、薬液中の微粒子を除去するためのフィルタと混同されることがあるため注意が必要です[1]。

ケミカルエアフィルタは、除去対象となる物質に応じて種類が分かれており、要求仕様に応じて単独あるいは組み合わせて使用されます。

ケミカルエアフィルタの種類

ケミカルエアフィルタは、除去対象となる分子状汚染物質ごとにフィルタが必要です。対象となる汚染物質は、酸性物質、塩基性物質、有機物質、ドーパントに分類[3]されており、フィルタメーカーからそれぞれに対応するフィルタが出されています。

表１　汚染物質の分類と対応するケミカルエアフィルタ（文献4をもとに作成）

分類	主な成分	対応するケミカルエアフィルタ	除去原理
酸性物質	フッ酸、塩酸、硫酸、硝酸等	・添着活性炭フィルタ ・イオン交換型フィルタ（繊維・樹脂）	中和反応 イオン交換反応
塩基性物質	アンモニア、アミン等	・添着活性炭フィルタ ・イオン交換型フィルタ（繊維・樹脂）	中和反応 イオン交換反応
有機物質	シロキサン、フタル酸エステル等	・活性炭フィルタ	物理吸着
ドーパント	ボロン、リン	・イオン交換型フィルタ（繊維・樹脂） ・活性炭フィルタ	イオン交換反応（ボロン、リン酸） 錯体形成反応（ボロン） 物理吸着（リン酸エステル）

表２　ケミカルエアフィルタ選定・導入時の留意点（文献5に加筆）

	項目	留意点
1	除去対象物質	・オールマイティなケミカルエアフィルタは存在しない ・対象成分が複数ある場合、性質ごとに分類し、その性質に対応したケミカルエアフィルタを選定 ・複数設置する場合、設置スペース・圧力損失に注意
2	SV値	・処理風量を吸着剤の充填体積で除した値で、SV値が低いと接触時間が長くなり除去効率は向上 ・上流側濃度がある程度安定している場合は、SV値が低いと長寿命
3	処理対象空気の空気質（対象物質の濃度、対象物質以外の成分、温湿度）	・一般的に上流側が低濃度の場合、除去効率も低い ・処理対象空気に含まれる除去対象物質の濃度を把握するため、事前の測定実施が望ましい ・通常、処理対象となる空気には除去対象以外の成分も含まれているほか、濃度のバラツキもあることから、設計通りに性能（除去効率、寿命）を発揮できるか要検討。事前のフィールド試験実施が望ましい ・温湿度によっては除去性能に大きな影響を与える場合があるので注意
4	脱ガス	・フィルタ構成材料からの脱ガスおよび含浸させた薬品の脱離に注意 ・使用環境により発生ガスの種類および量が変化するので、事前のフィールド試験実施が望ましい ・メーカーの対応が進んでいるので要確認
5	発塵	・物理的応力、化学反応などで発塵する製品も存在するため、下流側には粒子除去用エアフィルタ（HEPA、ULPAフィルタ）を必ず設置する。その際、粒子除去用エアフィルタからの脱ガス特性にも注意 ・活性炭を接着成型するなど、発塵量を抑制した製品もあるのでメーカーに要確認
6	寿命	・吸着容量が小さい場合、交換サイクルが短くなるためランニングコストが増大する ・上記項目2や3の内容をもとに、事前に寿命計算を行いフィルタの交換計画を立てておく ・導入後は交換計画をもとに環境測定あるいは抜取検査を行い、寿命の再検討を行う
7	既設への導入	・既設クリーンルームでは、反応により粒子化した物質や揮発性の低い物質がHEPA ／ ULPAフィルタに吸着している場合がある。このような場合にケミカルエアフィルタを設置すると平衡がくずれ、HEPA ／ ULPAフィルタの下流側濃度が高くなるので注意

Part 4

吸着材には活性炭（粒状または繊維状）、薬剤を含浸した活性炭、イオン交換繊維または樹脂が用いられ、それらをハニカム構造、シート状、トレイ等の容器に入れたりして使用し、目的に応じて選択します。

写真１にケミカルエアフィルタの例、表１に汚染物質の分類とそれに対応するケミカルエアフィルタを示します。

ケミカルエアフィルタの選定

ケミカルエアフィルタの選定にあたっては、主に以下の項目に関する情報が必要となります。

①　除去対象物質名
②　処理風量、面風速
③　サイズ、必要枚数
④　入口濃度
⑤　出口または室内の目標管理濃度
⑥　内部発生量
⑦　温湿度

これら全てが選定時に必要なわけではありませんが、フィルタメーカーと事前によく打合せすることが必要です。

選定時の留意点を表２に示します。

機器・機材編 X

FFUとは

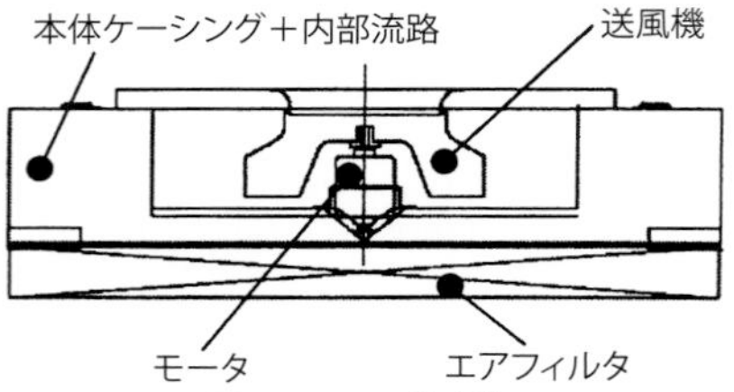

図1　FFUの構成[2]

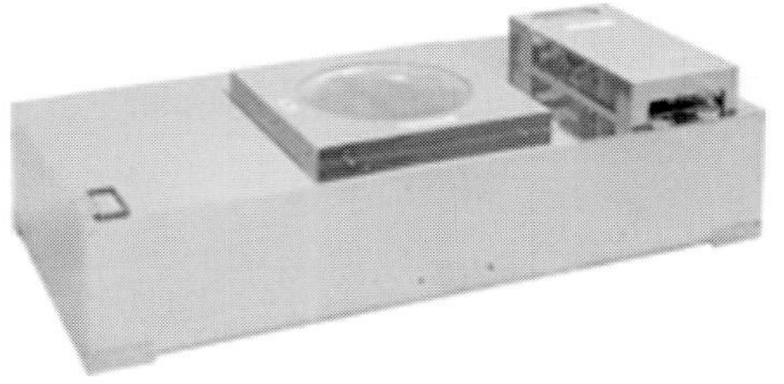

写真1　FFU外観[3]

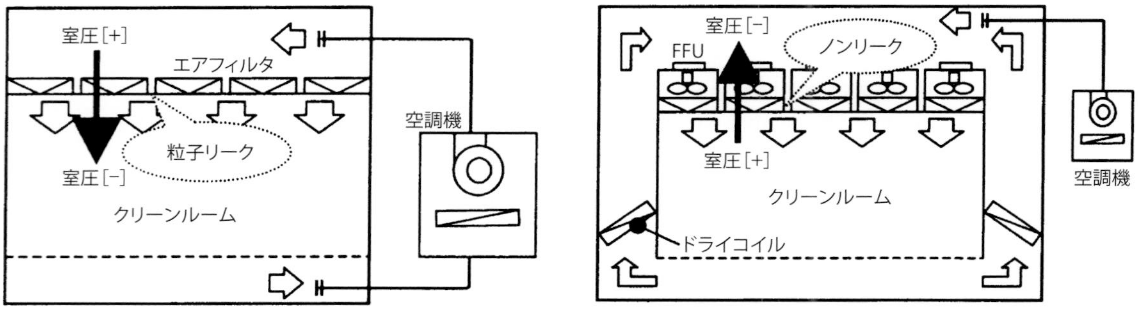

プレナム天井型クリーンルーム　　FFU方式クリーンルーム

図2　サプライエア供給方法の相違によるリークの有無[2]

FFU

FFUとは、ファンフィルタユニット（Fan Filter Unit）の略語で、小型の送風機と高性能エアフィルタ（HEPAフィルタ、ULPAフィルタ）が一体化した空気清浄装置のことです[1]。図1にFFUの構成、写真1に外観を示します。

FFUの分類

FFUは用途別に三つに大別されます。

①　システム天井タイプ[2]（写真1）

システム天井として敷設されたアルミシーリンググリッド上に設置するタイプで、通常クリーンルームでFFUといえばこのタイプになります。

②　汎用タイプ[2]（写真2）

クリーンユニットあるいはクリーンファンユニットとも呼ばれ、手軽に清浄環境を構築するのに利用されます。

③　特殊タイプ[2]

生産装置等への組み込み用など、特殊用途に対応させるため特殊な設計を施したものです。

FFU方式の特徴[2]

1980年ぐらいまで主流であったプレナム天井型のクリーンルーム（図2左側）では、天井に配置されたHEPAフィルタなどの高性能エアフィルタ上流側はクリーンルームに対して陽圧になっていました。従って、エアフィルタとシステム天井のフレームとの間からクリーンルーム側に粒子が漏洩しないよう、確実なシールが求められていました。

一方FFU方式（図2右側）では、天井内はクリーンルームに対して負圧になるため、天井内から粒子が漏洩することはありません。こうしたノンリークというメリットのほか、天井全面に配置すれば一方向流型、間引いて配置すれば非一方向流型のクリーンルームにすることができるので、区画の変更やライン変更にも比較的容易に対応できるフレキシビリティを有しています。また、AHU（Air Handling Unit）ダクト方式のクリーンルームと比較して空気の循環経路が短いので、空気の送風動力削減等のメリットがあり、現在では広く採用されています[4]。

FFUの選定

選定する際に検討すべき基本項目は、サイズ、風量、機外静圧、本体材質、モーター種別、消費電力、総合効率、使用エアフィルタです。また使用目的、設置場所、クリーンルームの規模によっては、FFU監視制御システム、騒

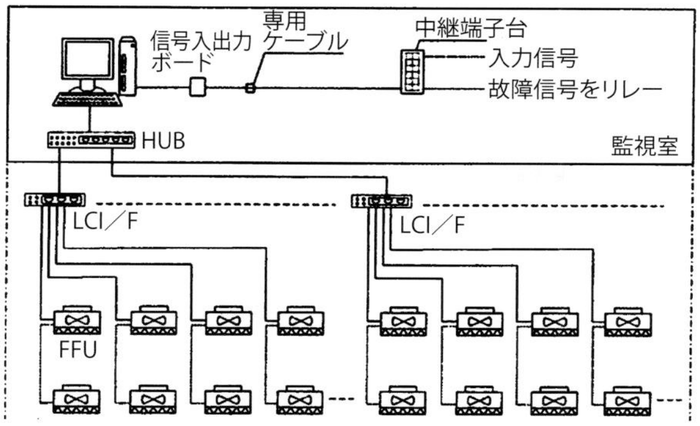

図３　FFUの監視制御システム例[2]

写真２　汎用FFUの例[5]

写真３　ケミカルエアフィルタ搭載型FFUの例[5]

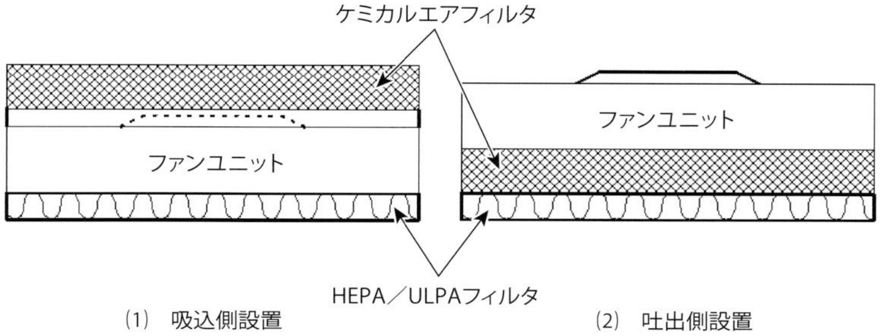

図４　ケミカルエアフィルタの設置位置

音、振動、ケミカルフィルタ搭載可否、風量可変機能などの検討が必要となります。

なお、FFUの基本性能とは関係ありませんが、システム天井に配置されているような場合は、メンテナンス時に作業者が本体に乗ることもありますので、耐荷重についても考慮が必要となります。

以下にタイプ別の留意点[2]について述べます。

(1)　システム天井タイプ

液晶工場等の大規模クリーンルームでは、１工場に50,000台以上のFFUが設置される場合があります[2]。このようなクリーンルームでは、個々あるいはグループごとのFFUについて、発停・回転数制御のほか、故障検出などを行う監視制御システムが必要となります。図3に監視制御システムの例を示します。また、天井高がある場合や搬送装置による気流の乱れがある場合は、送風能力、FFUの設置方式（垂直流と水平流の併用など）および設置率等も考慮する必要があります。なお、イニシャルコスト削減のためには、台数の削減が効果的なため、大型FFUの採用が有効です。

(2)　汎用タイプ

ロッカーやクリーンブースを始め、実験室の簡易清浄化など、汎用タイプの適用先は多岐に渡ります。手軽に清浄空間を構築できることが重要であるため、100V電源対応、使いやすさ、デザインなど、家電的な要素も必要となります。

(3)　特殊タイプ

主に半導体や液晶の製造装置に組み込まれるものが多く、超薄型・高静圧型・海外規格準拠（CE、ULほか）・イオナイザ搭載型などがあります。またバイオロジカルクリーンルーム向けに、殺菌対応型もあります。このように適用される範囲は幅広く、基本的には特注になるので、メーカーとの詳細な打合せが必要です。

(4)　ケミカルエアフィルタ

ケミカル対応が求められる清浄環境では、FFUにケミカルエアフィルタが搭載されます。搭載方法は、図4のように吸込側と吐出側の２通りあり、メンテナンス重視の場合は吸込側に設置し、ケミカル清浄度重視の場合は吐出側に設置します。ちなみに、吐出側に設置するタイプでは、ケミカルエアフィルタの交換には通常ファン部を持ち上げた後にフィルタを引き抜く必要がありますが、FFUケーシングの一部を取り外すことで、ケミカルエアフィルタの交換が容易になっているものも市販されています。

クリーンルームの清掃機材とは

写真1　移動式真空掃除機[1]

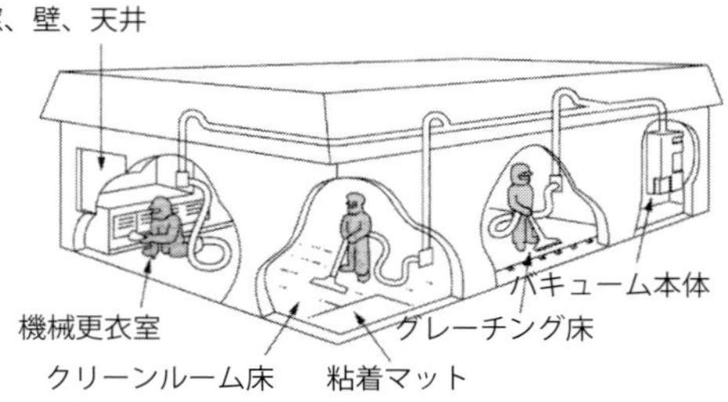

図1　中央配管式[2]

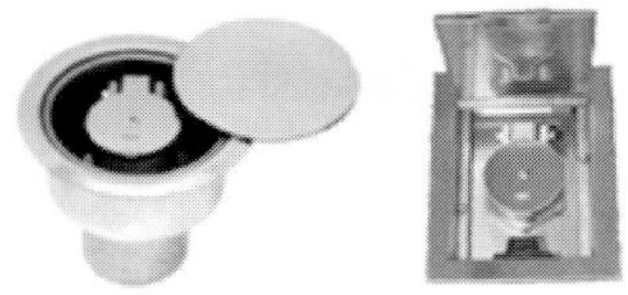

真空弁個数の概算例
㈰平均清掃面積a
$a=K\pi L^2$
K：室内障害物係数（病院0.35、工場0.6）
L：ホース長
㈪必要個数N
$N=A/a$　A：クリーンルーム面積

図2　真空弁外観[3]と算出例[4]

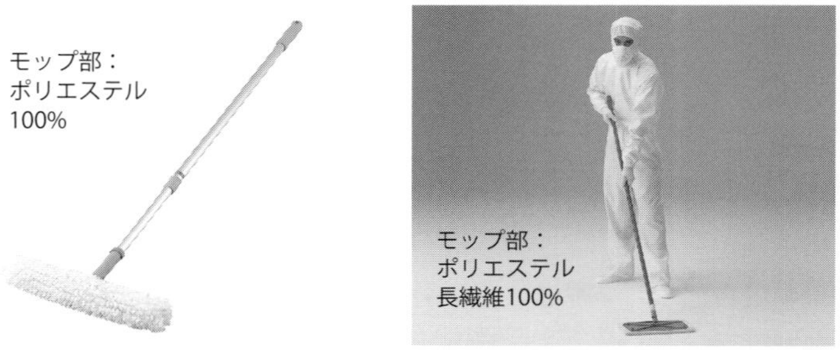

写真2　クリーンモップの例[6]

はじめに

クリーンルーム（以下CR）の清掃機材には、真空掃除設備・モップ・ワイパ・粘着ローラなどがあります。以下に主な清掃機材の概要を示します。

真空掃除設備

真空掃除設備は移動式（写真1）と集中配管式（図1）があります。

移動式はCR用の乾湿両用掃除機で、ブロア・集塵袋のほか、排気処理用としてHEPAまたはULPAフィルタを内蔵しています。塵埃を含む排気がCR内に放出されないようになっており、メーカーから様々な集塵容量の製品が出されています。

集中配管式は通常大規模CRで採用される方式で、機械室内に設置したブロア及び分離器とCR内の各所（床・壁・配管露出）に設置した真空弁（図2）とを真空配管で連結したものです。各種吸込口と真空弁とをサクションホースで接続して使用します。必要な真空弁個数は、ホース長をもとに真空弁1個あたりの平均清掃面積を算出し、CR面積との関係から決めます。また同時使用数を考慮して真空配管径を決めますが、CR内空気をCR外へ排出することになるので、使用状況によっては室圧の低下に注意を払う必要があります。

モップ[2]

モップは、柄と拭取部が着脱できるようになっており、CR専用品を使用します。柄はステンレス・アルミ・プラスチック製、拭取部は極細繊維布・PVA系多孔筒・エレクトレット繊維製などが使用され、汚れの状態や清浄度に応じて選択されます。なお、最終仕上にはクリーンランドリーで清浄化されたモップを使用することが望まれます。

表1　市販ワイパの例[2]

		品名	品番	メーカ	寸法
不織布		ペンコット	M3	旭化成	25×25cm 4ツ折、および特注
		CREW		十条キンバリー	21×21cm
		テクニクロス	TX 606	Texwipe	15×15cm（6×6インチ）、他
		アブソーボンド	TX 404	Texwipe	15×15cm（4×4インチ）、他
		クラフレックス		クラレ	23×23cm 4ツ折
織布	マイクロファイバ	ミクロスター	CP	帝人	24×24cm、他、および特注
		ミクロスター	WC	帝人	24×25cm、他、および特注
		ミラクルクリーンクロス	CC 2424	東レ	24×24cm、他、および特注
		サヴィーナ	ミニマックス	カネボウ	24×24cm、他、および特注
		グッドール		カネボウ	21×23cm、他、および特注
		ソフィスタ	CR-1	クラレ	19×19cm、他、および特注
		シルフローラ	X	東洋紡	24×24cm、他、および特注
	一般長繊維	アルファワイプ	TX 1009	Texwipe	（9×9インチ）206×206cm
		アルファ 10	TX 1010	Texwipe	（9×9インチ）206×206cm
		アンチコンゴールド		Milliken	（9×9インチ）206×206cm
		スーパーポレックス	1200	バークシャー	（9×9インチ）206×206cm
		マイクロシール		バークシャー	（9×9インチ）206×206cm
PVA系多孔質		ベルクリーン		カネボウ	23×23cm、他、および特注

表2　ワイパのクリーンランドリー効果[2]

	0.3μm以上の粒子数［個/m³］（［個／cft］）				
	A	B	C	D	E
ランドリー前	23,500	23,300	101,400	42,500	20,700
	(665)	(659)	(2,870)	(1,203)	(587)
ランドリー後	1,130	8,600	2,860	2,370	4,450
	(32)	(244)	(81)	(67)	(126)

注）測定は、IEST（IES）タンブリング法

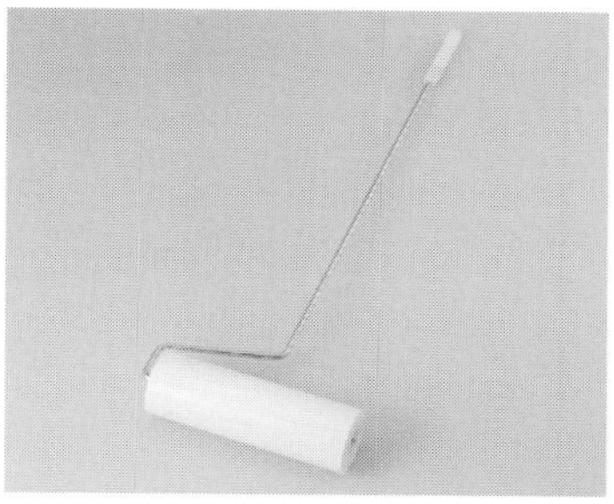

写真3　粘着ローラ[6]

表3　日常清掃[5]

		清掃内容	頻度
部位	フラット床	1-1　クリーンルーム専用の真空掃除機による除塵	1回／日
		1-2　純水による水拭き	1回／日
	グレーチング・パンチング	同上	同上
	扉・窓	1　純水による水拭き	1回／日
	パスボックス	同上	同上
設備機器	エアシャワー	1-1　クリーンルーム専用の真空掃除機による除塵	1回／日
		1-2　純水による水拭き	1回／日
	トイレ・洗面器	1-1　洗剤による洗浄（便器部分）	1回／日
		1-2　純水による水拭き	1回／日
		2　純水による水拭き（洗面器）	1回／日
備品	机・作業台	1　純水による水拭き	1回／日
	いす	同上	同上

ワイパ[2][5]

ワイパは、CR構成材（床・壁・天井）や装置類の清掃に使用され、不織布と織布に大別できます。表1に市販品の例を示します。不織布は比較的清浄度の低い箇所（装置ケーシング表面など）、織布は高い清浄度域あるいは表面の汚染に対し高い除去率が求められる箇所に使用されます。

要求項目としては拭取性・吸収性などのほか、塵埃の発生やイオンの溶出が少ないことが必要です。
なお、不織布や織布タイプとは別に、PVA樹脂スポンジも同様の目的で使用されています。

通常、高清浄度域で使用されるワイパは、ほとんどクリーンランドリー処理されており、その効果をみた実験結果が表2になります。この結果から、ランドリー後には発塵量が1／3～1／20に低減していることが分かります。

粘着ローラ

粘着ローラ（写真3）は、ゴム欠けや粘着剤の転写などがないものが望まれます。テープの素材は不織布を改良し、アクリル系粘着剤が用いられています[2]。

日常の清掃

日常清掃（表3）の目的は、前日あるいはその日に堆積した塵埃の除去です。清掃は原則として、CR内の通常業務に従事する作業者が行い、少なくとも1日1回の頻度で湿式を中心としたモップ清掃を実施します。なお、ドライ式は真空掃除機のみが認められています。また、日常清掃で対応できない箇所については、一般的に清掃専門業者による定期的な清掃が実施されます。清掃の方法等についてはJACA No.14C「クリーンルーム運転管理指針」、JACA No.41「クリーンルーム運転時の管理と清浄化指針」に詳細な記載があります。

機器・機材編 XII

パスボックスとは

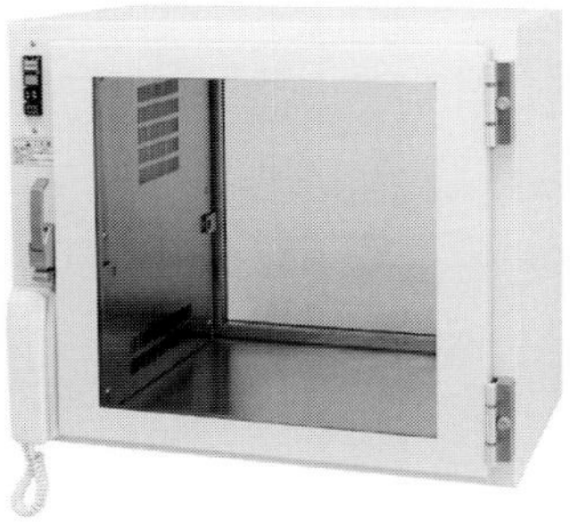

写真１　パスボックス外観[1]

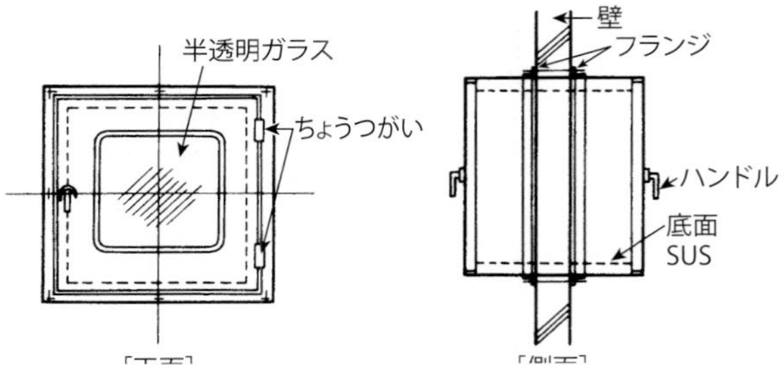

図１　パスボックスの構造[2]

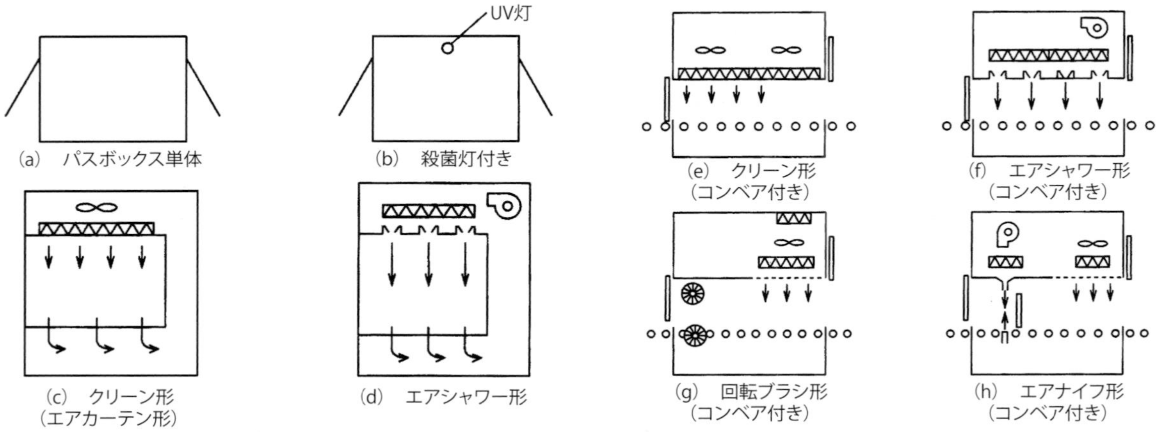

図２　パスボックスの種類[3]

パスボックス

パスボックスとは、一般室とクリーンルームあるいは低清浄度クリーンルームと高清浄度クリーンルームとの間のように、清浄度レベルの異なる室間に設置され、２室間での機材や物品の受け渡しに用いられる装置です。本体は二重扉構造となっており、通常は両方の扉が同時に開かないようにインターロック機構が設けられています。写真1に外観を図1に構造図を示します。

パスボックスの種類[3]

パスボックスは使用目的により、様々な機種があります。図2に一覧を示します。通常は、(a)のように庫内に扉が２枚ついているものが一般的ですが、UVランプやエアシャワーなどが付属しているものもあります。

選定上の要点[4]

パスボックスを選定する際の要点について以下に示します。

①　両側の扉が同時に開かないよう、インターロック機構を有していること

②　両側の扉に内部が見渡せる窓がついていること

③　庫内容積は搬送物品の寸法に応じて決定すること。また搬送物品の重量に耐えうる強度を有していること

④　目的に応じて、室内灯・殺菌灯・コンベア・エアシャワー・インターホンなどの付加機能をつけること

差圧ダンパとは

写真１　差圧ダンパ外観[2]

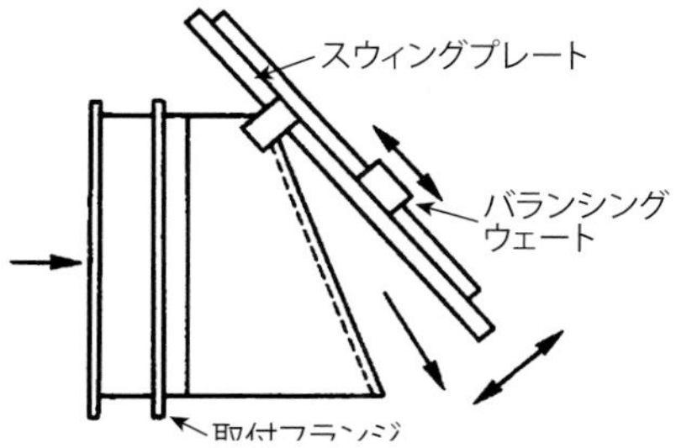

図１　スイング式差圧ダンパ[1]

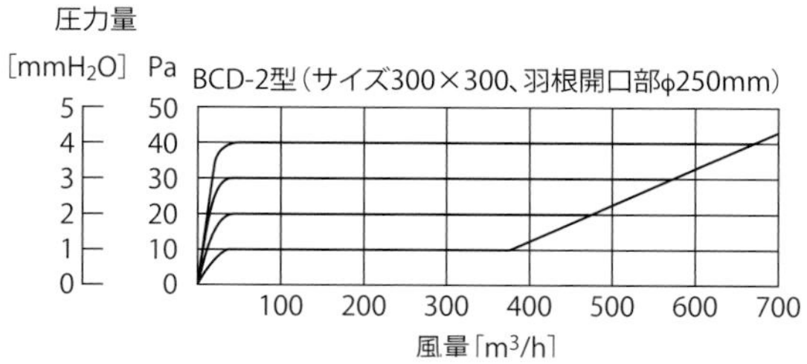

図２　差圧ダンパの性能曲線例[2]

表１　隣室間の必要圧力差[3]

隣室との関係	圧力差［Pa］
清浄度の異なるクリーンルーム間	5
クリーンルームとクリーン廊下・更衣室など	5〜10
クリーン廊下・更衣室などと一般室	10
クリーンルームと一般室	15

写真２　低圧損多風量型差圧ダンパの例[2]

差圧ダンパ

差圧ダンパとは、クリーンルーム（以下CR）内の圧力を一定に保つため、CRの壁面に取り付けられる圧力調整装置のことです[1]。製品例を写真1に示します。

CRは清浄度を維持するため、清浄度が異なる室（一般室⇔CR、低清浄度CR⇔高清浄度CRなど）との間に圧力差を設け（表1）、汚染物質の流入を防いでいます。そのため、２室間のうち清浄度の高い室への給気量は低い室よりも若干多くして圧力差を維持しています。しかし実際には、生産装置からの排気量変化や扉の開閉などにより、風量バランスが崩れ、室圧を一定に保つのは困難です。差圧ダンパはこうした場合でも、応答性がよく簡易に室圧を保つことができるので、CR全般に使用されています。ただし、数Paの微差圧制御が求められる場合や、一部のバイオロジカルクリーンルームなど室内が陰圧に制御されるCRには使用できません。

差圧ダンパの種類と設定

差圧ダンパは構造上、スイング式（図1）とスライド式に大別されます。

差圧ダンパは、ダンパ部の開口面積を変化させることで室間の差圧を一定に保ちます。作動圧は、ダンパ自体に取り付けられている重りの位置または重さを変えることで設定します[4]。圧力差と処理風量の性能曲線例を図2に示します。なお、差圧ダンパは微差圧ダンパ、微圧ダンパ、セーフティダンパとも呼ばれ、通常10〜50Pa程度の差圧で作動します。一方、5〜10Paでも作動するものもあり、こちらの方を特に微差圧ダンパと呼ぶ場合もあります[4]。写真2に調整圧力5Paで作動するダンパの例を示します。

選定上の要点[5]

以下に差圧ダンパを選定する際の要点を示します。

① 圧力調整機構が正確に作動すること

② 圧力の急激な変化に対する追随性がよいこと

③ 可動部分の加工精度が高いこと

④ 塵埃が堆積しにくい構造であること

⑤ 計算上の加圧風量を十分に流すことのできる大きさであること（1台で加圧風量をまかなえない場合は、複数台設置する）

⑥ 下流室もCRの場合は差圧ダンパからの流出風速は下流側室内の気流性状を著しく乱すことがない値とするほか、設置場所にも注意すること

Part 4　機器・機材編　参考文献・引用資料

Ⅰ　前室とは

⑴（公社）日本空気清浄協会編：クリーンルーム環境の計画と設計 第3版，2013.12
⑵　日本エアーテック㈱：カタログ
⑶　鳥取電機製造㈱：製品技術資料
⑷　クリーンテクノロジー編集委員会編：初心者のためのクリーンルーム入門，日本工業出版，2005.9
⑸　㈳日本空気清浄協会編：クリーンルームハンドブック，オーム社，1989.1
⑹　平沢ら：エアシャワーの諸定数とその効果，第3回空気清浄とコンタミネーションコントロール研究大会，1984

Ⅱ　無塵衣とは

⑴⑵　㈱ガードナー：HP
⑶　シーズシー：HP
⑷　クリーンテクノロジー編集委員会編：初心者のためのクリーンルーム入門，日本工業出版，2005.9
⑸　環境科学フォーラム編：クリーンルーム用語早わかり，オーム社，1999.9
⑹　㈳日本空気清浄協会：JACA No.14C-1992 クリーンルーム運転管理指針
⑺　㈳日本空気清浄協会：JACA No.41-2005 クリーンルーム運転時の管理と清浄化指針
⑻（公社）日本空気清浄協会編：クリーンルーム環境の計画と設計 第3版，2013.12
⑼　㈳日本空気清浄協会編：クリーンルーム環境の施工と維持管理，オーム社，2000.7

Ⅲ　クリーンベンチとは

⑴　環境科学フォーラム編：クリーンルーム用語早わかり，オーム社，1999.9
⑵　日本エアーテック㈱：カタログ
⑶　㈳日本空気清浄協会編：クリーンルームハンドブック，オーム社，1989.1
⑷　JIS B 9922 クリーンベンチ，日本規格協会，2001.2
⑸　早川一也編：最新クリーンルーム設計ハンドブック，施策研究センター，1992.8
⑹　情報機構：クリーンルーム運用管理事例集，2007.6

Ⅳ　一方向流とは

⑴（公社）日本空気清浄協会編：クリーンルーム環境の計画と設計 第3版，2013.12
⑵　クリーンテクノロジー編集委員会編：初心者のためのクリーンルーム入門，日本工業出版，2005.9
⑶　Institute of Environmental Sciences；IEST RP-CC012.1, Considerations in Cleanroom Design
⑷　㈳日本空気清浄協会編：クリーンルームハンドブック，オーム社，1989.1
⑸　JIS B 9919-2004 クリーンルームの設計・施工及びスタートアップ，日本規格協会 2004.3

Ⅴ　非一方向流とは

⑴　Institute of Environmental Sciences；IEST RP-CC012.1, Considerations in Cleanroom Design
⑵　境科学フォーラム編：クリーンルーム用語早わかり，オーム社，1999.9
⑶　㈳日本空気清浄協会編：クリーンルーム環境の計画と設計第3版，オーム社，2021.6
⑷　㈳日本空気清浄協会：クリーンテクノロジー講座Ⅰ，1999.6

Ⅵ　混在流型とは

⑴　Institute of Environmental Sciences；IEST RP-CC012.1, Considerations in Cleanroom Design
⑵（公社）日本空気清浄協会編：クリーンルーム環境の計画と設計 第3版，2013.12

Ⅶ　クリーンブースとは

⑴　日本エアーテック㈱：カタログ
⑵（公社）日本空気清浄協会編：クリーンルーム環境の計画と設計 第3版，2013.12
⑶　早川一也編：最新クリーンルーム設計ハンドブック，施策研究センター，1992.8

Ⅷ　エアフィルタとは

⑴　日本無機：カタログ
⑵　日本エアロゾル学会編：エアロゾル用語集，京都大学学術出版会，2004.8
⑶　環境科学フォーラム編：クリーンルーム用語早わかり，オーム社，1999.9
⑷　中性能フィルタ・粗じん用フィルタの試験方法の解説 (JIS B 9908-1 ～ 4)，空気清浄第60巻第3号，2022.9
⑸　HEPAフィルタの試験方法の解説 (JIS B 9927-1 ～ -5:2022)，空気清浄第60巻第3号，2022.9
⑹　㈳日本空気清浄協会編：クリーンルームハンドブック，オーム社，1989.1
⑺　㈳日本空気清浄協会編：コンタミネーションコントロール便覧，オーム社，1996.9
⑻　近藤工業㈱：カタログ

Ⅸ　ケミカルエアフィルタ

⑴　環境科学フォーラム編：クリーンルーム用語早わかり，オーム社，1999.9
⑵　杉山訓樹：空気清浄度維持システムの変化とケミカルフィルタの対応，クリーンテクノロジー vol.17 No.3，pp5-13, 2007.3，日本工業出版
⑶　㈳日本空気清浄協会：JACA No.38-2002，クリーンルーム用ケミカルエアフィルタ性能試験方法指針，2002.9
⑷　吉澤巌：フィルタメーカーからの化学汚染対策技術，クリーン化技術セミナー 2006，㈳日本産業機械工業会クリーンルーム委員会，2006.3
⑸（公社）日本空気清浄協会編：クリーンルーム環境の計画と設計 第3版，2013.12
⑹　日本無機㈱：カタログ
⑺　日本ピュアテック㈱：カタログ

Ⅹ　FFUとは

⑴　環境科学フォーラム編：クリーンルーム用語早わかり、オーム社、1999.9
⑵　澤田朋之：FFUの最新技術、シンポジウム・ICRとBCRに関する最新技術動向と応用例、㈳日本空気清浄協会、2005.3
⑶　鳥取電気製造㈱：HP
⑷　クリーンテクノロジー編集委員会編：初心者のためのクリーンルーム入門、日本工業出版、2005.9
⑸　日本エアーテック㈱：カタログ「ファンフィルターユニット」
⑹　日本無機㈱：HP URL http://www.nipponmuki.co.jp/products

Ⅺ　クリーンルームの清掃機材とは

⑴　日本エアーテック㈱：カタログ
⑵　㈳日本空気清浄協会編：クリーンルーム環境の施工と維持管理、オーム社、2000.7
⑶　日本クリーナー販売㈱：カタログ
⑷　㈳日本空気清浄協会編：クリーンルームハンドブック、オーム社、1989.1
⑸　クリーンテクノロジー編集委員会編：初心者のためのクリーンルーム入門、日本工業出版、2005.9
⑹　アズワン㈱：カタログ

Ⅻ　パスボックスとは

⑴　日本エアーテック㈱：カタログ
⑵　㈳日本空気清浄協会編：クリーンルームハンドブック，オーム社，1989.1
⑶（公社）日本空気清浄協会編：クリーンルーム環境の計画と設計 第3版，2013.12
⑷　早川一也編：最新クリーンルーム設計ハンドブック，施策研究センター，1992.8

ⅩⅢ　差圧ダンパ

⑴　環境科学フォーラム編：クリーンルーム用語早わかり，オーム社，1999.9
⑵　協立エアテック㈱：カタログ
⑶（公社）日本空気清浄協会編：クリーンルーム環境の計画と設計 第3版，2013.12
⑷　㈳日本空気清浄協会編：クリーンルームハンドブック，オーム社，1989.9
⑸　早川一也編：最新クリーンルーム設計ハンドブック，施策研究センター，1992.8
⑹　クリフ㈱：カタログ

Part 5　性能評価編

I クリーンルームの性能評価とは

II 浮遊粒子濃度試験とは

III 分子状汚染物質濃度試験とは

IV 気流、風速試験とは

V フィルタリーク試験とは

VI 微生物測定試験とは

クリーンルームの性能評価とは

＊ ISO 14644-2、同14644-3、JIS B 9917-3 などの新しい情報も参照されたい。

クリーンルームの性能評価とは？

クリーンルームの性能評価とは、「クリーンルームが出来上がり、これをクリーンルームユーザーに引き渡す前に、確かにこのクリーンルームは設計どおりの機能を満足していることを確かめること（検収）」、同様に「改修後にその部分が機能を満足していることを確かめること（再検収）」、「クリーンルームユーザーがクリーンルームの運用を開始した後で、クリーンルームが所定の機能を維持していることを定期的に継続して確かめること（監視/モニタ）」です。

性能評価項目

表１[1]に性能評価項目を示します。表の上半分は「クリーンルーム空気清浄度性能試験」で、下半分は「清浄度を維持する設備の性能に関する試験」です。これらの項目の内容が適正に保たれて、初めてクリーンルームは所定の機能を発揮することができます。

なお、表１は、JACA（日本空気清浄協会）の指針No.40“クリーンルームの性能試験方法指針”(2005）に依るもので、表中にも表記があるように、この指針は、主にISO規格14644-3[2]（後述）及びJACA指針No.24[3]（後述）の内容を汲んでいます。

それでは、各性能評価項目の概要に入る前に、表中の「参照すべき基準」と「（各評価を行うときに）推奨される状態」の二つについて先に解説します。

参照すべき基準

表１のほぼ中央の列に参照すべき基準が記されています。主なもののみについて簡単に触れます。

14644とは、ISO（International Organization for Standardization）規格、即ちISO規格のNo.の一つで、Cleanrooms and associated controlled environments（クリーンルーム及び関連制御環境）に関する内容です。以下に、表中のNo.の内容を簡潔に示します。

14644-1（空気清浄度の分類(2015)[4]）ではISOの清浄度クラス分類を示すと共に、清浄度の判定にも言及しています。

14644-2（モニタリング（2015）[5]）では監視／モニタに重点が置かれ、その継続的な方法や文書化・記録についても述べられています。

14644-3（試験方法（2019）[2]）では性能確認のための試験方法や測定機器について規定しています。

14644-4（設計、建設、及び始動(2022)[6]）では、設計、施工、性能確認、保守などに要求される内容について規定しています。

14644-8（化学物質濃度による空気清浄度の評価（2022）[7]）では、空気中の化学汚染物質の分類と、その各々の測定方法（捕集及び分析方法）、及び清浄度表記について解説しています。

また、表１の中のJACA No.は日本空気清浄協会（JACA：Japan Air Cleaning Association）の指針No.を表しています。以下に、表題のみ記します。No.22（表面付着粒子測定方法に関する指針（1988））、No.24（クリーンルームの性能評価指針（1989））、No.29（クリーンルームにおける静電気対策指針（1993））、No.35A（クリーンルーム及び関連する制御環境中における分子状汚染物質に関する空気清浄度の表記方法及び測定方法指針（2003））、No.38（クリーンルーム用ケミカルエアフィルタ性能試験方法指針（2002））。

以上のように、性能評価項目の内容は非常に多岐にわたっています。

（各評価を行うときに）推奨される状態

これは、クリーンルームが仕上がっていく各段階において、各評価項目は各々適正な段階で適用しなければならないということです。

表１の右上に有る四つの用語の意味を記すと次のようになります。

「施工完了時（as-built）」とは、施設が全ての設備の接続を完了して機能できる状態にあるが、生産機器、材料または要員が存在していない状態、つまりクリーンルーム設備は出来上がっているが、中に製造機器が無く、人もいないという状態です。

「製造装置設置時（at-rest）」とは、施設が機器の据付けを完了し、顧客及び供給業者が合意した形式で操業できる状態にあるが、要員が存在し

表１　クリーンルームにおける性能評価項目と推奨される状態

推奨試験項目		参照すべき基準	施工完了時	製造装置設置時	通常運転時	再検収時
クリーンルーム空気清浄度性能試験						
1.浮遊粒子濃度試験	浮遊微粒子空気清浄度試験	14644-1 14644-2	◎	◎	◎ （モニタリング◎）	◎
	浮遊超微粒子空気清浄度試験		△	△	○	△
	浮遊粗大粒子濃度試験		△	△	○	△
2.分子状汚染物質濃度試験	分子状汚染物質空気清浄度試験	14644-8 JACA No.35	○ （必要となるCR）	○ （必要となるCR）	○ （必要となるCR）	○ （必要となるCR）
3.差圧試験（クリーンルーム差圧性能維持試験）	定常状態の差圧試験	14644-3 JACA No.24	○	○	◎	◎
	動的な差圧試験		△	△	△	△
4.気流、風速試験 （一方向流）	気流速度	14644-3&4 JACA No.24	◎	○	△	◎
	風量		◎	△	○	◎
	室内の気流状態		○	○	○	○
（非一方向流）	気流速度	14644-3 JACA No.24	◎	△	△	◎
	風量		◎	△	○	◎
	室内の気流状態		△	△	△	△
5.回復性能試験による清浄度維持性能	（非一方向流のみ）	14644-3	○対象 CRのみ	△	—	○対象 CRのみ
6.その他の事項	クリーンルーム内の温度	JIS Z 8710	○	△	○	△
	クリーンルーム内の湿度	JIS Z 8806	○	△	○	△
清浄度を維持する設備の性能に関する試験						
1.設置フィルタのリーク試験	（必要CRのみ）	14644-3 JACA No.24	◎	○	—	◎
2.ケミカルエアフィルタ試験	（必要CRのみ）	JACA No.38	◎	—	○	◎
3.封じ込めリーク試験	（必要CRのみ）	14644-3 JACA No.24	○	—	△	○
4.クリーンルーム内静電気除去性能試験	静電気試験	14644-3 JACA No.29 JIS C 1302	△	—	—	△
	イオン発生器試験 （必要CRのみ）		△	—	—	△
5.粒子表面付着試験	（必要CRのみ）	14644-3 JACA No.22	—	△	△	—
6.微振動レベル性能試験	（必要CRのみ）	JIS Z 8735 JACA No.24	○	△	○	○
7.騒音レベル性能試験		JIS Z 8731 JACA No.24	○	—	○	○
8.照度試験		JIS C 7612 JACA No.24	○	—	△	○
9.変動磁場試験	（必要CRのみ）		—	—	○	△

◎：必須事項、○：推奨事項、△：協議事項、—：一般的には適用されない事項

ていない状態、つまり稼動直前だが、人がいないという状態です。

「通常運転時（operational）」とは、施設が指定の形式で機能しており、指定の数の要員が存在していて合意された形式で作業している状態、つまり通常の稼動状態です。

「再検収時」とは、クリーンルームの改修などに伴う検収を行う時ということです。

各性能評価項目の概要

表１の試験項目で主要なもののみを中心に概要を解説します（詳細は５－２項以降を参照）。なお、これらの試験項目の多くは、近い内の改訂が見込まれています。読者の方々はその動向に注意していただきたいと思います。

① 浮遊粒子濃度試験：クリーンルーム空気中の塵埃個数濃度（つまり空気中の粒子濃度による清浄度）を確認する試験のことです。所定の粒径以上（例:≧0.1μm）の塵埃が単位体積（$1m^3$や$1ft^3$）中に何個あるかを測定します（例:100個/m^3（≧0.1μm））。ISOの清浄度クラスでは、個数をべき乗表記したときの指数の値になります（上の例100個/m^3（≧0.1μm）では10^2個なのでISOクラス清浄度は2となる）。所定の濃度以下でなければなりません。

測定対象粒径は、評価対象とするクリーンルームの目標とする清浄度クラスをもとに設定します。

ISO 14644-2[(5)]には、定期的（半年や1 年毎以内）に清浄度に関してISOの継続的適合性を実証することが示されています。

② 分子状汚染物質空気清浄度試験：製品の歩留り低下をもたらす化学汚染物質の空気中の濃度を測定します。サンプリングしてから結果が判明するまでに約一週間程度かかります。管理を必要とする場所で、対象物質が管理値以下になっていなければなりません。

対象とする汚染物質の分類の違いに応じて、捕集方法と分析方法の組合せを適正に選択して測定します。

③ 差圧試験：定常状態の試験では、対象とするクリーンルーム内外の圧力差、あるいは、クリーンルーム内の対象とする空間領域と周囲との圧力差が所定の値に保たれていることを確認します（対象箇所の圧力が、比較対象に対して、陽圧の場合も陰圧の場合もありうる）。クリーンルームで所定の循環風量が得られていることを確認した後で実施するようにします。

動的状態の試験では、クリーンルームへの人や物の出入りがあったときに、圧力差が所定の時間内に元に戻る状況を確認します。

ISO 14644-2[(5)]には、定期的（１年毎以内）に差圧に関してISOの継続的適合性を実証することが示されています（任意）。

④ 気流、風速試験：換気量や汚染物質除去に必要な循環風量（気流速）が得られているかどうかを調べます。［一方向流型クリーンルームの場合］制御対象（塵埃、ケミカル汚染物質等）の、周囲への拡散抑制のために必要な気流の平行性を確認します。また、平均風速は設計値±（所定の範囲内）であること、風速の場所によるばらつきは平均風速±（所定の範囲内）であること、さらに気流の方向性では斜流になっていないことを確認します。また、給気ダクト内の風量も適正でなければなりません。

［非一方向流型クリーンルームの場合］各吹出口の風量を測定して所定の風量が得られていることを確認します。その際、吹出口を覆う補助ダクト等を使用することもあります。給気ダクト内の風量を測定してもかまいません。

ISO 14644-2[(5)]には、定期的（１年毎以内）に空気流量または気流速度に関してISOの継続的適合性を実証することが示されています（任意）。

さらに、定期的（２年毎以内）に気流性状の可視化に関してISOの継続的適合性を実証することも示されています（任意）。

⑤ 清浄度回復試験：［筆者注：表中に“非一方向流のみ”の記述がありますが、“ 一方向流”にも適用できます。］クリーンルーム内の対象個所での、塵埃の希釈除去能力を確認します。塵埃濃度の減少率（減少の傾き）が大きい場合は、その場所における清浄度回復は速いということが言えます（小さい場合は遅い）。

ISO 14644-2[(5)]には、定期的（２年毎以内）に清浄度回復特性に関して ISOの継続的適合性を実証することが示されています（任意）。

⑥ 温度・湿度：設計値±（所定の範囲内）に制御されていることを確認します。

温度では、施工完了時 のクリーンルーム内対象領域で、代表平均温度を測定します。

製造装置設置時または通常運転時の状態で、厳しい温度制御の領域を詳細に測定します。

湿度の場合は、上記の代表平均温度測定と同様です。

⑦ 設置フィルタのリーク試験：ク

リーンルームに設置したフィルタ自体からリークがないこと、フィルタと周囲構造物との間からリークがないこと（シールが適正であること）を確認します。

フィルタ上流側へのエアロゾル投入、プローブ、走査方法（位置、経路）等についての規定があります。

ISO 14644-2[5]には、定期的（2年毎以内）にフィルタリークに関してISOの継続的適合性を実証することが示されています（任意）。

なお、この試験方法は大幅な改訂が見込まれています。

⑧　静電気除去性能試験：製品、作業台表面電位、空間等の静電気帯電量、表面抵抗、漏洩抵抗、正負イオン分布等（即ち、静電気環境）を測定・評価します。イオナイザの除電性能（除電時間、オフセット電位）も測定します。

⑨　粒子の表面付着試験：クリーンルーム内で製品表面などに微粒子がどの程度付着するか確認します（粒子の種類・量など）。

⑩　（微）振動：主に床面の振幅や加速度などを評価します。特に、精密光学機器を設置する／設置してある場所では重要な項目になります。空調機、外調機、FFU等が運転状態で、所定の風量が出ていることが前提になります。暗振動（バックグラウンドの振動）はこれらが停止した状態で測定します。

⑪　騒音：対象領域で所定の値以下であることを確認します。空調機、外調機、FFU等が運転状態で、所定の風量が出ていることが前提になります。暗騒音（バックグラウンドの騒音）はこれらが停止した状態で測定します。

微生物測定試験（表1の中には有りませんが）バイオクリーンルーム内の菌数を測定します。方法には、落下菌を捕らえる落下法、浮遊菌を捕らえる衝突法、物体表面の菌数を調べるスタンプ法・拭き取り法等があります。対象領域が所定の菌数以下になっていることを確認します。培地やシャーレの仕様、培養の温度・時間等に注意することが必要です。

ISO 14698-1[8]は、サンプリング装置・計画・計画の設計・頻度・場所、サンプルの識別、妥当性確認、サンプルの処理、サンプルの培養、サンプリングデータの評価等について考慮すべき項目を示しています。さらに附属書では、空気サンプラの妥当性確認、繊維の微生物汚染の測定、洗濯プロセスの妥当性確認、液体中の微生物汚染の測定等についても言及しています。

ISO 14698-2[9]では、微生物汚染データの評価及び解釈に言及しています。「初期監視段階からのデータの推定及び評価」及び「日常監視段階からのデータの推定及び評価」では手順をフローチャートで示しています。

性能評価全般にかかわる注意事項

クリーンルームユーザーや各現場によって、性能評価の基準数値・対象箇所・対象項目などが多少変わってくるので注意が必要です。

クリーンルーム性能評価の方法はISO、JIS、JACAなどの規格/指針などで述べられていますが（これら三者の内容は、細かいところは別にして、本質的に大きな差異は無い）、それらを参考にして、実際には関係者の協議によって内容や数値などを決定して実施します。各規格の中でも「（クリーンルームユーザーも含めて）話し合って決めてよい」としています。

表1の脚注には、「◎：必須事項」、「○：推奨事項」、「△：協議事項」の印が表記されています。クリーンルームの評価や監視・維持にかかるコストも考慮に入れ、クリーンルームの状態をよく見極めたうえで必要な評価項目を正しく実施するようにしましょう。

なお、本項の本文中では特に引用していませんが、参考になるその他の資料を参考文献の⑽以降に掲げておきました。ご参照ください。

性能評価編 II

浮遊粒子濃度試験とは

＊ISO 14644-1、同14644-2、同14644-3、JIS B 9917-3、同9920-1、同9920-2 などの新しい情報も参照されたい。

ISO清浄度クラス：Nで規定する

$$Cn=10^{N}\cdot(0.1/D)^{2.08}$$

D ：粒子の（みなし）粒径［μm］

Cn：（みなし）粒径以上の浮遊粒子の最大許容濃度［個／m³］、有効数字上位３桁までの最近似の整数にまるめて表記する。

N ：ISO分類数。９以下の値とする。中間のISO分類数は、Nの最小許容増分の0.1で指定してもよい。

図１　ISO清浄度クラスN

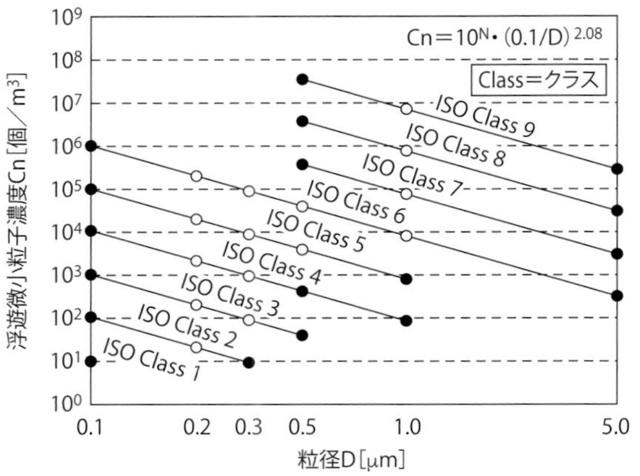

図２　ISO清浄度クラス線図

はじめに

はじめに、浮遊粒子濃度試験について説明する前に、「浮遊粒子濃度」に関連する各種濃度と、それら全体を包み込む動向について確認します。

まず、「浮遊粒子濃度」とは、空気中の塵埃あるいは粒子の、ある粒径以上の個数のことです（個数濃度と言うこともあります）。ただし、これは現在のクリーンルームにおける各種清浄度の一つにすぎません。

清浄度を考える場所（対象とする場所）としては、

A.　空気中（単に“気中”という表現もあります）

B.　表面（即ち、清浄に保ちたい表面）

があり、制御すべき対象の種類は、

a.　塵埃あるいは粒子（ミスト（液滴）を含めることもある）

b.　ケミカル汚染物質

c.　微生物

などがあります［これらの他に、“ナノ粒子”による清浄度表記もありますが、当該ISO規格の策定中でもあり、ここでは触れません］。

かつては、「清浄度＝空気中（A）の塵埃（a）個数濃度」と一元的に結び付けて考えがちでしたが、現代では上記のとらえ方で、

(A or B)×(a or b or c)

の様に組み合わせて各種清浄度を表記する動向があり、ISO規格[(1)-(4)]、JIS規格[(5)(6)]、及びJACA指針[(7)-(9)]などでの規格化、さらに規格改訂が進んでいます[(10)]［JACA=Japan Air Cleaning Association：日本空気清浄協会］。

以上のように、清浄度は一種類ではありませんが、そのことを知りつつ、ここでは「清浄度＝空気中（A）の塵埃（a）個数濃度」の試験について考えてみます。

そして、以上の各種清浄度の定義・表記と密接に関連するクリーンルーム試験項目の内容を、ISOが改訂のために審議中で、各種清浄度の定義・表記の一部や、この浮遊粒子濃度試験の内容も変わる可能性があります。したがって、そのことを知りつつ、以降の解説では現時点（2015年9月上旬）での状況に基づいて解説します。

浮遊粒子濃度試験とは？

浮遊粒子濃度試験とは、対象とするクリーンルームあるいはクリーン領域が、確かに所定の清浄度を満足していることを確認することです。

クリーンルームの清浄度クラスとは？

［注：浮遊粒子の「清浄度」は、空間中の個数濃度（個数／体積）。「清浄度レベル」は、格付けされる清浄度の程度。「清浄度クラス」は、清浄度レベルの等級分けを行った表現。

表１　ISO清浄度クラス上限濃度

（上限濃度（個／ m^3））

ISO清浄度クラスN	0.1μm	0.2μm	0.3μm	0.5μm	1μm	5μm
クラス１	10					
クラス２	100	24	10			
クラス３	1,000	237	102	35		
クラス４	10,000	2,370	1,020	352	83	
クラス５	100,000	23,700	10,200	3,520	832	
クラス６	1,000,000	237,000	102,000	35,200	8,320	293
クラス７				352,000	83,200	2,930
クラス８				3,520,000	832,000	29,300
クラス９				35,200,000	8,320,000	293,000

国際規格（ISO）：容量1m^3の空気中に含まれる粒子径0.1μm以上の塵埃個数を10のべき指数９段階で表す。これが新しいJIS B9920（2019）に取り込まれている。

表２　浮遊微粒子濃度試験の検収項目

項目	浮遊微粒子のクリーンルームの清浄度クラス									備考
	1	2	3	4	5	6	7	8	9	
適用範囲	要									
測定方法・機器	原則として、下記の条件を満たす対象粒径以上の浮遊微粒子濃度を光散乱式自動粒子計数器（DPC）を用いて測定する。 1）対象粒径の浮遊微粒子の計測が可能であり、粒子の個数を表示又は記録できること。 2）有効な校正証明書を備えること。 下記最少サンプリング量以上及び１分間以上吸引する。 クラス４又はそれより清浄なクラスでは逐次サンプリングによる評価を適用してもよい。									
最少サンプリング方法［$10^{-3}m^3$］	10,000	5,000	2,223	241	69	69	7	2	2	・逐次サンプリングによる評価法の詳細は附属書A1.1.2.2参照
逐次サンプリング	適用可				必要としない					
測定位置	1）Table A.1に基づき、クリーンルームの面積から測定位置数を決定する。 2）1,000m^2より広い場合は、式(1)を適用して測定位置数を決定する。									
検収条件	1）いかなる測定点においても、その平均濃度が各清浄度クラスに対する基準濃度を超えてはならない。									

「クラス」は、「清浄度クラス」と同義で使用される。］

クリーンルームの“清浄度クラス”とは、クリーンルームの性能の内、最も重要なものの一つであり、かつ、クリーンルームらしい性能指標です。

クリーンルームの清浄度クラスは、ISO規格で定義されています。JIS規格やJACA指針も、このISO規格と本質的な整合性を保っています。

ISO清浄度クラスは図１[1]に示すように指数Nで規定されます。Cnは着目しているある粒径以上の浮遊粒子の最大許容濃度（個／ m^3）のことです。Dは、着目している粒径（μm）です。また、“みなし”という言葉がありますが、あまり気にする必要はありません。

例えば、クリーンルームのある空間で、≧0.1μmの粒子が≦1,000個／m^3の濃度であった場合、

D=0.1μm、Cn=1,000個／ m^3

を式に代入すると、

$1,000=10^N・(0.1/0.1)^{2.08}$

即ち、

$10^3=10^N$

となって、

N＝3 →清浄度クラスは3

ということになります。つまり、「クリーンルームのある空間で、≧0.1μmの粒子が≦1,000個／ m^3の濃度であった場合、そのエリアのISO清浄度クラスは3である」と言います。

前述の定義式を線図や上限濃度数値表にすると図２、表１のようになります[1]。

図２の清浄度クラス線図では、定義通りに0.1μmの縦軸上で、個数濃度のべき乗（10^1、10^2、10^3、……）の指数（1、2、3、……）がそのままクラスの数（1、2、3、……）になっ

表3　Table A.1

クリーンルーム面積（㎡）	測定点数の最少値（NL）	クリーンルーム面積（㎡）	測定点数の最少値（NL）
2	1	76	15
4	2	104	16
6	3	108	17
8	4	116	18
10	5	148	19
24	6	156	20
28	7	192	21
32	8	232	22
36	9	276	23
52	10	352	24
56	11	436	25
64	12	636	26
68	13	1000	27
72	14	>1000	式(1)による

ていることが確認できます。図中で、同一線上の清浄度クラスは同等の意味を持っています。

表１の上限濃度（＝最大許容濃度（個／ m^3）の値の一覧）においては、これも定義通りに0.1μmの列に10で割り切れる値が並んでいることがわかります。また、表を横方向に見ると、例えば、清浄度クラス3の≧0.1μmの最大許容濃度1,000個／ m^3 は、≧0.3μmでは最大許容濃度 10^2 個／ m^3 に相当することがわかります。これら２つの数値の表す点は、清浄度クラス線図（図２）の同一線上に乗っています。前述の“同一線上の清浄度クラスは同等の意味を持っている”とは、こういうことです。

［参考］長い間使われてきた米国連邦規格FS（=Federal Standard）の最終版だったFS209Eは既に廃止（キャンセレーション）の扱いとなっていますが、このFSのクラス清浄度の表し方は長い間、ft^3（=cubic feet）がベースになっていました。つまり、例えば0.3μm以上の清浄度を表す場合、「～個/ ft^3（≧0.3μm）」としていました。この表現は長い間の慣例として一部に残っており、ISO規格の表現と混同しないように注意しなければなりません。また、塵埃濃度計では、吸引流量の単位が「～ ft^3 ／min」などとなっているものもあります。

塵埃濃度の測定方法(11)

清浄度クラス評価方法の手順は表２のようになります。具体的な内容を以降に記します。

①　測定位置の確定

Table A.1（表３）に基づき、測定点数の最少値を決定します。ただし、1,000 m^2 より広い場合は次式により決定します。

$$NL = 27A/1000 \quad \cdots(1)$$

ここに、

NL：測定点数の最少値（整数表示）

A：クリーンルームなどの面積［m^2］

原則として、サンプリング位置は対象空間の水平測定面内に均等に配置し、高さは作業高さとします。

②　測定点における1回当りの最少サンプリング空気量の決定

各測定点において、対象とする最大粒径の粒子濃度が、選定された清浄度クラスの上限値において、最少粒子数である20個が検出されると推定される空気量をサンプリングします。測定点における最少サンプリング空気量*Vs*は式(2)を用いて求めます（ただし、サンプリング時間は最少１分間、かつサンプリング空気量は2× 10^{-3} m^3 を満たすようにします）。

$$Vs = 20 / Cn \quad \cdots(2)$$

ここに、

Vs：１回当たりの空気量の最少値［m^3］

Cn：当該仕様クラスにおける最大対象粒径に対する濃度上限値［個／ m^3］

20：粒子濃度がクラス上限値の場合に、計数が期待される粒子数［個］

です。

サンプリング吸引端は上流を向けて置きます。各サンプリング点において最少空気量である前述②で決定した空気量以上をサンプリングします。

③　各測定点における平均粒子濃度

ⅰ）各測定点における局所平均粒子濃度（$\bar{x}$）の算出

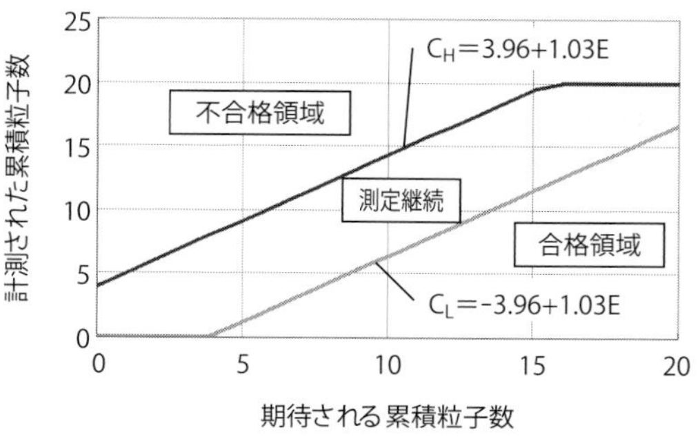

図3　逐次サンプリング方法による合否の領域

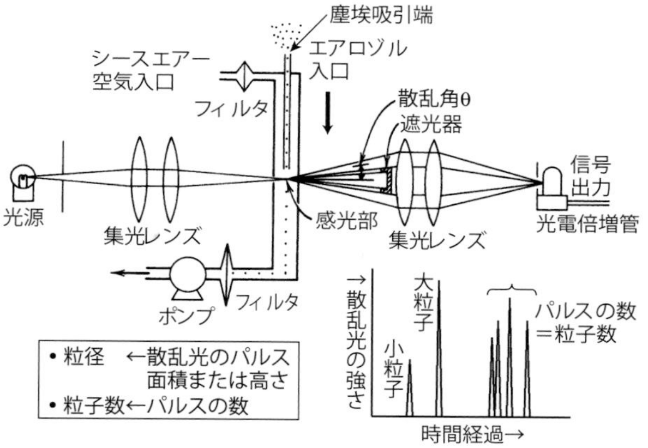

図4　光散乱式塵埃濃度計

表4　粒子計測試験と試験頻度

清浄度クラス	最大試験間隔	試験の方法
ISOクラス1～5	6ヶ月	逐次サンプリング法による清浄度の評価方法
ISOクラス5を超えるクラス	12ヶ月	標準の清浄度クラス評価方法
[備考1] 粒子計測試験は、通常、クリーンルームなどの通常運転で実施されるが、指定された清浄度クラスの分類に従い、製造装置設置時でも実施されることがある。 [備考2] クリーンルームなどにおいて、浮遊微粒子濃度と差圧が連続的または多頻度（60分以内）のモニタリングがされている場合には、最大試験間隔を協議の上延長することができる。この場合には、仕様について範囲内を示すモニタリングの結果を記録して保管しておくことが必要である。		

$$\overline{x_i}=\frac{x_{i,1}+x_{i,2}+\cdots+x_{i,n}}{n} \quad \cdots(3)$$

ここに、

$\overline{x_i}$　：測定点iにおける局所平均粒子濃度

$x_{i,1} \sim x_{i,n}$　：測定点iにおけるサンプリングごとの粒子濃度

n　：測定点iでのサンプリング回数

です。

④　測定データの評価

各測定点において測定された平均粒子濃度が図1の上限濃度Cnを超えないならば、そのクリーンルームやクリーン領域は設定された清浄度クラスに適合していると判定されます。

適合しない場合は、さらに追加した均等配置の測定点も含めて再測定を実施し、再び判定を行います。

逐次サンプリング法による清浄度の評価方法

これは、クラス1～4の高清浄度クラス評価に利用する方法です。測定点毎に連続的に測定し、清浄度クラスの適否を判定します。

クラス1～4の高清浄度環境では浮遊微粒子の個数が少ないため、前述の標準の清浄度評価方法では計測時間が長くなってしまいます。逐次サンプリング法は、濃度の平均値を求めずにクラスの適合性を統計的に判定する方法で、計測時間の短縮に有効です。

測定点数、測定位置は標準の清浄度評価方法と同じでかまいません。

評価方法は，計測された累積粒子数と、サンプリング空気量から期待される参照値との比較によって行います。判定に使用する上限と下限を表す参照値は式(4)、(5)により求めます。

サンプリング空気量から期待される累積粒子数は式(9)によります。

C_H=3.96+1.03E　…(4)

C_L=−3.96+1.03E　…(5)

$E=V\times t\times Cn$　…(6)

ここに、

C_H：上限参照値[個]

C_L：下限参照値[個]

E　：サンプリング空気量から期待される累積粒子数[個]

V　：サンプリング流量[m^3/s]

t　：サンプリング時間[s]

Cn：浮遊微粒子の上限濃度[個／m^3]

です。

計測された累積粒子数と期待される累積粒子数を図3[11]にプロットし、以下の条件まで測定を続けて判定します。

a) 計測された累積粒子数が下限参照値C_Lよりも小さいとき→所定の清浄度クラスまたは濃度限界を満足している→当該測定点に

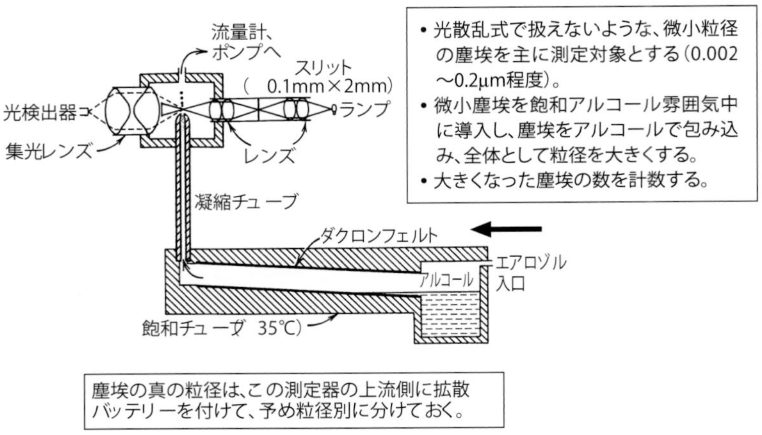

図５　凝縮核測定器

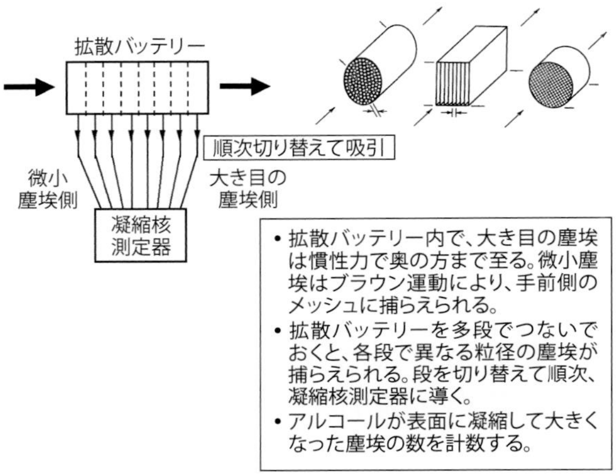

図６　凝縮核測定器と拡散バッテリー

ついては合格。

b) 計測された累積粒子数が上限参照値C_Hまたは20を超えたとき→指定清浄度クラスまたは濃度限界を満足していない→当該測定点については不合格。

c) 計測された累積粒子数が上限値C_Hと下限値C_Lの間にある限り→サンプリングは期待される累積粒子数が20になるまで続けられる。

d) 期待される累積粒子数が20になった時点で、計測された累積粒子数が20以下の場合→指定清浄度クラスまたは濃度限界を満足している→当該測定点については合格。

逐次サンプリング法は測定時間の短縮になるため、有効に活用してください。

粒子計測試験の頻度

ISO 14644-2[12]には、定期的（半年や1年毎以内）に清浄度に関してISOの継続的適合性を実証することが示されています（表４）。

測定機器

塵埃（個数）濃度計の原理は、吸引した塵埃に光を当て、その散乱光を測ることによって塵埃の大きさと数を測定しようとするものです（図４[13]）。散乱光のパルス面積または高さから塵埃の粒径を、パルスの数から塵埃数を測定します。

塵埃が≦0.05μm程度のように極めて小さくなると、前述の光散乱式測定器では散乱光量が少なくなるため、塵埃の検出が困難になります。この場合は、対象とする塵埃を飽和アルコール雰囲気中に通し、アルコールを塵埃表面に凝縮させて塵埃粒径を擬似的に大きくし、それを光散乱式で測定します。これは凝縮核測定器（CNC=Condensation Nuclei Counter、またはCPC= Condensation Particle Counter）と呼ばれます（図５[14]）。塵埃の数はこの方法でわかりますが、アルコールで包まれる前の

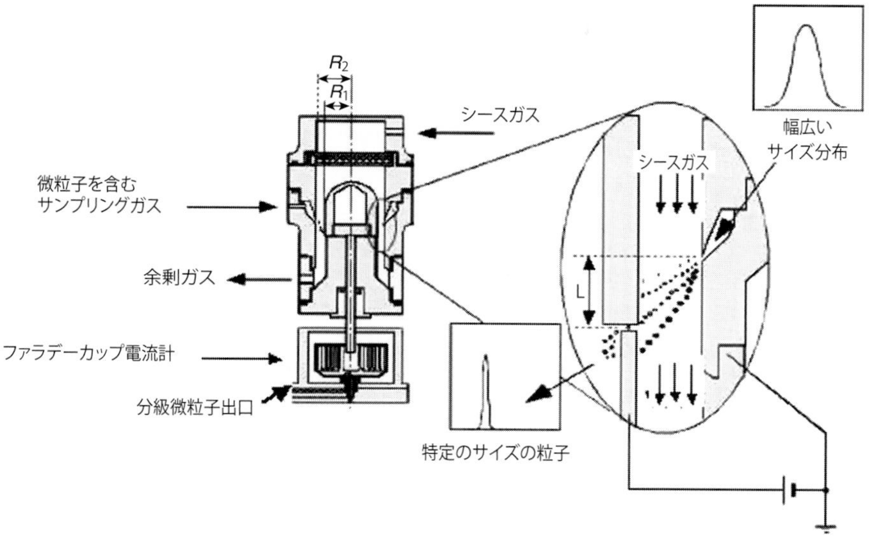

図７　DMAを用いたナノ粒子サイズ選別

真の粒径がわかりません。そこで、凝縮核測定器に塵埃を導入する前に、拡散バッテリー（図６[15][16]）などで塵埃を分級しておきます（粒径別に仕分けておく）。これは、多段の微小メッシュなどで構成されており、微小塵埃の大きさのわずかな差を利用します。

拡散バッテリー内で、（微小塵埃の中でも）大きめの塵埃は慣性力で奥の方にまで到達します。一方、（微小塵埃の中でも）小さめの塵埃はそのブラウン運動により、より上流側のメッシュに捕らえられます。拡散バッテリーを多段でつないでおくと、各段のメッシュ出口で異なる粒径の塵埃が得られ、図のように段を切り替えて順次、凝縮核測定器に導いて測定します。

また、分級（粒径選別）のために、拡散バッテリーの他に微分型電気移動度測定装置DMA（differential mobility analyzer）（図７[17]）もよく用いられます。図は二重同心円型の一例ですが、内筒に電圧を印加して外筒との間で電場を形成しています。その空間をシースエア（もちろん清浄空気）が層流で流れています。そこへ外筒側から流入して帯電した粒子は、クーロン力で内筒電極に引き寄せられながら移動します。大きな粒子（電気移動度が小さい）はゆっくりと、小さな粒子（電気移動度が大きい）は速く流れを横切ります。つまり粒径の違いによって、内筒の異なった位置に到達することになります。内筒にスリットを設けて、そこに到達した粒子のみを取り出せば、特定の粒径範囲の粒子が得られます。印加電圧を変えれば他の粒径範囲が取り出せます。これを凝縮核測定器へ導いて計数します。

これら拡散バッテリーやDMAの校正等に関わる情報は、文献(18)〜(20)を参照してください。

等速吸引

塵埃の測定はクリーンルーム内の必要とされる個所に塵埃計の吸引端を設置するか保持して行います。その際、吸引端は等速吸引ができるようになっていなければなりません（文献(21)を参照）。

性能評価編 Ⅲ

分子状汚染物質濃度試験とは

＊ISO 14644-3、同14644-8、JIS B 9917-8 などの新しい情報も参照されたい。

表１　AMCsの分類（JACA指針No.35A-2003に基づく）

グループ名	略号	説明	例
酸性ガス（Acids）	A	電子対受容体化合物であって、化学反応的に腐食性を有する物質。	HCl、HNO_3、H_2SO_4、リン酸、ふっ化水素酸、臭化水素酸、等。
塩基性ガス（Bases）	B		NH_3、テトラメチルアンモニウムハイドロオキサイド、トリメチルアミン、トリエチルアミン、モノエタノールアミン、HMDS、NMP、シクロヘキシルアミン等のアミン化合物。
凝縮性有機物質（Condensables）	C	ウエーハ等の表面に液化凝縮する可能性がある有機化合物群であり、大気圧において沸点が室温より高い化合物。	BHT、シロキサン類、Aromatics、Phthalates、Phosphates、等。
ドーパント類（Dopants）	D	製造工程中でドーパントとして使用されるもの。	ホウ酸やフッ化ホウ素等のホウ素化合物、リン酸エステル等の有機リン化合物。
金属（Metals）	M	（[筆者注]“金属”自体の明示的な定義は無いが、本指針の2000年版から“金属”に関する測定方法を追加した旨の記述がある。）	Na、K、Ca、Fe、CU、Zn等。
低沸点有機物質（VVOCs） 附属書の中では高揮発性有機物質（英語表記と対応）と表記している	V	高揮発性有機物質とは、沸点が50～100℃の範囲にある有機化合物。	THC（全炭化水素:Total hydrocarbons）、NMHC（非メタン炭化水素：Non-methane hydrocarbons）等。

はじめに

はじめに、分子状汚染物質濃度試験について説明する前に、「分子状汚染物質濃度」に関連する各種濃度と、それら全体を包み込む動向について確認します。

まず、「分子状汚染物質濃度」とは、空気中あるいは表面の、（製品や対象物質に悪影響を及ぼす）分子状汚染物質（即ち、化学物質でもある）の空気中濃度あるいは表面濃度のことです。ただし、これは現在のクリーンルームにおける各種清浄度の一部にすぎません[詳細は前項５－２参照]。

この５－３項に関しても、ISO規格[(1)(2)]、JIS規格[(3)]、及びJACA指針[(4)-(8)]などでの規格化、さらに規格改訂が進んでいます[(9)] [JACA=Japan Air Cleaning Association：日本空気清浄協会]。なお、その動向も含めて、ケミカル汚染物質について文献(10)－(13)にも詳しい解説がありますので、参考にしてください[用語“ケミカル汚染”については、文献(14)及び(15)を参照してください]。

前項５－２に記したように、清浄度は一種類ではありませんが、そのことを知りつつ、ここでは「清浄度＝空気中（A）の分子状汚染物質＝ケミカル汚染物質（b）濃度」の試験について考えてみます。なお、この第５－３項では「清浄度＝表面（B）の分子状汚染物質＝ケミカル汚染物質（b）濃度」の場合も該当しますが、紙面の都合で割愛します[ケミカル汚染物質の表面濃度に関しては、特に文献(11)及び(13)を参照してください]。

以降の解説では現時点（2015年９月中旬）での状況に基づいて解説します。

分子状汚染物質濃度試験とは？

ここでは、主にケミカル汚染物質に注目します。これらは、分子状となって空気中に存在したり、クリーンルーム系統内の様々な表面に吸着（場合によっては、反応して他の物質を生成）するなどして、製品製造などにおける不具合の原因になります。

前の５－２項の浮遊粒子による不具合への対応が進むにつれて、逆に制御対象として注目度が高まってきたのがこの分子状汚染物質です。

分子状汚染物質濃度試験とは、クリーンルームやクリーンゾーンの中で、製品に悪影響を及ぼすこれら各種分子状汚染物質（ケミカル汚染物質）を定性・定量し、管理を必要とする場所で対象物質が所定の値以下になっていることを確認することです。サンプリングしてから結果が判明するまでに約一週間程度かかります。分子状汚染物質濃度試験方法の内容の解説に入る前に、これらの分類・悪影響・濃度表示などについて見ておきましょう。

なお、以降の記述では文献(4)、(5)、(16)～(28)の内容を総合的に参考にしています。

アウトガス（outgas）とは何か?

ケミカル汚染物質を制御しようとする管理対象空間へは、他の場所か

表２　各種汚染物質による悪影響の例

分類記号	汚染の種類	悪影響
	パーティクル（粒子）	• パターン欠陥　• 拡散不良　• 絶縁不良
A	酸	• 配線腐食　• 光学系の曇り　• 積層欠陥
B	塩基	• レジスト解像不良（T-top現象など）　• ウエーハやレンズ表面の曇り
D	ドーパント	• 電気的特性の変化（しきい値電圧変動）
C	有機	• 絶縁膜の耐圧劣下　• 酸化膜の耐圧劣化　• 成膜異常（膜の密着性異常、膜圧・膜質の変動、熱酸化膜の異常成長など）　• レジストの密着不良　• 界面抵抗増加　• レンズ曇り、露光量低下　• 撥水　• レジスト斑　• しきい値電圧変動
V		
M	金属	• 接合リーク　• しきい値電圧変動　• 絶縁膜特性劣化（絶縁破壊など）　• 結晶欠陥　• 酸化膜耐圧不良、破壊　• 表面積層欠陥

らケミカル汚染物質がやって来る（侵入してくる）こともありますが、その管理対象空間を取り囲んでいるクリーンルーム構成材料自体がケミカル汚染物質の発生源になったり、適正に排出されなかった薬液類が蒸散したりすることがあります。ガス（気体分子）状となってクリーンルーム内へ出て来て製品に悪影響を及ぼす物質を総称して“アウトガス”と呼んでいます（簡単に言葉通りに、“出てくるガス”ととらえても良い）。なお、クリーンルーム内の作業員からの汗なども蒸散するとケミカル汚染物質となることがあります。

かつては、浮遊分子状汚染物質（AMCs＝Airborne Molecular Contaminants）が主に注目されていましたが、現在は各種表面に付着／吸着したケミカル汚染物質についても、状態の把握、及び制御・管理しようとする動きが広がって来ています。

ケミカル汚染物質の拡散

“分子状”であるため、塵埃よりもはるかに小さく、軽い。そのため、気中へ出ると空気の流れによって容易に移送されます。その空気が人の動作・機器の動きで掻き乱されると、さらに広い範囲へ拡散します。それを防ぐためには、適正な排気や、空気の流線の設計・制御が必要になってきます。

ケミカル汚染物質の分類

表１にAMCsの分類（JACA指針No.35A[5]に基づく）を示しました。この分類の違いによって測定方法（後述）も変わってきます。

表１のグループ名に記したように、AMCsは６つのグループに大別され、略号A,B,…,Vで表記されます[5]。具体的なAMCsの例は表中にあります。

以下、分類の各グループについて簡潔に説明します。

A（酸性ガス）、B（塩基性ガス）、M（金属）についてはその名の通りの分類で、表中の例を参照してください。C（凝縮性有機物質）は、半導体用ウェーハや液晶用ガラス基板上などに凝縮する有機化合物です。これらの物質は沸点が室温よりも高いため、付着すると常温で製品表面に存在し続けて不具合の原因になることが多くあります。

D（ドーパント類）は、製造工程で使用されるドーパントのリンPやホウ素Bなどのことで、表中の例に示すようなこれらの化合物も含まれます。ホウ素は、フッ酸（HF）などの雰囲気中でフィルタ類のガラス繊維から発生するとされています。

V（低沸点有機物質）は、JACA指針No.35A[5]の附属書の中では“高揮発性有機物質”と表記されていて、その沸点範囲を50～100℃としています。なお、ISO規格ではVとしてVVOCs（Very Volatile Organic Compounds）を指しますが、現実的にはTVOC（Total Volatile Organic Compounds=全揮発性有機化合物または総揮発性有機化合物）として扱うこともあります。

ケミカル汚染物質よる悪影響

表２に各種汚染物質による悪影響の例を示します。広範囲に渡って影響が出ていることがわかります。

各種汚染物質が製品に及ぼす悪影響については、概略を示すと以下のようになります（パーティクル（粒子）については省略します）。

A（酸性物質）→発生源:主に外気、製造工程（ガス、薬液）。主に気体を媒介として付着／吸着。悪影響：配線腐食、製造装置のレンズの曇り。
B（塩基性物質）→発生源：外気、製造工程（ガス、薬液）、人体、各種材料。主に気体を媒介として付着／吸着。悪影響：レジスト解像不良（T-top現象など）、製造装置のレンズの曇りなど。アンモニアNH_3による悪影響の一例を図１（文献(4)p.41より）に示します。微量のアンモニアであっても、管理値を超えた場合にはこのような

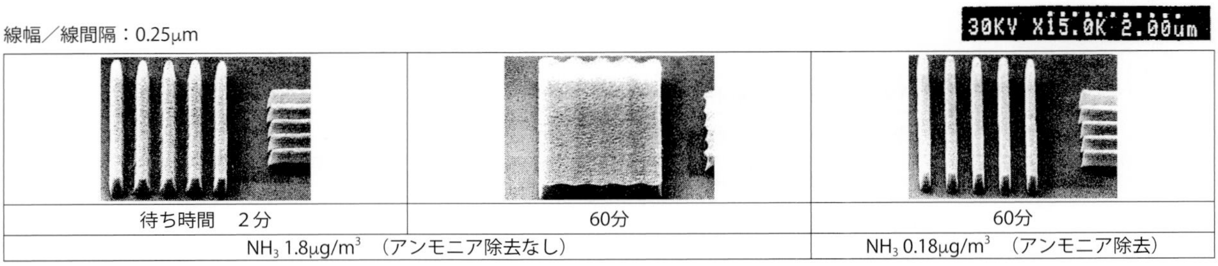

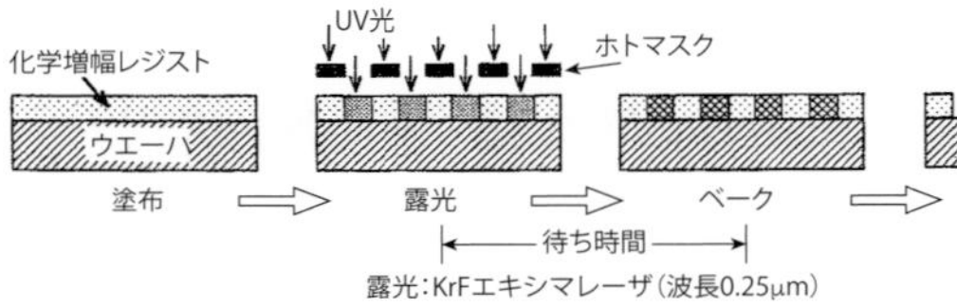

化学増幅レジスト解像性能のアンモニア濃度依存性

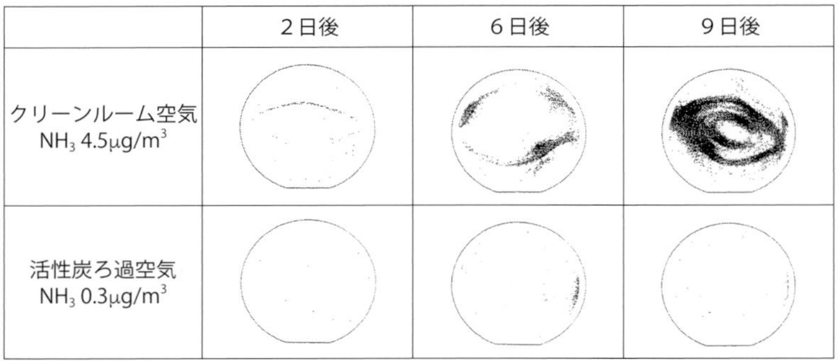

曇りの発生状況とアンモニア濃度の影響

図１　アンモニアによる悪影響の例

・体積濃度表示　$10^{-N}g/m^3$の指数Nで表す。

→A、B、C、D、M、V全てに適用可。

・面積濃度表示　$10^{-N}g/cm^2$の指数Nで表す。

→C：凝縮性有機物質（Condensables）のみに適用。
したがって、Cでは体積、面積の両方の濃度表示が

図２　AMCsの濃度表示

不具合を起こします。図中の上方に有る回路拡大写真で、中央のものは回路どうしがつながってしまっています。また、下方の写真は、やはり微量のアンモニアでウェーハ表面が曇ってしまった状態を示しています。

C（凝縮性有機物質）→発生源：外気、各種部材、製造工程（ガス、薬液）など。悪影響：接触抵抗増加、膜密着性劣化、（特に液晶で）静電気障害増大、粒子化など。

D（ドーパント）→発生源：フィルタなどのガラス繊維、製造工程（ガス、薬液）など。ボロンは土壌中にも存在する。主に気体を媒介として付着／吸着。悪影響：しきい値電圧変動など。

M（金属）→発生源：外気、人体、半導体回路形成材料、各種装置。悪影響：接合リーク、絶縁膜耐圧劣化など。

V（低沸点有機物質）→C（凝縮性有機物質）と概ね同じ。発生源は様々で広範囲にわたっている。悪影響：絶縁膜の特性劣化、成膜異常など。

このようにケミカル汚染物質濃度を適正な値以下に制御・管理しておかないと、様々な不具合が製品に生じます。

ケミカル汚染物質の濃度表示

浮遊粒子濃度だけではなく、浮遊分子状汚染物質でも清浄度クラスが定義されています（図２[5]）。

・気中濃度（体積濃度表示）
　→$10^{-N}g/m^3$
・表面濃度（面積濃度表示）
　→$10^{-N}g/cm^2$

このように表記したときの指数NをAMCsの清浄度クラスNと定義しています。したがって、Nの値が大きいほど、その場所におけるAMCs濃度が小さく、より清浄であるということになります。

表３にAMCsの清浄度クラスNを示しました（ISO 14644-8（2022）[1]より）。これは、JACA指針No.35A（2003）[5]に掲載されている表と本質的に同じです。また、AMCsの分類表の役割も果たしています。

表３について注意点を２つ述べます。一つは、C（凝縮性有機物質）だけは、気中濃度表示と表面濃度表示の両方がありうるということです。もう一つは、サブグループごとに、適正なAMCsの清浄度クラスが異なっているということです（なお、表中の［　　］内の清浄度クラスは、AMCs濃度が高いと考えられる範囲です）。

表3　AMCsの清浄度クラスN

グループ名	物質名または サブグループ名	C_{AMC}： 体積濃度表示 [10^{-N}g/m^3]	C_{AMC}： 表面濃度表示 [10^{-N}g/cm^2]
A 酸性物質（Acids）	HF、HCl、Cl_2、HBr、H_2S	9、8、7、6、[5、4、3、2]	
	NO、NO_2、SO_2、SO_3	9、8、7、6、5、[4、3、2]	
B 塩基性物質（Bases）	NH_3、RNH_2、R_2NH、R_3NH、RNH_2（OH）、$R_4N=X^-$、HMDS	9、8、7、6、5、[4、3、2]	
C 凝縮性有機物質（Condensables）	HMDS、TMSiOH、BHT、Phthalates、Phosphates、Urethanes	9、8、7、6、5、[4、3、2]	11、10、9、8、7、 [6、5]
	Aromatics、Siloxane、THC（GC／MS用）	9、8、7、6、5、4、[3、2]	
D ドーパント類（Dopants）	BF_3、B（OH）$_3$	9、8、7、6、5、[4、3、2]	
M 金属（Metals）	Na、Mg、AL、K、Ca、Cr、Mn、Fe、Cu、Zn	9、8、7、6、5、[4、3、2]	
V 低沸点有機物質（VVOCs）	THC	9、8、7、6、5、4、3、[2]	
	NMHC、UHC	9、8、7、6、5、4、 [3、2]	
	HCHO	9、8、7、6、5、[4、3、2]	

なお、AMCs評価結果の表示方法として、前述のAMCs清浄度クラスNも含めて、AMCsのグループ名・物質名・測定方法の略称などを加えて表記する"X（エックス）表示"というものもあります[5]。

ただし、AMCsの濃度表示は、現実的には気中濃度（体積濃度表記）ではμg/m^3、ng/m^3、vol.ppb、vol.pptなど（ただし、ppbやpptなどの分率濃度は次第に使われなくなってきています）が、また、表面濃度（面積濃度表記）ではμg/cm^2、ng/cm^2（分母がm^{2}の場合もあります）などの表示が使われることが多い、というのが実状です。

前記の浮遊分子状汚染物質AMCsの濃度表示に対して、表面分子状汚染物質（SMCs = Surface Molecular Contaminants）の濃度表示が遅れて規定されています。詳細はここでは割愛しますが、文献⑾の表8－4にまとめておきましたので、必要に応じて参照してください。

ケミカル汚染物質の測定方法

ここからいよいよ測定方法の説明に入ります。測定結果が所定の管理値以下になっていなければなりません。

なお、以降は、「測定方法＝捕集方法＋分析方法」ととらえ、その用語を使い分けていきます。

対象とする汚染物質を、A（酸性物質）、B（塩基性物質）、C（凝縮性有機物質）、D（ドーパント類）、M（金属）、V（低沸点有機物質）などの分類の違いに応じて、捕集方法と分析方法の組合せを適正に選択して測定しなければなりません。

JACA指針No.35A[5]の附属書には、酸性物質・塩基性物質・有機物質・ドーパント類・金属の測定方法、及び有機物質の基板表面暴露方法による測定方法が記載されています。クリーンルーム構成材料からの発生量に関する規定もあります。

⑴　試験の目的

工場の各種工程において、対象とするAMCsが所定の濃度以下になっていることを確認することが目的です（検収、監視、及び不具合対応の場合があります）。工程ごとに対象AMCs及び規制する濃度が異なることがありますから、その際はそれぞれに細かい対応が必要となってきます。関係者間で十分に認識を一致させた上で実施するようにしましょう。

⑵　試験の方針と得られる結果

試験実施の前に、まず"どのような評価試験"を行うのか、その方針を決め、得られる結果を概ね想定しておく必要があります。結果は今後の設計・施工に活かすようにします。

①　空調系統内でのAMCsの濃度変化を知りたい場合→対象とするAMCsの、空調系統内での変化を知るために行います。外気取入口近傍～外気調和機内～空気調和機内～クリーンルーム循環系統内においてAMCs捕集点を複数設けてできる限り同時に捕集します。

この方法では、例えば、外気から侵入した対象AMCsが系統内でどのようにその濃度が変化してゆくかがわかります。また、条件によっては、何が系統内で発生したか、さらにその変化もわかることがあります。その他に、系統内にある各種器具類（エアウォッシャー（洗い落とし）、冷水コイル（凝縮水中への取込み）、各種ケミカルフィルタ）などによるAMCsの除去効果もわかります。

②　時系列的なAMCsの濃度変化を知りたい場合→クリーンルーム系統内の特定の場所において、対象とするAMCsの濃度が長期間にわたってどのように変化してゆくか、を知るために行います。条件にもよりますが、

表4　捕集方法と分析方法の組合せ

	インピンジャー捕集［IMP］	カラム捕集［SOR］	フィルタ捕集［FIL］	シリンジ捕集［SYR］	基板捕集［PSUB］［ASUB］	キャニスター［CAN］	直接導入［なし］
イオンクロマトグラフ法［IC］	A、B、D						
ガスクロマトグラフ／質量分析法［GC、GC／MS］		B（アミン類）、C、D（有機リン）		V	C	C、V	
高速液体クロマトグラフ法［HPLC］	B	V（HCHO）	B				
誘導結合プラズマ質量分析法［ICP-MS］	D、M						
誘導結合プラズマ発光分析法［ICP-AES］	M						
フレームレス原子吸光法［FLAA］	M						
炭化水素自動計測法［HCA］				V			V

対象とするAMCsが減少してゆく状況（“枯れ” てゆく状況（“涸れ” と書くこともある））が把握できることがあります。AMCsによっては長期間の内にほぼ無くなるものもあれば、減少した後に概ね一定量で安定して推移するものもあります。この方針で注意すべき点は、測定期間がクリーンルームの3つの状態（as-built（施工完了時）、at-rest（製造装置設置時）、operational（通常運転時））にまたがることがあるため、将来的に製造装置が設置されるような場所またはその近傍での測定は避けなければならないということです。

③　空間的なAMCsの濃度分布を知りたい場合（これは前記二つの場合に比べ、あまり実施されません）→一つのクリーンルーム（複数のクリーンルームであってもかまわないが）、もしくは特定の領域内における対象AMCsの空間的な分布を把握するときに実施します．例えば、製品にAMCsによると思われる不具合が発生している場合に、この方針に沿って発生源を絞り込むことも可能です。

以上三つの大きな方針を紹介しました（上記以外の方針もあると思われます）が、実際にはこれらの内容を複合的に実施することもあるため、クリーンルームのユーザーと供給者との間で、AMCs評価前の十分な打合せと合意（対象AMCsの選定、測定時期、測定位置など）が不可欠になってきます。測定のコストは必ずしも安いものではないので、よく目的を認識し、必要不可欠な測定に絞り込むことが大切です。

⑶　捕集方法（表4[(5)、(24)]）

ケミカル汚染物質は表1や3のように分類されるので、各々に対して適正な方法で測定しなければなりません。捕集や分析には種々の方法があり、対象とするAMCsに対応したものを選択します。

決定した方針や目的に沿って、次は実際にAMCsの測定を行います。求めるのは対象とするAMCsの気中濃度もしくは表面濃度です。

表4に捕集方法と分析方法の組合せを示します。表1や3でAMCsの分類を知った上で、表4で捕集・分析方法を決めてゆきます。表中、最も上の行に捕集方法が、最も左の列に分析方法が書いてあります。捕集方法と分析方法の可能な組み合わせの部分に、対応するAMCsの分類略号A、B、……、Vが記入してあります。なお、表中の［　　］内は、文献⑸、㉔の中でも使われている捕集方法や分析方法の略称です。例えば一番左上の欄では、インピンジャー捕集［IMP］（後述）でA（酸性物質）、B（塩基性物質）、D（ドーパント類）を捕集し、イオンクロマトグラフ法［IC］で分析する（＝定性・定量する）ということを表しています。

以下、各捕集方法について説明します。

①　［IMP］インピンジャーによる捕集（図3）

表4の本捕集法の列を見てわかる通り、A（酸性物質）、B（塩基性物質）、D（ドーパント類）、M（金属）と、対象とするAMCsの範囲が広い捕集方法です。また、多くの分析方法にも対応していることがわかります。

捕集器具の模式図を図3に示します。ポンプで測定位置の雰囲気を吸引し、インピンジャー内の捕集液中に対象とするAMCsをとらえます。吸引量の総計は積算流量計で把握しておくのが一般的です。排気はクリーンルーム内の製品に悪影響が及ばないよう適正に行います（以下、他の捕集法でも同じです）。

インピンジャーの材質・容量、捕集液の液性、吸引流量、接続チューブの材質などの詳細は指針[(5)]や公表

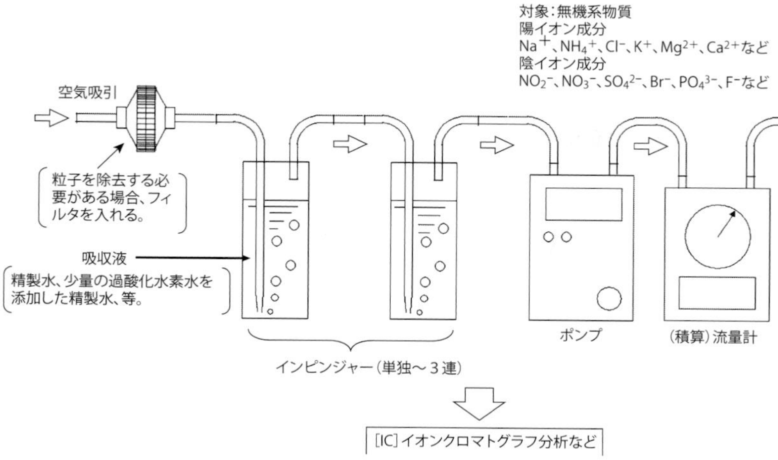

図３　[IMP] インピンジャーによる捕集

されている論文などを参照してください（後述の他の捕集方法・分析方法でも同様に詳細は省略します）。

捕集後は、捕集液中の対象AMCsの総量を分析により求め、それを空気の吸引総量で除して、気中濃度（体積濃度）として求めます。

雰囲気中に粒子状物質が存在すると考えられる場合（外気系など）には、インピンジャー上流側に適正なフィルタを設けるようにします（ただし、対象AMCsが浮遊粒子状物質に吸着して存在すると考えられるときには、事前にフィルタ設置の是非を議論しておく必要があります）。また、最下流のインピンジャーからの液のキャリー・オーバーからポンプを守るために、最下流のインピンジャーとポンプの間にもフィルタを設ける場合があります。

②　[SOR] カラムによる捕集（図4）

＜（注）JACA指針[5]の文章中では“固体捕集”と表記しています。＞

表４に示すように、B（塩基性物質）のアミン類、C（凝縮性有機物質）、D（ドーパント類）の有機リン、V（低沸点有機物質）に適用され、ガスクロマトグラフ／質量分析法［GC、もしくはGC/MS］や高速液体クロマトグラフ法［HPLC］で分析を行います。

捕集器具の模式図を図４に示します。捕集用カラムに測定位置の雰囲気を吸引し、対象とするAMCsをカラム内の固体捕集剤でとらえます（カラムは、対象AMCsに対応した捕集剤を充填したものが市販されています）。ポンプは流量計付きのものを使用するのが一般的です。なお、カラムは、接続チューブによる汚染の可能性を避けるため、吸引端（つまり最も上流側）に装着することが望ましいとされています。

分析時には、捕集剤にとらえた対象AMCsを脱着させ、分析機器に導いて定性・定量します。得られた値を空気吸引量で除して気中濃度を算出します。有機物質で、かつ総量表示をする際には、C（凝縮性有機物質）の場合はヘキサデカン（n-$C_{16}H_{34}$）の量に、V（低沸点有機物質）の場合はトルエン（$C_6H_5CH_3$）の量に換算することがあります。

＜（注）後述する基板捕集の内、強制暴露法［ASUB］では、基板をチップ状や短冊状にしたものをカラム状の容器に充填して捕集することがありますが、文献(5)では本捕集法（カラム捕集法）とは区別して記述しています。＞

③　[FIL] フィルタによる捕集（図5）

本捕集法はフィルタを用いて対象とするAMCsをとらえ、高速液体クロマトグラフ法［HPLC］で分析します。B（塩基性物質）に対して適用されます。

捕集器具の模式図を図５に示します。フィルタは例えば酒石酸をコーティングしたものを用います。フィルタカートリッジはポリプロピレン製のものなどを使用します。分析方法の詳細は文献(4)を参照してください。

結果は気中濃度で表記します。

④　[SYR] シリンジによる捕集

シリンジを用いて空気を吸引する捕集方法で、V（低沸点有機物質）を対象とします。吸気と排気を数回繰り返した後で、試料とする空気を捕集します。分析にはガスクロマトグラフ／質量分析法［GC、もしくはGC/MS］や炭化水素自動計測法［HCA］を用います[4]。

⑤　[PSUB] 基板（拡散暴露法（水平暴露（図6））及び（垂直暴露（図7）））による捕集

本捕集法も含め、基板捕集法は、例えば半導体工場におけるウェーハ表面、液晶工場におけるガラス基板表面などへのC（凝縮性有機物質）の凝縮を想定しています。分析にはガスクロマトグラフ／質量分析法［GC、もしくはGC/MS］を用います。

捕集状況の模式図を図６及び７に

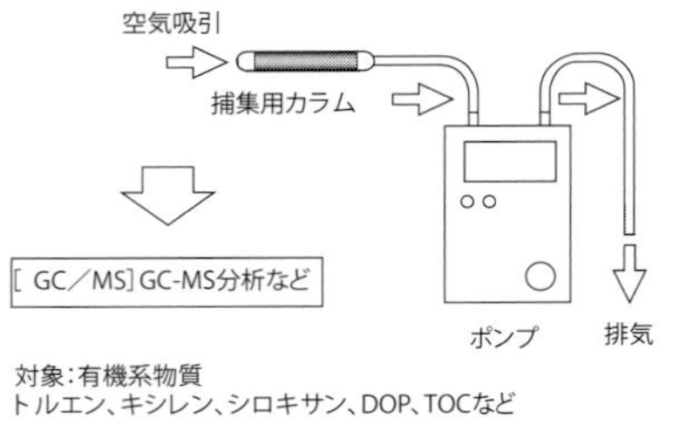

図4　[SOR] カラムによる捕集

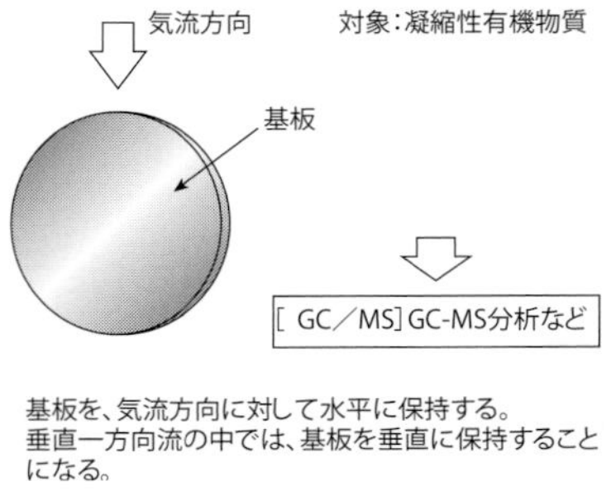

図6　[PSUB] 基板 (拡散暴露法 (水平暴露)) による捕集

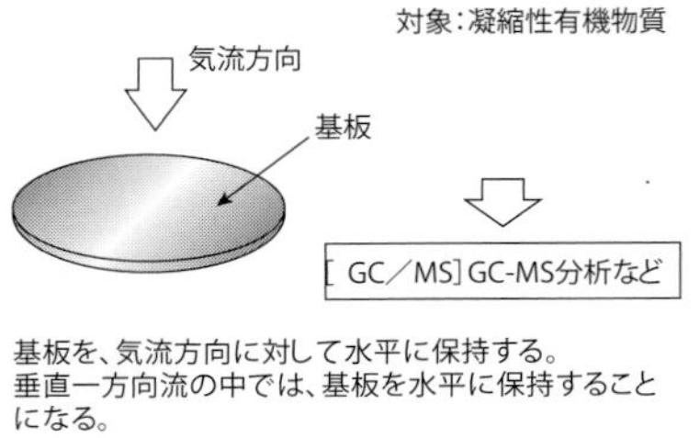

図7　[PSUB] 基板 (拡散暴露法 (垂直暴露)) による捕集

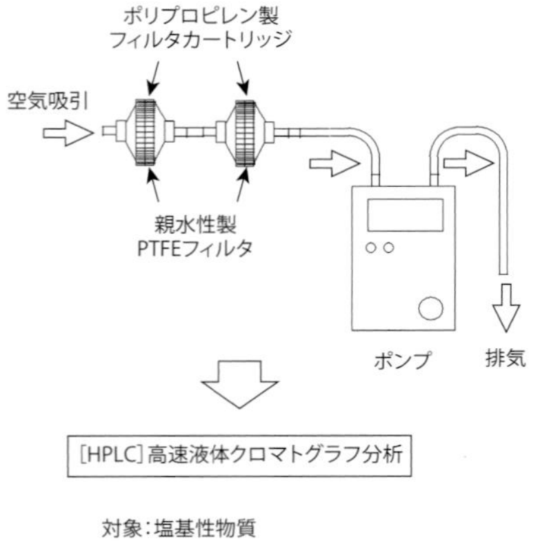

図5　[FIL] フィルタによる捕集

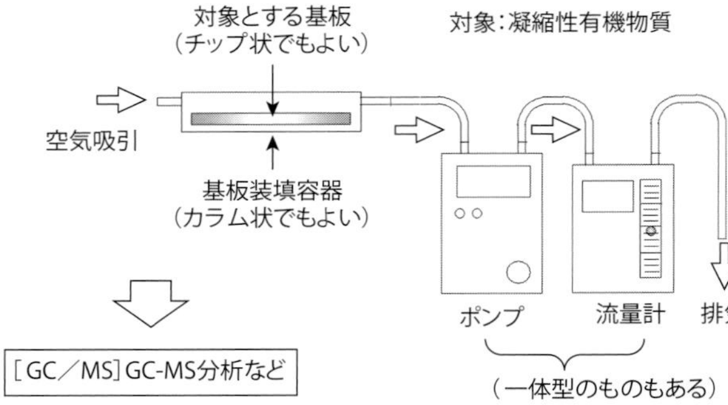

図8　[ASUB] 基板 (強制暴露法) による捕集

示しました。(強制通風ではない) 自然な通風状態の中に基板を設置して一定時間暴露し、基板表面にAMCsを捕集します。図6及び7の二つの方法は、垂直一方向流に対する基板の設置方向が異なるだけで、本質的には同じ捕集方法 (基板捕集 (拡散暴露法)) です。JACA指針[5]には、基板保持器具としてウェーハの容器や保持台の略図が表記してありますが、ここでは省略しています。

基板の表面状態としては、シリコン、GaAs、ガラス、石英、アルミなどと、それらの材料に各種成膜を施したものが想定されます。

基板表面に凝縮した対象AMCsの総量 (実際には凝縮性有機物質の量をヘキサデカン (n-$C_{16}H_{34}$) に換算することが多い) を求めて、基板の表面積で除することにより、表面濃度として表記します。

⑥ [ASUB] 基板 (強制暴露法) による捕集 (図8)

本捕集法もC (凝縮性有機物質) を対象としています。分析にはガスクロマトグラフ／質量分析法 [GC、もしくはGC/MS] を用います。

捕集器具の模式図を図8に示します。基板充填容器中に入れた基板に対して、測定位置の雰囲気を吸引して強制的に通風を行い、表面に凝縮した量を分析で求め、基板の表面積で除することによって表面濃度を算出します。

＜(注) 基板をチップ状や短冊状にしたものを容器に充填して捕集する方法も本捕集法に含まれます。これは前述のカラム捕集法 (JACA指針[5]文章中では "固体捕集" と表記されている) とは区別して記述されています[5]。＞

例えば、ウェーハを使って対象とするC (凝縮性有機物質) を捕集した場合には、図9に示すように、対象物質をGC/MSに導入する前に、ウェーハ加熱脱離 (WTD=Wafer Thermal Desorption) を行います[29]。

⑦ [CAN] キャニスターによる捕集 (図10)

C (凝縮性有機物質) 及びV (低沸点有機物質) を対象としています。

捕集器具の模式図を図10に示しました。真空減圧したキャニスター(ステンレス製耐圧容器。内面はシリカコーティングなどにより不活性化したもの) を測定位置で開放し、雰囲気を採取します。分析にはガスクロマトグラフ／質量分析法 [GC、もしくはGC/MS] を用います。

結果として気中濃度が得られます。

⑧ [(略号無し)] 直接導入による捕集

V (低沸点有機物質) を対象とします。

試料空気を直接に炭化水素自動分析装置 (捕集装置を内蔵) に導入して分析します (炭化水素自動計測法 [HCA])。

結果として、連続的な炭化水素濃度の出力が得られます (気中濃度vol.ppbCやngC/m^3、発生量vol.ppbC・$m^3/h/m^2$など)[4]。

(4) 主な分析方法

前項では、測定方法の内、捕集方

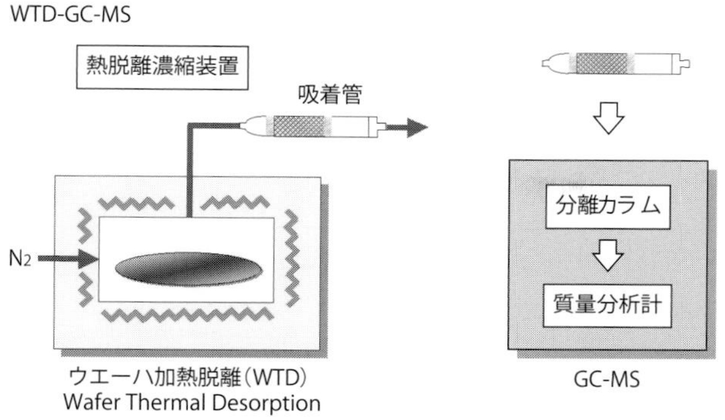

図9　ウエーハ加熱脱離（WTD）

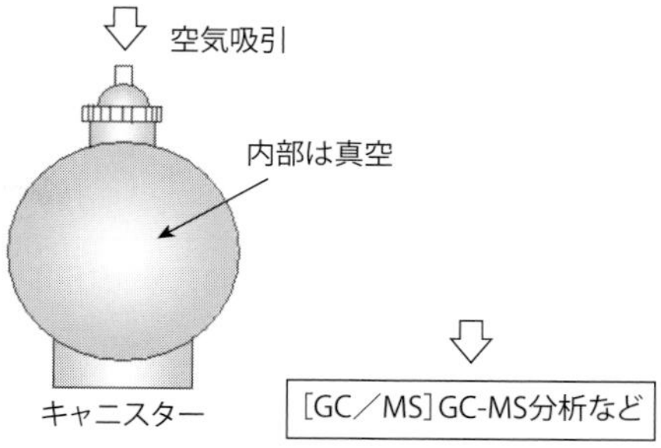

図10　[CAN] キャニスターによる捕集

法について述べました。

本項では、測定方法の内、主要な分析方法について概要を記すべきところですが、これら分析方法は「分子状汚染物質濃度試験」に特有のものではなく、一般に使用されているものです。したがって、紙幅の都合から、参考文献のみを記すこととします。ご容赦ください。

詳細は、クリーンテクノロジー本誌の連載講座[(10)-(13)]、JACA指針[(4)(5)]などを参考にしてください。

(5) 評価結果について

AMCsの測定（捕集＋分析）を行うことにより、各AMCの気中濃度（体積濃度）や表面濃度が算出されます。これらから、例えば以下の情報が得られます。

① 空調系統内での濃度変化

- 外気から侵入するAMCs（季節や天候による変動）
- 外気中の濃度が、系統内の濃度に及ぼす影響
- 対象AMCsの系統内での減少（あるいは増加）の状況（エアウォッシャー、冷水コイル、各種ケミカルフィルタなどの器具による除去効果）。これは今後の、AMCs除去設計のためのデータとして使用できます。
  - （もしあれば、）循環系内で発生するAMCs

② 時系列的なAMCsの濃度変化

- 長期間にわたる減少の状況
- クリーンルームの三つの状態（as-built（施工完了時）、at-rest（製造装置設置時）、operational（通常運転時））による違い（各AMCの時系列的な減少傾向と重なり、把握が難しい場合もある）
- 使用内装材による違い

③ 空間的な濃度分布

④ 主要な対象AMCsの同定

- 量の多いもの（濃度の高いもの）[発生源の推定]
- 悪影響の大きいもの［除去優先順位の判断材料］
- 特定の工程で発生する可能性のあるもの［発生源・発生位置の推定］

AMCs測定の方針・目的に応じて実施計画を変えれば、上記の例だけではなく、さらに他の様々な有用な情報を得ることができます。

得られた結果はAMCs対策に活用してゆきますが、考え方の優先順位としては「発生源の除去→発生の抑制→拡散経路の制御」というように、より積極的な手段を採ることになると思われます。これは塵埃による汚染対策の場合と本質的に同じです。

対策

AMCsの状況が把握できたら次は対策です。以下に一般的な例を記します。

① 外気からの侵入防止

各種ケミカルフィルタを設置するほか、水溶性ガスや塵埃に付着したケミカル汚染物質に対してはエアウォッシャーなどで対処します。海塩粒子に対しては海塩粒子除去フィルタがあります。外気調和機出口にはHEPA/ULPAフィルタを設けたりします。各々の状況に応じて、フィルタ・器具の組み合わせを立案することが重要です。

② クリーンルーム構成材からの発生防止

クリーンルームの壁や天井、シール剤などからの汚染物質の発生防止については、発生量が極力少ない材料を選定することと、早めにクリーンルーム空調の運転を開始する、などの対策が考えられます。

③ 循環空気からの除去

クリーンルームの循環空気中の汚染物質に対しては、循環経路内へのケミカルフィルタの設置はもちろんのこと、発生側（製造装置や人など）での対策も欠かせません。

④ 製造工程からの拡散防止

製造工程から発生する汚染物質（対象個所に有ってはならないガス、薬液など）に対しては、囲い・覆いを設けたり、適正な局所排気の実現、気流制御などにより抑制・拡散防止対策を講じます。もちろん、発生源の除去が第一です。

このように、クリーンルーム内のいろいろな場所において除去・削減対策を試みます（もちろんコストとの兼ね合いにも気を付けて…）。

性能評価編Ⅳ

気流、風速試験とは

＊ISO 14644-3、JIS B 9917-3 などの新しい情報も参照されたい。

表１　気流速度と風量測定の検収項目

項目		クリーンルームの形式		備考
気流速度	試験対象範囲[注1)]	一方向流式クリーンルーム	非一方向流式クリーンルーム	・JACA No.24：7 ・ISO 14644-3：B2、C3 ＊ISO 14644-4 AnnexBでは、マイクロエレクトロニクス用クリーンルームにおける空気流のタイプの例として、ISOクラス1～5は一方向気流、ISOクラス６～８は非一方向気流又は混合タイプに分類されている。
	測定機器	熱式風速計、超音波風速計、ベーン式風速計など		
	測定方法	1) 供給風速 ・測定対象面をグリッドに分割 ・各セルの中心点で10s以上の連続測定 ・平均値を記録	1) 供給風速 ①供給風量の測定結果から風速を換算 ②最終フィルタの吹出風速を測定 （任意に適用する） ・左欄の"供給風速"と同様	
		2) 室全域の風速分布 ・上記の"供給風速"と同様	任意に適用する。	
	測定位置	1) 供給風速 ・測定対象面積の10倍の平方根以上の測定点数 ・吹出面から150mmを標準とする。	1) 供給風速 ①風量測定を参照 ②最終フィルタの吹出風速 ・フィルタ毎にグリッドに分割 ・パンチング板などの吹出口は取り外し、フィルタ面から150mmで測定	
		2) 室全域の風速分布 ・測定対象面の位置とグリッドの分割は協議の上決める（作業面を推奨する）。	任意に適用する。	
	検収条件	1) 室全域の平均風速の許容範囲 （設計値の±15%を推奨） 2) 各測定点平均風速の空間的ばらつき （測定した平均風速の±20%を推奨）	"供給風量"の検収条件を適用する。	
	特記事項	検収条件の推奨値を超えた測定点の扱いは協議による。	–	
風量	測定方法・機器	1) 気流速度の測定結果に面積を乗じて風量に換算		・JACA No.24：7 ・ISO 14644-3：B2、C3
		2) 給気ダクト内の風量を、容積式流量計、ピトー管、風速計などで測定		
		–	3) 吹出口全体をフードで覆って風量又は風速を測定	
	測定位置	–	フードを覆って風速を測定する場合は、測定対象面を600×600mm以下のグリッドに分割	
	検収条件	最終フィルタ又は吹出口の供給風量の許容範囲（設計値の＋0～＋20%を推奨）		
	特記事項	測定方法は協議の上決める。		

気流・風速試験とは?

気流・風速試験とは、対象クリーンルームにおいて、気流速度・風量・気流状態を測定し、所定の風速・風速分布・風量が得られていること、そして製品や製造環境にとって適正な気流状態になっていることを確認することです。

気流速度と風量測定の検収項目を表１[(1)]に、また、室内の気流状態の検収項目を表２[(1)]に示し、以下に順次解説を記します。

なお、一方向流型クリーンルームと非一方向流型クリーンルームとでは、検収項目の内容の一部に違いがあるので注意してください。

気流速度

施工完了時（as-built）における一方向流型クリーンルームの室全域の風速分布については表３[(1)]の基準値が推奨されています。製造装置設置時（at-rest）と通常運転時（operational）における評価基準はクリーンルームユーザーと供給者との協議（以下、単に"協議"と記す）により変更できます。また、供給風速の評価についても同様です。

一方、非一方向流型クリーンルームの供給風速の測定は、供給風量または換気回数を評価するために行うので、結果を風量（後述）の評価基準で評価するようにします。

①　一方向流型クリーンルーム

・供給風速：フィルタの吹出し方向に対して直角の測定対象面（水平面であることが多い）を同一間隔のグリッドに分割します。測定点数は測定対象面積［m^2］の10倍の平方根以上にし

表２　室内の気流状態の検収項目

<table>
<tr><th>項目</th><th>クリーンルームの形式</th><th>備考</th></tr>
<tr><td>適用範囲</td><td>協議による</td><td rowspan="5">・JACA No.24：7、14.5
・ISO 14644-3：B3、C4
・ISO 14644-4：A5
・エアゾル発生器、トレーサー粒子には、超純水ミストを用いるのが望ましい。</td></tr>
<tr><td>測定方法・機器</td><td>1）風速計による室内の風速・風向分布と乱流強度の測定
測定機器：超音波風速計、熱式風速計
2）気流の可視化による室内の気流分布の確認
①トレーサー・スレッド法：絹糸、フィルム・テープなど
②トレーサー・インジェクション法：トレーサー粒子
③画像解析法：トレーサー・インジェクション法による記録画像、粒子画像処理ソフト
3）二室間の開口部の気流速度と方向の測定
測定機器：上記の1）、2）と同様</td></tr>
<tr><td>測定位置</td><td>協議による。
1、2）作業平面境界に限定することが望ましい。
3）開口部の鉛直方向で３点以上が望ましい。</td></tr>
<tr><td>検収条件</td><td>協議による。
1）一方向流式クリーンルームにおける気流方向の許容最大ずれ角度は15°以内が望ましい。
2）二室間の開口部の気流速度は0.2m/s以上が望ましい。</td></tr>
<tr><td>特記事項</td><td>測定者及び装置が気流を乱さないこと。</td></tr>
</table>

表３　室全域の風速分布の評価基準

<table>
<tr><th>評価項目</th><th>評価基準</th><th>備考</th></tr>
<tr><td>室全域の平均風速</td><td>設計値の±15%以内</td><td rowspan="2">基準値を超えた測定点の扱いは協議による</td></tr>
<tr><td>各測定点の平均風速の空間的ばらつき</td><td>設計値の±20%以内</td></tr>
</table>

ます。測定点の位置は、フィルタから150mmの距離を標準とし、グリッドに分割した各々のセルの中心点で測定します。各点で10秒間以上の連続測定を行い、平均値・最大値・最小値を記録します。

・風速分布：測定対象面の位置とグリッドの分割は協議によります。各々のセルの中心点で10秒間以上の連続測定を行い、平均値・最大値・最小値を記録します。

②　非一方向流型クリーンルーム

・供給風速：以下のどちらかの方法で供給風速を求めます。その選択は協議によります。

(a)　供給風量からの換算

$V_S = Q_S / A_S$

V_S：最終フィルタまたは吹出口における供給風速

Q_S：最終フィルタまたは吹出口における供給風量

A_S：有効面積

(b)　面風速の測定

最終フィルタの下流側で、吹出口のパンチング板などを取り外して測定します。フィルタ面から150mmの距離に測定対象面を設定して、等しい面積のセルに分割します。各々のグリッドの大きさは600×600 mm以下とし、測定は各々のセルの中心点で10秒間以上の連続測定を行います。平均値・最大値・最小値を記録します。

以上の測定方法は、重要な管理区域の風速分布測定に任意に適用することができます（例えば、手術室のように室内の一部分が一方向流型であれば、その空間の清浄度管理の重要性を考慮して風速分布を測定します）。測定方法は、一方向流型クリーンルームと同じとします。

測定機器は熱線式風速計、超音波風速計、ベーン式風速計または同等品などを使用します。

熱線式風速計の設定例を写真１、２に示します。写真1は風速計のプローブを可動式に設定したものです。もちろん、プローブを移動させながら計測してはいけません（自分自身の移動速度ベクトルの影響が出るため）。また、支持機材が風速計プローブの上流側の気流を乱さないようにしなければなりません。写真２も熱線式風速計ですが、複数のプローブを、水平に張ったピアノ線に等間隔に並べて、多点同時測定を行おうとするものです。この場合は、測定前に校正を行い、各プローブの（感度の）機差を把握しておくことが重要です。なお、熱線式風速計には指向性を持っている（つまり、ある方向の感度が大きい、などの、プローブ軸に垂直な面内での、感度の分布の不均一さ）ものがあり、注意が必要です。風速計のカタログや取扱説明書に、感度のプロファイルが掲載されていることがあります。プローブによっては、上流に向ける位置を

写真１　風速可動測定（熱線式風速計）

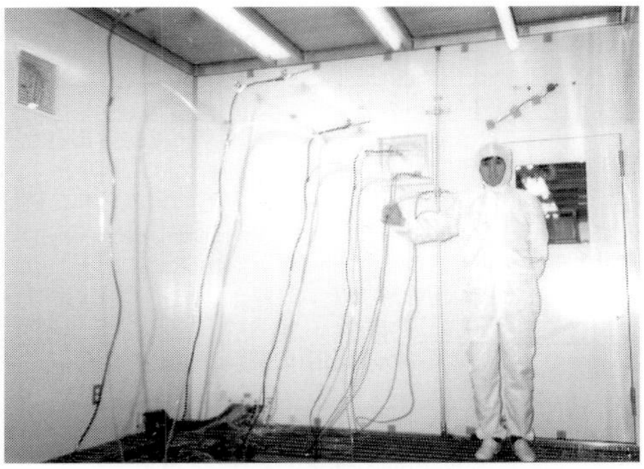

写真２　風速測定（熱線式風速計）

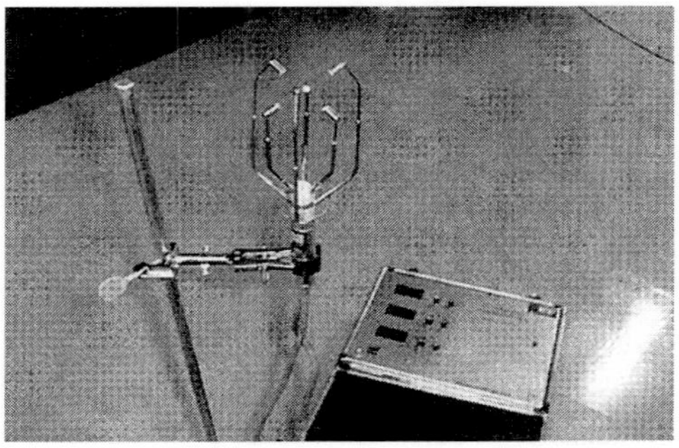

写真３　３次元超音波風速計

示すマーキングが表示されているものもあります。

超音波風速計の例を写真３[2]に示します。各測定点における風速の３次元ベクトル（x､y､zの３軸方向。水平面内の2軸と、垂直方向の１軸方向を採ることが多い。）を瞬時に計測・表示できます。プローブヘッドがある程度の大きさであるため、狭い部分の測定には向いていません。

風量

最終フィルタまたは吹出口の供給風量については表４[1]の評価基準が推奨されています。

測定方法は以下の３種類から協議に基づき選択します。

①　供給風速からの換算

$Q_{St}=\Sigma\ (V_C \cdot A_C)$

Q_{St}：全体風量

V_C：各々のセルの中心点における風速

A_C：各々のセルの面積

②　給気ダクト内の風量測定

給気ダクト内にベンチュリメータ及びオリフィスメータのような容積式流量計が組込まれている場合には、直接風量を測定します。ピトー管とマノメータまたは風速計を使う場合は、ダクト内をグリッドに分割してセルの中心点で測定します。最少の測定点数は10点で、セルの大きさは600×600mm以下とします。

③　吹出口全体をフードで覆って流量または風速を測定

この方法は非一方向流型クリーンルームの供給風量測定に適用します。流量計または有効面積に対して多点で風速を測定するフード付き流量計を使用し、フードの開口はフィルタまたは吹出口を完全に覆うように設置します。フード付き流量計を使う場合は、各々の最終フィルタまたは吹出口の風量をフードの出口で直接測定します。開口に対して多点で風速を測定する場合は、測定対象面を等しい面積のグリッドに分割し、風速はセルの中心点で測定します。セルの大きさは600×600mm以下にします。

各々の最終フィルタまたは吹出口の風量は次式で計算します。

$Q_{St}=\Sigma\ (V_C \cdot A_C)$

記号の意味は前出の通りです。

測定機器は、熱線式風速計、超音波風速計、ベーン式風速計、フード付き流量計、ベンチュリメータ、オリフィスメータ、ピトー管＋マノメータまたは同等品を使用します。

気流状態

表２[1]に気流状態の検収項目を示します。

(1)　風速計による測定

評価の基準は協議によります。垂直一方向流型クリーンルームでは、気流方向の許容最大ずれ角度は15°

表４　供給風量の評価基準

評価項目	評価基準	備考
最終フィルタまたは吹出口の供給風量	設定値の＋0～＋20%以内	－

写真４　斜流の可視化例（タフト法）

写真５　模擬機器廻りの気流の可視化例

以内が望ましいとされています。

測定位置は協議によります。クリーンルームの通常運転時に重要と思われる作業平面境界に限定することが望ましいとされています。測定対象面をグリッドに分割し、各々のセルの中心点で３次元の風速を測定します。各点では10秒間以上の連続測定を行い、３次元の各座標軸の風速成分を記録します。測定値から、必要に応じて風速の平均値、標準偏差、気流方向、気流角度、乱流強度を求めます。

$I_t = \sigma_U / U$

I_t：乱流強度

σ_U：風速の標準偏差

U：平均風速

測定機器は超音波風速計、熱線式風速計または同等品を使用します。

(2)　可視化による気流分布の確認

以下の３種類の方法から協議により選択します。測定位置と測定点の数も協議によります。

①　トレーサー・スレッド（タフト）法

絹糸、ナイロン繊維、フィルム、テープなどの軽くて流れに追従しやすいものを、棒の頂部または格子状のフレームに取り付けて気流分布を測定します。

写真４にタフト法による可視化の例を示します。これは、垂直一方向流型クリーンルーム内に、自重の小さい某荷造り紐を縦に細く裂いて天井フレームから垂らした場合です。グレーチング床下の吸込みチャンバーでは、左の方から吸込んでおり、複数のタフトが全体的に左へ傾いていることがわかります。この斜流の是正は、グレーチング下に抵抗体を適正に配置してやることにより実現することができます。

②　トレーサー・インジェクション（粒子）法

純水ミストなどのトレーサー粒子を発生させて、気流の可視化を行い、気流分布を測定または記録します。見やすいように、これらに照明を当てることがあります。

写真５に、某トレーサーを使った、模擬製造機器（左下の矩形の物）廻りの気流の可視化例を示します。このように、可視化を適正に活用すると、気流状態を速やかに把握することができます。

なお、純水ミストでの可視化の場合、対象とするエリアによっては水分を嫌うために使用できないことがありますので、事前に確認しておきましょう。

③　画像処理技術による気流可視化法

トレーサー粒子の画像データをコンピュータに取込み、デジタル処理することによって気流分布を評価します。高解像度を得るために、レーザなどの高出力光源や高感度のビデオカメラなどを併用することもあります。

なお、タフトやトレーサー粒子は、汚染物質が発生しないものを採用します。

性能評価編Ⅴ

フィルタリーク試験とは

＊ ISO 14644-3、JIS B 9917-3 などの新しい情報も参照されたい。

表１　設置フィルタのリーク試験の検収項目

項目	清浄度クラス		備考
	1～5	6～8	
適用範囲	要	協議による	・ISO 14644-3 ANNEX B7 ・JACA No.24　6.3
測定方法・機器	検収条件の精度が計測可能な光散乱式自動粒子計数器などの計測器を用いた走査漏洩試験。	検収条件の精度が計測可能な光散乱式自動粒子計数器などの計測器を用いた全漏洩試験。	
測定位置	あらゆる最終フィルタの下流側直近	あらゆる最終フィルタの下流側	
検収条件	走査試験のすべての点で許容透過率以下	許容最大透過率	
特記事項	測定方法及び測定位置については、以下の基準を参考にする。 1）ISO 14644-3　ANNEX　B7　設置フィルタシステムリーク試験 2）JACA No.24　クリーンルームの性能評価指針　6.3フィルタ漏洩試験 検収条件については、以下の基準を参考にする 1）ISO 14644-3　ANNEX　B7　設置フィルタシステムリーク試験 2）JACA No.24クリーンルームの性能評価指針　6.3フィルタ漏洩試験		

フィルタリーク試験とは

フィルタリーク試験とは、クリーンルームのフィルタシステムが適切に設置されているか、または使用中にリークが生じていないかを確認するために実施する試験です。

フィルタの状態としては、

① 最終フィルタとしてクリーンルームの所定の位置に設置されている状態

② 給気あるいは試験用のダクト系に設置されている状態

の二つの場合を想定します。

表1[(1)]に、設置フィルタのリーク試験の検収項目を示します。清浄度クラスによって、この試験が必要な場合と協議による場合とに分かれます。また、特記事項として、「測定方法・測定位置・検収条件については、ISO 14644-3（2019）[(2)]、JACA No.24（1989）[(3)]を参考にする」となっています。

文献⑴～⑷では、リーク測定に関する各種パラメータ（濃度、許容透過率、流量、走査速度、形状、各種状態における計数期待値・観測許容値、測定時間など）の記号・意味・考え方・算出方法なども含めて詳細に解説されています（詳細な手順フロー図と、それを使った計算例もあります）。ここでは、手順の大まかな流れを優先して記します。

測定は、フィルタ上流側に、選定した試験用エアロゾルを導入し、フィルタ下流側と取り付け枠を走査（前記①）、または下流側ダクト内で塵埃をサンプリングする（前記②）ことで実施します。

その時期は、施工完了時（as-built）と製造装置設置時（at-rest）です。即ち、新設クリーンルームの検収時、既存フィルタの再評価時、または最終フィルタの交換直後などの機会です。

設置されたフィルタシステムのリーク試験

⑴　設置フィルタのリーク要因

図1[(4)]に、考えられるリーク要因を示しました。フィルタろ材自体、フィルタユニット枠、フィルタユニットを受けるフレーム（天井フレームなど）の様々な個所からのリークが想定されています。

⑵　設置フィルタのリーク試験方法の概要（さらに詳細は、後述の⑹～⑻項で記します）

走査測定と静止再測定に大きく分

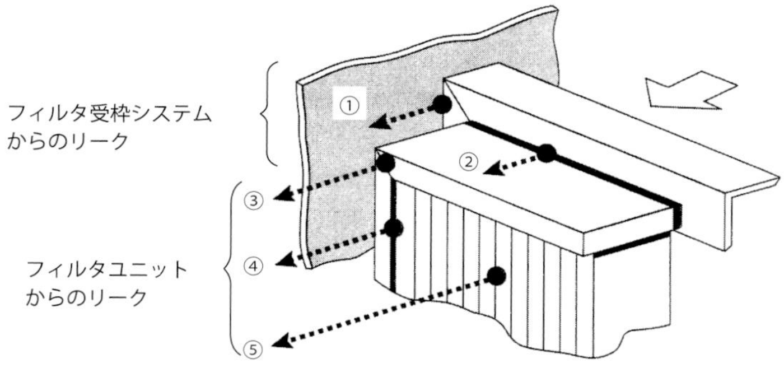

①取付け側フレームの溶接不良などによるバイパス
②締付け不良などによるガスケットからのバイパス
③ねじれなどの力によるフィルタ本体枠の割れによるバイパス
④フィルタユニットの枠シール剤割れなどによるバイパス
⑤運搬、保管、施工時の事故によるフィルタろ材の損傷

図１　設置フィルタのリーク要因

写真１　フィルターリーク試験（手動）

写真２　フィルターリーク試験（自動）

かれます。静止再測定は、走査測定の結果でリークが疑われる個所に対して実施します。

①　走査測定

フィルタの清浄側（下流側）を走査し、フィルタの透過率から予想される計数値より、わずかに増加する計数値を探すことでリークの可能性のある場所を探します。走査中、測定時間中に観測された粒子計数値が走査測定時の観測許容値を越えた場合にはリークの可能性があり、次項の静止再測定を行います。そのようなリークの可能性が無い場合には再測定は不要です。

②　静止再測定

リークの可能性がある最大計数位置にプローブを戻し、静止して再度測定を行います。静止測定時間中に、静止測定許容計数値以上の計数が検出されたときは、リークがあるということになります。

写真１、写真２[5]に、フィルタリーク試験の実際の様子を、図２[1]に模式図を示します。

写真１は手動（人力）で行う場合で、プローブ支持材と、光散乱式自動粒子計数器を載せた（防塵対策を施した）台車がよく使われます。通常は、測定者と計数器を注視する人が二人一組になって実施します。

写真２はそれを自動で行うものです。天井のフィルタ位置の座標をコンピュータに入力し、プローブを、フィルタ吹出し面のやや下（下流）に設定した水平面内で移動させて測定・記録を行います。もちろん、規定よりも多い計数値を観測したときは、その位置に戻って再測定を行い、何らかの警報を出力・記録できるようにプログラミングされています。

図２[1]の模式図中の記号は文献(1)を参考にしてください。

(3)　フィルタ上流側投入の試験用エアロゾルの選択と条件

製造工程への悪影響の回避、あるいは作業者の健康・安全性確保のために、試験用エアロゾルの選定には注意が必要です（文献(1)のp.28 表B.1-1参照）。人為的に発生させるエアロゾル、または大気塵などを使用します。試験中は、フィルタ上流側の試験用エアロゾル濃度のモニターも行うようにします（上流側濃度は常に一定、というわけではないため）。

(4)　プローブの大きさと走査速度の決定

プローブの吸引口の大きさは、等速吸引になるようにし（図２、図３

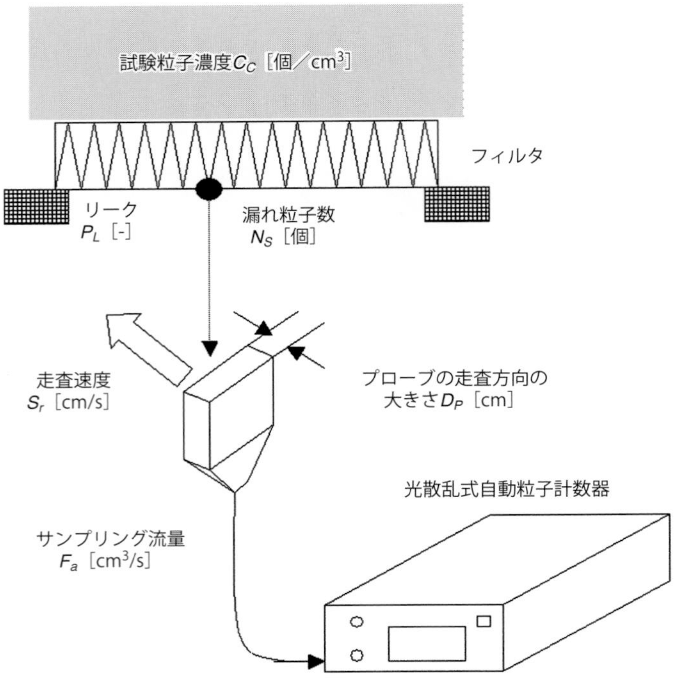

図２　フィルタシステムのリーク走査測定

$$D_P \approx \frac{F_a}{U \cdot W_p}$$

ここで、

D_p ：走査方向のプローブ長さ［cm］
F_a ：フォトメータの実際の吸引量［cm^3/s］
U ：フィルタの吹き出し風速［cm/s］
W_p ：走査と直角方向のプローブの長さ［cm］

図３プローブ寸法

[1])、Dp=1cm×Wp=8cmの短形、または直径3.6cmの円形とします。

プローブの走査速度は1cm×8cmの短形プローブの場合、5cm/s以下とし、直径3.6cmの円形プローブの場合、12cm/s以下とします。

(5)　試験フィルタの基準リーク透過率

基準リーク透過率はリーク位置に基準流量（472cm^3/s=28.3L/min）の光散乱式自動粒子計数器のプローブを留めて測定したときに得られる透過率として定義します。

(6)　設置されたフィルタの走査リーク測定の手順

フィルタ上流側に試験用エアロゾルを導入し、フィルタの下流側と取り付け枠をプローブで走査します。具体的な手順を以下に示します。

(a)　測定前に、気流・風速試験を実施しておく。

(b)　所定の走査速度で、プローブの走査範囲をわずかに重ね合わせるようにして走査します。プローブはフィルタの下流面または枠から約3cmの位置で維持します。

(c)　走査は、各フィルタの全下流面、全フィルタの周囲、グリッド接合部分を含むフィルタ枠とグリッド構造体のシール部分に対して行います。

(d)　走査測定中に適切な時間間隔で、また測定終了後にフィルタ上流側の試験用エアロゾルの濃度測定を行ってその安定性を確認します。

(7)　走査によるリークの可能性の判断

①「得られた計数値＜走査測定時の観測許容値」の場合

リークはないと判定します。

走査測定時とは、プローブがある測定点を通過する時のことです。

②「得られた計数値＞走査測定時の観測許容値」の場合

リークがあると思われる個所でプローブを留め、静止再測定を行います。

(8)　静止再測定による判定

①「得られた計数値＜静止再測定時の観測許容値」の場合

リークは無いと判定します。

②「得られた計数値＞静止再測定時の観測許容値」の場合

再度その位置で測定を行い、それでも静止再測定時の観測許容値を超える計数値があるとき、リークと判定します。

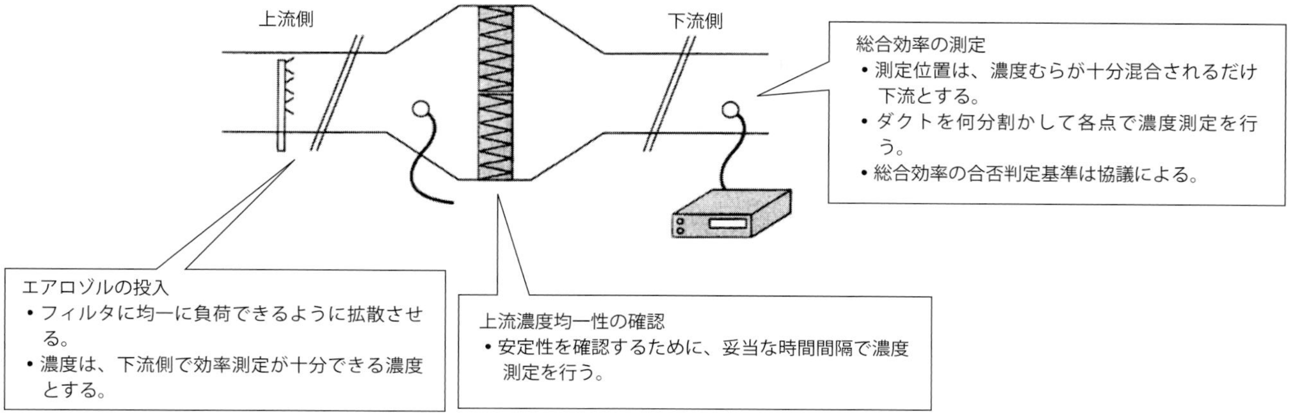

図４　フィルタリーク総合効率試験

ダクトまたはエアハンドリングユニットに装着されたフィルタの全体リーク試験

この手順は、ダクトに装着されたフィルタの全体リークを評価する場合に使用します（図4(6)）。また、非一方向流型クリーンルームの最終フィルタにも適用することができます。もちろん、測定前には、風速試験を実施しておきます。

測定は、クリーンルームと離れて設置されたフィルタの上流側に、試験用エアロゾルを導入して実施します。フィルタ下流側の粒子濃度はダクトまたはエアハンドリングユニット内で測定し、上流側濃度と比較して全体除去効率または透過率を算出します。

下流側の測定はフィルタ1台あたり少なくとも1ヶ所、下流側では気流が十分均一に攪拌された位置（フィルタ下流側30～100cmの間の一平面内で均等に分割された数ヶ所の点と、ダクト壁面からおよそ3cmの位置）で実施します。

測定された濃度から、各下流側の位置での総合的な透過率を計算します。透過率は、フィルタの規定された最大透過粒径の透過率の５倍を超えてはいけません。

補修と補修手順

リーク個所の補修には、クリーンルームユーザーと供給者の同意が必要です。

補修材料はアウトガス対策品を使用し、同意された方法で実施します。

修理が完了し、適切な養生時間が経過した後、リーク個所を決められた方法で再度走査してリークが無いことを確認します。

実務的には、補修よりも、当該フィルタを丸ごと取り替える場合の方が多いようです。

試験結果の報告

試験結果は合意に基づいて記録し、報告書として提出します。

報告書に含める主要項目は以下の通りです。

(a)　試験機関の名称、所在地、試験実施日、測定者、評価者の氏名
(b)　参照した規格・指針類
(c)　試験対象のクリーンルームの仕様、占有状態
(d)　試験項目と条件、測定方法
(e)　使用した測定装置の仕様、校正状態
(f)　フィルタの仕様
(g)　試験結果

性能評価編Ⅵ

微生物測定試験とは

＊GMPに関わる規格類では、PIC/S GMP Annex 1、EU-GMP Annex 1、第十八改正日本薬局方などの最新版を参照されたい。

表1　cGMPによる粒子数、及び微生物数

FDA（cGMP）[=Food and Drug Administrationアメリカ食品医薬品局
（current Good Manufacturing Practice）]（2004.9）

Clean Area Classification（0.5μm/ft^3）	ISO Designation	≧0.5μmの粒子数/m^3	浮遊微生物（cfu/m^3）	落下微生物（直径90mm, cfu/4hours）
100	5	3,520	1	1
1,000	6	35,200	7	3
10,000	7	352,000	10	5
100,000	8	3,520,000	100	50

cfu：colony forming unit。空気の単位容積中に含まれる微生物の集落数（コロニー数）に相当する。

表2　EU-GMPによる最大許容微粒子数、及び微生物数

EU(European Union)-GMP Annex 1 (2009.3.1)

グレード	非作業中		作業中	
	最大許容微粒子数/m^3			
	≧0.5μm	≧5μm	≧0.5μm	≧5μm
A	3,520	20	3,520	20
B	3,520	29	352,000	2,900
C	352,000	2,900	3,520,000	29,000
D	3,520,000	29,000	規定せず	規定せず
作業中のクリーンルームの微生物学的モニタリングの推奨限界（平均値）↓				
グレード	浮遊微生物	落下菌	付着菌	
	エアーサンプル cfu/m^3	静置プレート（直径90mm）cfu/4hrs（4時間以下も可）	コンタクトプレート（直径55mm）cfu/プレート	手袋プリント 5本指 cfu/手袋
A	＜1	＜1	＜1	＜1
B	10	5	5	5
C	100	50	25	―
D	200	100	50	―

cfu：colony forming unit。空気の単位容積中に含まれる微生物の集落数（コロニー数）に相当する。

微生物測定試験とは?

微生物測定試験とは、対象領域（空中（浮遊）、表面、液体中など）が所定の菌数以下であることを確認する試験です。以降では、空中、表面を主な対象領域として説明を行います。

微生物数の規定（制限）

まず、試験結果を判定するための、微生物数に関する規定（制限）を見てみると、表1～4のようになります（一部に、粒子数の規定も含まれています）。ここでは、いずれの表においても、微生物に関する部分に着目してください。表1[(1)]はFDA（cGMP）[=Food and Drug Administration: アメリカ食品医薬品局（current Good Manufacturing Practice）]、表2[(2)]はEU（European Union)-GMP、表3[(3)]はWHO-GMP、表4[(4)]は、第十七改正日本薬局方における、各々の微生物数の許容限度を示しています。なお、各表でcfu＝colony forming unitのことで、空気の単位容積中に含まれる微生物のコロニー数に相当します。

なお、微生物数の規定は、当該規格のAnnex（附属書、附録）などに載っていることもありますが、関連規格文書が新たに改訂されることもあります。

バイオコンタミネーション管理

バイオコンタミネーション管理全般に言及している規格の例としては、ISO-14698があります。

14698-1[(6)]（バイオコンタミネーション管理（一般原則））では、サン

表３　WHO-GMPによる最大許容微粒子数、及び微生物数

WHO-GMP（2011）

グレード	非作業中（at rest）		作業中（in operation）	
	最大許容微粒子数/m^3			
	0.5～5.0μm	＞5.0μm	0.5～5.0μm	＞5.0μm
A	3,520	20	3,520	20
B	3,520	29	352,000	2,900
C	352,000	2,900	3,520,000	29,000
D	3,520,000	29,000	規定せず	規定せず
作業中のクリーンルームの微生物学的モニタリングの限界値（平均値）↓				
グレード	浮遊微生物	落下菌	付着菌	
	エアーサンプル cfu/m^3	静置プレート（直径90mm）cfu/4hrs（4時間以下も可）	コンタクトプレート（直径55mm）cfu/プレート	手袋プリント 5本指 cfu/手袋
A	＜1	＜1	＜1	＜1
B	10	5	5	5
C	100	50	25	–
D	200	100	50	–

cfu：colony forming unit。空気の単位容積中に含まれる微生物の集落数（コロニー数）に相当する。

表４　第十七改正 日本薬局方・第一追補による空気清浄度，及び環境微生物許容基準（2017.12.1）

空気の清浄度 ↓				
グレード	非作業時（＊1）		作業時	
	許容空中浮遊微粒子数（個/m^3）			
	≧0.5μm	≧5μm	≧0.5μm	≧5μm
A	3,520	20	3,520	20
B	3,520	29	352,000	2,900
C	352,000	2,900	3,520,000	29,000
D	3,520,000	29,000	（＊2）	（＊2）
（＊1）非作業時の値は、作業終了後、一般に15～20分後に達成されるべき値。 （＊2）この区域の許容微粒子数は、作業形態により異なる。				
作業時の環境微生物の許容基準（平均値）↓				
グレード	空中微生物		表面付着微生物	
	浮遊菌（CFU/m^3）	落下菌（※3）（CFU/プレート）	コンタクトプレート（CFU/24～30cm^2）	手袋（CFU/5指）
A	＜1	＜1	＜1	＜1
B	10	5	5	5
C	100	50	25	–
D	200	100	50	–
（※3）プレート1枚当たりの測定時間は、最大4時間まで。作業時間帯を通して測定を行う。				

cfu：colony forming unit。空気の単位容積中に含まれる微生物の集落数（コロニー数）に相当する。

プリング装置・計画・計画の設計・頻度・場所、サンプルの識別、妥当性確認、サンプルの処理、サンプルの培養、サンプリングデータの評価などの項目が示されています。さらに附属書に、対象別（浮遊、表面、繊維、液体中の各微生物）に測定に関する指針が示されています。また、空気サンプラや洗濯プロセスの妥当性確認、教育訓練に関する指針もあります。

ISO 14698-2[7]（バイオコンタミネーション管理（微生物汚染データの評価・解釈））では、微生物汚染データの評価及び解釈に言及しています。「初期監視段階からのデータの推定及び評価」及び「日常監視段階からのデータの推定及び評価」では手順をフローチャートで示しています。

微生物の測定

以下に記す方法は、一般細菌及び真菌を対象としています。

微生物の測定方法は、例えば、文献[8]などに詳細に記されていますので、ここでは主にサンプリング方法（捕集方法）について簡単に触れます。

(1)　空中浮遊菌の測定方法

空中浮遊菌は単独では存在せず、浮遊粒子に付着して存在しているため、各種の測定法が適用できます。気流を高速の噴流として平板に吹き付ける衝突法、沈降（落下）による方法、濾過法などが主なものです。［筆者注：文献(9)には “大気中には細菌・カビが浮遊する”、文献(10)には “浮遊している菌体”、“微生物粒子”、文献(11)には “空気中において微生物が単体で浮遊している可能性は皆無と思われ、通常浮粉塵などに付着して浮遊していると考えられている” とい

表５　第十七改正 日本薬局方・第一追補による培地の種類の例示（2017.12.1）

検出対象微生物	培　　地	培養温度と日数
好気性細菌、酵母、及びかび	・ソイビーン・カゼイン・ダイジェストカンテン培地 ・SCDLPカンテン培地 ・SCDLカンテン培地	・25～30℃ ・5日間以上
好気性細菌		・30～35℃ ・5日間以上
酵母及びかび	・ソイビーン・カゼイン・ダイジェストカンテン培地 ・SCDLPカンテン培地 ・SCDLカンテン培地 ・サブロー・ブドウ糖カンテン培地 ・ポテト・デキストロースカンテン培地 ・グルコースペプトンカンテン培地	・20～25℃ ・5日間以上
嫌気性細菌	・強化クロストリジアカンテン培地 ・ソイビーン・カゼイン・ダイジェストカンテン培地	・30～35℃ ・5日間以上 （嫌気培養を行う）
抽出液	・生理食塩液 ・リン酸緩衝生理食塩液 ・リン酸緩衝液、pH 7.2 ・ペプトン食塩緩衝液、pH 7.0 ・ペプトン生理食塩液 ・ペプトン水	

（筆者注）各種培地の各成分名とその分量（重量もしくは容量）、及び調整法は、この第一追補の本文を参照されたい。

表６　第十七改正 日本薬局方・第一追補によるモニタリングの参考頻度（2017.12.1）

<table>
<tr><th colspan="2" rowspan="2">グレード</th><th rowspan="2">空中浮遊微粒子</th><th rowspan="2">空中微生物</th><th colspan="2">表面付着微生物</th></tr>
<tr><th>装置、壁など</th><th>手袋、作業衣</th></tr>
<tr><td colspan="2">A</td><td rowspan="2">作業中</td><td rowspan="2">作業シフトごと</td><td colspan="2" rowspan="2">作業終了後</td></tr>
<tr><td colspan="2">B</td></tr>
<tr><td rowspan="2">C、D（＊）</td><td>製品や容器が環境に暴露される区域</td><td rowspan="2">月１回</td><td colspan="2">週２回</td><td>－</td></tr>
<tr><td>その他の区域</td><td colspan="2">週１回</td><td>－</td></tr>
</table>

（＊）製品を暴露しない場合など、リスクが低い場合は測定頻度を適宜減らすことができる。

う記述があります。浮遊菌が単独で存在するか否かはここでは議論しないこととします。］

①　スリットサンプラー

スリットを通してサンプル空気を吸引し、固形平板培地上に噴流として衝突させて、微生物粒子を捕捉します。培地の回転時間や空気流量などを設定して経時的な変化を定量的に表現することができます。

②　ピンホールサンプラー

スリットの代わりに直径0.12mmの５個の円孔を設けたもの。２分間で１回転し、定量的測定が可能です。

③　多孔板サンプラー

多孔板を通して空気を吸引し、各孔によって形成された噴流を平板に衝突させる方式。

④　アンダーセン・サンプラー

多孔板と平板培地を数段組み合わせたもの。各段に多数の円孔があって、孔径は段階的に小さくなり、下段になるほど噴流速度が増大します。上段の培地では大きい粒子が、下段へ行くほど小さい粒子が捕集されます。再現性が良好で、かつ定量的測定が可能です。

⑤　（遠心）衝突法

ロイター遠心サンプラー（Reuter Centrifugal Sampler＝RCS）と呼ばれるエアサンプラーのプロペラを回転させて空気を吸引し、その周囲に巻き込んである寒天培地表面に遠心力を利用して空気を吹き付ける方式。培地は帯状のプラスチック製の板状ケースに注入されており、各種の選択培地が市販されています。電池で作動するため手軽に携帯使用ができ、簡便性に優れています。

写真１にRCSによる測定の例を示します。左上の写真は，垂直一方向流型クリーンルーム内で、サンプラーの吸引口の直上で素手を揉んでいる様子を示したものです。右下の写真は、外気をサンプリングした結果で、多種多様なコロニーが現れてきています。左下の写真は、クリーンルーム前室内での結果です。外気の結果と比べて、コロニーの種類・数が格段に減少しています。右上の写真は、クリーンルーム内でサンプリングした結果で、コロニーは全く確認されませんでした。

⑥　インピンジャー法

液体を入れたガラス容器の底の部分に吸引空気を衝突させ、空気中の菌を液中に捕捉する方法。一定時間吸引した後に滅菌メンブランフィルタで液を濾過し、フィルタ上に捕集した微生物数を計測します。

⑦　濾過法

空中に浮遊する菌をフィルタで濾過して捕集します。メンブランフィルタ法（孔径0.45μm）は安価で簡便、かつ浮遊菌を確実に捉えることができますが、捕集時の乾燥により菌が死滅することがあるため、採取時間は数分間以内とします。ゼラチンフィルタ法（孔径1～３μm程度）はフィルタそのものが水溶性であるため、直接培地上に置いて培養や混釈培養が可能です。菌を乾燥から守れます。

⑧　落下法（培地による）

空中浮遊菌／落下菌を曝露した培地で捉える方法。所定の条件で培養して、発生したコロニーを計数します。培地と培養条件は、例えば、表

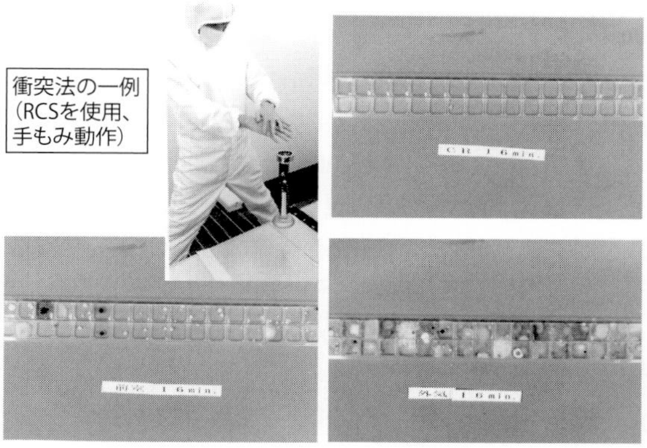

写真１　衝突法（RCS）

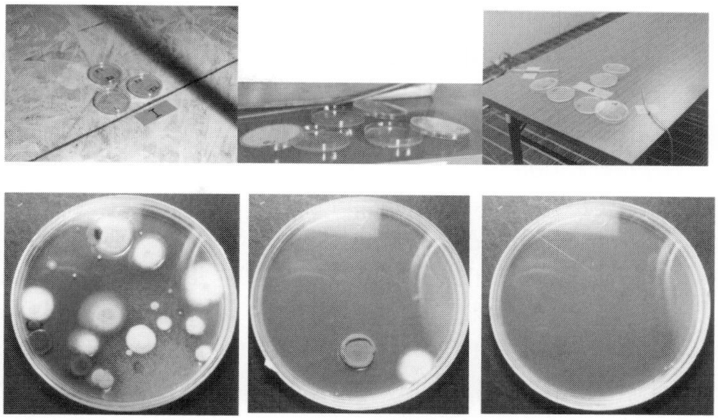

写真２　落下法（測定場所による違い）

５の第十七改正日本薬局方（2017.12.1）などに依ります。

外気（写真２左上）、クリーンルーム前室（同中上）、クリーンルーム内（同右上）で培地の曝露を行ってみました。測定位置ごとに培地を３枚ずつ設置するのが一般的です[10][11]。なお、机は清浄なものを使用しています。クリーンルーム内の培地の近傍では塵埃濃度も測定しています。結果は、写真2の下半分に各々示したように、培地上のコロニー数の妥当な差となって現れました。

応用を実際に行ってみましたが、人の動作に起因する微生物の影響を、人の近傍で落下法と塵埃濃度測定で確かめることもできます。もう一つの応用例として、クリーンベンチで人が作業を行う時の、ベンチ内外の汚染範囲を調べることもできました。各種設定条件と汚染範囲との関係が得られました。

⑨　落下法（ステンレス鋼板法による）

NASAの定めた検査法（NASA NHB-5340-1）。１×２インチの滅菌ステンレス板を一定時間空中に曝し、1％ペプトン50ml中で超音波洗浄し、その液を5mlずつトリプトソイ寒天で混釈培養して菌数を測定します。ステンレス板も32℃のトリプトソイ寒天中で72時間培養します。

⑵　表面付着菌の測定方法

壁・作業台・床などの物体表面における微生物汚染量を測定します。汚染の定量的評価が可能です。

環境空気中の汚染とは相関がないと考えられる場合には、空中浮遊菌の清浄度判定には使用できません。空調ダクト内の汚染や給排気口の付着菌を測定するときなどにも用いられます。スタンプ法（接触培地法）、拭取り法、洗出し法などがあります。

①　寒天円柱法

直径2 ～ 3cmのソーセージ様の円柱状をした寒天を物体表面に圧着し、薄く切断して培養する方法。

②　ローダック・プレート（replicate organism direct agar contact plate）法

直径66.67mmのプレート上に、培地を盛り上げるように流し込んだものを、物体表面に直接押し当てて、接触させて菌を採取します。

③　スワブ法（拭き取り法）

滅菌綿棒を滅菌水または生理食塩水にて湿らせて、一定の面積で掃引し、物体表面の菌を採取する方法。綿に付着した微生物粒子を滅菌水中で洗浄して、その一部を培地とともに混釈培養してコロニーを計数します。

④　洗出し法

対象物体表面に円筒を押し当てて、その中へ滅菌水を注入して硬い筆やガラス棒で洗い出しを行います。その液体の一定量を混釈培養して菌数を測定します。

モニタリング

以上は、個々の微生物数測定の内容でしたが、それらを実施するモニタリング頻度は表６を参考にしてください。

Part 5　性能評価編　参考文献・引用資料

I　クリーンルームの性能評価とは

(1)　日本空気清浄協会；JACA指針No.40 クリーンルームの性能試験方法指針（2005）

(2)　ISO 14644-3 Cleanrooms and associated controlled environments －Part 3：Test methods（クリーンルーム及び関連制御環境－第3部：試験方法）（2019）

(3)　日本空気清浄協会；JACA指針No.24 クリーンルームの性能評価指針（1989）

(4)　ISO 14644-1 Cleanrooms and associated controlled environments － Part 1:Cassification of air cleanliness by particle concentration（クリーンルーム及び関連制御技術－第１部：粒子数濃度による空気清浄度の分類）（2015）

(5)　ISO 14644-2 Cleanrooms and associated controlled environments － Part 2：Monitoring to provide evidenceof cleanroom performance related to air cleanliness by particle concentration（クリーンルーム及び関連制御技術－第２部：粒子濃度による空気清浄度に関連するクリーンルーム性能を根拠付けるためのモニタリング）（2015）

(6)　ISO 14644-4 Cleanrooms and associated controlled environments － Part 4:Design,construction and start-up（クリーンルーム及び関連制御技術－第４部：設計，施工及びスタートアップ）（2022）

(7)　ISO 14644-8 Cleanrooms and associated controlled environments － Part 8：Assessment of air cleanliness by chemical concentration (ACC)（クリーンルーム及び関連制御技術－第８部：化学物質濃度による空気清浄度（ACC）の評価）（2022）

(8)　ISO 14698-1 Cleanrooms and associated controlled environments －Biocontamination control－ Part 1：General principles and methods（クリーンルーム及び関連制御環境－微生物汚染制御－第1部：一般原則及び方法）（2003）

(9)　ISO 14698-2 Cleanrooms and associated controlled environments －Biocontamination control－Part 2: Evaluation and interpretation of biocontamination data（クリーンルーム及び関連制御環境－微生物汚染制御－第2部：微生物汚染データの評価及び解釈）（2003）

(10)　日本空気清浄協会編；“クリーンルーム環境の計画と設計　第3版”（2013）

(11)　日本半導体製造装置協会編；“半導体製造装置用語辞典（第6版）”（2006）

(12)　日本規格協会；“JISハンドブック45 クリーンルーム”（2013）

II　浮遊粒子濃度試験とは

(1)　ISO 14644-1 Cleanrooms and associated controlled environments － Part 1:Cassification of air cleanliness by particle concentration（クリーンルーム及び関連制御技術－第１部：粒子数濃度による空気清浄度の分類）（2015）

(2)　ISO 14644-8 Cleanrooms and associated controlled environments － Part 8：Assessment of air cleanliness by chemical concentration (ACC)（クリーンルーム及び関連制御技術－第８部：化学物質濃度による空気清浄度（ACC）の評価）（2022）

(3)　ISO 14644-9 Cleanrooms and associated controlled environments － Part 9:Assessment of surface cleanliness for particle concentration（クリーンルーム及び関連制御技術－第９部：粒子数濃度による表面清浄度の評価）（2022）

(4)　ISO 14644-10 Cleanrooms and associated controlled environments － Part 10：Assessment of surface cleanliness for chemical contamination（クリーンルーム及び関連制御技術－第10部：化学的汚染による表面清浄度の評価）（2022）

(5)　JIS B 9917-8 クリーンルーム及び関連制御環境－第8部：浮遊分子状汚染物質に関する空気清浄度（解説収録）（2010）

(6)　JIS B 9920 クリーンルームの空気清浄度の評価方法（解説収録）（2002）

(7)　JACA指針No.35A クリーンルーム及び関連する制御環境中における分子状汚染物質に関する空気清浄度の表記方法及び測定方法指針（2003）

(8)　JACA指針No.42 クリーンルーム及び関連する制御環境中における粒子状汚染物質に関する表面清浄度の表記方法及び測定方法指針（2006）

(9)　JACA指針No.45 クリーンルームおよび関連する制御環境中における分子状汚染物質に関する表面清浄度の表記方法および測定方法指針（2007）

(10)　日本空気清浄協会編；クリーンルーム環境の計画と設計（第３版），pp.6, 16-18, 30-33, 177-178（2013）

(11)　JACA指針No.40 クリーンルームの性能試験方法指針（2005）

(12)　ISO 14644-2 Cleanrooms and associated controlled environments － Part 2：Monitoring to provide evidenceof cleanroom performance related to air cleanliness by particle concentration（クリーンルーム及び関連制御技術－第２部：粒子濃

度による空気清浄度に関連するクリーンルーム性能を根拠付けるためのモニタリング）(2015)

⒀　ウィリアム C. ハインズ；早川一也監訳；“エアロゾルテクノロジー”，p.329（1985）

⒁　⒀に同じ。p.256

⒂　本間克典編著；”実用エアロゾルの計測と評価”，p.109（1990）

⒃　⒀に同じ。p.145

⒄　武内一夫，今中雅士，数元淳輔；DMAを用いたナノ粒子の計測；空気清浄，pp.12-18，43（1）(2005)

⒅　榎原研正；微粒子粒径標準 ナノテクの基盤を支える微粒子標準；産総研TODAY，pp.42-43⑸(2005)

⒆　櫻井博；粒子の気中個数濃度と粒径分布の計測技術と標準；産総研計量標準報告，pp.53-63，4⑴(2005)

⒇　山本和弘，小野泰蔵，横山秀克，一村信吾，榎原研正，櫻井博，高畑圭二，衣笠晋一；ナノ粒子の計測と生体内動態計測技術の開発；産総研TODAY（ホームページ表記より），5⑿(2005)

(21)　⒀に同じ。pp.182-188

Ⅲ　分子状汚染物質濃度試験とは

⑴　ISO 14644-8 Cleanrooms and associated controlled environments － Part 8：Assessment of air cleanliness by chemical concentration (ACC)（クリーンルーム及び関連制御技術－第８部：化学物質濃度による空気清浄度（ACC）の評価）(2022)

⑵　ISO 14644-10 Cleanrooms and associated controlled environments － Part 10：Assessment of surface cleanliness for chemical contamination（クリーンルーム及び関連制御技術－第10部：化学的汚染による表面清浄度の評価）(2022)

⑶　JIS B 9917-8　クリーンルーム及び関連制御環境－第８部：浮遊分子状汚染物質に関する空気清浄度（解説収録）(2010)

⑷　JACA指針No.34 クリーンルーム構成材料から発生する分子状汚染物質の測定方法指針（1999）

⑸　JACA指針No.35A クリーンルーム及び関連する制御環境中における分子状汚染物質に関する空気清浄度の表記方法及び測定方法指針（2003）

⑹　JACA指針No.43 クリーンルームにおける基板表面汚染物質の測定方法指針（2006）

⑺　JACA指針No.45 クリーンルームおよび関連する制御環境中における分子状汚染物質に関する表面清浄度の表記方法および測定方法指針（2007）

⑻　JACA指針No.47 クリーンルーム及び関連制御表面清浄化方法指針（2008）

⑼　日本空気清浄協会編；クリーンルーム環境の計画と設計（第3版），pp.6，17，18，31-33，177-178（2013）

⑽　水谷旬；わかりやすく学べるクリーンルームの基礎と汚染対策 第7回　注意事項及びケミカル汚染物質（その1）；クリーンテクノロジー，23⑵，pp.63-70（2013）

⑾　水谷旬；わかりやすく学べるクリーンルームの基礎と汚染対策 第8回　ケミカル汚染物質（その2）；クリーンテクノロジー，23⑶，pp.57-64（2013）

⑿　水谷旬；わかりやすく学べるクリーンルームの基礎と汚染対策 第9回　ケミカル汚染物質（その3）；クリーンテクノロジー，23⑷，pp.65-71（2013）

⒀　水谷旬；わかりやすく学べるクリーンルームの基礎と汚染対策 第10回　ケミカル汚染物質（その4）；クリーンテクノロジー，23⑸，pp.68-73（2013）

⒁　日本半導体製造装置協会；半導体製造装置用語辞典 第5版，p.461（2000）

⒂　日本半導体製造装置協会；液晶ディスプレイ製造装置用語辞典 第2版，p.389（2003）

⒃　白水好美；化学汚染がデバイス特性に与える影響；クリーンテクノロジー，pp.6-9，17⑽(2007)

⒄　羽深等，山屋大輔；シリコン表面における複数種有機物分子の吸着脱離挙動；クリーンテクノロジー，pp.1-5，17⑽(2007)

⒅　藤井博史，平敏和；クリーンルームにおける清浄度管理支援；SCAS（住化分析センター）NEWS 2006-Ⅱ，pp.11-14（2006）

⒆　THE INTERNATIONAL TECHNOLOGY ROADMAP for SEMICONDUCTORS：2005［翻訳版］，pp.29-40（2005）.Table 115a，bの部分

⒇　石黒武；クリーンルーム内における有機汚染物質ならびにクリーンルーム構成材料からの脱ガス成分について；日本分析工業㈱ホームページより，（頁不詳）（著作年号不詳）

(21)　中島啓之；クリーンルームの空気質管理について “はじめに”；同上，（頁不詳）（著作年号不詳）

(22)　中島啓之，本田重夫；クリーンルーム雰囲気の有機物汚染とその対策；同上，（頁不詳）（著作年号不詳）

(23)　村上裕昭；半導体プロセスにおける化学汚染分析；同上，（頁不詳）（著作年号不詳）

(24)　JACA指針No.40 クリーンルームの性能試験方法指針（2005）

(25)　藤井修二；ケミカル汚染の現状と対策；日本空気清浄協会”シンポジウム：半導体・新素材工場におけるケミカル汚染の現状と対策”シンポジウムテキスト，pp.1-11（2003）

Part 5

(26) 関口猛；建築計画とケミカル汚染対策；同上，pp.12-19（2003）
(27) 高橋秀人；空調設備計画とケミカル汚染物質；同上，pp.20-26（2003）
(28) 竹田菊男；ケミカル汚染物質の測定方法;同上，pp.27-37（2003）
(29) 佐藤友香，酒井公人；クリーンルーム大気中の有機成分の分析－シリコンウェーハ破砕粉捕集法；東芝レビュー，pp.50-53，56(9)（2001）

Ⅳ 気流，風速試験とは

(1) 日本空気清浄協会；JACA指針No.40 クリーンルームの性能試験方法指針（2005）
(2) 日本空気清浄協会編；“クリーンルーム環境の施工と維持管理”，p.54（2000）の図2・17より

Ⅴ フィルターリーク試験とは

(1) 日本空気清浄協会；JACA指針No.40 クリーンルームの性能試験方法指針（2005）
(2) ISO 14644-3 Cleanrooms and associated controlled environments－Part 3：Test methods（クリーンルーム及び関連制御環境－第3部：試験方法）（2019）
(3) 日本空気清浄協会；JACA指針No.24クリーンルームの性能評価指針 6.3フィルタ漏洩試験（1989）
(4) 日本空気清浄協会；クリーンルーム環境の施工と維持管理，p.43 図2・6（2000）
(5) クリーンテクノロジー編集委員会編；－初心者のための－クリーンルーム入門（第4版），pp.96-98 第3.2.3節より（2010）
(6) (4)に同じ，p.46 図2・8（2000）

Ⅵ 微生物測定試験とは

(1) cGMP（2004.9): Guidance for Industry Sterile Drug Products Produced by Aseptic Processing － Current Good Manufacturing Practice（Pharmaceutical cGMP）
(2) EU-GMP（2009.3.1）:The Rules Governing Medicinal Products in the European Union Volume4 EU Guidelines to Good Manufacturing Practice Medicinal Products for Human and Veterinary Use
Annex 1 Manufacture of Sterile Medicinal Products（corrected version）
［このAnnex1は2008.11.25改訂されたもの。この内容が，2009.3.1に施行された。］
(3) WHO-GMP（2011）:WHO Technical Report Series, No.961（2011）
Aneex6 WHO good manufacturing practices for sterile pharmaceutical products
［このAnnex6は，WHO Technical Report Series，No.986（2014）のAnnex2 WHO good manufacturing practices for pharmaceutical products:main principles[5]と内容が関連している。］
(4) 第十七改正 日本薬局方 第一追補［厚生労働省告示第348号］
(5) WHO Technical Report Series, No.986（2014）
Annex2 WHO good manufacturing practices for pharmaceutical products:main principles
(6) ISO 14698-1 Cleanrooms and associated controlled environments－Biocontamination control－Part 1: General principles and methods クリーンルーム及び関連制御環境－微生物汚染制御－第1部：一般原則及び方法（2003）
(7) ISO 14698-2 Cleanrooms and associated controlled environments－ Biocontamination control－Part 2: Evaluation and interpretation of biocontamination data クリーンルーム及び関連制御環境－微生物汚染制御－第2部：微生物汚染データの評価及び解釈（2003）
(8) 技術情報協会；“微生物管理実務と最新試験法”（2007）
(9) 高鳥浩介；食品工場における微生物制御の現状 特にカビ対策を中心に；クリーンテクノロジー，pp.55-58，15(10)（2005）
カビ対策を中心として，食品工場における汚染要因，カビの基本的な性質，微生物（カビ）制御の重要点について言及している。
(10) 田中辰明；空中浮遊菌の測定；クリーンテクノロジー，pp.51-55，10(5)（2000）
主に測定法に関する内容。空中浮遊菌の測定について，測定機器の変遷や特徴も含めて豊富な図･写真と共に詳しく解説されています。
(11) 新谷英晴，黒須志のぶ，三木亜希子，谷合悦子，林郁江；医薬品製造環境の清浄度維持 空中浮遊菌測定ならびに落下菌測定の観点から；クリーンテクノロジー），pp.11-15，14(5)（2004）
主に測定法に関する内容。医薬品製造環境での空中浮遊菌･落下菌測定を基に清浄度維持について解説しています。市販各種エアーサンプラーの分類と機能について表が示されています。

Part 6　応用分野編

応用分野編 I

最新のクリーンルームとは

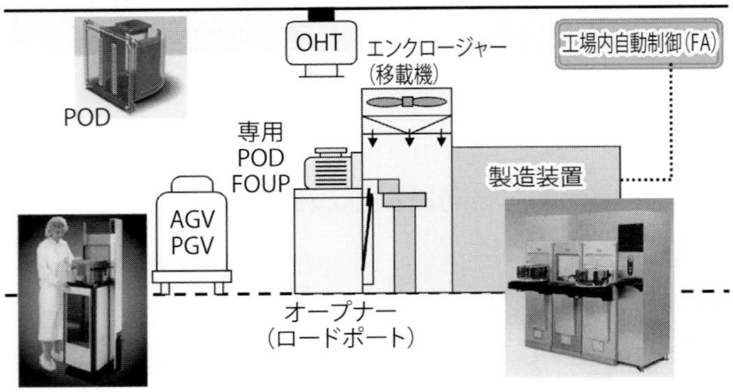

図1　ミニエンバイロメントシステム

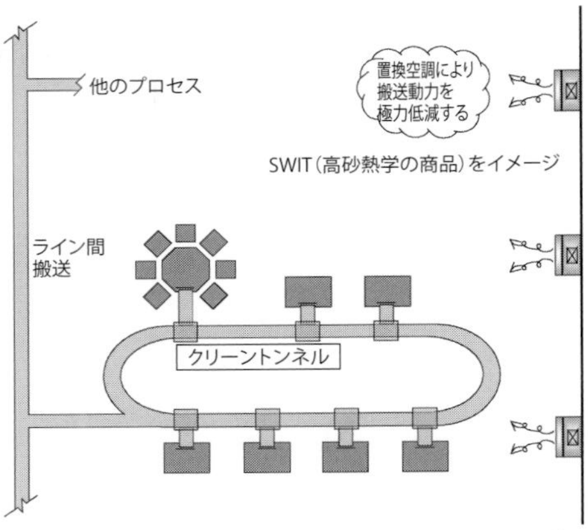

図2　今後必要となるクリーンルームのイメージ
省エネをベースとした空調システム

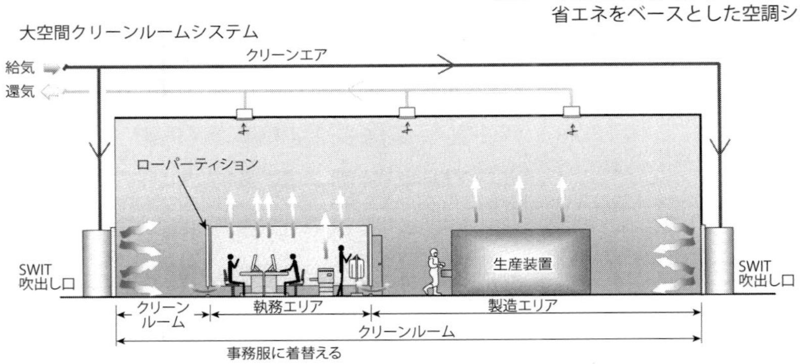

図3　今後必要となるクリーンルームのイメージ図（断面）
SWIT（高砂熱学工業の商品）をイメージ

これまでのクリーンルームシステム

LSI製造用クリーンルームシステムは、2000年から2005年の間にウエハサイズが200mmから300mmに移行する際、装置メーカーの局所化への流れが加速され、コストも下がったことから、一斉にボールルーム方式が採用されてきました。

そのときのウエハ環境は、図1に示したようなミニエンバイロメントシステムが採用されました。クリーンルームシステムは、従来の天井FFU方式クリーンルームシステムがそのまま採用されていましたが、ミニエンバイロメントシステムを用いることにより、設定清浄度を下げることが可能になりました。これにより循環換気回数を少なくし、FFU動力の低減により、省エネ化が可能になっています。

しかし、将来的には、ウエハ環境の高清浄度化は更に進み、対照的にボールルーム方式クリーンルームの清浄度は更に緩和されていくような傾向にあり、今後は、図2、3に示すようなクリーンルーム環境が想定されます。

このような流れの中で、ここ数年の間に、現行の天井FFU方式クリーンルームシステムとは異なる新しいクリーンルーム空調システムの導入が行われています。ここでは、二つの新しいシステムについて紹介します。

誘引型温度成層クリーン空調システム

一般的にクリーンルームの給気風量は、浮遊微粒子の発生量と発熱量から選定されています。清浄度クラスに応じて必要な換気回数はおおよそ規定されているため、クリーンルームで消費される空調エネルギーに占める送風動力の割合は大きくなっています。従って、クリーンルー

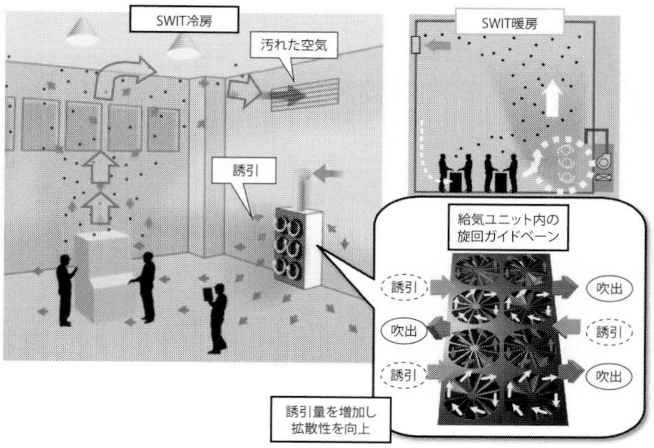

図4　誘引型温度成層空調システムのイメージ

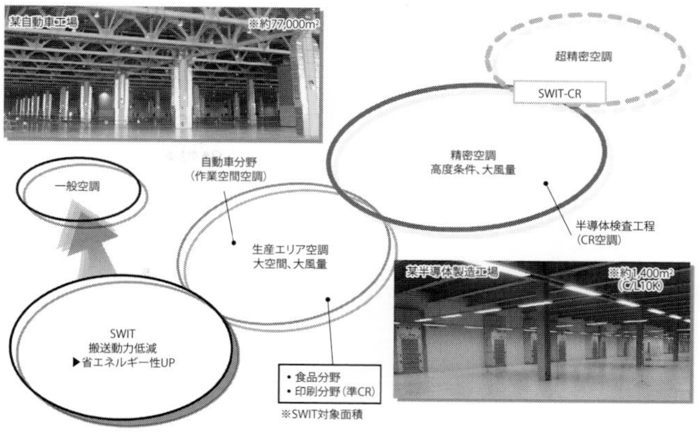

図5　誘引型温度成層クリーン空調システムの展望

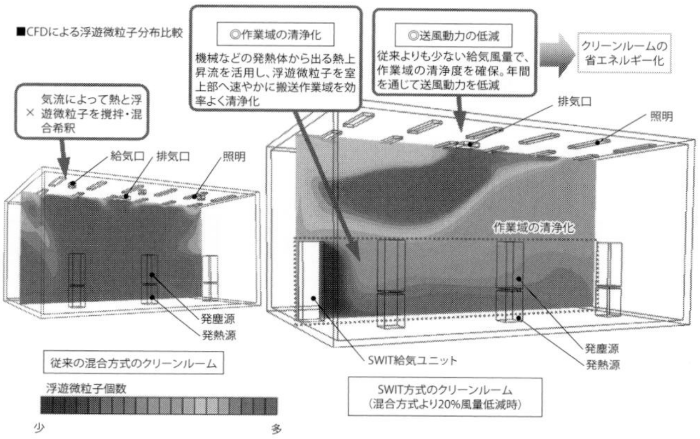

図6　誘引型温度成層クリーン空調システムの浮遊微粒子分布

ム環境において空調の省エネルギーを図るには、換気回数を減らすことが有効になりますが、従来方式のクリーンルームでは作業域における浮遊微粒子個数の増加が懸念されます。置換換気空調方式は、機器などから発生する熱上昇流を活用し、室内での温度成層を形成するとともに、浮遊微粒子も室上部へと搬送し、作業域の浮遊微粒子濃度を抑えることができる空調方式です。この置換換気空調方式の中でも、誘引及び減衰効果の高い旋回気流を吹出し気流に用いた、旋回流誘引型温度成層空調システムをクリーンルームに用いた際の効果を紹介します[1]。

図4に示すように、このシステムは、室全体を混合することを避け、暖かい空気は上昇し、冷たい空気は下に溜まろうとする自然現象を活用した空調システムです。機器などから出る熱上昇流を乱さずに、室下部から低風速で冷たい空調空気を供給することで、室内に温度成層を形成し、この熱上昇流を活用して作業域からの熱と浮遊微粒子を室上部へと搬送することで、床上2m程度までの作業域のみを低温かつ清浄に保ち、省エネルギーを図るシステムです。

図5にこのシステムの超精密空間のクリーンルームへの展開の状況を示します。このシステムの作業域のみを低温かつ清浄に保つことのできる特徴を生かし、これまで大空間の生産エリア空調から精密空間への適応が行われてきました。さらに、今後の将来展望として、超精密空間のクリーンルームへの展開が期待されています。

清浄度を維持する性能に関して、混合空調との比較を構造格子系のCFDソフトを用いて解析を行った結果を用いて説明します。図6に浮遊微粒子濃度の断面分布を示します。混合方式では、室内一様に混合しており、室内の濃度が排気濃度とほぼ等しくなっていることが分かります。一方、誘引型温度成層空調では濃度成層を形成しており、室下部の作業域では低濃度に保たれていることが確認できます。

また、従来混合空調との年間消費エネルギーの比較結果では、誘引型温度成層空調では、給気風量の低減と外気負荷低減に伴う熱原動力の低減により、15～25%の消費エネルギーの低減となり、省エネルギーに寄与することができます。

このシステムは、天井が高い場合や、発熱負荷が大きなクリーンルームに用いた場合に、特に省エネ効果を発揮すると考えられます。

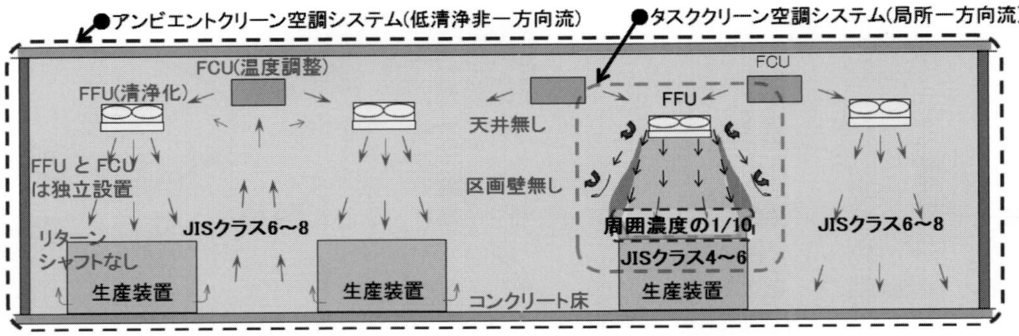

図７　タスク＆アンビエントクリーン空調システム概念図

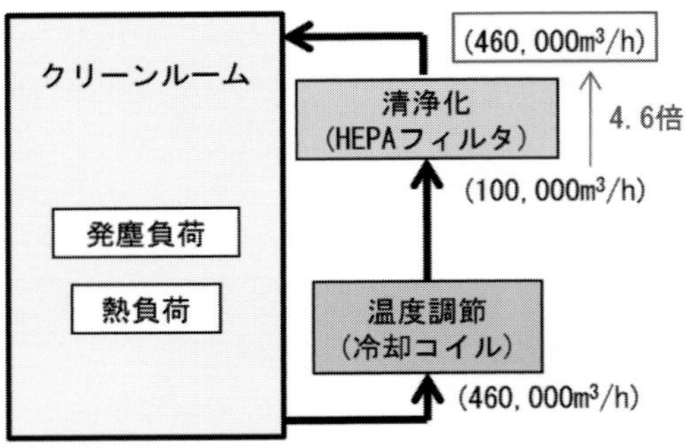

図８　従来システムの空気の流れ

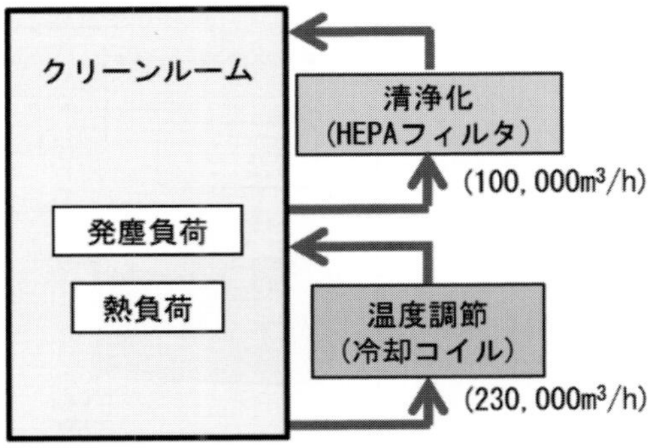

図９　T＆Aシステムの空気の流れ

タスク＆アンビエントクリーン空調システム（T&Aシステム）

(1)　システム概要

T&Aシステムは、クリーン空調システムの省エネ・省資源化を目的として開発されたシステムです。温度調節と清浄化を分離したことと、従来システムで必要とされたグレーチング床・間仕切り壁・システム天井を必要としないことを特徴とし、これらにより、二酸化炭素排出量に換算して、50～55%の省エネ化、40～45%の省資源化（従来システム比）を実現しています。

T&Aシステムは、アンビエントクリーン空調システムとタスククリーン空調システムで構成されます。アンビエントクリーン空調システムは、クリーンルーム全体の温度調節と清浄化を分離して行う低清浄非一方向流式システムで、対応可能な清浄度レベルは、JISクラス６～８です。タスククリーン空調システムは、JISクラス６～８のクリーンルーム内に、間仕切壁ではなく気流で区画することにより、局所的に周囲の粒子濃度の1/10～1/100、JISクラス４～６の高清浄なスペースを構築できる局所一方向流式システムです（図７）。

(2)　特徴

・温度調節と清浄化の分離

クリーンルームの循環風量は、発塵負荷と熱負荷の除去に必要な風量で決定されます。しかし、従来システムでは、図８に示しますように温度調節機器（冷却コイル）と清浄化機器（HEPAフィルタ）が直列に接続されているため、どちらか大きい方で循環風量が決定され、例えば、設定清浄度が低いエリアでも、発熱量が多い場合には温度調節で循環風量が決定され必要以上の清浄度となり、エネルギー消費量の無駄が生じていました。

タスク＆アンビエントクリーン空調システムでは、図９に示すように温度調節と清浄化を分離することにより、それぞれを必要最小限の風量とすることができ、エネルギー消費量の無駄を削減しています。

・床・壁・天井の２重区画を必要としない

従来システムでは床・壁・天井を２重に区画し、内側をクリーンルームとして使用し、外側を循環空気の通り道として使用していました。これにより多くの建築資材を使用し、クリーンルームの有効スペースが小さくなっていました。また、異なる清浄度間には区画壁が必要とされ、作業スペースも含め必要以上のエリアを区画し高清浄化していたため、無駄が生じていました。（図10）。

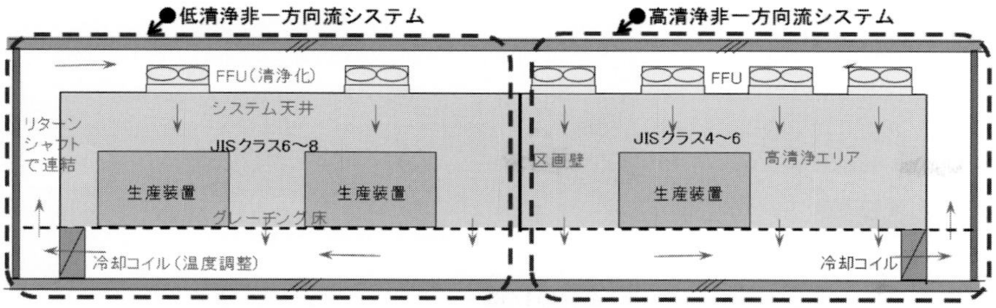

図10　従来のクリーン空調システム概念図

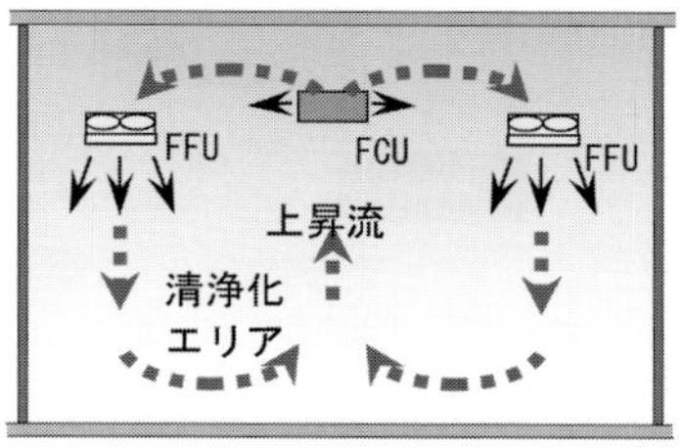

図11　空気の流れ

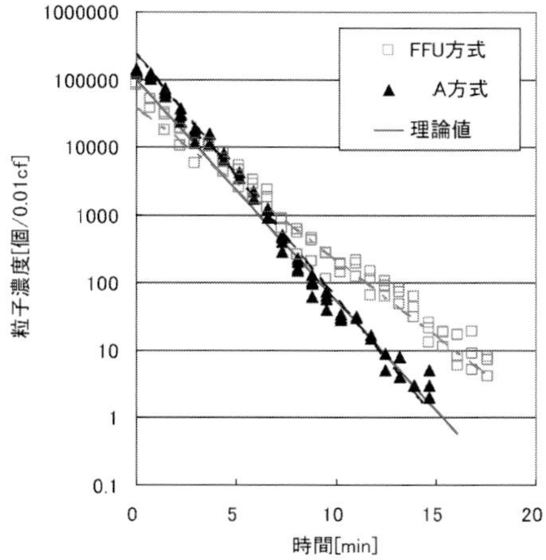

図12　局所回復性能測定結果(粒径0.3μm以上)

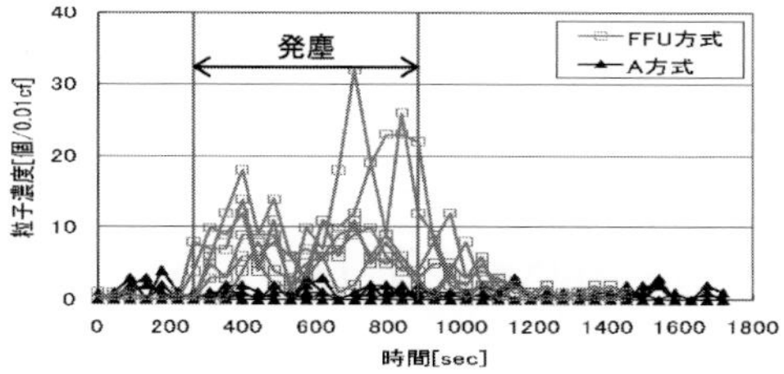

図13　天井面発塵の影響(粒径0.3μm以上)

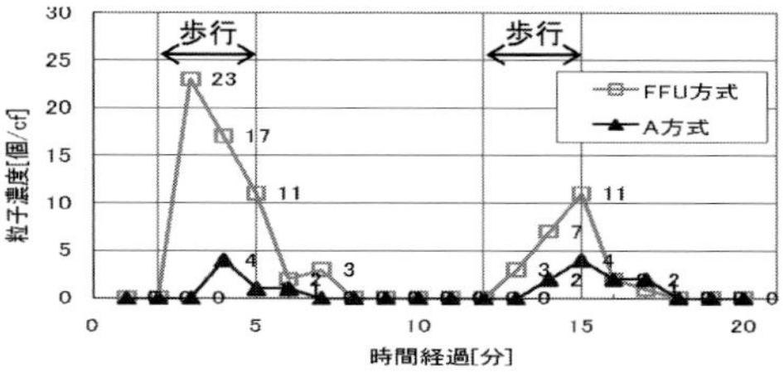

図14　歩行者発塵の影響(粒径0.3μm以上)

T&Aシステムでは、より広いエリアに清浄空気を供給できるFFUと本体の下方から空気を吸込み横方向に吹出すFCUにより、２重区画なしで循環気流を構築し、また、フィルタ面積より広いエリアを高清浄化できるFFUにより、異なる清浄度間の区画壁なしで局所高清浄化を実現するシステムです。床・壁・天井の２重区画がないため、建築資材量を削減でき、また、従来システムより５～10%多くスペースを有効活用できます。さらに、グレーチング床・天井裏スペースが不要なため階高を低くできます。高清浄エリアを限定するため、FFUの設置台数・循環風量を減らすことができます。

・クリーンルーム性能

T&Aシステムにおける気流は、FFUとFFUの間に形成される上昇気流の上部に、FCUを設置し、FFU気流により自然に形成される循環気流を補強するような気流構成となっています(図11)。この気流により、以下に示す高い性能が得られています。

図12に清浄度の回復特性に関する検証実験結果、図13に天井面で発塵した場合、図14に歩行者により発塵した場合のアンビエント方式(A方式)と従来のFFU方式(２重の床・壁・天井あり)の性能を比較した結果を示します。A方式では、完全混合モデルによる理論回復性能より回復が速いこと、測定点における天井面発塵及び歩行者発塵の影響がほとんどないことが確認できます。これらの検証実験により、T&A方式はFFU方式より高いクリーンルーム性能を有することが確認されています。

(3)　効果

・省エネ性

1,000m^2のモデルクリーンルームで従来のFFU方式とT&Aシステムで、空気循環と冷水循環にかかる搬送動力を算出した結果では、アンビエント方式で約48%、タスク方式で約54%の大幅な削減となり、省エネに寄与することができます。

・経済性

1,000m^2のモデルクリーンルームで従来のFFU方式とT&Aシステムで、イニシャルコストを算出した結果では、アンビエント方式・タスク方式とも約46%の削減となり、経済的にも寄与することができます。

このシステムは、精密電子部品製造・生産装置製造など、さまざまな工業用クリーンルームに幅広く適用でき、省エネ・省資源に効果を発揮するシステムと考えられます。また、限られたスペースを有効に使えるため、製造ラインの変更などのリニューアルや他用途(倉庫や事務所)からクリーンルームへの用途変更にも最適と考えられます。

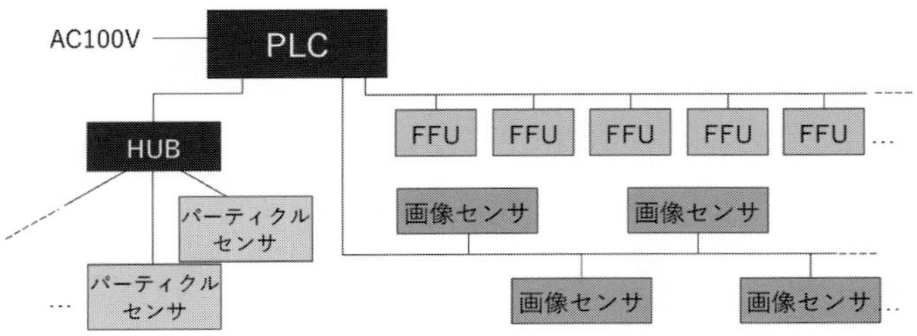

図15　FFU制御システム（PLC+センサ部）の構成

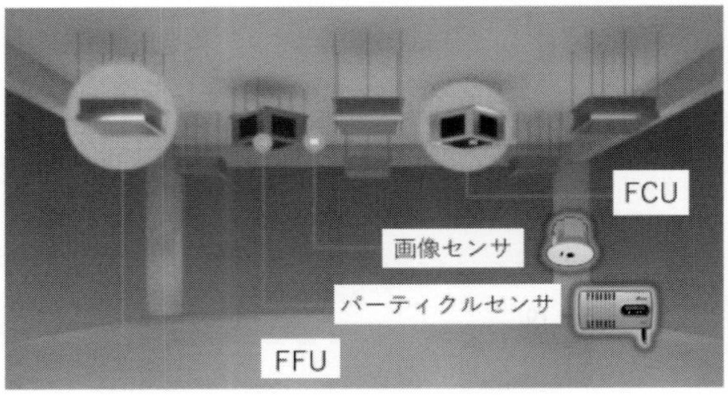

図16　アンビエント方式とセンサ配置

粒子濃度と作業者情報に基づくクリーンルーム空調制御システム

IoT技術を活用したクリーン空調の制御技術について紹介します。

⑴　システム概要

本制御システムは、夜間・休日や発塵量が少ない状況などで、より省エネルギーな施設運用を実現するために、クリーンルーム内の状況や環境を小型パーティクルセンサと画像型人感センサで捉え、その情報に合わせてFFUを制御するシステムです。

制御なしで定格運転をした場合と比較して平均69%のFFU電力消費量の削減を実現しています。

⑵　特徴

・適用対象クリーンルーム

３つの条件に当てはまるクリーンルームを主な対象としています。

①　作業者および作業行動が主な発塵源であること

②　設計清浄度がISO Class7 ～ 8程度であること

③　温度調節と清浄化を個別に制御できる空調システムであること

・制御に使用するセンサ

①　パーティクルセンサ

パーティクルセンサは光散乱式粒子計数法により粒子数を測定するもので、光源に出力の大きいレーザーを使用しており、0.5μm 以上の微粒子を計数できるものです。サンプリング流量が0.1L/min程度であるため、粒子濃度の安定化を図るため５分間の移動平均値を利用しています。

②　画像型人感センサ

作業者を捉えるための画像センサは、連続して取得された画像の差分を取ることで人間の動きや在／不在を捉えるものです。

・制御ロジック

パーティクルセンサと画像センサからの取得情報を基に、状況に合わせて以下に示す４つのモードでFFUを制御します。

①　間引きモード（送風量40%）

発塵負荷の少ない状況で、さらなる省エネのためFFUの運転台数を減らす

②　基本モード（送風量80% ～）

パーティクルセンサの値を基にFFU回転数のPID制御を行う

③　人感モード（送風量100%）

画像センサにより作業者の進入を検知し、その後の作業発塵に備えてFFUを定格風量で一定時間運転する

④　最大モード（送風量100%以上、長時間維持）

パーティクルセンサで高発塵負荷を検知した場合に最大回転数でFFUを運転させて迅速に清浄化を行う

送風量は、間引きモード＜基本モード＜人感モード≦最大モードの関係となります。基本モードをベースとし、画像センサで作業者を検知した際には発塵に備えて人感モードへと移行します。また、作業者を検知していても濃度が低い場合は基本モードへ再度移行し、なおも濃度が低い場合にはより省エネとなる間引きモードへと移行するロジックとなっています。

⑶　効果

・各センサ情報およびFFU運転状態

本制御システムでは、PLC上に各センサやFFU運転状態のデータが集積されます。ここでは本システムが導入されたクリーンルームにおける、生産ライン稼働後１年間の運用データを分析した結果を述べます。まず、対象期間のうち、ある１週間について、特定エリアの数スパンを制御するPLCの集積データの平均値を並べたものが図17です。横軸を日時とし、パーティクルセンサによる粒子濃度、画像センサによる推定人数、FFU送風量を示しています。

作業のない土･日曜日については、時間帯によらずFFUの送風量は常時40%で、どのスパンも間引きモードで稼働していました。粒子濃度は終日０に近い値であり、送風量を削減しつつ清浄な環境が形成できています。またこの間、画像センサによる誤検知はなく、作業者は終日０人となっていました。

一方、作業が行われた月～金曜日では、粒子濃度や推定人数、FFU送風量の様子が休日と異なっています。始業９時頃の入室に伴い、画像センサにより作業者が検知され始め、FFU制御システムのモード移行が生じ、FFUの送風量が７～８割ま

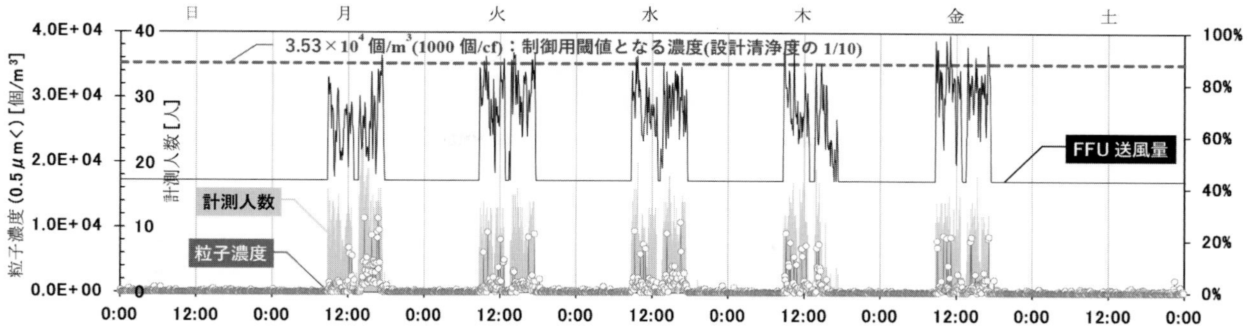

図17　CR内の粒子濃度・作業者人数およびFFU送風量の経時変化（ある1週間のデータ）

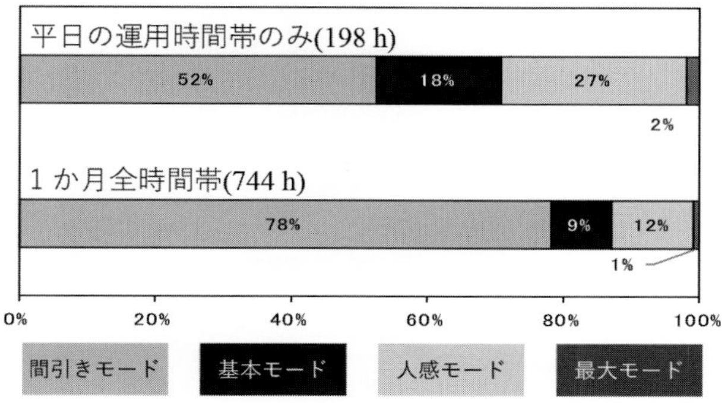

図18　各制御モードでの運転時間比率

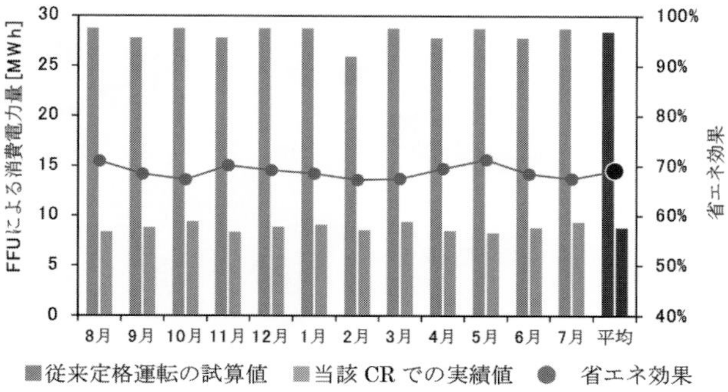

図19　月ごとのFFU消費電力量の比較

で増加しています。またパーティクルセンサによる粒子濃度も同時間帯で上昇していますが、あわせてFFU送風量も増加しています。FFU運転モードの切替えにより清浄化が適切になされたことで、ISO Class7に対し十分に清浄な環境が形成されています。推定人数の変化をみると、12時半頃より１時間ほど作業者が退室する様子が見て取れ、これに伴って粒子濃度も低下しています。この昼休憩中もFFU制御システムが有効に働き、送風量が40%ほどまで削減されています。また、同様の動き・傾向が対象期間１年間を通じて確認されました。

・制御モードごとの運転時間の内訳

制御の実態を確認するため、PLCに集積されたデータを基に、各制御モードでの運転時間が占める割合の内訳を分析しました。ここでは、ある１か月31日間を対象とし、全31日間×24h/日＝744hと、そのうちの実運用時間帯（平日22日間×運用時間9h/日＝198h）の２パターンで整理しました。

結果を図18に示します。１か月全体では間引きモードでの運転が最も長く、全時間の78%を占めていました。次いで人感モードが12%、基本モードが9%でありました。平日のクリーンルーム運用時間だけを対象とした場合にも間引きモードが52%と最も長く、人感モード、基本モードの割合が増え、それぞれ27、18%となっていました。なお最大モードは全体で1%、CR運用時間のみで2%となっています。最大モードに切り替わる際の閾値となる粒子濃度は設計清浄度に対し十分安全側の値に設定されており、クリーンルーム内は清浄な環境に保たれていました。

・対象期間における省エネルギー効果

対象期間１年間におけるクリーンルーム全体のFFU運転による消費電力量について、月ごとに集計した結果とその平均値を図19に示します。同図には、当該クリーンルームと同じ台数のFFUを従来の運転方法（常時・全台定格運転；以降、従来運転）で運用した際の消費電力量の試算値も月ごとに示しています。従来運転の場合は28MWhほどの電力量を毎月消費する試算となりますが、当該クリーンルームではFFU制御システムによる省エネ制御の効果で、１か月あたり8.3～9.4MWh程度の消費電力量にとどまっています。

１年間の平均で比較すると、従来運転に比べ69%の電力量削減に相当し、合計で232.8MWhの省エネとなっていました。対象期間の運用時間帯のみに着目しても50%以上の省エネとなっており、夜間や休日だけでなく運用時間においても高い省エネ性能となっています。

応用分野編 Ⅱ《半導体関連》

半導体工場向け搬送設備とは

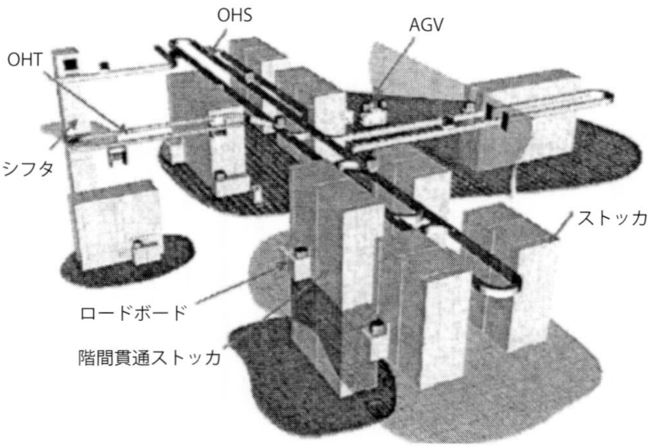

図１　搬送システムの構成例

写真１　OHSの一例

半導体工場向け搬送設備とは？

ウェーハの大口径化に伴うキャリア（搬送容器）の大型化と重量化により、人手による搬送が困難・非効率になってきたため、その自動化が進められた結果、現在では、300mmウェーハ製造における自動搬送はかなり普及しています。本項で言う搬送設備とは、自動搬送システムAMHS（Automated Material Handling System）のことで、製品を運ぶ設備自体の他に、製品を保管したり、搬送を管理したりする設備なども組み合わせた自動化システムの総称のことです。

どのように使われているのか？

図１に搬送システムの構成例を示します[1][2]。ウェーハを入れたキャリアごと、これらの搬送システムが運びます。特に名称を示していない四角い物は半導体製造装置と考えてください。

OHS（overhead shuttle：写真１[3]）は工程間搬送装置で、クリーンルームの天井付近をリニアモータによって走行します。工程間のみでなく、複数のクリーンルーム間を走行することもあります。レールの上をキャリアを保持して移動します。

OHT（overhead hoist transport：写真２[3]）は工程内搬送装置で、OHSと同様に天井付近をリニアモータによって移動し、製造装置やストッカ（後述）間を直接つなぎます。レールの下を走行し、上下するホイスト機構がキャリアの保持・授受を行います。

OHSとOHTをまとめて天井軌道走行型搬送車と呼ぶことがあります[4]。

AGV（automated guided vehicle：写真３[3]）はバッテリを原動力とした搬送車で、無軌道走行型無人車とも呼ばれます[5]。床に貼った磁気スポットマークやガイドテープなどに追従して移動します。製品を製造機器とやり取りしている間（つまり、移載中）にバッテリの充電を行うこともできます[4]。

RGV（rail guided vehicle：写真４[3]）は床に設置した軌道上を走行します。有軌道走行型無人車とも呼ばれます[5]。

AGVとRGVをまとめて自走型搬送車と呼ぶことがあります[4]。これらも工程内搬送装置です。

この他に、人力によって床上を移動搬送させるPGV（personnel guided vehicle）、MGV（manual guided vehicle）などがあります[4]。

ストッカ（Stocker：写真５[3]）は、工程間で次の製造工程を待っている

写真２　OHTの一例

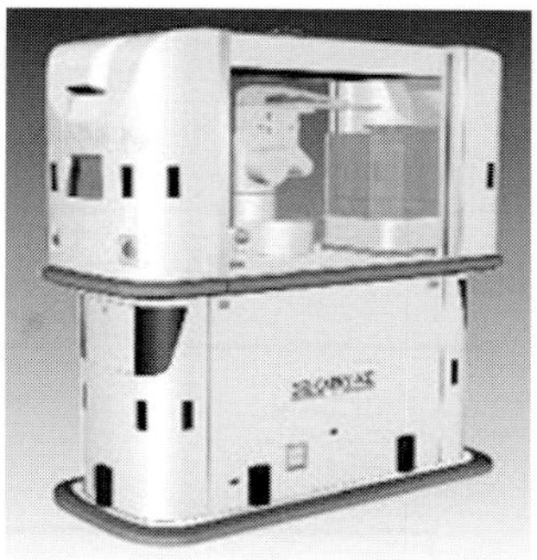

写真３　AGVの一例

写真４　RGVの一例

写真５　Stockerの一例

ウェーハの入った複数のキャリアを、一時的に保管するための自動倉庫のことです。清浄な保管棚、スタッカクレーン、入出庫部で構成されています。

以上が自動搬送システムの主要な構成機器ですが、これらは、最も製品製造の効率が上がるように連携して制御されています。なお、製品がストッカ内に留まる、いわゆる“待ち時間”は、製造効率を上げることに寄与しないので、可能な限りストッカ内での製品の滞留時間を短くしたり、ストッカを介さない搬送が指向されています。また、各搬送装置は保持しているキャリア内の製品（ウェーハ）に損失を与えないように、搬送最高速度の値、加速・減速の仕方も十分に考慮されています。

導入時の注意点など

より良い自動搬送システムを構築するために、クリーンルーム建設前から、搬送システムをモデル化してシミュレーションによる検討を行い、課題を事前に検討・解決することも行われています（どういった種類の搬送装置を何台導入・配置するか、搬送指令をどのように出力するか、など）[2,6]。

450mmウェーハ製造工場への対応

現行の300mmウェーハ対応から450mm対応へ自動搬送システムを適用する際の、課題が検討されています[7]。指摘されているのは、まず、搬送キャリアが大きくなること（底面積1.75倍、体積2.1倍）と重量が増すこと（2.5倍の約25kgになる）です。さらに、搬送距離も長くなります。尚、台車の加速・減速速度や最高速度は、FOUPの振動回避・安全速度の維持のため、300mmウェーハの場合と同じ、としています[7]。したがって、搬送距離が長くなる分だけ、搬送時間も長くなります。

このままでは、ストッカや各種製造機器の近傍で、ウェーハ搬送の渋滞が発生すると予測されます。その対策として、ストッカの増設、台車の追加で全体搬送量を確保し、さらにFOUPを各装置により近い位置に配し、予測型搬送も行うことによってFOUP入れ替え時間を確保する、としています[7]。

なお、450mmウェーハ製造のための、日本も含めた最近の世界的動向については、文献(8)に詳しいので、必要に応じて参照して下さい。

応用分野編 Ⅲ《半導体関連》

FOUPとは

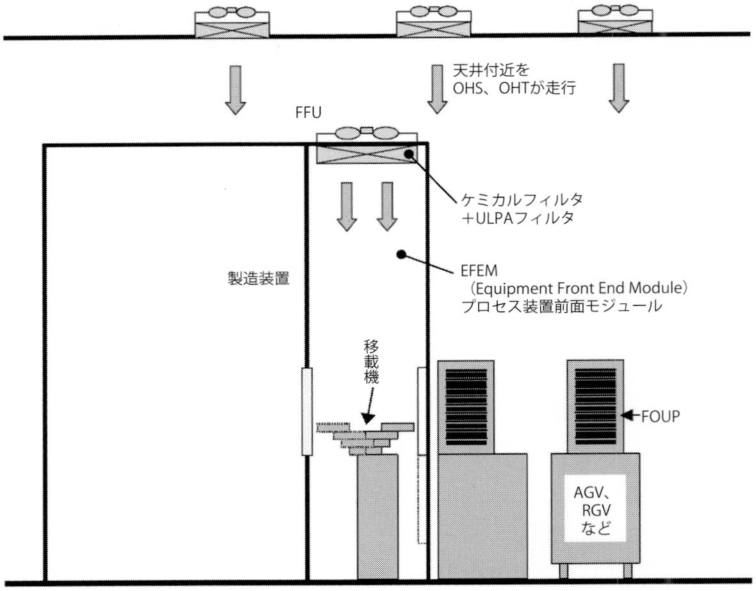

図１　ミニエンバイロメント方式

FOUPとは？

FOUP（Front Opening Unified Pod：写真１[1]、写真２[2]）とは、300mmや450mmウェーハ対応の、製造装置間のインターフェイス機能を持ったウェーハ・キャリヤ（搬送容器）のことで、その仕様などはSEMI（Semiconductor Equipment and Materials International）規格に準拠しています（SEMI規格 はSEMIが組織するスタンダード委員会が制定する業界自主規格[3]）。

FOUPは図１[4]のように、クリーンルーム内の製造装置や搬送設備などと密接に連携を取りながら使用されています。最近のクリーンルームでは、FOUP内部やEFEM（Equipment Front End Module：プロセス装置前面モジュール）内部を周囲のクリーンエリアよりも高清浄度に保って、クリーンルーム全体としてコストダウンを図ろうとする傾向にあります。図１の方式をミニエンバイロメント方式（小さな（清浄な）環境）といいますが、特に高清浄度部分のFOUP内部やEFEM内部を指すこともあります。ウェーハがクリーンルーム内の低清浄度域にさらされることなく処理されることが特長になっています[5]。

FOUPは、このように工程間のウェーハの搬送（OHS、OHT、AGV、及びRGVなどで運ばれる）や、製造装置とウェーハのやり取りをする際に使用されます。通常はその名のとおりに前面が開閉する構造になっています（写真１、写真２）。

なぜFOUPが必要なのか？

ではなぜFOUPが必要とされるようになったのでしょうか？FOUPが使われる以前には、既に搬送容器としてオープンカセット（open cassette：OC：写真３[1]）やOC用BOX（写真４[1]）などが使われていました（現在も、製品の仕様や用途に応じて使われている）。300mm時代へ移り変わろうとする時期に、低コストと省エネルギーへの指向から高清浄度域の局所化が、かつ、ウェーハの大型化・重量化に対して搬送の自動化が求められました。これらの要求に応える搬送容器として、FOUPが考案されました。現在では、450mmウェーハにも対応しています。

FOUP及び関連する清浄化について[6]

図１からもわかるように、FOUPの仕様は、FOUPのグローバルスタ

写真１　FOUPの例[1]

写真２　FOUPの例[2]

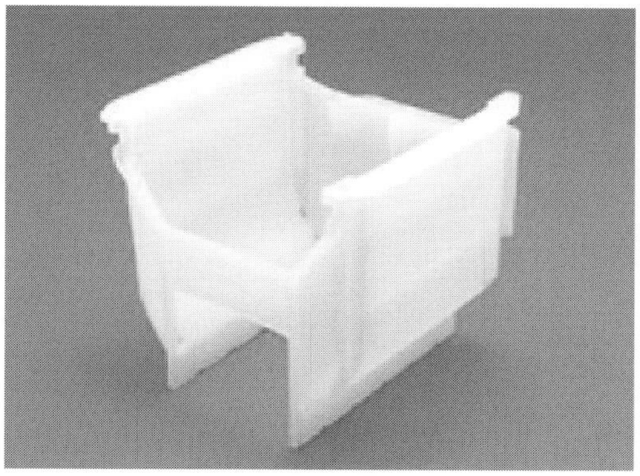

写真３　OCの例

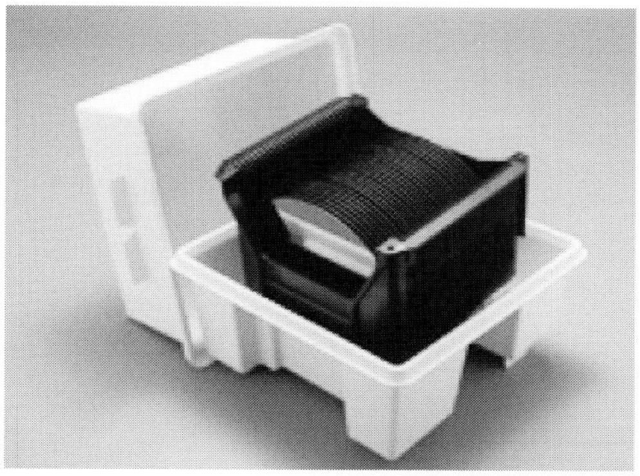

写真４　OC用BOXの例

ンダードであるSEMI-E47.1規格[7]（初めて制定されたのは1997年）に従うことが前提となっていて、それによって搬送や移載などの速やかな連携を取ることができます。FOUPには、自動搬送システムに対応するため、上面・底面・側面等には特定の構造が設けれられています。なお、EFEM（図１）の標準化も行われています。

FOUPによるミニエンバイロメントの形成は、FOUP内部の環境（高清浄度）とクリーンルーム内の環境（低清浄度）とを遮断することが基本的な考えとなっています。ウェーハ移載時には、必要な時間だけドアを開けてウェーハをやり取りします（写真１、写真２）。

FOUPの汚染の主なものは、パーティクル、化学物質（有機／無機／金属）などによるものです。パーティクルに関しては、FOUPの廻りが低清浄度であるため、ロックされたドアの信頼性（密閉性や、開閉時の無発塵など）が確かなものでなければなりません。EFEM（図１）内とFOUP内の環境が適正に保たれていて、かつFOUPのドアも正しく作動していれば、FOUP外からのパーティクル汚染はまず心配ありません（内部発生の場合はこの限りではない）。化学物質に関しては、FOUPの構成材料からのアウトガスが懸念されますが、材質はポリカーボネートを主体としたプラスチックのものが多く、加熱試験による有機ガス発生量の調査や、実際にウェーハを入れて化学物質の吸着量を確かめる試験などが実施され、信頼性のある材質が選定・使用されています。

また、FOUP自体が汚染の発生源ではない場合でも、あるウェーハから持ち込まれた汚染を、FOUP自身が媒介となって他のウェーハに移してしまうということが起こる可能性があります。適宜、FOUPの十分な洗浄を行うなど、交差汚染（クロスコンタミネーション：cross contamination）を防ぐための処置も必要になってきます。

なお、製造工程によっては、耐薬品性や耐熱性が要求されることがあり、工程ごとに材料・材質の異なるFOUPを使うこともあります。

金属汚染に関しては、メタル配線前後の工程でFOUPを使い分けることもあります。

以上の幾つかの例からもわかるように、製品の良品率を高めるためには、FOUPを含めた総合的な汚染管理が欠かせません。

応用分野編 Ⅳ《FPD関連》

FPDのクリーンルームとは

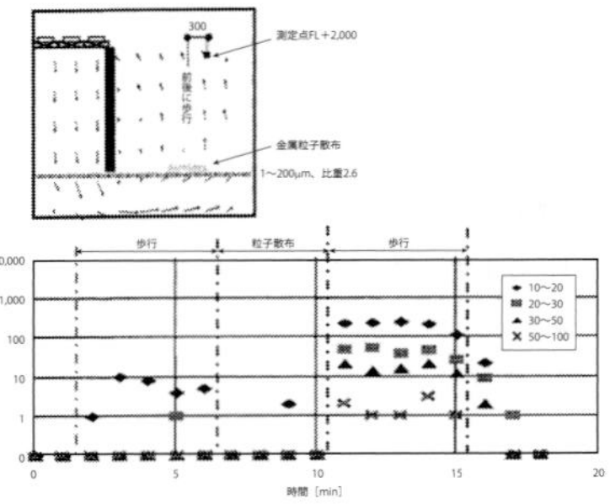

図１　歩行による床沈着塵埃の巻き上げ(1)

表１　世代とガラス基板サイズ

年度	2000	2003	2005	2006	2006	2010
世代	第５世代	第６世代	第７世代	第８世代	第９世代	第10世代
サイズ［mm］	1,100×1,250	1,500×1,850	1,870×2,200	2,200×2,500	2,400×2,800	3,000×3,200
			1,950×2,250	2,160×2,460		2,850×3,050

※サイズが二種類あるのは韓国と日本の戦略の違いによる相違。

表２　液晶ディスプレイの要求事項

工程 ＼ 要求スペック	前処理工程		組立工程	
	TFTアレイ工程	カラーフィルタ工程	セル組立工程	モジュール工程
※天井高さ［m］	3.6～4.6	3.6～4.6	3.6	3.0
温度［℃］	23±1～2	23±1～2	23±1～2	23±2～3
湿度［%］	45～55±3～10	55±5～10	45～55±3～10	55±10
清浄度［クラス／粒径］	10～1K（0.1or0.3μm）	10～10K（0.3μm）	10～1K（0.1or0.3μm）	10K（0.3μm）
	1～10K（0.3μm）		1～10K（0.3μm）	

※天井高さは第５世代基板以前の時

FPDの種類と要求事項

FPDとは、CRT（ブラウン管）に対し、薄型で平坦な画面を持ったディスプレイのことであり、幾つかの種類があります。液晶（LCD）、発光ダイオード（LED）、有機ELが現在市場に出されている物です。また、携帯電話、カメラ、ナビゲータに使用する小型ディスプレイと、TVに使用する大型ディスプレイに分けられます。小型ディスプレイに対しては、汎用性を重視して、半導体と同様にボールルーム方式の局所化クリーンルームで対応しています。ところがTV用パネルに対しては、2000年以降に、ガラス基板の大型化が、加速されており、（表１）　それに伴い、天井高さは世代毎に高くなっていきます。また製造装置が巨大になり、生産ラインを固定せざるをえなくなっており、汎用性は求められません。これら各々の方式と適用サイズの違いにより、要球事項に違いがでてきます。基本的には、半導体に比べて、微細ではありませんが、液晶TFTアレイ工程とカラーフィルタ工程では、高清浄度を要求されます。また、ガラスの帯電対策の一環として湿度が少し高めに設定され、かつ温湿度条件の変動範囲が少し緩やかになっています。例えば液晶とPDPのクリーンルームとしての設定温湿度と粒径を含めた清浄度を比較すると、プロセスの違いにより、表２に見られるような相違があります。

FPDクリーンルームの特徴

基本的にクリーンルームは、空気中の浮遊微粒子を対象として計画されます。検収も規定された所で、パーティクルカウンターで計測された値が、規定値内にあれば、仕様を満たしたということになります。従って実際にクリーンルーム内にそれ以上存在しても、計測されなければ問題なし、ということになります。ところが、FPDのクリーンルームには、表３に示すような、浮遊しない粒径の塵埃が多数発生しています。これに対する対応が、求められているわけです。図１の測定データより、10μm以上の粒子は通常床に付着しており、歩行とか搬送時に巻き上がることを示しています。

国内では姿を消してしまったため、CRT工場のクリーンルームについての事を、知らない人たちが増えてきましたが、当時を振り返ると、ブラックマトリクスを組み込む為の、大きなクラス６の部屋がありました。搬送のための大きな開口部のため、室圧の維持が難しく、炉を使うためか、大きな黒いカーボン状の粘りのある塵埃がどこからともなく侵入してくるため、終業時の清掃の時は、床を水洗いして塵埃の除去を行われておりました。現状のクリーンルームでは、見かけなくなりましたが、今でも検討に値する方法ではないかと思っております。

表3　対象粒径と対応

クリーンルームは空気中の浮遊微粒子と落下した微粒子のどちらも制御された部屋

対象粒径	存在状態	対応
～5.0μm	空気中の浮遊微粒子	循環風量の検討
5.0～50μm	移動、歩行時に空気中に浮遊	常時清掃
50μm～	床付近に付着	定時清掃

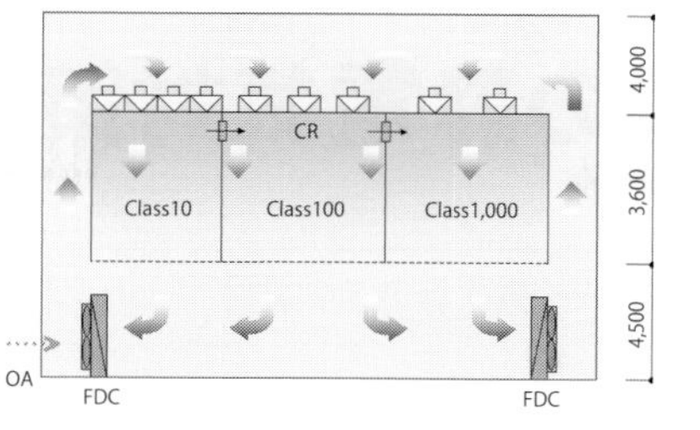

図2

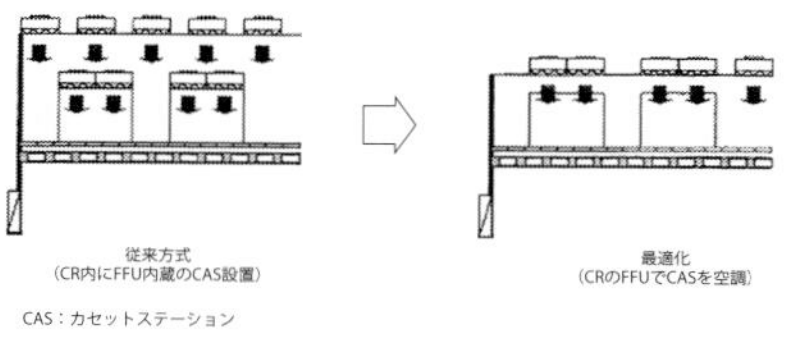

図3　クリーンルームシステムの見直し[2]

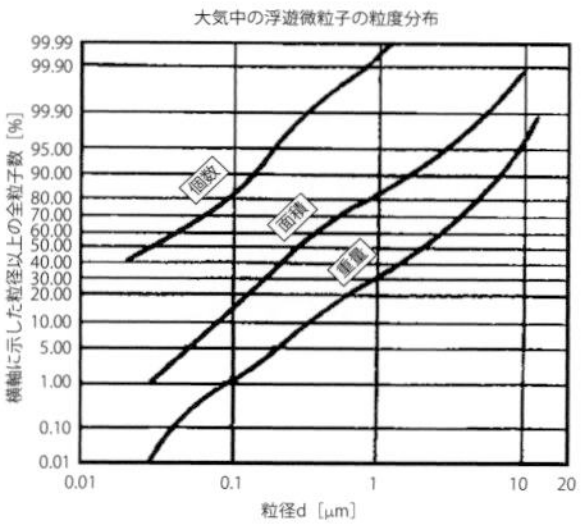

表4　清掃種別と担当者

①清掃計画を立てる　②清掃方法を確立する
③清掃対象箇所の清浄度の確認方法を確立する

清掃種別	担当者
・日常清掃 前日あるいは当日に堆積した塵埃の除去	：通常業務に従事する作業員が行う
・定期清掃 日常の清掃で対応出来ない、壁・露出ダクト・配管・鉄骨等の箇所に対し塵埃の除去	：清掃専門家が行う
・特別清掃 間仕切り変更、装置搬入、管理値を越えた時、事故時	：クリンルーム業者の管理下で実施

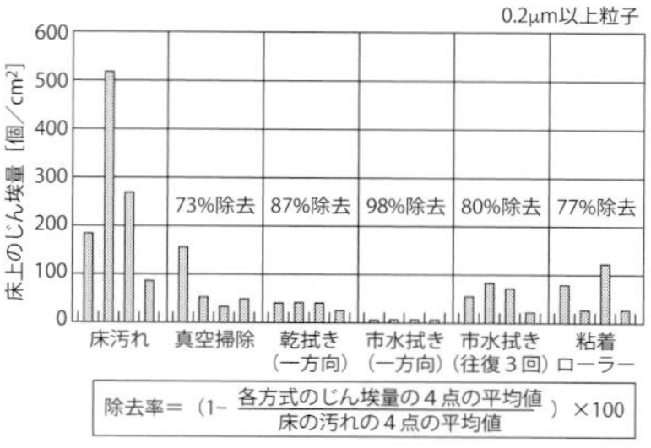

図4　各清掃の効果[3]

大空間クリーンルームシステム

ガラス基板の大型化に伴い、クリーンルームも必然的に、大面積かつ高天井が要求されることとなります。システムとしては、半導体用クリーンルームと同様に、図2のように外調機＋FFU＋ファン付きコイルのローカルレターン方式が主流です。そして循環風量は、前述の「換気回数と清浄度の関係とは」で説明しているように、決して換気回数で決めないで下さい。天井高さが8mを越える事を考えると、膨大な風量となってしまい、エネルギー消費量が益々増加してしまいます。またいくら循環風量を大きくしても、気流に乗らない粒径には、対応できません。熱負荷から決められる循環風量と、現状の天井高さでのクリーンルームの送風量を比較して決めて下さい。また製造装置の巨大化に伴い、製造装置自体にクリーンシステムが組み込まれるようになりました。

その結果、クリーンルーム設備業者は、生産設備に対し単にユーティリティの接続工事だけで、クリーンルームを作ることから遠ざかってしまった感じがします。その為メーカーの方は、工場全体として、過不足のない設備が設置されているかどうかを、常にチェックしていただく必要があります（図3）。また装置内の気流の制御等に関しては、装置メーカーにすべて押しつけることなく、従来からの技術を利用出来ることも多いと思われる為、うまく協働していかなければならないと考えます。

クリーンルームの維持、管理

FPDクリーンルームに対する対応は、維持、管理をいかにうまく行うかと言う点です。搬送用の開口が大きく、室圧の維持も難しいこともあり、外部から塵埃の侵入することもあります。また大型基板の搬送に、AGVにより搬送されることがありますが、AGV自体が、大きく重量物のため、車輪からの摩耗による大きなサイズの発塵もあります。発塵粒径が大きいという事は、重いため、床に堆積してゆくことになります。その結果、見えるぐらいになってしまうことがあります。更に製品が大きいために、汚染確率も大きくなります。この対策には、クリーンルームの4原則に立ち返り、各々対策を行うことは当然ですが、発生した物に対しては、床面の塵埃を速やかに排除できるよう、フリーアクセスフロアの設置と、床清掃が唯一の対策となります。また清掃の方法で効果が違うことが解っていますので、（図4）参考にしてください。しかしながら、作業員による日常清掃だけでは、対応できるものではありません。表4に清掃種別を示しましたので、各々責任を持って対応して戴きたいと思います。

応用分野編 V《FPD関連》

FPDの静電気対策とは

表1 CR内の各種部材の帯電電位評価結果

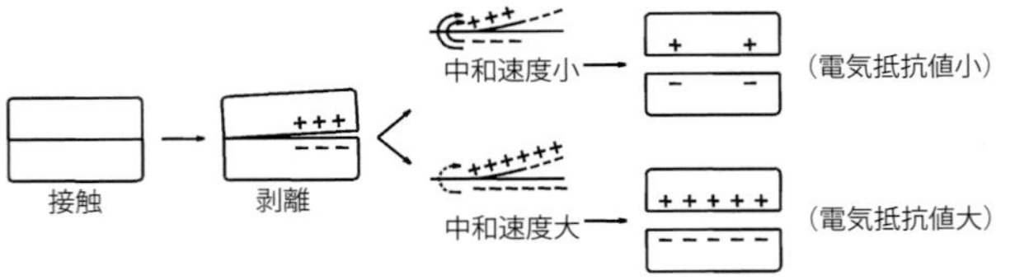

測定物	表面電位 [V]
壁(導電性)	0
布で数回擦った直後	-40
1分後	-25
窓(導電性)	-4
PVCラック(導電性)	-3〜20
クリーンベンチ(導電性)	-2-〜18
手袋(導電性繊維入り)	0〜-1
クリーンウエーハ(導電性繊維入り)	0〜-50
真空チャンバの石英窓	+500〜+600
石英管	-300〜-500
アクリルBOX	-600〜over-3,000
フレキシブルPVCダクト	over-3,000
装置の焼き付け塗装板	0

評価CR:東北大学スーパークリーンルーム at 23℃ RH45%

表2　共通の静電気障害防止技術一覧

1) 接触剥離帯電頻度の削減
- ① 接触面積の削減(支持→ピン、ベタ置き→梨地、点突起)
- ② 接触剥離頻度の削減(非接触搬送<ステージ搬送<ハンド搬送<ローラ搬送)

2) 電気抵抗値制御による帯電防止
- ① 導電性材料:不純物汚染、ドライ環境に注意
- ② 湿度制御:相対湿度70%以上で有効(表面結露、腐食障害に注意)
- ③ 他:表面清浄度管理(ガラス基板)、CO_2ガス注入(超純水)

3) 相性のいい接触部材の選定
- ① 表面材質経時変化、表面汚染による帯電レベルの変化に注意

4) 静電容量制御
- ① 外部電界起因による障害防止に効果的
- ② 除電箇所の削減に有効

5) 電荷供給による帯電防止
- ① イオナイザ(空気中)
- ② 極軟X線除電(空気中、常圧or高圧ガス雰囲気)
- ③ 真空紫外線照射除電(減圧中、不活性ガス中)

静電気の発生メカニズムと静電気障害

製品の搬送・ハンドリングにおいて、静電気は製品と接触する固体あるいは液体との接触剥離過程により発生します。表1[(6)]に示すように、絶縁体の帯電レベルは主に、帯電列の関係、静電気が発生するポイントから接地準位までの電気抵抗値(=漏洩抵抗値)及び環境の空気質に依存します[(1)(2)(3)]。またCR内作業者の歩行時の帯電電位評価結果を図1に示します[(7)]。漏洩抵抗値が10^{10}Ω以上では、電荷の漏洩が遅く、数秒以内での繰り返し帯電により帯電電位は上昇する傾向を示し、上昇レベルによっては静電気障害の発生に至ることが知られています。特にFPD基板であるガラス基板の場合は、生産雰囲気由来のケミカル汚染レベル及び相対湿度に大きく依存するという特性を有しています[(1)(2)]。一般的なCRの湿度では、クリーンな基板は親水表面のため水分子を多く吸着しており、表面での電荷の移動が容易で帯電電位は急速に減衰します。一方、生産環境中にはCR内構成部材及び製造装置構成部材から発生する比較的高沸点の有機物が存在しており[(3)]、ガラス基板表面に付着することで疎水面に変化させることから、基板表面での電荷の移動を抑制し、帯電電位は減衰せず高電位になり易くなります。このように、空気質と湿度という環境条件に、帯電レベルが大きく依存することになり、対策実施には製造環境まで含めた広い専門知識が要求されます。

製品への静電気による障害を発生原因から分類すると、静電気力に起因する微粒子付着促進と、静電気放電あるいは、電荷の急激な移動に起因する、電子回路の断線と、絶縁破壊に2分されます。

静電気力による粒子汚染促進は、ガラス基板に対し重要課題です。粒子付着に作用する作用力は、重力沈降、慣性力、静電気力、熱泳動力、ブラウン拡散の五つに分類され、中でも静電気力は小さな粒子から大きな粒子までその影響は大きいもので[(4)]、粒子汚染対策においては、クリーン化対策4原則の確実な実施と共に、静電気対策を行うことが基本になります[(5)]。

特に静電気放電による、電子デバイスの微細電子回路への直接的なダメージが最も重大な問題です。大量生産品でかつ付加価値の高い製品であるため、静電気障害による不良発生が大きな損失を招く事は明らかです。

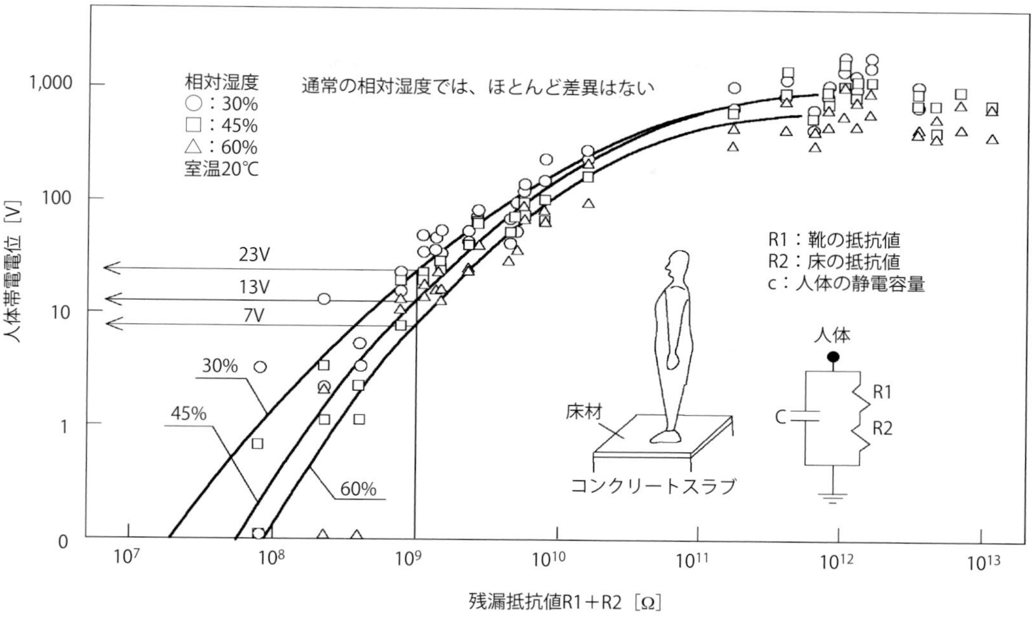

図１　歩行時の人体帯電電位の漏洩抵抗値との関係

気流帯電の実体

“気流帯電が発生する”という言葉を今でもよく耳にします。事実、高速気流のある周辺では、気流に接する部材表面などに電位上昇が観測されます。しかし、この帯電現象も実は"固体同士あるいは固体と液体間において発生しているのが真実です[8]。例えば図２に示したように、エアーガンにより高速気流をある基板表面に吹き付ける場合、基板表面に付着している、微粒子やミストが吹き飛ばされたり、高速気流中に含まれる微粒子が衝突することで、粒子やミストとの剥離帯電が生じ基板表面が帯電するのです。また、供給される微粒子が帯電していた場合は、いわゆる電荷供給による帯電が生じます。一方、気流がほとんどない雰囲気中においても帯電電位の上昇が確認されることがありますが、これは、電位が上昇した面に空間を介して相対し存在する絶縁物体に人がさわるなどして帯電したことにより、その空間に元々存在している空気イオンが非帯電面と帯電面の電位が同電位になるまで付着していくためです。つまり、帯電面の電位は減少しますが、非帯電面の電位が上昇するというわけです。

では、どうして気流との摩擦では静電気が発生しないのでしょうか。ガス分子と固体表面との衝突において、電荷が発生したと仮定しましょう。衝突後、帯電したガス分子は帯電固体面との間に発生するクーロン力に逆らって離脱することになります。ここに起こりえない現象が仮定されているのです。つまり、クーロン力に逆らって遠ざかるために必要なエネルギーを常温大気中のガス分子が持ちうるという仮定が間違っているのです。ガス分子は、１万℃以上あるいは秒速数千m以上といった条件でやっとこのレベルのエネルギーを持ちます。あるいは、クーロン力に勝る逆の電界が空間に存在している場合のみです。目に見えないが故に、あたかも気流帯電のごとく観察され、“気流帯電”といった間違った認識を持ってしまうのです。

静電気障害防止対策の基本手順

静電気対策技術は表２に示すように、手段は非常に多岐に及びます。決して「静電気対策＝除電装置の適用」ではなく、静電気発生量の削減が上位の対策であり、除電装置の適用は最後の手段となります。

接触頻度を削減するようなハンド

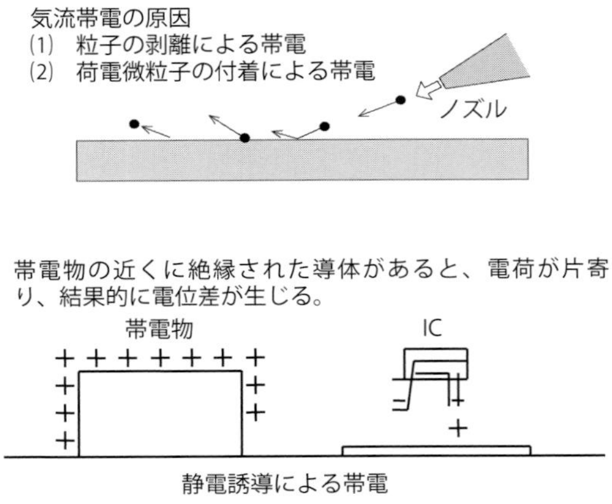

図２　高速気流による帯電メカニズムと静電誘導による帯電

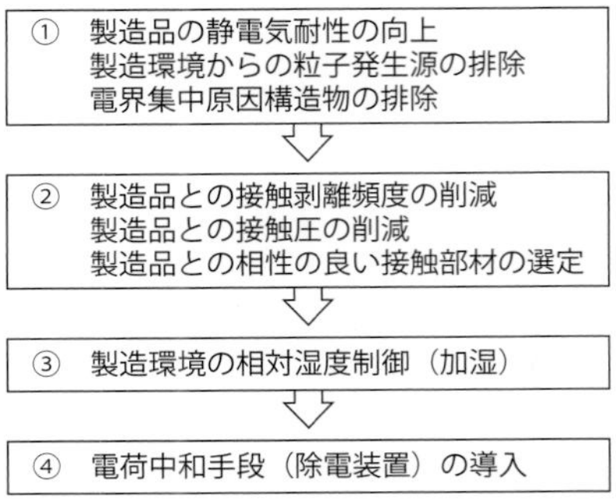

図３　静電気対策基本フロー例

表３　除電雰囲気条件と適用除電機種

雰囲気条件	除電方式		
	コロナ放電法	USX法	VUV法
空気中	◎	◎	×
不活性ガス／大気圧	○	○	○
減圧雰囲気	×	×	◎

◎：最適、○：適用可、△：条件付で適用可、×：適用不可

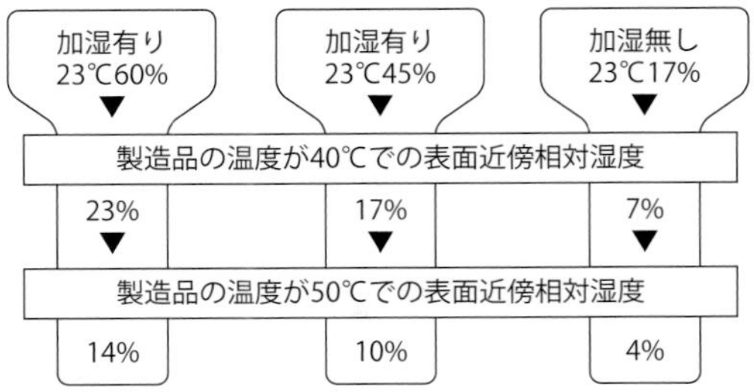

図４　室内湿度と製造品近傍湿度の関係

リング形態の最適化や、剥離帯電量を削減出来る接触部材の最適化が基本的的な対策です。帯電電荷とは逆極性の電荷を供給することで中和を行う除電は、監視制御が必要なエネルギー消費を伴う対策です。対策実施段階においては、静電気の発生頻度および発生量を削減できる対策を優先的に実施し、事後対策でも可能な対策については、より有効と思われる対策技術から一つ一つ実施していくべきなのです。基本手順をマニュアル化し継続して実施していくことで、技術・ノウハウを蓄積していくことが重要です。

静電気対策の最も基本的な取り組み手順例を図３に示します[9]。最優先で取り組むべきは、製品の静電気耐性向上、あるいは粒子発生源の徹底的な排除です。一方、製品の要求性能から静電気耐性には限界があり、駆動部を多く有する製造環境において微粒子の完全な排除は極めて難しいことから、静電気対策が検討されます。静電気は接触・剥離という一連の動作の過程により発生することから、まずは接触・剥離の頻度を最少にできる搬送形態・製造形態の設計が重要になっています。接触・剥離動作において、発生静電気量を削減するためには、接触圧を最小限にすることも忘れてはならないことです。接触形態が同じ場合、素材の選定も有効です。帯電列の関係においてより近い関係の素材を優先的に採用します。

加湿による静電気対策

加湿による電荷緩和は、絶縁体表面に水分子が複数層付着し液相を形成することで、電荷の移動が容易になるためです。吸湿性の素材の場合は、表面だけでなく素材内部へも水分が入り込み、内部でも電荷の漏洩及び緩和が容易になるため、湿度増加による電荷緩和効果はさらに大きくなります。一方、疎水性の素材に対しては加湿による制電効果は大きく低下します。加湿のみによる制電効果は難しいですが、局所的な面内電位差に起因するような静電気障害や、平均帯電レベルの低減には期待出来る対策です。

加湿による緩和効果は、絶対湿度ではなく相対湿度に大きく依存しています。同じ水分が空気中に存在していても、温度が低い方が相対湿度は高くなるため電荷緩和効果は大きくなります。従って、加湿による制電対策を実施する場合は、実際に静電気が発生している場所の温度、特に製造品の表面温度に着目することが大変重要です。例として、気温と相対湿度の関係を図４に示しました[10]。静電気の発生がより顕著にな

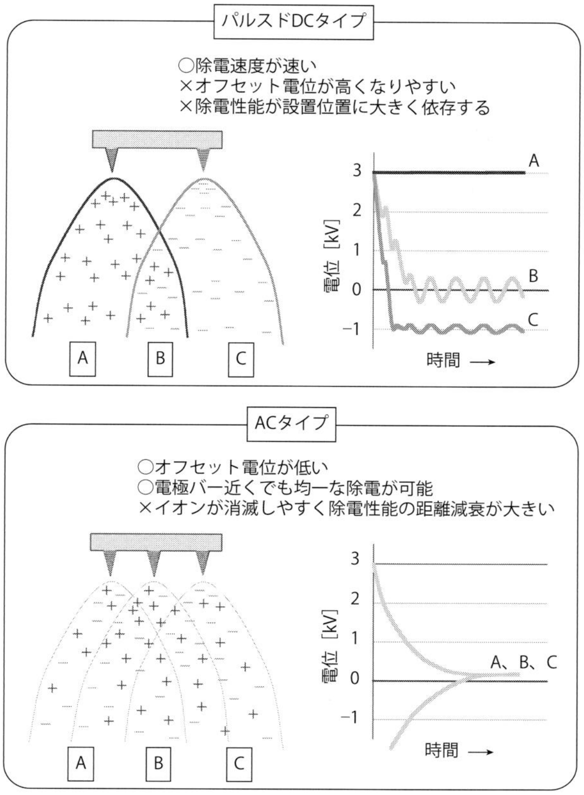

図5　イオナイザの種類と特性

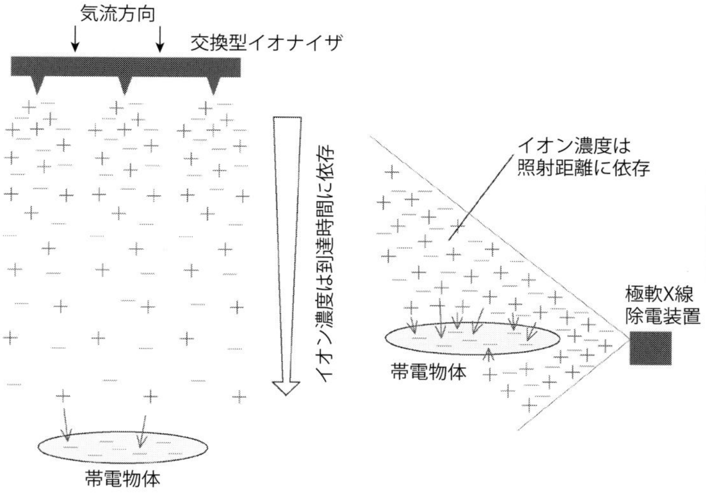

図6　コロナ放電と光照射による除電

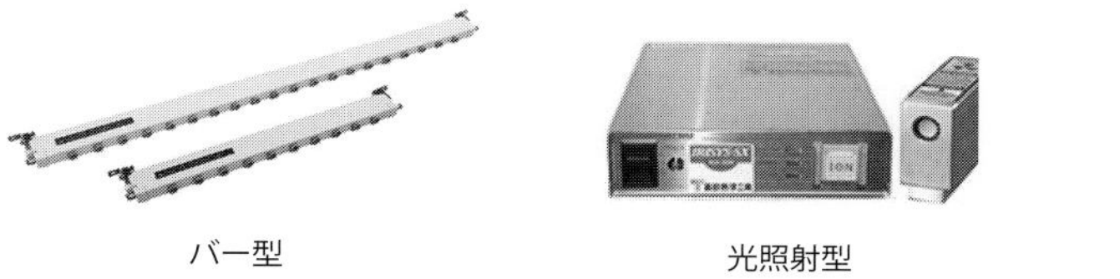

写真1　イオナイザと光照射による除電[18]

る冬季、制電対策の目的で加湿を行う場合を仮定してみましょう。加湿しない場合は、23℃の部屋では容易に10%台の相対湿度になるのに対して、加湿により60%に制御した場合、相当な制電効果が期待できます。一方、製造品の温度が高い場合、例えば40℃では製品に接する空気の相対湿度は23%に、50℃では14%と大幅に低下してしまいます。この結果制電効果は大きく減少し、加湿のために無駄にお金とエネルギーを消費することになります。加湿のための運転コストが非常に高いことを考慮し、製品表面に接する雰囲気の相対湿度での評価とともに加湿エリアおよび排気量の極小化を考えた対策の立案が必要です。排熱が多く、冬季においても冷房負荷となっているような場合は、加湿熱源にこの排熱を積極的に利用することができます。循環空調系で排熱を利用して加湿する空調システムが既に実用化されており、最大20～30%の空調エネルギー・コストの削減が達成出来ることが、報告されています[3][11]。

一方、加湿によるデメリットとして、特に金属類の腐食速度は、相対湿度60%以上において急激に増大する傾向にあることから[12]、耐腐食性の低い製品には適用出来ないことに留意してください。

電荷供給による静電気対策

これでもなお、静電気障害が防止できない場合は、最後の手段として、逆極の電荷供給による除電を検討します。除電雰囲気により使用できる除電装置は各種考案されており、空気中ではコロナ放電方式（＝イオナイザ）[13]と極軟X線除電方式（＝USX除電方式）[14][15]、減圧雰囲気では真空紫外線除電方式（VUV除電方式）[14][15]を用いることになります（表3）。除電が最も有効に作用するのは、強い電界が帯電物周辺空間に発生している場合です。逆に正及び負電荷が細かく混在する面内電位分布の場合やミクロな範囲でコンデンサを形成しているような場合には除電効果はあまり期待出来ません。

除電装置の除電性能（＝イオンあるいは電子供給能力）は、前記電界強度と帯電面近傍のイオン濃度（あるいはイオン生成能力）に依存します。要求除電性能に対して、十分なイオン数を供給できるかを、事前に試算検討し、満足しうる除電装置を選択しなければなりません。空間電位を発生させないために、正・負のイオンはバランスしている必要があります（図5）。一方、正・負イオンの共存は再結合による消滅が促進されるため、イオン搬送時間は極力短

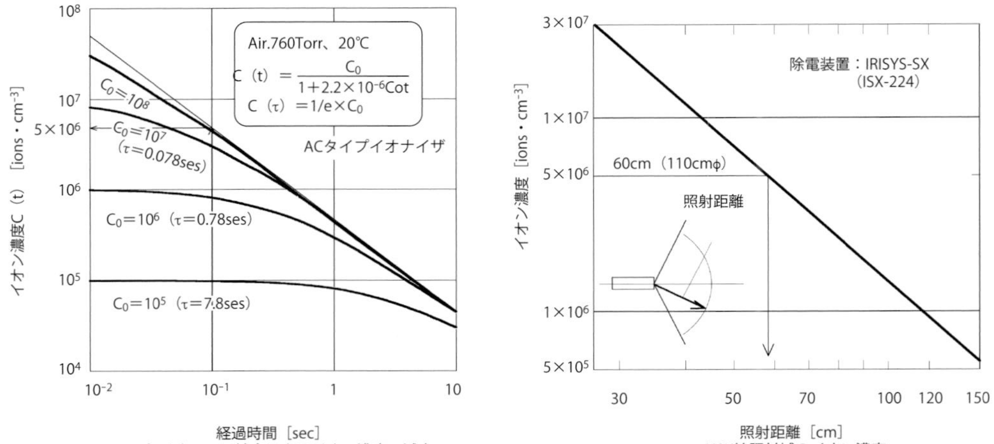

正・負イオンの再結合によるイオン濃度の減少　　USX線照射域のイオン濃度

図７　イオナイザと軟X線除電装置のイオン濃度比較

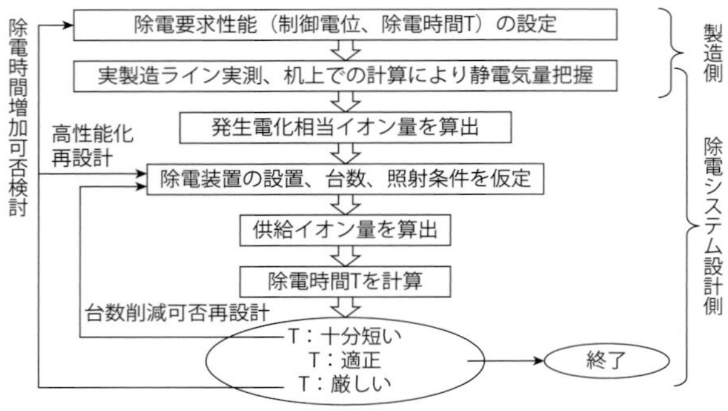

図８　除電設計基本フロー

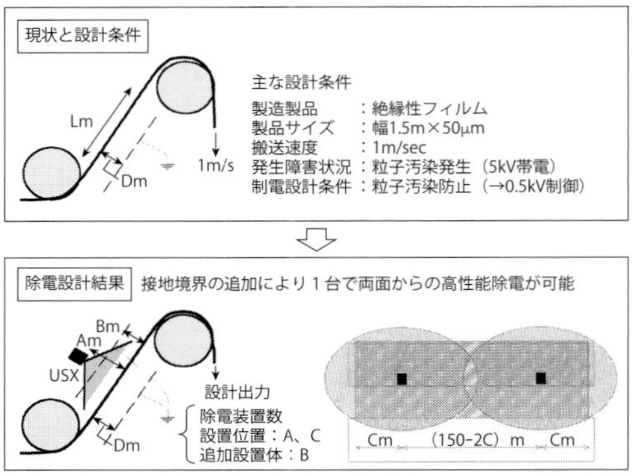

図９　フィルム製造工程における制電システム設計実施例

くすることになります。特に、コロナ放電法ではイオン対は放電電極先端近傍で生成された後、主に気流により被除電物体まで搬送されることから、搬送時間をどこまで短縮化できるかに除電性能は大きく依存します。USX除電法では、イオン対を被除電物体近傍雰囲気で直接生成することから、除電性能は照射距離に依存します（図６）。コロナ放電法で多く使用されている交流式イオナイザとUSX除電のイオン濃度を図７に示します[15]。高性能な除電が要求される場合、イオン濃度としては最低数百万・cm^{-3}程度必要です。例えば、500万・cm^{-3}の濃度を得るには、本例の交流式イオナイザでは0.1秒以内での搬送時間が要求されます。生成イオンを短時間で搬送できるブロワー式イオナイザでは、3m・sec^{-1}の風速で30cmの距離からイオン風を吹き付ける場合に相当します。一方、USX除電の場合は、気流の有無に関係なく約60cmの照射距離で同じ濃度を得ることができます。

イオナイザ使用上の重要検討事項

イオナイザは種類が豊富で使いやすい反面、使用法を誤ると静電気障害発生源あるいは粒子汚染源になりうる危険性を持っています。特に、放電電極先端からの発塵、放電特性の経時変化によるイオンバランスの偏りは重大なトラブルになるのでマニュアル化した管理体制が特に必要です。

放電電極先端に生成される固形物の問題は、原因がCR雰囲気中に存在する主に有機性ガス成分であることから、これら不純物を排除した清浄なガスによりパージすることで防止できます。この技術導入により、従来数週間毎に必要であった電極の清掃及びイオンバランス調整作業は大幅に削減できるようになりました。一方、本方式採用に当たっては、パージガスコストの試算が必要となります。粒子化の原因物質を除去した清浄なパージガスとしては、クリーンドライエア（CDA）あるいは高純度窒素ガスが使用されますが、清掃のランニングコストも考慮した、全体のコストに対して、採用検討が必要です。

光照射除電装置は、イオナイザの

表４　LCD製造現場における静電気障害防止対策基本フロー例：第１ステップ

Aステップ

各プロセス及び搬送系における静電気障害発生の可能性を予測

A-1) 静電気力による粒子汚染

A-2) 回路間における静電気放電による絶縁膜破壊

A-3) 静電荷移動による回路断線

A-4) 電荷残留による液晶不具合やしきい置電圧変動

A-5) 静電吸着による搬送エラー

↓

Bステップ

障害が予測できるまたは実際に生じている工程毎に許容静電気量を特定する

B-1) 粒子汚染は絶対電位および帯電時間で管理
（制御粒子径、許容付着量、環境粒子濃度→管理値決定）

B-2) 絶縁膜破壊は基板面内（面方向、厚み方向）電位差で管理
（絶縁膜許容電位差→管理値決定）

B-3) 回路断線は面方向電位差で管理

B-4) 電荷残留障害は、除電の方向や貼り合わせ前の除電を管理

B-5) 搬送エラーは絶対電位で管理

↓

Cステップ

問題のある各工程毎に、有効な対策技術を検討→図10へ

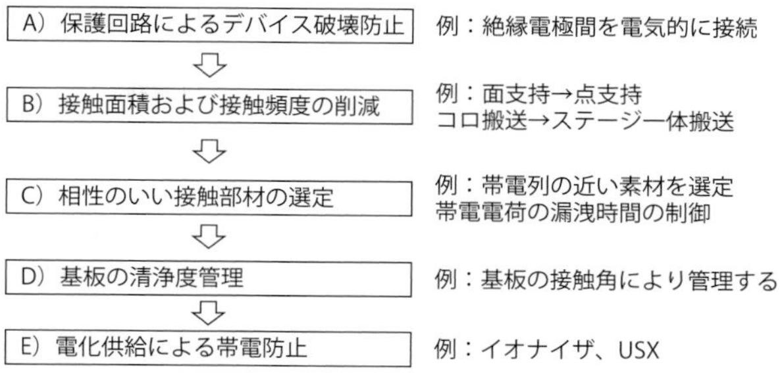

図10　LCD製造現場における静電気障害防止対策基本フロー例：第２ステップ

欠点克服を目的として実用化されたことから、微粒子発生やイオンバランスの偏りがなく普段の保守メンテは不要で、球切れ時の交換作業のみです。但し、イオナイザと同様、空気中で使用することが多い、USX除電装置の場合は、除電装置取り付けにおいて安全面の処置が必要です。本除電装置は電離放射線防止規則に該当する装置のため、作業域に軟X線が漏洩しない遮蔽措置を行わなければなりません[16]。遮蔽材料として、塩ビ板で1.5mm以上、SUS板で0.3mm以上の厚さがあれば完全遮蔽が可能です。装置がパネルで囲まれている場合は、遮蔽性能のある素材と厚みを選定すればよいことになります。オープンスペースでの使用の場合は、インターロック機能を付加した扉などの採用により、点灯時の人の立ち入りを防止できるシステムとしなければなりませんが、クリーンルームの局所化により、装置がパネルで囲われることが多くなったため、採用が増えています。

除電システム設計技術

静電気発生による損失を最小限にするためには、製造装置仕様決定時から制電目標レベルの設定と目標を達成出来る最適な除電システムを組み入れていくことが求められます。制電管理目標を確実に達成できる除電設計の実施により、新たな障害が生じた場合においても、早期原因解明が可能となりより短期での対策達成が可能となります。

USX除電装置及びVUV除電装置の適用における設計の基本フロー例を図８に示します。除電要求性能は、実製造ラインでの静電気の評価結果とデバイス耐性の関係を定量的に評価したデータを基に設定します。製造するデバイスがより静電気に敏感な仕様に変わる場合は、それまでの仕様に対してどの程度厳しくなるのかを予測し管理値を再設定します。そして、実際の製造において、設定した管理値が妥当なものであったかどうかの確認を行います。次に、除電要求性能と実製造ラインでの帯電状況のデータを基に、最大の除電性能が得られる使用条件と除電装置の必要最少台数を設計します。本設計においては、使用する除電装置の性能を最大限に活かす環境条件の検討が大変重要です。除電環境条件が決まれば、製造条件から決まる許容除電時間をもとに除電装置の台数と照射条件を算出します。このような最適な除電システムの設計は、製造側と除電システム設計側とが情報を共有することで初めて実現しうるものです。

フィルム製造工程における除電システム設計方法を図９に示します[17]。本実施例では、USX除電装置側への接地構造体の追加取り付けと広角タイプの除電装置２台を算出した位置に設置することで要求性能が達成出来るという設計結果です。このような設計手法は、液晶製造においても適用し実施されています（表４、５）。

応用分野編 Ⅵ《二次電池関連》

ドライルームとは

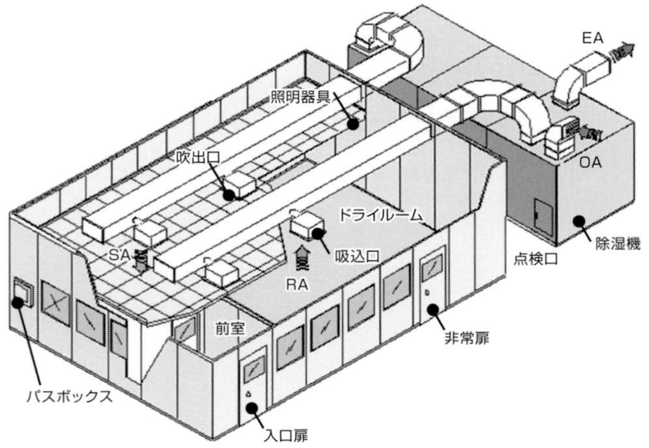

図1　ドライルームを構成する設備

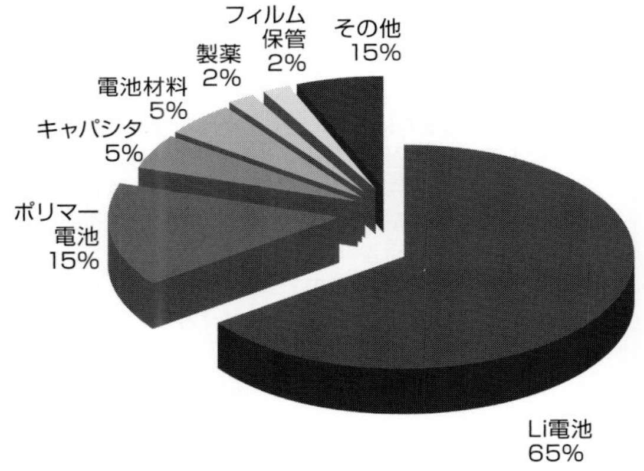

図2　ドライルームの用途

ドライルームの概要と構成機器

近年、生産過程において低湿度環境の需要が高まっています。低湿度環境すなわち「乾燥した雰囲気」は、主に、1990年代に商品化されたリチウムイオン電池製造に欠かせない環境として用いられてきました。この低湿度環境が必要な用途も多様化し、有機EL製造などの分野においても低湿度な環境が要求されています。

製品の品質と歩留まりの向上のために、空気中の水分量を一定の値以下に制御した低湿度室のうち、室内の露点温度（Dew Point Temperature）が−10℃以下の場合を特にドライルーム（高砂熱学工業㈱登録商標）と呼び、相対湿度10%〜30%程度の低湿度室と区別しています[1]。

ドライルームの湿度条件としては、リチウム電池製造工程では、最大水分量として室内条件で露点−30℃（絶対湿度0.233g/kg（DA））以下で管理されることが多く、通常のクリーンルームの温湿度条件23℃DB、50％RH（絶対湿度8.75g/kg（DA））の1/40に減少させることになります。ドライルームでは清浄度維持の要求がある場合も多く、その場合にはクリーンルームの機能も併せ持ち、クリーンドライルームと呼ばれます。電池製造用途に限れば、温度制御幅±3℃程度、清浄度JISクラス8（100k個/cf）程度で、グレードは高くありません。

ドライルームを構成する設備の概要を図1に示します。一般の建屋内に鋼板製サンドイッチパネルなどの透湿の無い部材を用いてドライルームを構成し、出入口には前室を、また、製品の出し入れのためのパスボックスを設置する場合が多くあります。低湿度空気は乾式除湿機で製造し、空調ダクトにて給気および還気を行います。顕熱負荷の処理は除湿機の給気温度を調節して行います。顕熱負荷が多い場合には、除湿機の給気だけでは不足となり、空調機やパッケージユニットを別に設置して対応します。その他に、照明やコンセントなどの通常の部屋としての機能上必要な設備が設置されます。

ドライルームの用途

ドライルームの空調条件は製品の必要とする湿分条件と作業員の作業環境の維持条件からおおよそ次の条件で計画されています。

乾球温度：20 〜 25℃

露点温度：−10 〜−50℃

（相対湿度：10 〜 0.1％）

ドライルームの室内露点温度は、コスト面等から考えて−40℃以上が現実的です。

ドライルームの用途としては図2に示すように、リチウムイオン電池の製造工程が多く、リチウムポリマー電池、キャパシタ、電池材料、製薬等が続いています。

この中で代表的な用途であるリチウムイオン電池の製造工程の例を図3に示します。リチウムイオン電池の製造工程では、空気中に存在する水分がリチウムイオンや電解液と反応し製品の歩留まりを低下させるため、製造ラインを低湿度環境下に設

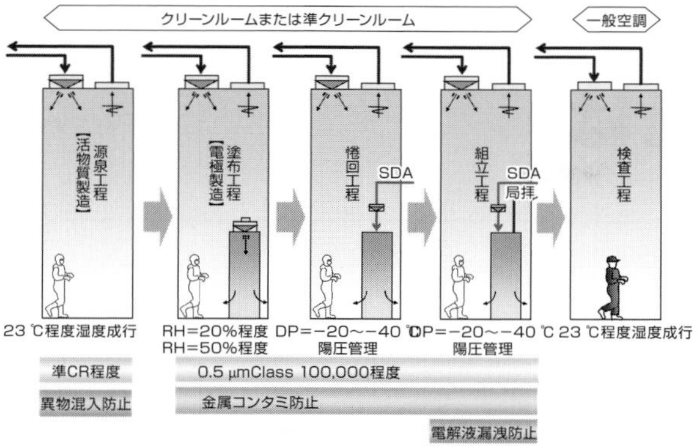

図３　リチウムイオン電池製造工程の一例

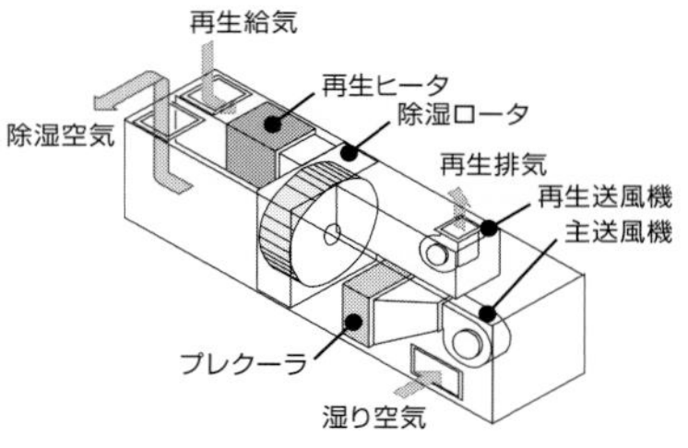

図4　乾式除湿機の構成図

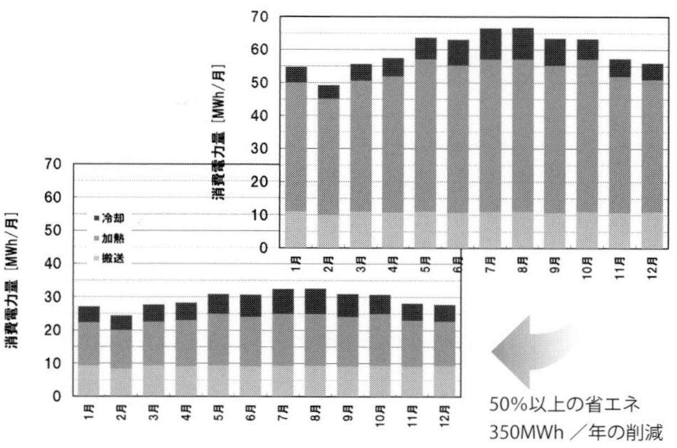

条件
送風量：100m³/min
排気量：5m³/min(加圧空気含む)
給気露点温度：−50℃
室内露点温度：−30℃
人員：10人
外気条件：東京

図５　省エネ型除湿機消費電力量比較

置する必要があります。ただし低湿度環境にするラインの部位、低湿度の度合い（露点温度）、及び低湿度環境にする方法などは電池を構成する材料や製造方法などにより違うので電池メーカ各社毎に異なっています。ただし、どの場合でも、最も水分を嫌うのは組み立て（アッセンブリー）工程で、中でも電解液注入工程の低湿度管理が最も重要です。

ドライルームで使用する除湿機

この様な温湿度条件を達成させるためのドライルーム設備の中で中心となるのは除湿機です。様々な除湿機の中で、ドライルームでは、処理風量が多く比較的簡便に低露点が得られることからハニカムロータ式乾式除湿機（以下、乾式除湿機）が多く用いられています。乾式除湿機のキーとなる部品はハニカムロータで、冷却除湿ではとれない微少水分を処理することができます。

以下に乾式除湿機の原理について説明します。ハニカムロータは連続して回転しています。そのロータの処理部分で空気中の水分を吸着すると同時に再生部分で高温の空気を送り込み吸着した水分を蒸発させ、外部へ放出することで、連続して除湿を行います。乾式除湿機の主要部材であるハニカムロータの素材としては、最近ではシリカゲルロータが主流となっています。図４に乾式除湿機の構成を示します。

省エネルギー要求への対応

低湿度空気発生に必要なランニングコストは一般空調やクリーンエアと比較して高価であり省エネルギーに留意すればかなりの減額を見込むことも可能になります。

まず、製造に必要な最適な湿度を製造者が把握しておくことが大切になります。その上で設定湿度をむやみに低くしないで適正な湿度に設定することで除湿空気量が減り省エネルギーとなります。また、製造ラインやドライルームからの排気量を最小限に抑えることで外気の除湿負荷を減らすことができます。

従来の除湿機は各社ともにほぼ同程度のランニングコスト性能でした。しかし除湿機に改良を加えることによってこれらを更に低減することが可能です。図５に改良を加えた省エネルギー型除湿機と従来型の消費エネルギーを示します。従来型に比べて50％以上ものエネルギー低減効果があり、在室人員10人規模のドライルームの場合、年間350MWh／年の省エネルギーとなります。ドライエアのランニングコストはクリーンエア以上に高価であり、それはそのまま電池の製造原価にかかわってきます。ドライルームのようにランニングコストの高い設備の計画時にはこのような改善は非常に有効となります。

近年では、除湿機本体の性能向上を図ることはもとより、よりエネルギーロスの少ないシステムとなるような技術革新に取り組むことが必要となってきています。

応用分野編 Ⅶ《食品関連》

食の安全とは

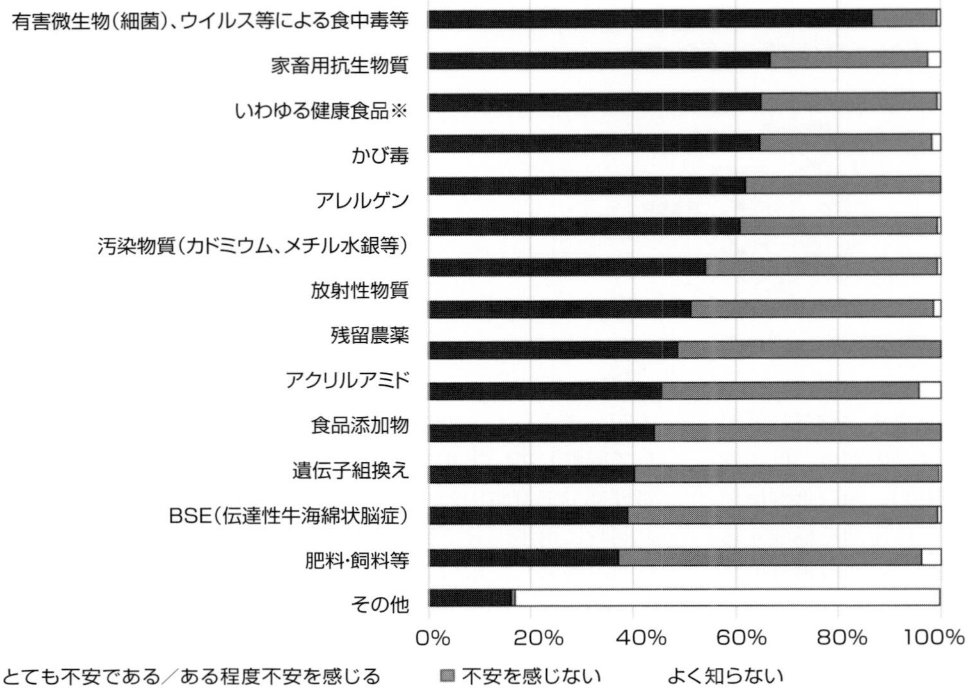

図１　食品の安全性に関する意識等について[1]

「食の安全」、消費者の意識

内閣府食品安全委員会は食品安全モニターによる「食品の安全性に関する意識等について」[1]アンケートを実施しています（図1）。

平成31年2月の結果では、有効回答者のうち、約87%が「有害微生物（細菌等）、ウイルス等による食中毒」について、67%が「家畜用抗生物質による薬剤耐性菌」、65%が「いわゆる健康食品」について「とても不安を感じる」または「ある程度不安を感じる」と回答しています。

年度別推移として、「有害微生物（細菌等）、ウイルス等による食中毒」は、平成16年度以降、約80%で推移しています。

「家畜用抗生物質による薬剤耐性菌」及び「いわゆる健康食品」は増加傾向にありますが、「放射性物質」は平成24年度以降では減少傾向となりました。このように消費者の意識は、食品の事故の発生と社会の関心を背景にしていると考えられます。

食中毒発生の状況

食品の危害要因は、生物的危害、化学的危害、物理的危害が考えられます（図２）[2]。

厚生労働省の平成30年食中毒発生状況[3]では、食中毒事件数1,330件、患者数は17,282人となっています。病因物質別患者数では全体の半数をウイルス（51%）が占めていますが、この原因物質のほとんどがノロウイルスです（図３）。近年のノロウイルスによる食中毒患者数は、おおよそ8,500人で

○生物的危害（病原細菌、腐敗細菌、ウイルス、寄生虫等の病原微生物）
サルモネラ属菌、腸管出血性大腸菌、ノロウイルス、黄色ブドウ球菌、食品媒介寄生虫、緑膿菌、酵母、乳酸菌
○化学的危害
（生物由来物質）
カビ毒、貝毒、フグ毒、ソラニン、ヒスタミン
（生産資材）
農薬、動物用医薬品
（その他）
指定外添加物、洗剤
○物理的危害（金属片や鼠の死骸といった異物混入）
ガラス片、金属片、木片、プラスチック片、注射針、従事者由来の物品、ワイヤ

図2　食品の危害要因[2]

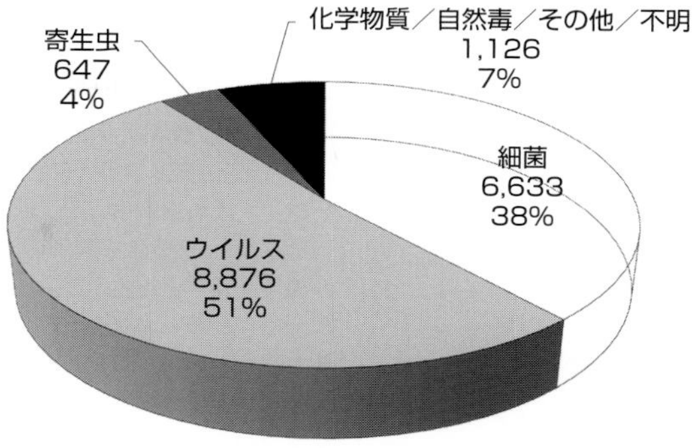

図3　平成30年 病因物質別食中毒患者数
（総数17,282人）[3]

推移していますが、それらは汚染された食品の摂取だけでなくノロウイルス不顕性感染者による二次汚染も原因となっています。これらの食中毒統計資料は、医師から保健所に届けられた受動的な集計数字ですが、米国CDC(疾病管理予防センター)によるアクティブサーベランスネットワーク(FoodNet:食品媒介感染症を対象にした能動的サーベランスシステム)のレポートの結果[4]と比較すると国内の潜在的な食中毒患者は相当数に達すると考えられます。

食品衛生関連法規や規範等（ガイドライン）で定められている食品製造環境の管理

食品の製造環境からの汚染管理として様々な法的な基準やガイドラインが示されています。食品衛生法施行規則では営業許可施設の基準などにおいて施設の広さ、区画、構造と設備、機械器具について定められています。この他にも規範（ガイドライン）として大量調理施設衛生管理マニュアルがあり、弁当及びそうざいの衛生規範などや漬け物の衛生規範では、具体的に製造環境における細菌数などの基準が示されています。また、機械器具を含む食品用器具・容器包装については合成樹脂製の材質についてポジティブリスト（使用を原則禁止し、使用を認める物質をリスト化）の制度が導入されています。

食のグローバル化と安全確保

「我が国の食をとりまく環境変化や国際化等に対応し、食品の安全を確保するため、広域的な食中毒事案への対策強化、事業者による衛生管理の向上、食品による健康被害情報等の把握や対応を的確に行うとともに、国際整合的な食品用器具等の衛生規制の整備、実態等に応じた営業許可・届出制度や食品リコール情報の報告制度の創設等の措置を講じる」とし、食品衛生法等の一部を改正する法律が公布されていましす。

食品衛生の一般原則の規範

消費者の健康の保護、食品の公正な貿易の確保等を目的とする国際的な政府間機関としてCodex食品規格委員会があります。ここで策定された規格のひとつとして「食品衛生の一般原則の規範」とその付属文書として「HACCPシステムと適用のガイドライン」が示されています。

この規格で「食品の安全性」とは、「食品が意図される使用に従って調理及び/または食されるときに、消費者に有害とならないという保証」と定義されています。この規格を基本にしたISO22000やGFSIのベンチマークであるFSSC22000やSQFが国際的な食品企業によって運用されています。

Codex「食品衛生の一般原則の規範」における基本的な考え方

コーデックス規格では食品衛生の一般原則において「目的」、「範囲・使用及び定義」のほかに「一次産品（原材料管理）」などの8項目が示されています（図4）[5]。このうち食品の製造（加工）環境と工程における基本的な考え方としてハード面の「Ⅳ.施設：設計と設備」、ソフト面の「Ⅵ.施設：保守と衛生」について概説します。

RECOMMENDED INTERNATIONAL CODE OF PRACTICE
GENERAL PRINCIPLES OF FOOD HYGIENE（CAC/RCP 1-1969）

緒論（INTRODUCTION）
Ⅰ 目的（OBJECTIVES）
Ⅱ 適用範囲、使用と定義（SCOPE, USE AND DEFINITION）
Ⅲ 一次産品（PRIMARY PRODUCTION）
Ⅳ 施設：設計と設備（ESTABLISHMENT: DESIGN AND FACILITIES）
Ⅴ 取り扱いの管理（CONTROL OF OPERATION）
Ⅵ 施設：保守と衛生（ESTABLISHMENT: MAINTENANCE AND SANITATION）
Ⅶ 施設：従業員の衛生（ESTABLISHMENT: PERSONAL HYGIENE）
Ⅷ 搬送（TRANSPORTATION）
Ⅸ 製品情報と消費者意識（PRODUCT INFORMATION AND CONSUMER AWARENESS）
Ⅹ トレーニング（TRAINING）

図４　「食品衛生の一般原則の規範」[5]

１．施設：設計と設備

「適正で衛生的な設計と構造、適切な立地及び適切な設備規定は、効果的に危害を管理するために必要である。」として次の要件などが求められています。

(1)　立地（施設、装置）
潜在的な環境汚染源と食品施設の配置に関する考慮と保守管理できる装置の配置

(2)　敷地内及び部屋（設計及び配置、内部構造及び付属設備、臨時/移動店舗及び自動販売機）
・施設内での作業汚染区画（汚染作業区域、準汚染作業区域、清潔作業区域など）による交差汚染防止と床、天井、壁などの容易な保守と清浄化
・臨時店舗などにおける食品の汚染や有害小動物の侵入防止のための合理的で実用的な構造

(3)　装置（一般的要件、食品の管理及びモニタリング装置、廃棄物及び不可食物のための容器）
・食品と直接接触する装置や容器の適切な清浄化、消毒と保守できる設計、耐久性と移動可能性、容易な分解
・食品の調理、加熱処理、冷却、保管、冷凍するために使用される装置の性能設計や意図する使用基準（温度など）をモニタリングできる機能
・廃棄物等の保管容器の識別区分、材質、施錠保管

(4)　設備（給水、排水及び廃棄物処理、清浄化、ヒトの衛生設備及び便所、温度管理、空調及び換気、照明、保管）
・飲用水（食品製造用水）の適切な供給と系統配管や排水、廃棄物処理装置の設計及び食品、器具、装置の清浄化のための給水整備
・従業員の更衣室やトイレの適切な配置と設計、手洗いなどの設備
・食品の取り扱いと汚染作業区分による温度管理、給排気、照明の照度とガラスの保護
・食品、原材料及び食品以外の化学物質の適切な保管設備

２．施設：保守と衛生

食品を汚染するかもしれない食品の危害要因、有害小動物及びその他の因子の連続的な効果的管理を容易にするためのシステムを設定すること。」として次の要件が求められています。

(1)　保守及び清浄化（一般的要件、清浄化の手順及び方法）
・施設や装置に求められる容易な衛生手順と装置に付帯するモニタリング機能の保持及び異物混入防止等のための保守管理
・洗浄薬剤の取り扱い及び清浄化の手順と手段、洗剤等の使用方法

(2)　清浄化プログラム
・清浄化装置を含む清浄化や消毒プログラムの作成、プログラムの適切性効果のモニタリング及びそれらの文書化の要件

(3)　有害小動物管理システム（一般的要件、侵入防止、隠れ場所及び群生、モニタリング及び検出、根絶）
・有害小動物（昆虫）の内部発生、外部侵入防止とモニタリング監視や検査及び根絶のための処置と留意点

(4)　廃棄物管理
・作業区域や隣接する環境での廃棄物の蓄積回避と衛生的な保管

(5)　モニタリングの効果
・衛生システムの効果を評価するためのモニタリングと微生物学的サンプリング手段などによる定期的な検証、再検討とシステムへの反映

① 原材料、製造工程の変更
② 施設の改修、レイアウト・配置の変更
③ 機器、原材料等、従業員の動線の変更
④ 施設、設備の故障履歴の有無
⑤ 洗浄・消毒等の作業手順の変更
⑥ 設備の機器保守管理状況
⑦ 従業員の作業状況、配置の変更
⑧ 採取検体、採取頻度の追加
⑨ 原材料、工程中間製品、製品の検査
⑩ 汚染原因排除後の検証検査

図５　環境汚染検査での考慮事項[6]

食品製造機器の設計と管理

食品製造機器の安全性確保の要件は、材質、不浸透性、強度や微生物の増殖防止や殺菌機能、機器の保守点検の容易性と取り外し可能な部品や潤滑剤などの薬剤の管理が考えられます。食品衛生法では、食品に直接接触する表面の材質について器具、容器・包装として規格基準が定められ、潤滑剤は食品添加物として許可された物質以外の使用は認められていません。また、加工製造工程において管理基準として定めた温度計、pHメーター、秤量計、金属探知機、X線異物検出器などは定期的な内部校正や外部校正証明などが求められることがあります。

食品製造環境における微生物的危害要因

食中毒の原因となる微生物的危害は、食品原材料由来と製造工程由来が考えられます。公表されている食中毒統計ではこれらの原因が明確にされていませんが、製造工程中の中間製品の取り扱い、副原料、使用水による汚染、製造環境からの汚染、従業員による汚染などが要因として考えられます。一般的には外部から持ち込まれた微生物の多くは、日常の施設や設備などの清浄化や消毒によって常在化しないと考えられますが、清浄化や消毒が困難な施設、設備機械ではバイオフイルムの形成により定着する場合があります。このような微生物は様々な要因により工程中の製品や製造環境に拡散し汚染することが考えらえます。サルモネラ属菌は、比較的乾燥に強いなどの特徴によって、環境中での生残性が高く、施設内等での二次汚染の原因になります。また、低温でも発育可能なリステリア属菌なども環境の定着汚染事例があるとされています。

製造環境の清浄度と微生物検査の例

調理器具・製造機器、施設設備・備品、作業者の手指などを対象にした一般生菌数、大腸菌群、大腸菌、黄色ブドウ球菌などの検査が汚染指標として実施されます。このほかに排水溝のリステリア属菌、長期保存食品の工程管理のためのカビや酵母、食肉取り扱い施設におけるサルモネラ属菌や大腸菌などの検査もあります。

汚染原因追究のための細菌検査

製品の微生物汚染の汚染原因を特定するために微生物検査が計画実施されます。突発的な汚染や継続的な汚染などの状況を把握し、その発生原因の排除やリスクを低減することで製造環境の衛生水準が確保されます（図5）[6]。

食品製造環境の管理手段と検証

食品の製造工程管理におけるバリデーションの考え方についてCodex食品規格委員会よりガイドライン[7]が示され、管理手段とモニタリング、検証の考え方と参照事例が示されています。食品事業者は、自ら構築した管理プランにおいて製造工程中の管理基準が、計画した危害要因の水準まで継続的に達成していることをバリデーション結果とともに立証することが求められます。

応用分野編 Ⅷ《食品関連》

HACCPとは

※2020年６月に、食品衛生法等の一部を改正する法律の施行・経過措置期間の開始し、経過措置期間の終了。2021年６月からHACCPの義務化完全施行。
対象：全ての食品等事業者（職人の製造・加工、調理、販売等）。

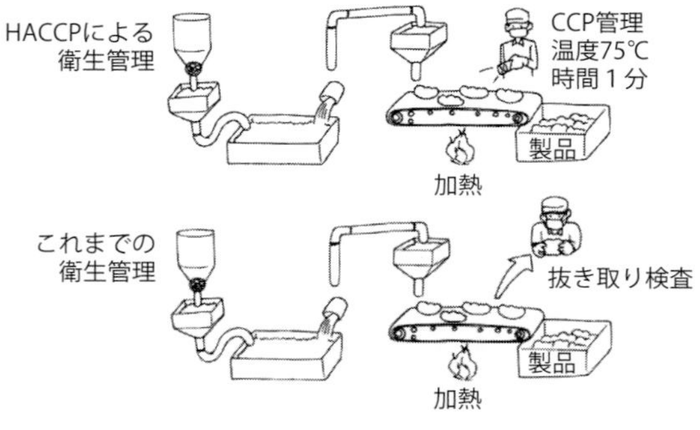

図１　HACCPの概念(1)[1]

HACCP＝Hazrd Analysis and Critical Control Point
HA（危害分析）＋CCP（重要管理点）の略

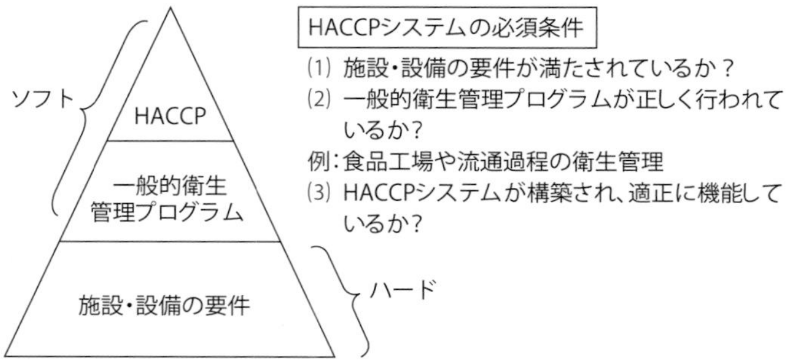

図２　HACCPの概念(2)

日本では、食品衛生法の改正により2020年6月からHACCPの義務化が始まりました。

HACCPとは？

日本語で「ハセップ」あるいは「ハサップ」などと発音されるこの語は「Hazard Analysis（HA=危害分析）and Critical Control Point（CCP=重要管理点）」の略で、「食品の原材料の生産から、製品が消費されるまでの全ての過程で、化学・物理・生物に関する危害分析（HA）に基づいて、重要管理点（CCP）を設定して、頻度多くまたは連続的に監視・記録して危害を防止し、食品の安全・品質を確保するシステム」のことです。例えば図1[1]のように、従来は抜き取り検査で済ませていたものを、HACCPではあらゆる角度から危害を予測し、CCPにおける管理で製品の安全性を確保するという特徴があります。

HACCP導入のメリットは、

①食品の安全性の保証・向上
②食品の安全性の公認
③製品の競争力強化
④実施することによる、組織全体の意識の一体化

など、いろいろな表現で示されます。

HACCPとそれに関わる動き

HACCPは米国のアポロ計画で宇宙食の安全性確保のために開発され、1959年に初めて適用されました。

1995年、日本では厚生省（当時）が食品衛生法を一部改正して「総合衛生管理製造過程の承認制度」を導入しました。これは日本版HACCPとも言われています。2003年5月には食品衛生法の大きな改正が行われ、自治体が条例で施設基準、施設の衛生管理事項を、また、厚労省は管理運営基準のガイドラインを定めています。さらに、ほぼ同時期に「食品安全基本法」が制定され、HACCP方式による衛生管理体制の構築が要件となっています。現在、HACCPは食品製造のための衛生管理手法として、多くの国々で導入されています。

なお、国内ではHACCP支援法（食品の製造過程の管理の高度化に関する臨時措置法）[2][3]が、食品の安全性の向上と品質管理の徹底等への社会的な要請に応えて、食品製造業界全体にHACCPの導入を促進するため、1998（平成10）年に制定されました。現在も継続的に食品の安全性向上の取組みを推進する必要があることから、2013（平成25）年6月にこの法律をさらに10年間延長すると共に、HACCP導入の前段階での施設及び体制の整備である「高度化基盤整備」を支援対象とする改正が行われました（2013（平成25）年6月17日成立、同月21日公布、同年12月20日施行）。

HACCPの概念

HACCPは図2に示すようなハード、ソフトに関する要件の上に成り立っています。

HACCPシステムを機能的に運営していくためには、まず、食品製造

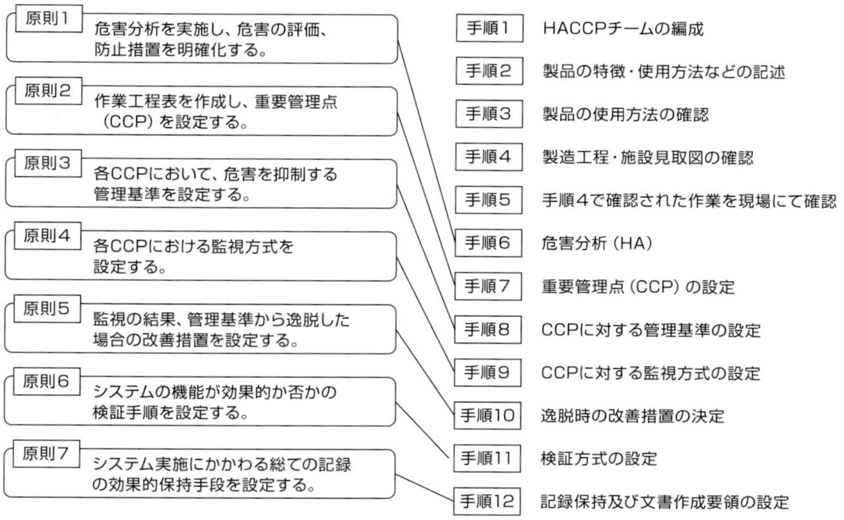

図３　HACCP７原則と12手順

などの施設や設備が清潔かつ衛生的であること、人や物に対する衛生管理が十分に行われていることが重要です。これら衛生管理の計画が一般的衛生管理プログラム（Prerequisite Program=PP）と呼ばれるもので、次の要件を満たしていなければなりません。

①施設・設備の衛生管理
②従事者の衛生教育
③施設・設備、機械器具の保守点検
④鼠族・昆虫の防除
⑤使用水の衛生管理
⑥排水及び廃棄物の衛生管理
⑦従事者の衛生管理
⑧食品などの衛生的な取扱い
⑨製品の回収方法
⑩製品などの試験検査に用いる機械器具の保守点検

次に、このPPを行うための施設・設備（ハード）の要件は以下の通りです。

①施設の構造
床面は排水が容易。排水溝は排水が飛び散らない構造。防虫・防鼠対策。

②作業場などの区画
汚染作業区域と非汚染作業区域との明確な区別。食品を取り扱う場所と便所・休憩室・更衣室とを壁などで区分。

③作業場などの設備
作業場・調理場の照明切れ、カビや錆の発生などの老朽化がなく、換気も良いこと。原材料置き場・下処理室・調理場などの作業区域の入口に手洗い・消毒設備・履物などを設置する。

以上の要件を規定していた管理指針の衛生規範が、全ての食品等事業を対象にHACCPに沿った衛生管理に取り組むことが制度化されたため、廃止されました。

行政機関としては今後衛生規範を根拠とした基準を使わず、HACCPに沿った衛生管理が適切に行われているかについて定期的な立入検査や営業許可の更新等の際に確認・指導を行っていくとしています。

ただし廃止された衛生規範については、参考にして自社基準を設定することは差し支えありません。また合理的・科学的な根拠があれば廃止された衛生規範に沿わない基準でもあっても違反ではありません。しかし衛生的に問題ないことを厳密に確認する必要があります。

HACCPによる管理の開始

まず、図３に示す７原則を盛り込んだHACCPプランを作成します。それに従って12手順で準備を整えます。手順1 ～ 5でHACCPチームの編成から危害要因の抽出までを、手順６～ 12で各種設定・決定を行い、HACCPによる管理が開始できる状態が整います。あとは実行あるのみです。承認を受けることも忘れずに（対象品目は多く、拡大の方向）。

防虫対策とは

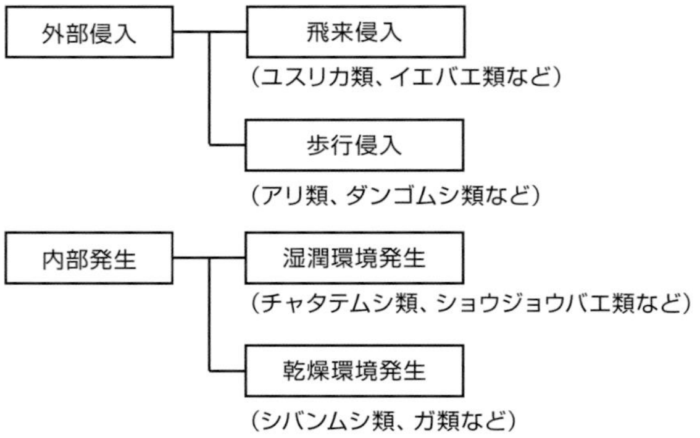

図１　昆虫発生の分類

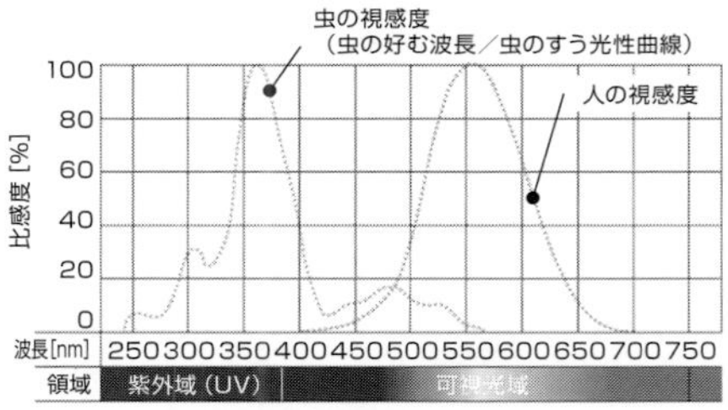

図２　虫の視感度曲線[2]

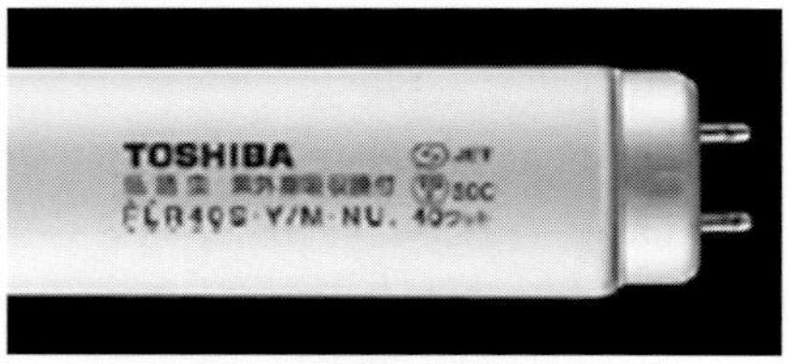

写真１　低誘虫蛍光灯[4]

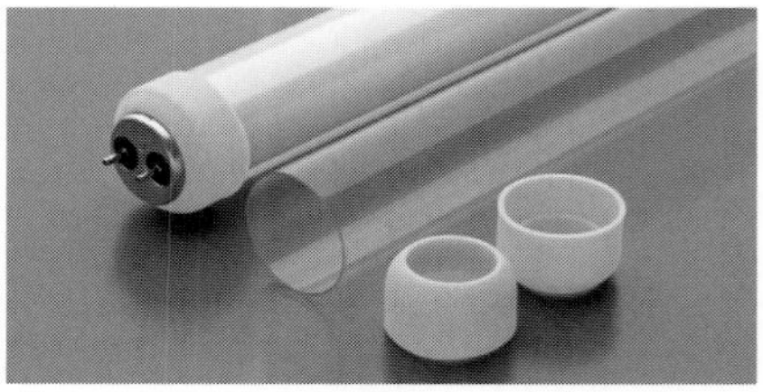

写真2　紫外線カットカバー[5]

虫の種類と概要

図１に示すように、虫の発生は「外部侵入」と「内部発生」に大別されます。外部侵入型は、「飛来侵入」、「歩行侵入」に分類され、飛来侵入ではユスリカ類、イエバエ類など、歩行侵入ではアリ類、ダンゴムシ類などが挙げられます。内部発生型は「湿潤環境発生」、「乾燥環境発生」に分類され、湿潤環境発生ではチャタテムシ類、ショウジョウバエ類など、乾燥環境発生ではシバンムシ類、ガ類などが挙げられます。このようにいろいろな特性を持った種類に分類されるため、対象とする虫の種類、生息条件などを踏まえ適切な対策を施すことが必要ですので、建物の内外にどんな虫が生息しているかを調査し、それに合わせた対策を講じることが重要です。

防虫対策の考え方

防虫管理のために、防虫対策の３原則、「近づけない」、「入れない」、「発生させない」を守る必要があります[1]。

(1)　近づけない

外部侵入の虫を工場内に誘引する要因は「光」、「臭気」、「熱源」などがあり、これらの除去が基本となります。また、工場の壁に添った植栽は歩行性虫などのすみかになりやすいため、離して設置します。

「光」：虫は主に紫外線を光として感じる（図２）ため、紫外線を少なくすると虫が寄り付きにくい光となります。

屋外に漏れる室内蛍光灯のランプを低誘虫ランプ（写真１）に変える、蛍光灯に紫外線をカットするカバー（写真２）をつける、紫外線カットフィルタを窓に設置する、出入口には紫外線をカットした照明を設置するなどの対策を行います。また、低誘虫屋外街路灯を工場の近くに設置して、虫を寄せ付けないようにし、工場から離れた街路灯に虫の好むランプをつける方法もあります（図３）。

「臭気」：原材料・発酵臭・生ゴミ置き場・排水ピットなどから発生する臭気に誘引されますので、臭気を発生する箇所の清掃を徹底することや生ゴミは蓋のついた容器に保管する必要があります。

「熱源」：外気温が下がる冬季には、排気口や温水が流れる排水溝などの暖かい場所へ誘引されますので、防虫ネットを張る対策が必要になります。

(2)　入れない

外部侵入を防止するためには、「隙間をふさぐ」、出入口などの開口部に「対策を講じる」など侵入路を物理的

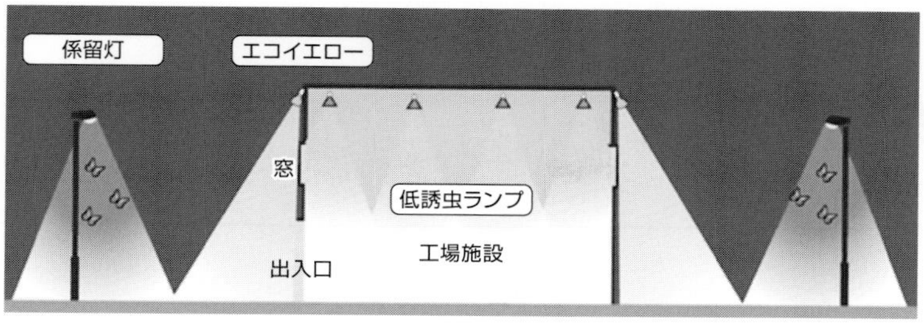

図3　工場周囲の防虫対策(6)

写真3　防虫シートシャッター(7)

写真4　防虫用エアーカーテン(8)
エアーカーテン気流により
虫の侵入を防止する

に断つ方法と明快な作業区域のゾーニング計画、交差汚染を防止する動線計画などの「建築計画による方法」、「運用ルールを定め徹底する」、「作業者を教育する」などのソフトによる方法が対策がとして挙げられ、これらの方法を確実に行うことが大切です。

「隙間をふさぐ」：戸の下などの隙間を塞いで虫の進入経路をなくします。また、窓には網戸を設置します。換気扇や排気口などのわずかな隙間にはメッシュの細かい網をつけます。

「対策を講じる」：部材の荷受けやフォークリフトなどの出入りがある大扉には、防虫カーテンやインターロックを掛けた二重の防虫シートシャッター（写真３）、防虫用エアーカーテン（写真４）などにより対策を行います。カーテンやシャッターの素材は、紫外線波長領域の光をカットする素材とすることで、物理的な遮断だけではなく、光学的な遮断も期待できます。また、パレットや梱包などはエアブローによる除去や清掃点検したものを使用することも大切です。梱包副資材などは、虫の付かない管理された場所で保管します。

「建築計画による方法」：作業工程や検査・梱包工程を間仕切り壁により区画し、他のエリアと分離することで対策を講じます。また、作業工程に対応した明快な機器配置や原料・中間品・製品動線の分離、廃棄物動線の分離などを行い、交差汚染を防止します。

「運用ルールを定め徹底する」：資材の入出庫や製品の出荷に関わる大扉は、入出荷専用として、作業者の出入口は別の扉を使用し、必要時以外使用しない、夜間は虫が入りやすいため出入口を限定する、大扉は作業終了後にすぐ閉めるなど、基本的ルールの確認と徹底をすることが重要です。

「作業者を教育する」：窓や扉の開閉ルールを標準化しても、時間がたつと風化したり、人の入替わりにより、教育できない場合もあります。窓を閉める理由、網戸にする理由を作業員に説明し、理解してもらうことが大切です。工程パトロールで定期的にチェックすること、窓ガラスに標準化したルールを掲示して注意を促すことなど、小さな改善が必要になります。１度や２度の教育では身につかず、すぐに組織に定着しないことも認識しておくことが必要です。

⑶　発生させない

内部発生の虫は排水溝、壁、床などの有機質の汚れやカビを餌として生息しますので、これらの箇所の清掃を徹底することが重要となります。

「工場内外の清掃」：屋外の草木を定期的に手入れし、ゴミなどがないように清掃します。排水溝など水がたまっている場所は、虫が大量発生する環境となりますので、定期的に清掃します。近くに草木が多く生い茂る環境や水辺の環境がある場合は、特に注意が必要です。

「不要なものは廃棄」：敷地内外に廃棄物などが長期間保管されていると、さまざまなものがたまり、虫が生息しやすい環境となります。不要なものは、整理を徹底し、清掃して、清潔な環境とします。

応用分野編 X《医薬品関連》

GMPとは

GMP

（Good Manufacturing Practices）

Good良い（医薬品等を）

Manufacturing製造する（ための）

Practices規範（規程）

図１　GMPとは

医薬品の品質確保のために

医薬の製造業者は、医薬品医療機器等法（旧薬事法）を頂点としたGMPの関係法令の適用を受け、不良医薬品の発生を未然に防止し、医薬品の品質確保を図ることが義務付けられています。クリーンルームを含めた医薬品の製造工場（以下、製造所という）を新たに建設する場合には、医薬品の品質を確保するためこれらの法令を遵守し、建設計画を進めなければなりません。GMPの基準に従い、製造所の計画段階からバリデーション活動を推進して、顧客の要求仕様を満足する製造所の建設の検証に務めることが建設業者に求められています[(1)～(3)]。

GMP

(1)　GMPとはなにか

GMPとは図１に示すように、医薬品を製造するための規範であり、次の三つの原則が求められています。

- 製造段階（医薬品等を作る段階）における人為的な誤りを最小限にすること。
- 汚染及び品質低下を防止すること（違う製品が混ざったり、医薬品等の中に目的物以外のものが入ることを避ける）
- より高度な品質を保証するシステムの設計（安全で有効な医薬品等を作ることができるシステムを作る）

日本においては、法令化されています。そして、クリーンルームを含めた医薬品の製造所は、法令に従い建設することが求められています。

医薬品のGMPでは製造所の構造設備に関する基準をGMPハードと呼び、製造所の建設に必要な基準です。また、製造管理及び品質管理に関する基準をGMPソフトと呼んでいます。

(2)　製造所は国の許可や承認が必要

医薬品の製造業者は、各製造所で製造業の許可を受けないと医薬品を製造することはできません。この許可を受けるためにはその製造所が「薬局等構造設備規則」[(4)]等に規定されている構造設備の基準に適合することが求められます（表１）。

また、医薬品の製造販売をするためには、前掲した製造業の許可とは別に、国の承認を得る必要があります。この際には、製造所がGMPに適合しているか調査（GMP適合性調査）を受け、GMPの適合が確認されなければ製造販売の承認を国から受けることができません。

このGMP適合性調査でGMPに適合するためには、製造所の構造設備が、GMP省令[(5)]に適合することが求められます（表２）。したがって、新たに建設する製造所は、表１及び表２の必要な条件を満足するように計画・設計する必要があります。

(3)　GMPの基準に適合する製造所とは

製造所の計画で求められるGMPの基準は、医薬品の区分や医薬品の品目により相違しますが、GMPの３原則が基本的な要件です。主要な構造設備に関するGMPに基づく考え方を次に説明します。

①　製造所の区画

製造所は、製造作業や保守点検が容易で、かつ塵埃や微生物による室内の汚染や製品の汚染を防止するように区画計画をしなければなりません。また、必要に応じて製造作業する部屋の専用化や製造機器を閉鎖式にする配慮が必要となる場合があり

表１　製造業の許可要件となるGMPハードの基準

薬局等構造設備規則	
第６条	一般区分の医薬品製造業者等の製造所の構造設備
第７条	無菌医薬品区分の医薬品製造業者等の製造所の構造設備
第８条	特定生物由来等の製造業者等の製造所の構造設備
第９条	放射線医薬品区分の医薬品製造業者等の製造所の構造設備

表２　製造販売承認に必要なGMP基準

GMP省令	
第9条	製品の製造所の構造設備
第23条	無菌医薬品の製造所の構造設備
第26条	生物由来医薬品等の製造所の構造設備

ます。

原料を秤量する部屋や、製品を調製する部屋等は、その他の作業を行う部屋から区別されるように区画する必要があります。

製造する作業区域の広さ条件は、設備や機器を配置した作業条件で作業中の混同、汚染、交差汚染や手違いを防止する観点から適切な広さが求められます。

注射剤、点眼剤など無菌製剤は、無菌室の区画を設けるか、アイソレータやクリーンベンチ等の無菌操作が可能な設備などを設置して、微生物汚染対策をとる必要があります。

製品、原材料、廃棄物及び作業員の動線は多様な汚染形態に対する防止対策の観点から十分に検討して区画を設計する必要があります。室間の差圧や気流方向も合わせて検討します。

人の動線の制限として、製造作業を行う作業室が他の職員の通路とならないように区画を計画することが求められます。これは特に作業中における外部からの汚染防止及び他の製品への汚染防止に配慮したものです。

作業室の照明は、作業に支障のない必要な照度を確保することが求められています。

② 清掃及び消毒

製品の汚染防止の見地から、製造所は清掃が容易なものであることが求められています。作業条件に応じて清掃及び保守が容易な内装建材の使用や、凹凸が少ない区画計画、容易に清掃ができる配管類・設備機器の設置方法が求められています。

製造する場所が製造工程で消毒をする必要がある場合は、その区画では消毒剤に耐える建材等の選定が必要になります。

③ 防虫対策

GMPでは、製造作業をする部屋には防虫の対応が求められています。法令で具体的指示はありませんが、外部からの昆虫類の侵入防止また誘引防止に考慮することが必要と考えられます。一方で、昆虫の製造所内の繁殖を防止する観点から、室内を衛生的に維持管理できるように、前掲した清掃や消毒に関係した要件が求められます。

④ 製品・原材料等の管理

製造所には、製品、原材料及び資材（以下　製品等）を明確に区別して、衛生的かつ安全に貯蔵するために必要な設備が求められています。例えば、倉庫、ついたて、棚、区画等が想定されますが、顧客の要求仕様により計画しておくことが望まれます。これら製品等の保管では、保管環境（例えば、温度及び湿度）の管理が要件となる場合があります。

⑤ 空調処理システム

製造作業を行う場所は作業内容に応じた適切な換気空調システムが求められています。適切な換気・空気ろ過・排気システムを設置し、作業内容に即した、室圧（室間差圧）、塵埃、湿度及び温度の管理装置を備え、これらのシステムが汚染及び交差汚染のおそれを最小にするように設計されることが望まれます。

空気を製造区域に再循環させる場合には、汚染及び交差汚染のおそれを最小限にするように適切な対策を取ることも重要です。飛散しやすく、微量で過敏症反応を示す製品等又は交叉汚染することにより他の製品に重大な影響を及ぼすおそれのある製品等を製造する場合は、その製品等の関連する作業室を専用とし、かつ、空気処理システムを別系統にすることが求められています。

無菌製剤等の無菌操作を行う区域は、フィルタにより処理された清浄な空気を供給するとともに差圧管理を行う必要があります。

バリデーションとは

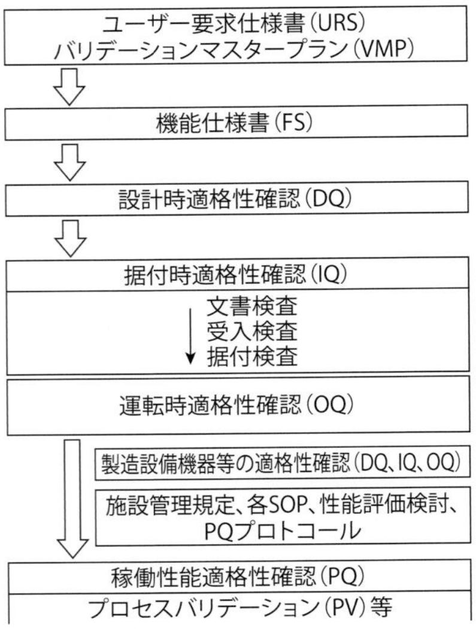

図１　バリデーション活動（例）

バリデーション

(1)　バリデーションとは

バリデーションはGMPの基本要素です。製造所を建設する際には、GMPの基準に適合する要件として必要なバリデーションを行うことが求められています。バリデーションはGMP省令に規定され、バリデーション基準[1]に基づいて実施しなければなりません。

バリデーション基準には、「バリデーションは、製造所の構造設備並びに手順、工程その他の製造管理及び品質管理の方法が期待される結果を与えることを検証し、これを文書とすることによって、目的とする品質に適合する製品を恒常的に製造できるようにすることを目的とする」と規定されています。

建設業者は、製造所の構造設備が期待される結果を与えることを確認するためにあらかじめ定めたプロトコールに従ってバリデーションを実施し、その結果を報告文書とすることが必要です。また、バリデーションの実施範囲は、製品の品質に関して重要であると判断された範囲に適用するもので、これには、リスクマネジメント（ICH/Q9 等を参照）の考え方を適宜用いることが推奨されています。

(2)　建設業務とバリデーション活動

バリデーションは顧客が実施するものであるというのが基本的考え方です。建設業者は、顧客のバリデーションを支援する立場にあるので、バリデーション活動に基づく各文書は顧客の承認や発行を要します。

建設業者の行うバリデーション活動は、製造所の計画・設計から建造物の引き渡しまでの一連の建設工程で行うもので、クオリフィケーション（適格性確認　Qualification）と呼ばれます。クオリフィケーションは、一般的にはバリデーションの一部として位置付けられていますので、本稿ではクオリフィケーションを含めてバリデーションと呼びます。

一般にクオリフィケーションのステージは、設計時適格性確認（Design Qualification 略名：DQ）、据付時適格性確認（Installation Qualification 略名：IQ）、運転時適格性確認（Operational Qualification 略名：OQ）、稼動性能適格性確認（Performance Qualification略名：PQ）の四つのステージとされています。これらのステージは、通例、個々に、または組み合わせて実施します（図1）。

各ステージとも、実行前に実施項目とそのプロトコールを文書で定め、これに従い実行し、その記録と結果を文書として報告することが必要になります。いずれも顧客の承認が必要となります。

(3)　ユーザー要求仕様書（URS：User Requirement Specification）

URS は、顧客が製造所の構造設備や製造機械について要求仕様を文書として明確に提示（発行）するものです。製造所の計画・設計やバリデーション活動は、URSの要求を満足するよう進めなければなりません。

(4)　バリデーションマスタープラン（VMP：Validation Master Plan）

VMP は、包括的にバリデーションの計画を記載した文書で、顧客から発行されます。バリデーションの方針、目的、組織と責務、計画、実施範囲、主な判定基準、変更管理等が記載されます。

(5)　機能仕様書（FS：Functional Specification）

FS は、建設業者が作成し顧客に提出する文書です。URSで表明された顧客の要求事項を反映させ、建設業者の専門的知識を活かして計画・設計の立場から製造所の構造設備の考え方を発展させ計画した機能や各パラメータの規格許容値を提示します。建設業者がFSで提示した機能や規格値は、以後の建設業務とバリデーション活動を経てその実行を顧客に対して約束するものです。バリデーション活動では、FSの機能をDQ、IQ、OQ、PQの各ステージで適切に確認しなければなりません。

(6)　設計時適格性確認（DQ）

DQは、施設、設備もしくはシステムの設計案が、意図された目的に適合していることを立証し、文書化することです。URS及びFSの仕様を満足していることを、設計仕様書や設計図面の他、計画・設計の関係文書で確認し文書で報告します。

(7)　据付時適格性確認（IQ）

IQは、設置された設備又はシステムが、承認された設計及び製造業者の推奨する内容に合致していることを立証し、文書化することです。IQの実施項目には文書検査、機器等の受入検査及び施工時の据え付け検査がありますが、実施する対象によりその範囲を適切に設定します。

受入検査では、DQまたはIQの文書検査で適格性を確認した仕様や図面に基づき受入の確認検査を行い、適切な仕様の機器や材料等が現場に納入されているか確認します。工場検査成績書の確認も重要な事項です。

据え付け検査は、機器の設置、配管・ダクトルート及び配線工事等の確認評価を、これも確定仕様書や施工図、施工要領書等との照合の基に行います。

(8)　運転時適格性確認（OQ）

製造所の建設におけるOQは、空調処理システムの性能に関するOQが主体となります。予想される操作条件の範囲で意図したとおり稼動することを確認します。例えば、空調処理システムの安定運転状態で製造所の各室の環境があらかじめ定めた基準（OQの判定基準）の性能を発揮できることを確認します。

空調処理システムと室内環境の運転性能の適格性確認では、換気回数、室の室圧（または室間差圧）また気流方向がOQ判定基準に適合していることを確認した上で、温度・湿度・空気清浄度及び換気回数等がOQ判定基準を満足することが必要です。

製造所建設に関係するOQでは、その他にHEPAフィルターのリーク試験と清浄度測定を行う。あわせてサニテーションを実施することもある。

(9)　稼動性能適格性確認（PQ）

PQは、主に空調処理システム運転による製造環境が、製造機械の試験的稼動や実際の負荷による製造条件に近い状態で、製造所の総合的試運転の中で期待される結果が得られることを確認します。PQでは、製造所に設置した製造機械や機器のバリデーションがOQの段階まで進み、実際の原材料や模擬原材料を使用した条件での室内環境等を中心にした確認が主体になります。

構造設備の適格性確認

GMPに適合した製造所を計画し建設する流れの中でバリデーションの一環として構造設備の適格性確認の実施とその文書化を顧客とともに適切に実施することが建設業者に求められています。

建設業者は、顧客とコミュニケーションを適切にとりながら相互の信頼関係を構築して、顧客の要求事項、GMP基準、法令及び建設業者の専門知識を総合することでGMPに適合した製造所の建設が達成できるものと考えられます。

応用分野編 XII《医薬品関連》

PIC/S GMP対応とは

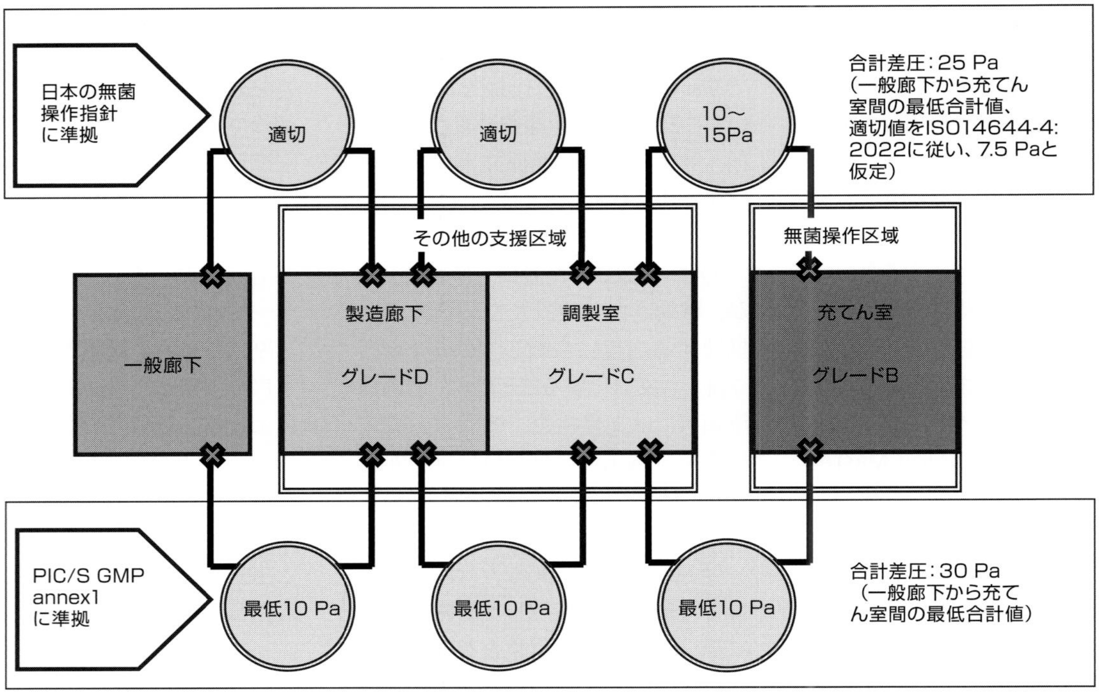

図１　無菌医薬品製造のレイアウトにおける差圧設定の事例

PIC/S加盟

2014年７月１日に厚生労働省、医薬品医療機器総合機構、及び都道府県のGMP査察組織は、品質システム及びGMP基準の世界調和を目的としたPIC/Sに正式加盟しました。

PIC/Sとは、欧州をベースとして始まった、多国間の医薬品査察協定および医薬品査察協同スキーム（The Pharmaceutical Inspection Convention and Pharmaceutical Inspection Co-operation Scheme）の略称です。この加盟により、日本の製薬企業の製品の製造・販売においてどのような影響を受けるのでしょうか。

'13年8月30日に厚労省からGMP施工通知が発出され、リスクマネジメントの概念やバリデーション基準の全面改訂を行なっています。これはこれまでのGMPとのギャップを埋めるためのものです。また「PIC/SのGMPガイドラインを活用する際の考え方について」をはじめとする関連通知を発出しており、品質保証の国際化に日本が乗り遅れないようにすることを目標としています。PIC/SのGMPガイドラインはあくまで参考手法とされていますが、実際に査察が行われる際には参照されることから、重要視しなければならないことは明らかです。

PIC/S GMP Annex1 改訂とCCS

PIC/S GMP Annex1（無菌医薬品製造）が、2022年９月に改訂されました。Annex1は、無菌製造に関するガイダンスだけでなく、製薬工場で一般的に用いられる清浄度Gradeの上限値やモニタリングに関するガイダンス値も含まれており、医薬品工場を設計施工する上でも考慮すべき内容が多く含まれています。

今回の改訂で最も注目すべき点は、汚染対策の包括的な戦略である“汚染管理戦略（CCS）”の策定を求めていることです。製品への汚染を最小限に抑えるよう製造施設や設備・プロセスを設計し、汚染管理を保証するために品質リスクマネジメントを実施、多方面に渡る改善対策を連携させる方策が必要となりました。

表１　無菌医薬品製造における「気流方向」を要求する条文の比較

無菌操作法による無菌医薬品の製造に関する指針	PIC/S GMPガイドライン　Annex1　無菌医薬品の製造
7. 無菌医薬品に係る製品の作業所 7.2 空調システム 7.2.2 空気 各清浄区域の環境を維持するためには、清浄度レベルの高い区域から、隣接する清浄度レベルの低い区域へ流れる適切な気流を確保することが重要である。 2) 無菌操作区域とその他の支援区域との間にはエアロックを設け、室間差圧及び気流の逆転が起きないよう、十分な差圧を設けること。 4) 重要区域（グレードA）の気流は、一方向気流とし、浮遊微粒子を区域外へ速やかに排出できるような流速及び均一性を有すること。また、近接する直接支援区域（グレードB）からの逆流のない気流を維持し、汚染を防止すること。	4　建物 4.14　クリーンルームには、すべての操作条件下で低グレードの周辺環境に対して陽圧及び/または気流を維持し、エリアを効果的に洗浄するフィルター付き空気供給を供給する必要がある。異なるグレードの隣接する部屋には、最低 10 パスカル（ガイダンス値）の気圧差が必要である。 4.15　クリーンルーム及びゾーン内の気流パターンは、低グレードのエリアから高グレードのエリアへの侵入がないこと、及び床など汚染リスクのある場所からの逆流や、清浄空気が汚染を移す可能性のある作業者または機器の上を移動していないことを実証するため、視覚化される必要がある。一方向気流が必要な場合は、適合性を判断するために可視化調査を実施する必要がある。

クリーンルームの要求性能も、このCCSに基づいた内容となりますので、設計施工する際にはCCSの考えを十分に把握しておく必要があります。

PIC/S GMP事例紹介

実際にPIC/S GMPに対応した場合、どのようになるか無菌製造工程の室圧の事例で紹介します。“無菌操作法による無菌医薬品の製造に関する指針（2011）”においては、「無菌操作区域とその他の支援区域との間にはエアロックを設け、室間差圧及び気流の逆転が起きないよう、十分な差圧を設けること。扉を閉じた状態で10～15Pa又はそれ以上の差圧を維持することが望ましい。その他の支援区域内においても空気の清浄度レベルの異なる区域の間には、適切な差圧を設けること。」とあります。

一方、2022年に改訂されたPIC/SのGMPガイドラインAnnex1においては、「隣接したグレードの異なる区域間の差圧は最低10Pa（ガイダンス値である）であること。」と記載されています。すなわち、これまで日本ではその他の支援区域となるグレードCとD間の差圧は数値規定がなく、適切な差圧であればよかったのが、PIC/SのGMPガイドラインでは明確な数値規定が示されているのです（図１）。これまでのガイドラインとのギャップは小さいのですが、異なっていることを知っておくことは必要です。その他の事例として表１に「気流方向」についての条文の比較を示します。

PIC/S GMPへの対応

PIC/S GMPの位置づけは、厚労省によればGMP/GQP省令やGMP施行通知のような法的拘束力のあるものではなく、あくまで参考としてリスクベースで運用すべきもの、とされています。ただし、現在の流れとしてはPIC/S GMPガイドラインがスタンダードとして日本でも扱われております。

ここで、新規の施設計画の場合では、製造環境の条件設定はPIC/S GMPの記載を考慮しながら構築することができます。一方、既存の工場において構造設備を全てPIC/S GMPの条文にあわせて改造するのは困難であるかもしれません。このような場合は、構造設備（ハード）だけでなく、運用（ソフト）により対応することができる可能性があります。

まずPIC/S GMPの要求事項が製造品質におけるどのようなリスクを問題にしているかを理解し、次に必要となる構造設備の改造と、運用の組み合わせでリスクに対応する計画を立てることになります。なお、このようなリスクベースのアプローチは判断した根拠を査察の際に説明できるようにしておくことが重要です。

RABSとは

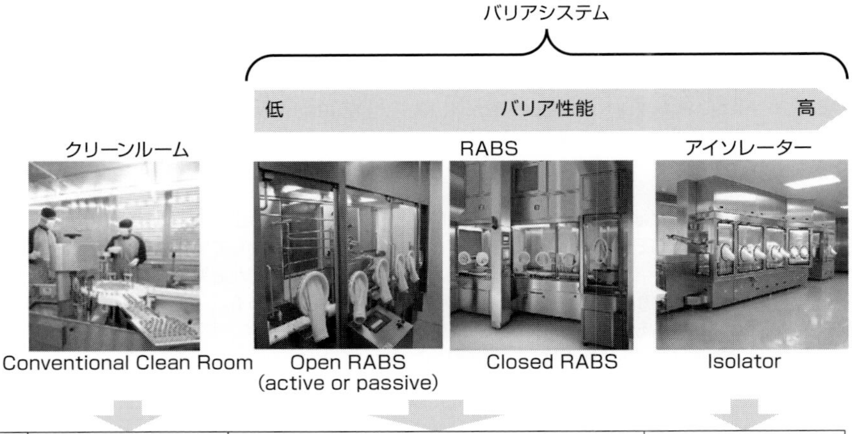

環境	グレードB/A ※CR環境	グレードB ※設置環境	グレードD ※設置環境
無菌性	低 SAL～3	良 SAL～4	高 SAL～6log

図1　無菌医薬品製造におけるバリアシステム（文献(3)より一部抜粋・加筆）

RABSの定義

RABSはRestricted Access Barrier Systemsの略で、アクセス制限バリアシステムと訳されます。同じ無菌環境を構築するアイソレーターと同様、無菌操作環境に対して最大の汚染源となる作業者のアクセスを制限するものであり、1990年代初頭にUpjohn社（現Pfizer社）で使用され、2001年６月に開催されたISPE（国際製薬技術協会）のバリア・アイソレーター カンファレンスで実例等が紹介されました[1]。その後様々なタイプのRABSと称するものが採用され始めましたが、混乱も生じたことを受け、ISPEでは2005年にRABSを明確に定義づけ[1]ています。その後日本では、「無菌操作法による無菌医薬品の製造に関する指針」改定版[2]において、“グローブを備えたハードウォールなどの物理的な障壁と、HEPAフィルターを介して供給される一方向流、適切な管理運用システム等を主要な要素とするハードとソフトを融合した無菌操作区域（重要区域）を有するシステム”と定義されています。図1にRABSの位置づけイメージを示します。

RABSの一般的要件

RABSはアイソレーターと同じ強固な隔離性を有するものから、簡易的な障壁のみ有するものまで様々です。それらRABSの一般的な要件について、文献(2)からの抜粋を以下に示します。

(1)　RABS内の環境や空調システムは指針[2]で示される重要区域にかかる要件を満足すること

(2)　RABSが設置される環境の清浄度レベルはグレードB以上にすること
（RABSが設置される環境（BCR）は直接支援区域として定義されます）

(3)　無菌操作中に職員が介入する場合、必ずグローブまたはハーフスーツを介して作業すること
（グローブやハーフスーツについては、製品汚染リスクを最小限とするため、消毒・点検・交換などについて適切な手順を定め、かつ実行することが求められます）

(4)　RABS内の製品接触面は定置蒸気滅菌（SIP）を行うことが望ましい。SIPが不可能な部分については、オートクレーブなど

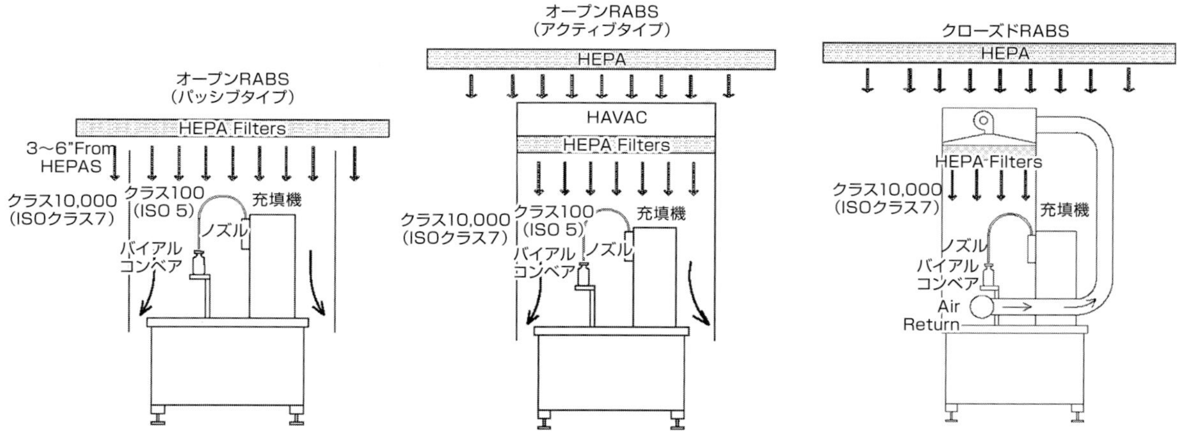

図２　RABSの種類[4]

で滅菌した後、無菌的に組み立てること

(5)　RABS内製品の非接触面については、適切な方法により消毒すること

(6)　RABS内へ滅菌した材料を持ち込む場合、汚染を防ぐ適切な移送システムによって行うこと

(7)　製造作業中にRABSの扉を開けて職員が介入操作を行う場合、製品の汚染リスクが高くなるため、以下①～③に留意すること

①　介入操作後に適切な消毒を行い、潜在的な汚染リスクを排除すること

②　扉を開けた際、RABS内にあった容器の取り扱いについては、製品に対する汚染リスクに基づき、あらかじめ適切な処置手順を定めておくこと
(想定外の事象により扉を開けた場合は、RABS内容器は原則として全て取り除く)

③　介入操作は全て記録すること

(8)　無菌操作中に開ける可能性のある扉の外側には、ISOクラス5（少なくとも無負荷時）のプロテクションブースを備えていることが望ましい
（扉解放時、RABS内からプロテクションブースへ向かう気流が確保されること）

RABS利用に関わる教育訓練

RABSは単にハードだけを指し示すわけではなく、ソフトも重要な構成要素です。アイソレーターと異なり、運転時にドアを開放して職員が介入できる余地があるRABSでは、適切なSOP（標準手順書）構築はもちろんのこと、作業者に対する教育訓練も非常に重要となります。以下にRABSを使用する場合の教育訓練において、考慮すべき項目[2]を示します。

(1)　無菌操作に関する一般的事項

(2)　グローブ及ぶハーフスーツの適切な使用方法

(3)　RABS内部の消毒

(4)　中間製品、資材等の搬入及び搬出手順

(5)　RABSの運転、監視、測定及び維持管理

(6)　扉を開けて行う介入操作の手順と留意事項

RABSの種類

大別するとオープンRABSとクローズドRABSに分類され、オープンタイプはさらにパッシブタイプとアクティブタイプに分類されます。図2にイメージ図を示します。クローズドタイプは、アイソレーターに次いでバリア性能がより高いシステムとして、認識されています。

動物飼育施設とは
実験動物、GLP、オートクレーブ

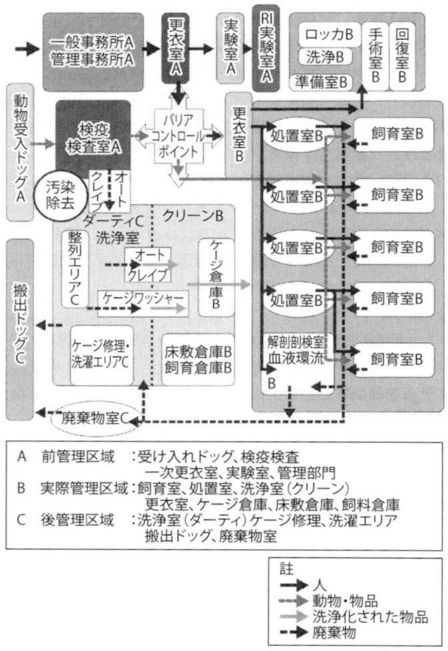

図1　動物施設の動線と各室配置[2]

●無菌動物 ―― アイソレータシステム
●ノトバイオート ―― アイソレータシステム
●SPF ―― バリアシステム
●一般動物 ―― オープンシステム

①アイソレータシステム
　空調されている室内に置かれたアイソレータに、HEPAフィルタを通して清浄空気を供給するシステム
②バリアシステム
　外部と隔離された動物室で、内部に供給する空気はろ過または滅菌されたうえ、温湿度調整して供給される
③オープンシステム
　一般動物を対象としており、微生物に対しては、開放的であり人の出入が比較的自由であるが、温湿度は実験の目的に応じて調整される

図2　実験動物と飼育システム[3]

写真1　オートクレーブ[4]

実験動物飼育施設とは

医薬品や畜産物に対する飼料(含む添加物)などの研究開発および前生産段階において、被験物質の有効性試験や安全性試験などに用いられる実験動物[1]を飼育する施設のことです。

動物施設は大別すると三つの管理区域に分類できます[2]。

①　前管理区域A:飼育及び実験のための準備区域
②　管理区域B:実際に動物の飼育及び実験が行われ、最も清浄度が要求される区域
③　後管理区域C:飼育あるいは実験終了後の作業者の退出をはじめ、動物の死体、汚物、汚染器具等が回収・滅菌・洗浄・焼却・搬出が実施される汚染区域

図1に動線と各室配置の例を示します。図からも分かるように、これら管理区域において、人・動物・空気・物品の動きは全てA→B→Cの順が原則です。ただし、使用後のケージや器具等は洗浄、滅菌後に清浄な倉庫に戻って再使用されるため、B−C間を回流します[2]。

実験動物とは

実験動物は、体内に存在する微生物の種類によって、4種類に分類されます[1][3]。

①　無菌動物(germfree animals)
「封鎖無菌的手法」を用いて得られた、検出可能な全ての微生物、寄生虫のいない高清浄動物

②　ノトバイオート(gnotobiote)
保有している微生物および寄生虫の全てが明確に知られている特別に飼育された動物

③　SPF(specific pathogene free animals)
特に指定された微生物、寄生虫のない動物で、指定以外の病原体については必ずしもfreeでない動物

④　一般動物
(conventional animals)
SPFのように特に微生物の制御なされていない動物

動物飼育室の環境条件

日本建築学会より、飼育動物種ごとに目標となる環境因子の基準値[2]が出されています。表1に一覧を示します。

GLP[1]

GLPはGood Laboratory Practiceの略で、医薬品開発において、動物

表１　環境条件の基準値[2]

環境要因＼動物種		マウス　ラット ハムスター　モルモット	ウサギ	サル ネコ　イヌ
温度		20～26℃	18～24℃	18～28℃
湿度		40～60%（30%以下70%以上になってはならない）		
清浄度	塵埃	ISOクラス7（NASAクラス10,000）（動物を飼育していないバリア区域）		
	落下細菌	３個以下[注)]（動物を飼育していないバリア区域） 30個以下（動物を飼育してしない通常の区域）		
	臭気	アンモニア濃度で20ppmを超えない		
気流速度		動物の居住域において0.2m／秒以下		
気圧		周辺廊下よりも静圧差で20Pa高くする（SPFバリア区域） 周辺廊下よりも静圧差で150Pa高くする（アイソレータ）		
換気回数		6～15回／時（給排気の方式によって適正値を決定）		
照度		150～300ルクス（床上40～85cm）		
騒音		60dB［A］を超えない		

注）9cm径シャーレ30分開放（血液寒天48時間培養）

表２　バイオハザード対策の設備・管理レベル[2]

レベル	設備レイアウト	物理的隔離の要点・実験操作・施設・設備	病原体危険度
P1	 ●一般空調 ●気圧差：不要	●実験中は窓や扉を閉める ●機械的ピペットを使用する ●通常の微生物実験に準じる ●安全装置：機器は不要 ●手洗い、流し台 ●各レベル使用の認定者による利用制限（入室者管理）	1
P2	 ●一般空調 ●気圧差：不要	P1レベルに下記を加える ●実験操作は、バイオハザード対策用キャビネットを使用する ●エアロゾル発生の防止など、いくつかの予防措置をとる ●オートクレーブを備える ●入室制限を設ける ●廃棄物の除染 ●実験衣、手袋、フェースガードの着用	2
P3	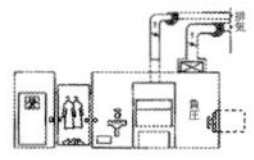 ●全外気空調 ●室内：陰圧（−50Pa） ●前室、エアーロック室を設ける	P2レベルに下記を加える ●排気処理：HEPAフィルタ ●同時に開閉できない前室を設ける（例：エアロック室など） ＊自動閉鎖式の２重ドアの設置 ●実験室内全体を負圧にし、室外から室内へ向かう気流とする ●排気ファンは室内排気とバイオハザード対策用キャビネットは、個別がよい ●実験室が容易に滅菌できる構造及び材質とする、密閉度の確保 ●足等で操作可能な、手洗い（滅菌タンク付：SUS製）	3
P4	下図： グローブボックス 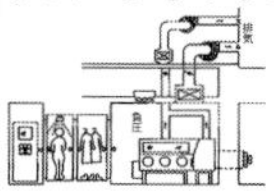 ●周囲：２重壁：拡散防止 ●スーツラボ方式：「ヒト」への非常用空気供給装置の設置	P3レベルに下記を加え、下記項目を整備する ●給気・排気処理：HEPAフィルタ（スキャンテスト合格品） ●実験室内全体を負圧にし、室外から室内へ向かう気流にする ●クラスⅢのバイオハザード対策用キャビネットを使用する ＊スポーツラボ方式：クラスⅡ（全排気タイプ）使用可 ●空気遮断装置やシャワー室を設置し防護服などを着用する ●両面オートクレーブを備える ●ダンクタンクの設置の検討：研究機材（用具）の出し入れ用 ●ハザード対策用防護服： 　服外部の薬液滅菌装置 　服内部の乾燥装置の設置 ●ハザード対策用防護服内への「人」用空気供給装置：非常用含む	4

を用いた安全性試験の信頼性を確保するために定められた安全性試験について、ハード・ソフト両面から順守しなければならない実施基準を定めたものです。

ハード面では試験施設の構造、広さ、配置、施設の環境制御用機器、試験データ収集のための測定機器などについて定められています。一方、ソフト面については、試験施設の職員・組織、社内査察、試験操作の標準化、試験計画の設定、試験結果の報告・記録の保存などが定められています。

オートクレーブ

オートクレーブとは、高圧蒸気滅菌装置のことです。微生物の試験用機材の滅菌は、115℃で30分間、121℃で20分間、126℃で15分間の条件で行うのが一般的です。製品例を写真１に示します。

滅菌方法としては、加熱滅菌法の一つであり、対象物を加熱しても支障がない場合、例えばゲージや衣類などに使用されます[2]。本方法は、

・処理コストが安い
・滅菌の信頼性が高い
・ガス滅菌のような毒性がない

という特長から、微生物を取り扱う試験用機材や医療用機材などの滅菌に広く利用されています[2][4]。

なお、大型動物対応の大型高圧蒸気滅菌装置については、普通第一種圧力容器取り扱い作業主任者資格を有する作業者が必要となります[2]。

バイオハザード対策

感染動物や遺伝子組換え実験動物については、その危険度に合致した、拡散防止機能を有する施設や装置内での取り扱いをしなければなりません[2]。表２に設備管理概要を示します。

応用分野編 XV《その他バイオ関連》

安全キャビネットとは

表１　BSLと施設への要求事項（「無菌操作法による無菌医薬品の製造に関する指針」を基に作成）

	取扱い微生物危険度		構造設備要件（抜粋）	安全キャビネット （微生物エアロゾル発生の可能性がある場合）
	対 取扱者	対 地域社会		
BSL1施設	ない、又は低い	ない、又は低い	なし	なし
BSL2施設	中低度	低い	・微生物エアロゾルの発生可能性がある場合、HEPAを通し排気 ・廃液処理	クラスⅡ以上
BSL3施設	高い	低い	・明確な管理区画、立入制限、セキュリティ、密閉構造、化学薬品または消毒剤が使用可能なこと ・内向き気流、差圧記録、エアロック ・独立空調、給排気HEPA、循環不可、非常電源 ・廃液処理	クラスⅡ以上 HEPAを通して直接外部に排気

安全キャビネット：Biological Safety Cabinet　BSC、バイオセーフティーキャビネット、バイオハザード対策用キャビネットなどの名称で呼ばれます。

作業従事者への感染等の危害（バイオハザード）が想定される病原性微生物由来の試料や原料などを、微粒子レベルで安全に取り扱うために用いる操作ブースです。

なお原薬製造施設等における高生理活性物質の封じ込め操作の一部にもケミカルハザード対策として安全キャビネットを用いる場合がありますが、作業者曝露リスクを考慮してアイソレーターを用いるケースが世界的に一般化しています。

また、再生医療・細胞治療分野において細胞加工操作上の汚染リスクを低減するために用いられる事もありますが、無菌操作等区域を維持すると言う点では大きな課題があります。そのため、無菌アイソレーターの採用が多くなっている点に注意が必要です。

物理的封じ込め

遺伝子組替体や病原体等を取り扱うためのバイオセーフティーレベル（BSL）において、BSL2以上の施設の場合、安全キャビネットは病原体等から実験作業者を守る一次隔離装置として重要な役割を持ちます。なお、実験室自体は二次隔離として他エリア・周辺環境へのバリアを形成します。

表１に厚労省H18年事務連絡「無菌操作法による無菌医薬品の製造に関する指針」を参考にしてまとめたBSLと構造設備要求事項を示します。

安全キャビネットと取り違えやすい装置としてクリーンベンチがありますが、これは作業域の清浄度を確保するための操作ブースであり、内部が単純な陽圧仕様のため、作業者の安全性を確保するバリア機能はありません。したがってクリーンベンチはBSLを取り扱う設備ではありません。

分類と特徴

安全キャビネットには様々な種類がありますが、まず大きな分類として、クラスⅠ、Ⅱ、Ⅲに分けられます。

クラスⅠは不揮発性物質の封じ込めのみを行うものであり、作業域の清浄度は確保されません。多量にエアロゾルを発生する遠心分離機の使用に適しています。これに対してクラスⅡでは作業域における清浄度を確保する構造となっています。クラスⅡはさらにHEPAフィルタだけでは効率的に捕集されない有害危険化学物質・放射性物質・ガス状物質などを取り扱う場合に用いられる希釈排気式のB1型・B2型（JIS呼称）と、不揮発性物質を扱う場合のA1型・A2型（JIS呼称）とに分けられます。室外へ放出するタイプにおいては本体に建屋排気ダクトを接続し、排気ファンにより屋外へ排出します。クラスⅢは完全気密構造で取り扱う危険物質から作業者や実験室を隔離するタイプです。またクラスⅡB2型と同様に、全風量を屋外に放出します。

感染症法の予防及び感染症の患者に対する医療に関する法律（感染症法）においては、バイオリスクの管理として、病原性の分類（一種～四種）によるBSL2・BSL3相当の病原体ごと及び使用施設の分類（実験室・製造室・検査室）による施設基準を設定していますが、二種から四種のBSL3相当の実験室（大学・研究機関等）ならびに検査室（医療施設・検査機関等）においてはクラスⅡ安全キャビネット（次項バイオハザード対策用クラスⅡキャビネット）の使用が設定されています。なお、クラスⅢは開口部のない密閉型であり、BSL4において最高危険度の一種病

表2　安全キャビネットの種類と特徴

機能	分類					
	クラスⅠ	JIS K 3800:2021				クラスⅢ
		クラスⅡA1	クラスⅡA2	クラスⅡB1	クラスⅡB2	
風量　室内排気 機内循環 室外排気	100% なし なし	可 70% 可	可 70% 可	なし 50% 50%	なし なし 100%	なし なし 100%
HEPA　ファン 構成模式図 （室内から）	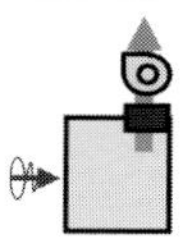	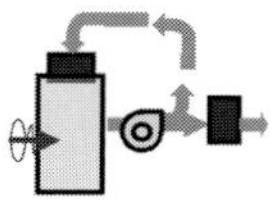	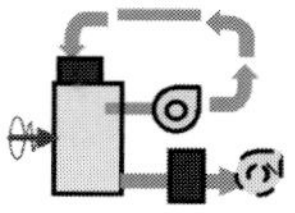		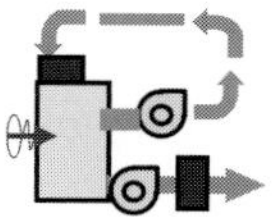	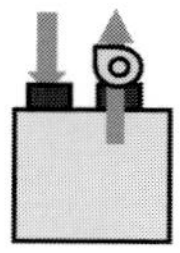
給気HEPA位置（清浄度確保用）	なし	吹出部	吹出部		吹出部	吹出部（封込用）
排気HEPA位置	吸込側	押込側	吸込側		吸込側	吸込側
微生物取扱可能レベル （ハザード性）	低	中	中	中	中	高
ガス状／揮発性物質取扱い	少量			相当量		（規定なし）
気密性能	なし	要	要	要	要	重要（負圧）

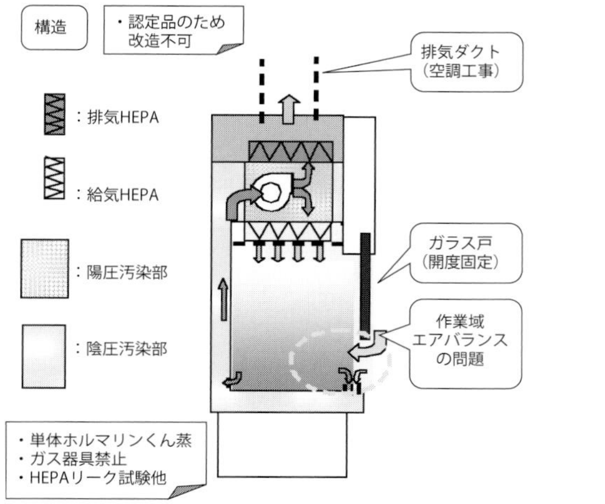

図1　バイオハザード対策用クラスⅡキャビネットの構造と特長

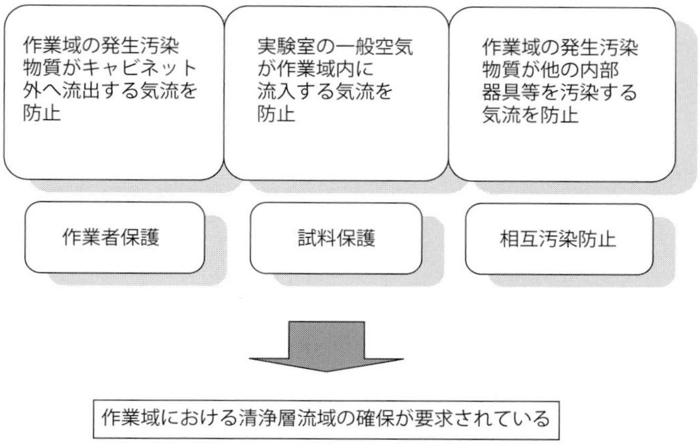

図2　バイオハザード対策用クラスⅡキャビネットにおける要求事項

原体などの取扱いに用いられます（別名：グローブボックス）。

表2に安全キャビネットの分類と特徴を示します。

バイオハザード対策用クラスⅡキャビネット

JIS K 3800：2021において“バイオハザード対策用クラスⅡキャビネット”を規定しています。

密閉度、HEPAの透過率、風速・風量等の仕様について作業者の安全確保にはキャビネットがこの認定仕様であること、さらに定期現場検査が行われることが要件となります。

この規格にも要求性能として示されていますが、安全キャビネットの特性として特徴的なのは、キャビネットの開口部と作業域の気流の間で厳密なバランスが要求されている点です。作業者保護、試料保護、試料間の相互汚染防止を確保しつつ作業域の清浄層流域を実現する必要があります。その構造と設備における注意点を図1に示します。

安全キャビネットのその他の規格として、米国NSF/ANSI Standard 49、欧州のEN12469が挙げられます。

室内設置位置について

微生物試験室や再生医療の培養操作室は室面積が狭い中で安全キャビネットを設置することが多いようです。このとき、室の吹出口（通常HEPA吹出口）の気流によって安全キャビネットの吸込み気流が影響を受けてしまう配置となっている事例を多く見かけます。これは作業域に室内の気流を巻き込む可能性が高く、試料や製品汚染につながるため、室内レイアウトには留意が必要です。

清掃の注意点

内部の清掃について、アルコール等で拭き取りを行います。なお、クラスⅡ型では作業域の底板の下部が汚染空気を背面に送るための空気流路となっています。この部分には試料操作に伴う汚れやゴミが堆積する可能性があるため、定期的に清掃する必要があります。

アイソレーターとは

表１　清浄区域の分類

空気の清浄度グレード[注1)]	最大許容微粒子数（個／㎥）			
	非作業時		作業時	
	≧0.5μm	≧5.0μm	≧0.5μm	≧5.0μm
グレードA	3,520	Not Specified[注1)]	3,520	Not Specified[注1)]
グレードB	3,520	Not Specified[注1)]	352,000	2,930
グレードC	352,000	2,930	3,520,000	29,300
グレードD	3,520,000	29,300	作業形態による[注2)]	作業形態による[注2)]

注１）汚染管理戦略や過去の傾向により、5μm粒子を清浄度分類に考慮する場合もある。
注２）予め上限を定められてはいない。リスク評価及び日常データに基づいて、許容最大数を判断する必要がある。
　出典：PIC/S GMP Annex 1 :2022

表２　環境微生物の許容基準（清浄区域分類時）

グレード	浮遊菌（CFU/m^3）	落下菌[注１)]（CFU/plate）	コンタクトプレート（CFU/24～30cm^2）
A	No growth	No growth	No growth
B	10	5	5
C	100	50	25
D	200	100	50

注１）1枚あたりの測定時間は、最大4時間までとし、作業時間中測定を行う。
出典：PIC/S GMP Annex 1 :2022

アイソレーターとは

アイソレーター（isolator）は、作業者側と内部の操作される側とを空間的に隔離した状態とする装置であり、古くは放射活性源の取扱における封じ込め用途から、近年の再生医療産業における細胞の操作にまで幅広く用いられています。

アイソレーターの特徴

アイソレーターの２つの基本機能について下記に説明します。

㈠　隔離機能：危険度の高い物質の取扱や周囲環境の影響を取り除く必要がある物質の取扱が可能

㈡　環境制御機能：内部環境条件を高度に制御可能

㈠隔離機能を満たすための気密構造ですが、通常、SUS鋼板やポリカーボネートといったハードウォールの構造となりますが、用途によってはディスポーザブルタイプとしてPVC製のソフトウォール方式を使用する場合もあります。また、特殊用途として放射線の遮蔽機能をもつものもあります。

操作としては、作業者の手による場合と、自動ライン（充填／組立装置、ロボット）の場合があります。前者の場合はグローブポートが本体側面に設定され、作業者はアイソレーター外部よりグローブ越しに作業します。自動ラインの場合も、メンテナンス時や不具合発生時の操作のためにグローブの設置を必要とします。なお、内部への製品・部品等の搬出入はRTP（Rapid Transfer Port）とよばれる装置等を介して行われます。

次に㈡環境制御機能としての内部環境ですが、高い気密構造により内部圧力を任意に設計することが可能です。高度なバイオセーフティレベルの封じ込めに用いる場合はマイナ

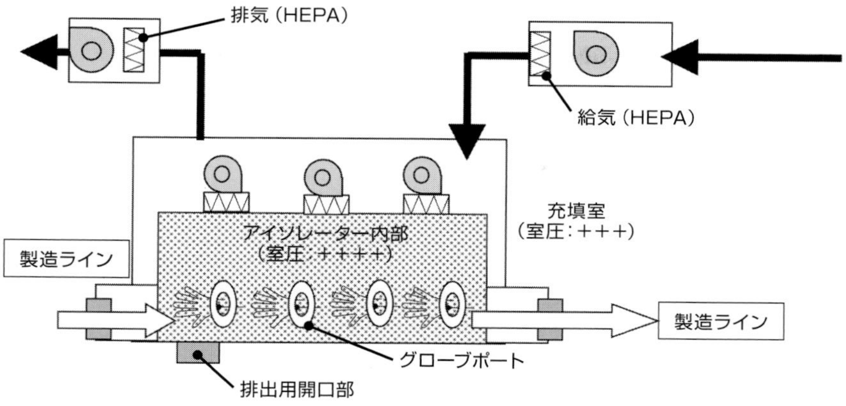

図１　充填ラインアイソレーター概念図

ス圧、微粒子・微生物粒子数を制御するクリーン環境ではプラス圧とします。また、内部環境への薬剤供給による除染及びエアレーションを行うなどの複雑な圧力切替えシステムの構築も可能となっています。

使用される分野と特徴

アイソレーターは使用する目的から、作業者の保護、被操作物の保護、の二つに大きく分類をし、それぞれの利用分野を示します。

作業者保護としては、内部から外部への汚染物質拡散の防止が必要となるもので、放射性物質やBSL（バイオセーフティレベル）-4などの感染性の高い病原体などの危険物質を操作する際に用いられます。また、医薬品において微量でも作業者の健康を害する可能性がある抗がん剤や抗生物質、ホルモン剤等の製造工程においても用いられています。なおこれらのアイソレーターは、マイナス圧を維持し、内部の清掃・不活化や感染性微生物の滅菌ができることが重要になります。

一方、アイソレーター内部の被操作物の保護として用いられる例は、無菌試験・無菌動物の飼育・急性白血病を中心とした特定の疾患治療で用いられる無菌病室など、幅広い分野にわたります。特に無菌医薬品製造では、前述の内部環境維持の確保が重要となる充填工程に用いられます。この充填工程は、無菌製品が環境に暴露されるため、グレードAの清浄度・微生物レベルで管理します（表１、２参照）。このとき、アイソレーター内部にはプラス圧及び一方向気流が要求されます。なお、差圧はアイソレーターの無菌性維持において最も重要なモニタリング項目であり、特に生産ライン上の連続供給・排出のための開放部がある開放型アイソレーターの場合は十分な差圧を確保する必要があります。

関連して、内部環境の無菌性の確保のための除染やバイオセーフティの目的においては過酸化水素等の薬剤が用いられます。アイソレーターの内壁はこれらの薬剤に対する耐腐食性が必要となります。

図１にアイソレーターの概念図を示します。

アイソレーター選定のポイント

用途に対応する適切な仕様や運転が確立されている機器であること、ノウハウの高いメーカを選定すること、作業者や設備管理者が操作性や運用性について事前に仕様検討を十分行うことが必要です。

重要なポイントとして、外部からアクセスするためのグローブ（もしくはハーフスーツ）の設置位置・個数・サイズの設定があります。これは内部に設置する機器の構成や作業者・作業内容に応じて、モックアップによる検証を行ったうえで決定されます。

なお、無菌医薬品製造におけるグレードAのシステムとして、一部を開放系にしてソフト運用とあわせることで無菌操作環境を構成するRABS（Restricted Access Barrier Systems）があります。RABSは操作性の柔軟さや初期投資の抑制がメリットとなりますが、無菌操作環境の維持を確保するために、運用方法を含めた検討がアイソレーター以上に必要となります。

応用分野編 XVII《その他バイオ関連》

除染とは

表１　微生物汚染対策に関わる用語の定義（文献1より一部抜粋、一部改変）

	第十七改正日本薬局方（参考情報）	無菌操作法による無菌医薬品の製造に関する指針2011年4月改訂（厚生労働省）	医療現場における滅菌保証のガイドライン2015（日本医療機器学会）	食品の安全性に関する用語集第6版（内閣府）
除染	空間や作業室を含む構造設備内に生存する微生物をあらかじめ指定された菌数レベルにまで減少させることを指す	再現性のある方法により生存微生物を除去し、またはあらかじめ指定されたレベルまで減少させること	記載無し	記載無し
消毒	一般的には，病原菌など有害な微生物を除去，死滅，無害化することであり，本参考情報では対象物又は対象物の表面等の局所的な部位に生存する微生物を減少させることを指す	対象物に付着した微生物を安全なレベルまで減少させまたは除去すること	対象器材（生体の場合もある）を処理し、処理後生存微生物数を、使用するのに適切である水準まで減少させること	記載無し
滅菌	物質中のすべての微生物を殺滅または除去すること	全ての微生物を殺滅し、または除去し、対象とする物の中に生育可能な微生物が全く存在しない状態を得ること	物質から全ての微生物を殺滅または除去すること	あらゆる微生物を死滅させ、または除去すること
殺菌	記載無し	記載無し	記載無し	一般には、微生物を死滅させる操作（加熱、薬剤処理、電磁波処理、加圧など）をいう。殺菌しても一部の微生物は生存している場合がある
除菌	記載無し	記載無し	記載無し	微生物の死滅を伴わずに、微生物を何らかの方法（洗浄、ろ過など）によって取り除くこと。微生物を積極的に死滅させることはできないが、除菌により存在する微生物数が減少することになる

微生物汚染対策に関わる用語の定義

医薬品製造工場や食品工場、病院などに適用されるバイオロジカルクリーンルーム（BCR）では、細菌や真菌などの微生物管理が重要となります。微生物は室内空気・クリーンルーム構成材料表面・各種装置表面・器具表面などの各所に存在しており、それらを除去またはあるレベルまで低減することが求められます。ただし、そうした行為（汚染対策）に対する用語（定義）は、BCRの適用分野によって異なるので注意が必要です。各分野に関わる用語とその定義を表１に示します。

以下では医薬品製造に関わる環境として、特にBCR内（室内）の汚染対策（除染）について述べます。

医薬品製造工場の汚染対策

BCR内の日常的な汚染対策としては、消毒薬剤を用いて管理対象とする各所表面を清拭したり、噴霧消毒したりしますが、必ず行き届かない箇所が生じます。そこで、そうした箇所を含む部屋の隅々まで消毒や殺菌を行うため、以下①～④のタイミング[1]でガス化した薬剤を使用して室内の除染作業（写真１）を行います。

① 新築・改修などで室を初めて使用するとき

② 飼育動物の種類や素性を変更したとき

③ 何らかの汚染菌が発生したとき

④ 定期的な予防措置を施すとき

なお、これら作業を「くん蒸」と呼んだり「除染」と呼んだりしていますが、無菌医薬品の製造に関する指針[3]では、表１で示したように「除染」が定義されています。

除染に利用される薬剤

除染には、容易にガス化し微生物に対する殺滅効果が高い薬剤が利用されます。従来から広く使われてきたホルムアルデヒドは、その殺滅効果に対して非常に高い信頼性を有しています。しかし、WHOから発がん性の指摘（WHOの下部組織である国際がん研究機関ではグループ１「ヒトに対する発がん性が認められる化学物質、混合物、環境」に指定）などを受け、特定化学物質障害予防規則でも第３類物質から第２類物質

表２　除染剤の比較（文献(1)より一部抜粋）

除染剤		殺菌効果	浸透性	除去性	毒性	腐食性
従来	ホルムアルデヒド（ホルマリン）	高	低	難	高	低
代替	オゾン	中	低	易	中	中〜高
	二酸化塩素	高	中	中	中	中〜高
	過酢酸	高	低	難	高	高
	過酸化水素	高	中	中	低	中
	微酸性次亜塩素酸	中	低	易	低	低〜中

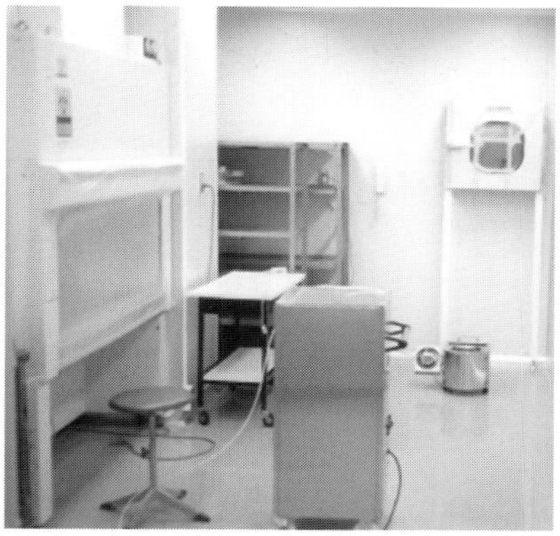

写真１　除染風景[2]

表３　ISOクラス6ゾーンにおける除染作業の例（文献(1)より一部抜粋）

対象	○天井　○壁面　○床面　○施設内機器、備品表面　○施設殺菌
作業内容	○微生物学的環境検査（事前、事後）･･･浮遊菌、付着菌　○天井面・壁面の洗浄・消毒　○施設内機器・備品表面付着塵の除去　○床面の洗浄・消毒　○ガス殺菌
作業方法	1. 微生物学的環境検査（事前）･･･浮遊菌、付着菌 2. 養生（施設内機器、備品） 3. 天井・壁面の洗浄・消毒 4. 施設内機器・備品表面付着塵の除去 5. 床面の水洗浄 6. ガス殺菌 　1）空調停止　2）対象施設の気密化　3）ガス殺菌 7. 空調復帰 8. 微生物学的環境検査（事後）･･･浮遊菌・付着菌 9. ガス殺菌バリデーション

写真２　過酸化水素発生装置[6]

に変更されました。

　その結果、管理が非常に厳しくなったホルムアルデヒドに代わり、代替除染剤として過酸化水素・過酢酸・オゾンなどが利用されるようになっており、特に過酸化水素はアイソレータでの除染実績が豊富であり、BCRへの適用事例も増加しています[4]。写真２にBCRに適用される過酸化水素発生装置の例を示します。

　ただし、立ち上がり時やリスタート時など、これまでの信頼性と実績に基づきホルムアルデヒドが利用される場合もあり、現時点（2020年8月）でも使用事例はあるようです。表２に除染剤の比較を示します。

除染方法

　標準的な除染作業の主な流れ[1]を以下に示します（表３）。

①　対象空間の清掃清浄化
②　対象空間の密閉化
③　除染剤のガス化および対象空間への供給
④　濃度維持（殺菌のための維持時間確保）と殺菌効果の確認
⑤　排気
⑥　空調運転

注意事項

　除染剤はその特性から、人体に少なからず影響を与えます。従って、必要に応じて保護具を使用するとともに、除染作業後は対象空間における残留量を確認[5]し、ある濃度以下（薬剤によっては法規で定められた数値以下、例えばホルムアルデヒドは0.1ppm未満）になってから入室させるなど、安全面に配慮した作業手順の構築が必要です。

　また、除染作業時の温湿度条件によっては、クリーンルームの構成材（天井、壁、床）・生産装置・空調関連資材（吹出口、各種センサなど）を腐食させる可能性（表２）があるため、耐食性を考慮した材料選定や除染作業時の温湿度条件検討が必要となります。

応用分野編 XⅧ《その他バイオ関連》

落下菌測定法とは

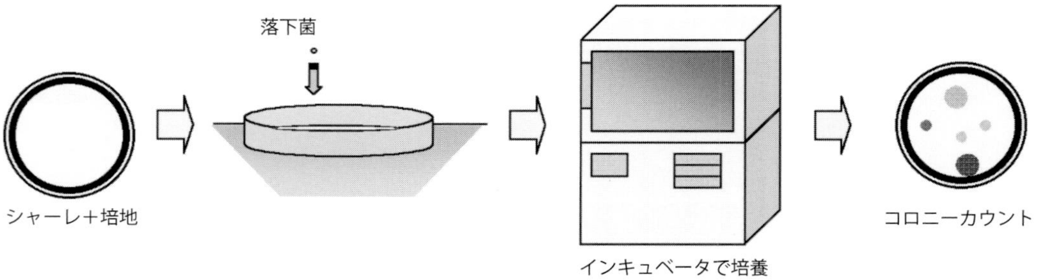

図１　落下菌測定方法の手順

微生物と環境管理

環境微生物をサンプリングする方法には、開放したシャーレに落ちてくる微生物を捕らえる落下菌法と、能動的に空中浮遊菌を吸引するエアサンプラー法があり、共に重要です。ここでは、落下菌法について説明します。

私達はふだん空気中の細菌やカビといった微生物に日常生活で常時触れているのですが、空気中の二酸化炭素と同じくらい意識しないで生活をしています。これらの微生物の存在に気づくのは、ある条件下で大量に増殖したり毒素を発生したりして病気などのトラブルが発生したときでしょう。

産業においても微生物の影響は様々な範囲に及びます。中でも食品・医薬品分野においては、製品・製造工程由来の微生物が問題を起こすことがないよう重要な管理対象とされています。このため、表１に示すように品質に関わる規格・基準として微生物数の管理値が定められています。

なお、医療施設において、「日本病院設備協会規格・病院空調設備の設計・管理指針　HEAS-02-1998」に記載されていた病院における清浄度クラス分類毎の微生物数参考指標について、HEAS-02-2013及び2022では、表記されておりません。

さて、微生物によって引き起こされるトラブルは、

① 術後感染や院内感染、無菌製品の汚染など健康被害や生命への危険性を伴う

② 製品としての価値を下げる品質劣化を起こす（色、味、臭気等）

という２点にまとめられます。こうした問題を防ぐためには、施設を滅菌・消毒する、作業員の更衣や手洗いなどの「微生物制御」を行い管理する必要があります。

ではどのようにして微生物の存在を把握し、管理しているのでしょうか。

微生物を確認したくても、単体ではその大きさ（0.5 〜数μm）のため直接見ることはできません。そこで、単一または複数の細胞から目に見える程度まで増殖させた、微生物の集落［コロニー形成単位（CFU：colony forming unit）と呼ぶ］をカウントすることで元の個体数を推定する手法が従来からとられています。例として、「食品にカビが生えた」というのはそこに形成されたカビのコロニーを見ているのです。

測定方法

落下菌測定は次のように行います。

微生物を増殖させるために必要になるのが「培地」です。例えば医薬品製造上の法規となる日本薬局方18改正ではソイビーン・カゼイン・ダイ

表1　環境微生物の許容基準（作業時）注1)

グレード	空中微生物		表面付着微生物	
	浮遊菌（CFU/m^3）	落下菌注2)（CFU/plate）	コンタクトプレート（CFU/24～30cm^2）	手袋（CFU/5指）
A	＜1	＜1	＜1	＜1
B	10	5	5	5
C	100	50	25	—
D	200	100	50	—

注1）許容基準は平均値評価とする。
注2）１枚あたりの測定時間は、最大４時間までとし、作業時間中測定を行う。
出典：無菌操作法による無菌医薬品の製造に関する指針 11.3 環境モニタリング判定基準例「表３ 環境微生物の許容基準（作業時）」

ジェストカンテン培地を一般生菌数用としての環境モニタリングに使用することとなっています。また、食品衛生検査指針では、細菌数の検査用に標準寒天培地が指定されています。なお法規類の規定につきましては最新のものをご参照ください。

この培地を容器（シャーレ）の中に敷き詰めます。一定時間（薬局方などでは最大４時間）蓋をあけたままこの容器を床面、もしくは作業台等の上に設置します。空気中の環境微生物は培地表面に落下・捕集されることになります。これを一定の温度環境・時間（例；35℃ 48時間）に設定したインキュベーター中で培養し、コロニーを形成させることにより環境中の空中浮遊菌数としてカウントをします。この手法が落下菌測定法です。図１にここまでの手順を示します。

なお、それぞれの産業分野においては、環境微生物数の基準とあわせて培地や培養温度などの測定方法が指定されていますので、それぞれ参照してください。

問題点と新しい測定手法

落下菌法とエアーサンプラー法は捕集原理が異なるために測定される微生物数には大きな差異が出ることがあります。またいずれの手法も共通して下記の問題があります。

- 生菌（＝増殖してコロニーを形成する）のみがカウント対象になる
- 選択した培地に適して増殖する微生物しか培養できない
- 培養には数日を要するため、サンプリング時点での微生物環境の状況が判断できない
- サンプリングポイントがその室内環境を代表しているとは言えない（作業者の動きや気流の影響、粒子径と沈降速度の問題などが影響している）

このため、製造環境の管理をするためには、測定による日常のデータ蓄積と分析結果から、微生物相や量の変化を捉えることで異常をすばやく検出することが重要、とされています。

医薬品や食品の微生物汚染は企業にとってあってはならない事故であり、大きなリスクとなっています。このような背景において前述の測定法における問題点を補うために、短時間の培養で判定を行える気中や水中の微生物の迅速試験法が発表されています。日本薬局方においても、参考情報において、蛍光測定器やフローサイトメーター等の微生物迅速測定法が取り上げられています。今後は、さらなる技術発展のみならず、使用におけるガイドラインの制定が期待されます。

応用分野編 XIX《その他バイオ関連》

再生医療CPF施設とは

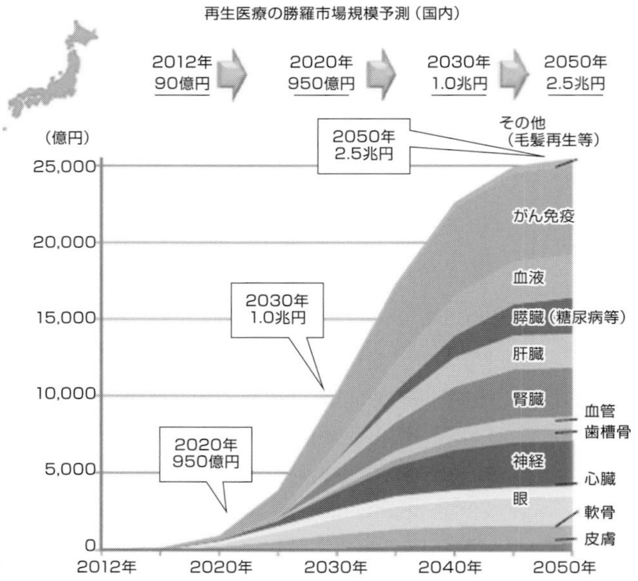

図１　再生医療の将来市場規模予測（国内）[1]

再生医療と構造設備

従来の医療を根本的に変革する可能性を持つ技術として再生医療が期待されています。その産業化や研究開発を後押しすべく、国家戦略として2014年11月25日に「再生医療等の安全性の確保等に関する法律（以降、新法）」と「医薬品、医療機器等の品質、有効性及び安全性の確保に関する法律（以降、薬事法等一部改正法）」が施行されました。今後、図1に示す再生医療の将来市場規模予測の通り推移すれば、市場の拡大に伴い再生医療施設の需要は増加していくと予測されています[1]。この再生医療施設は細胞加工を行う施設であるためCPF（Cell Processing Facility）となります。CPFは生きた細胞等を扱う再生医療等製品の特徴を考慮したうえで、製造工程や品質管理を行う必要があります。CPFにおける細胞加工の工程例と施設の基本構成を図２に示します。CPFは再生医療の目的と製造工程が多岐にわたるため、現状は高度なバイオロジカルクリーンルームから一般的な実験室まで構造設備の要件は様々です。しかし、再生医療製品も医薬品である以上、GMPの原則である安全性を高める努力が必要であること、またCurrent技術の導入を求めるべきであることから、実験室レベルの施設構成は淘汰される可能性があります。さらに、後述しますインキュベーターでの培養でも、容器表面の除染作業が必須となってきており、除染対応の面からも医薬品製造施設に近い構造設備が求められる段階に入ったと考えられます。なお図２に示す通り、CPFで製造された特定細胞加工物や再生医療等製品は最終的に医療機関等に輸送され、患者に移植手術や投与される製造プロセスとなります。

内因性汚染と外因性汚染

図２のCPF内に受け入れる細胞は自己由来細胞や同種（他家）由来細胞等が考えられます。セルバンク化されたiPS細胞なども考えられますが、原料細胞の内因性汚染が完全に否定出来ません。一方、細胞加工を行う操作室においては外因性汚染リスクの低減が求められます。なお外因性汚染のリスクに対応する室内清浄度や換気回数は、再生医療の特性に考慮して新法及び薬事法等一部改正法とも要件の記述はありません[2]が、外因性汚染を下げる目的においてはバイオセーフティキャビネット（BSC）＜クリーンブース＜アイソレーターと右にいくほど安全性が高まりますので、設備選定の際には十分に注意する必要があります。

なお、作業性の問題からBSCがよく

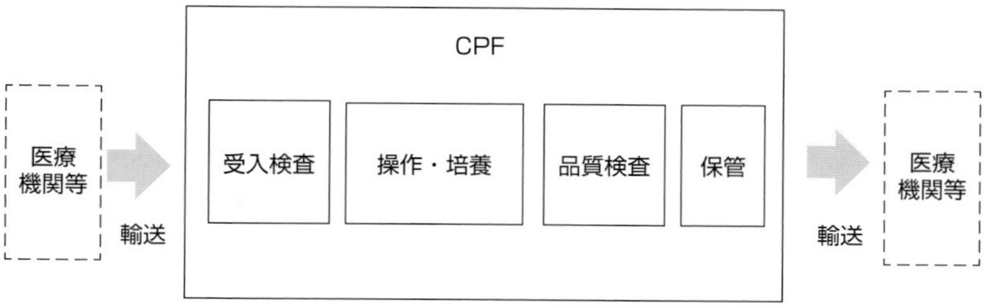

図２　細胞加工の工程例と施設の基本構成

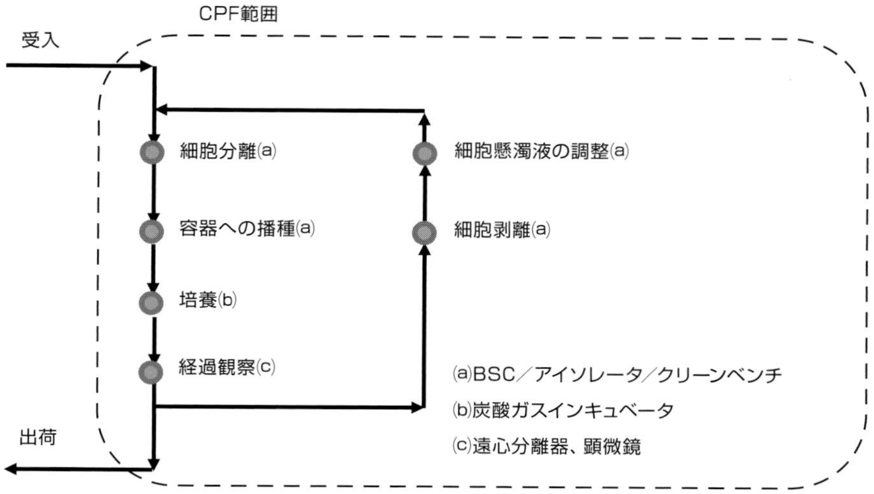

図３　CPFにおける細胞培養手順の一例

使われていますが、操作時の腕動作が外因性汚染の原因の一つとなりやすいため、グローブ操作により密閉性が保てるアイソレーターの方が安全性に優れていると言えます[3]。

CPFの基本的な構成機器

直接、細胞を扱うにはその細胞に触れる可能性がある空気を清浄化した環境での操作が求められます。清浄環境を構築する主な機器としては

① アイソレータ
② バイオハザード対策用キャビネット（BSC）
③ クリーンベンチ

が挙げられます。①②については先述の通りですが、①と②の比較でよく言われるのが操作性の問題です。グローブ操作では使用できる範囲が狭いため、BSCに傾くケースや自動ロボットの導入を考えるケースが出てきます。

しかし、昔からアイソレーターで使用されてきたハーフスーツを導入すれば操作性は向上するので、操作性だけで装置選定するのはリスクがあります。

③は②の外観と類似していますが、庫内の清浄環境に特化した機器であり、上部吸引口より高性能フィルタを介した空気を取り込み、作業前面開口部より空気を放出する構造です。いずれの装置も特徴は一長一短であり、運用性と経済性を考慮して選定する必要があります。

次に操作した細胞を培養し増殖させる工程が必要になります。培養庫として挙げられる機器は炭酸ガスインキュベーターです。この工程では一般的に庫内の温度・湿度・炭酸ガス濃度を一定に保持することが求められます。この培養工程は全工程の作業時間の実に80～90％の割合を占めます[4]。そのため培養工程では微生物やカビによる汚染（コンタミネーション）や検体間の取り違いのリスクに留意が必要です。

その他の基本的な機器としては培養した細胞を単離するための遠心分離機、単離後の細胞の増殖状況を確認するための拡大顕微鏡、中間製品或いは最終製品としての細胞を冷凍するための冷凍庫等が挙げられます。図３にこれら構成機器を用いた細胞培養手順の一例を示します。細胞培養手順は、清浄空間における調整操作、インキュベータにおける培養、顕微鏡による経過観察、の一連の工程の繰り返しにより行われますが、工程間での短時間除染や低温状態を維持したままの搬送、容器入出庫など設備側で対応すべき点が多々ある点に注意が必要です。

再生医療の周辺産業機器の開発も日進月歩であり、操作・工程の自動化を含め、さらなる評価・検査機器等が開発されていくでしょう。

応用分野編 XX《その他バイオ関連》

感染対策（COVID-19の飛沫対策）の空調技術

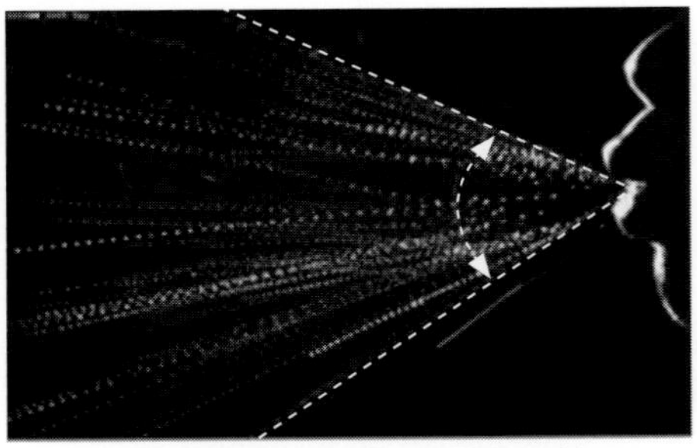

図1　咳飛沫粒子の可視化（拡散角度）

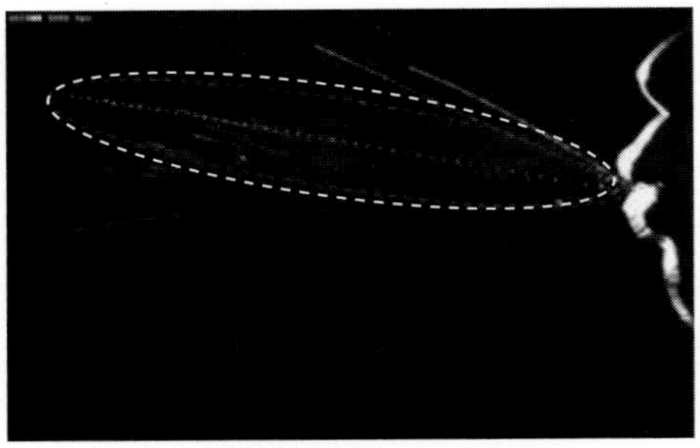

図2　咳飛沫粒子の可視化（初速度）

$$m_p \frac{dv_i}{dt} = \frac{3\pi\mu d_p}{C_c}(u_i - v_i) + m_p g_3 \quad \cdots(1)$$

m_p：粒子の質量　v_i：粒子速度の3成分　t：粘性係数　μ：粘性係数

d_p：粒径　u_i：気流速度の3成分　g_3：重力加速度　C_c：カニンガムの補正係数

図3

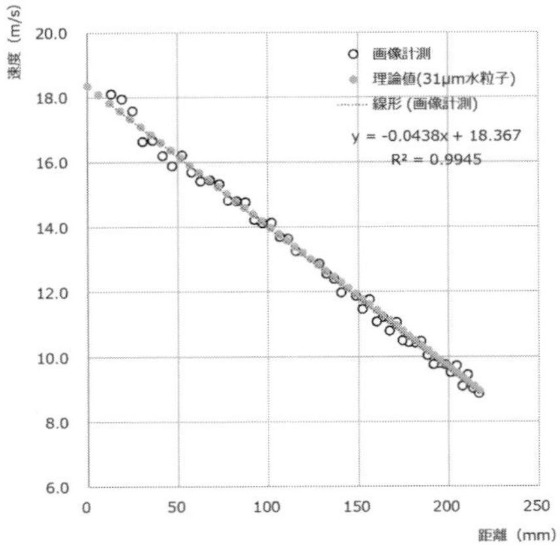

図4　咳による飛沫粒子速度の減衰

はじめに

新型コロナウイルス感染症（COVID-19）の大規模なパンデミックでは、飛沫や飛沫核といったウイルスを含むエアロゾル粒子による感染が問題となりました。換気やフィルタ等、空調設備による対策も、エアロゾル粒子の濃度を低減する有効な方法の一つとされました。対策を立てる上での第一歩として、室内で発生、浮遊するエアロゾル粒子の挙動[1]を評価し正しく理解することは非常に重要であり、得られた粒子の物性を拡散解析（シミュレーション）に用いる事で、適正なリスク評価にも繋がります[2]。

本項では微粒子可視化技術[3][4]による飛沫、飛沫核の挙動評価事例及び飛沫粒子評価結果をもとにして開発したシミュレーション技術とその適用事例について紹介します。

飛沫の発生速度の可視化評価

咳をした時に発生する飛沫の画像を図1、図2に示します。高速度カメラを使用して、1回の咳を3,000fps、露光時間10μsecで高速撮影した連続画像から、一部を抽出した蓄積画像です。

図1から上下の拡散角度が約60℃で直線的に飛散している様子がわかります。

可視化で口元の飛沫速度を推定するには、蓄積画像を取得した上で、その輝点のコマ時間間隔での移動量（画素あたりのスケールは0.19mm/pixel）から画像計測します。例えば、図2上に楕円で囲んだ部分の粒子の移動距離に対する速度減衰の計測結果を図3に示します。この図から、この飛沫の初速は、18.2m/secと推定され、また、極めて短時間のため蒸発による粒径縮小の寄与は無視できると仮定すると、この粒子の大きさは、式(1)の粒子の運動方程式[5]より30μm程度と推定が可能です。こうしたデータを感染者隔離のゾーニングや気流計画のシミュレーション等に活用する事で、対策の有効性向上が図れます。

飛沫粒子挙動の可視化評価

基本的な感染防止対策を評価する上で、落下していく飛沫の到達距離を知ることも重要です。微粒子可視化システムを使用し、歌唱時の落下飛沫の軌跡（蓄積画像）から到達距離を計測した評価事例を図5に示します[6]。同一の被験者で日本語とドイツ語の違いを比較していますが、後者の方が到達距離が長いことがわかります。

次に、飛沫対策の一つであるマスクの効果を可視化評価した事例を図6

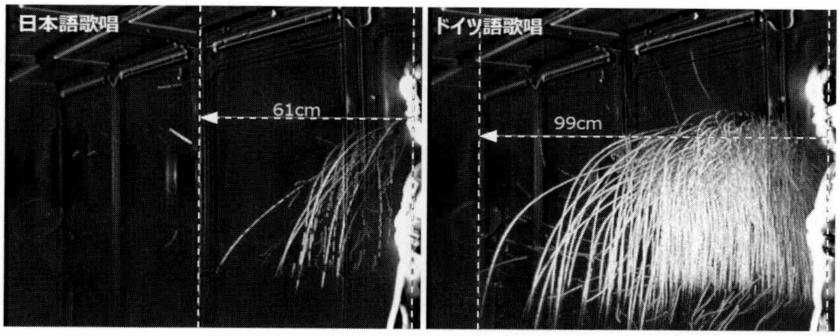

図５　歌唱による飛沫粒子の到達距離計測

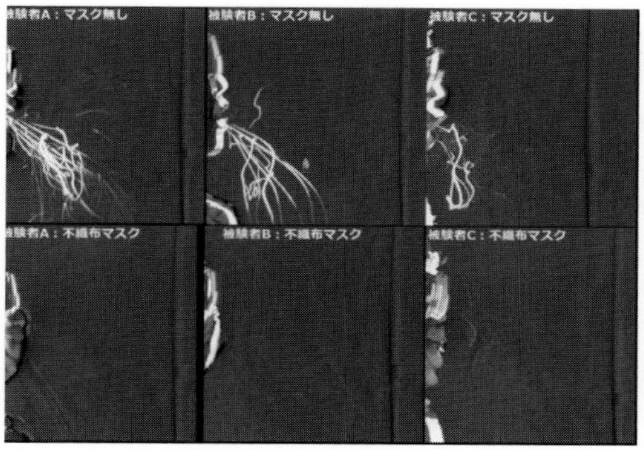

図６　歌唱時の落下飛沫

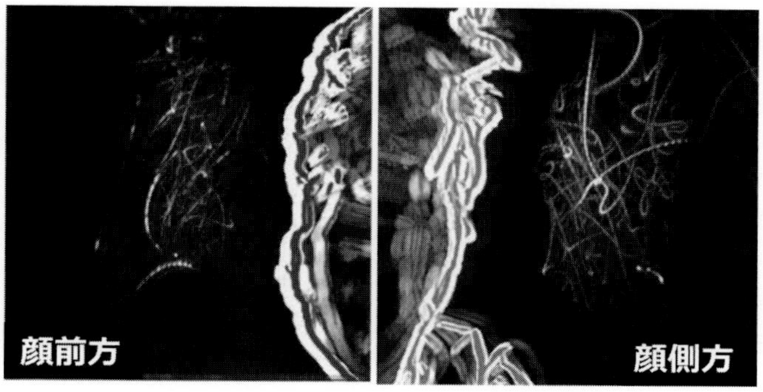

図７　不織布マスク装着時の浮遊飛沫の漏洩

に示します[7]。被験者３名が日本語歌唱している条件で、上段がマスク無し、下段がマスク有り可視化画像です。飛沫の発生量には個人差はあるものの、いずれの場合も、不織布マスクの効果で比較的大きな落下飛沫の前方への漏洩はほとんど見られていません。ただし、マスク端部からの漏洩を評価した図７では微細な浮遊飛沫が観察されました。飛沫の大きさにより挙動は大きく変化するので注意が必要です。特に微細な浮遊飛沫は容易に空調気流で移流するため、室内に残留しないように換気やろ過などの対策が求められます。

飛沫粒子量の計測

パーティクルカウンタを使用した、飛沫粒子数測定装置の一例を図８に示します。被験者から発生し、ブース内に飛散する飛沫粒子を、清浄空気のダウンフローで、測定用ダクトに誘導し、パーティクルカウンタで連続測定します。飛沫粒子以外の汚染が無いよう、被検者はヘアキャップを着用し、頭部のみをブースに入れる仕様です。

被験者男女97名で、くしゃみの発生飛沫を測定した結果を表１に示します。飛沫粒子数の個人差は大きく、男性の方が、女性より多い傾向がわかります。１回の飛沫粒子量の頻度分布を図９に示しますが、対数正規分布に近いことが分かります。続いて、対数平均値の粒径分布を図10 に示しますが、飛沫粒子数は粒径の２乗に反比例して減少する傾向であることが分かります。

次にパーティクルカウンタの代わりに微粒子可視化技術を応用した浮遊飛沫の全量評価装置（新日本空調製「P-Wind」）を図11に示します。この装置は、試験チャンバで発生させた浮遊微粒子を、HEPA付きファンフィルタユニットの気流で運び、ノズル先端から流出する粒子が排出口に照射したレーザシートを通過する時の輝点をリアルタイム計数する構造となっています。前述のパーティクルカウンタのサンプル測定に対し、排出口全面をリアルタイムで計数する全量測定のため、バラツキが小さい、検出感度が高い、応答性が早い等の特長があります。

全量評価装置を使用して、市販の不織布マスクとN95マスク、マスク無しの浮遊飛沫発生量を測定した事例を図12に示します。成人男性２名と女性1名で、マスク無しの0.5μm以上の浮遊飛沫量を100％とした場合の、各マスクの漏洩量の比率を比較しています。不織布マスクをすることで被験者A、C（成人男性）では２割以下、N95マスクでは１割以下に抑えられています。一方、被験者B（成人女性）は、使用したマスクサイズが適合しておらず、正しい装着の必要性を裏付ける結果であることが分かります。

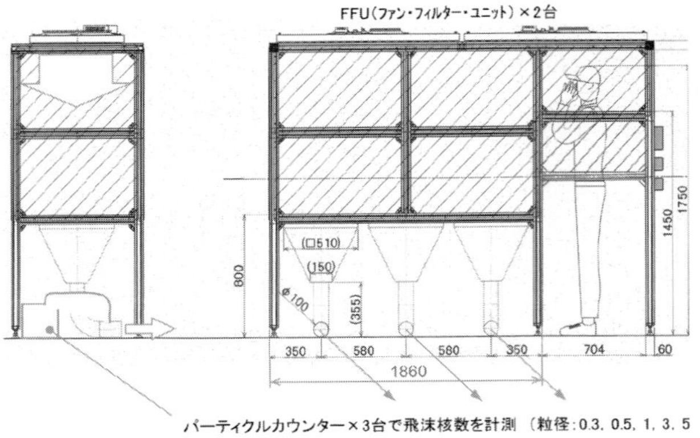

図８　飛沫粒子数測定装置

表１　飛沫試験結果

項目	対象	データ数	最大	最小	平均
飛沫核総数［個／くしゃみ］	全体	195	377,122,800	5,812	2,369,288
	男性	154	377,122,800	13,241	2,746,256
	女性	41	10,539,566	5,812	953,075

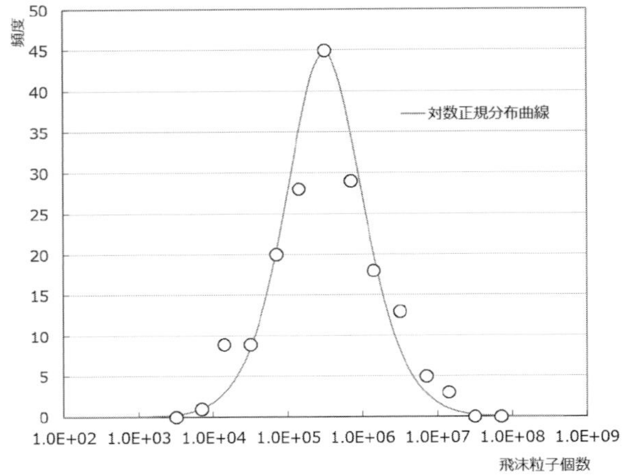

図９　くしゃみ飛沫粒子数の頻度分布

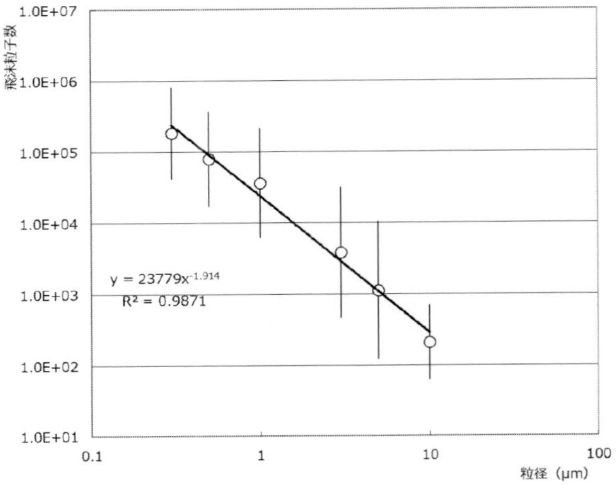

図10　くしゃみ飛沫粒子の粒径分布

図11　浮遊飛沫数の全量評価装置

このように部屋の用途、発声言語、マスクの有無など条件が異なると室内に発生する飛沫の大きさ、挙動、量などが変化するため、一般的な基本対策だけでは不十分なことも多々あります。個別の現場ごとに有効な対策を実施するためにも、飛沫粒子の特徴を把握することはとても大事です。

飛沫粒子の拡散評価

ここまでで、発生した周辺での飛沫の挙動を評価する手法について事例を示してきましたが、周辺に飛散した後、空調気流によって室内広範囲に拡散する飛沫粒子の挙動を推定するにはシミュレーションが有効です。前項のパーティクルカウンタを使用した飛沫粒子数測定装置の結果（図10）をもとに、大規模病院における任意の場所で、換気などの対策により相対的にリスクがどの程度低下するかシミュレーションを用いて検討した事例を紹介します。

拡散モデルの概要を図13に示します。飛沫粒子発生量Sで空間に非定常拡散した粒子濃度は任意の時間の濃度分布として得ますが、下記を条件としています。

① 飛沫粒子の発生量に対する排気の除去個数の比は除去効率と考える。

② フィルタに捕集される個数は、通過風量に粒子濃度とフィルタ効率を乗じることで求める。

③ 表面沈着でも、空間から除去さ

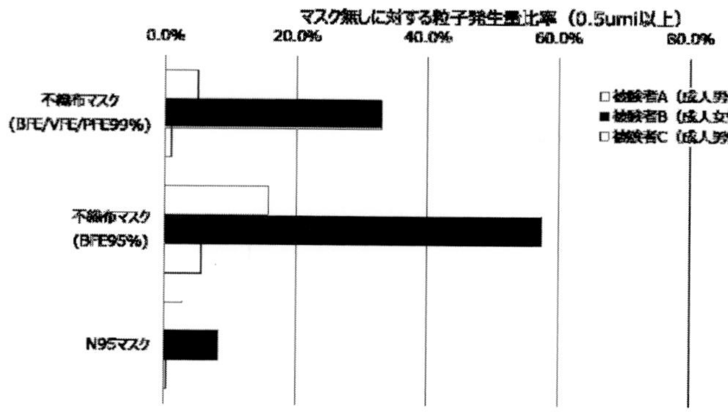

図12　マスク装着時の浮遊飛沫量

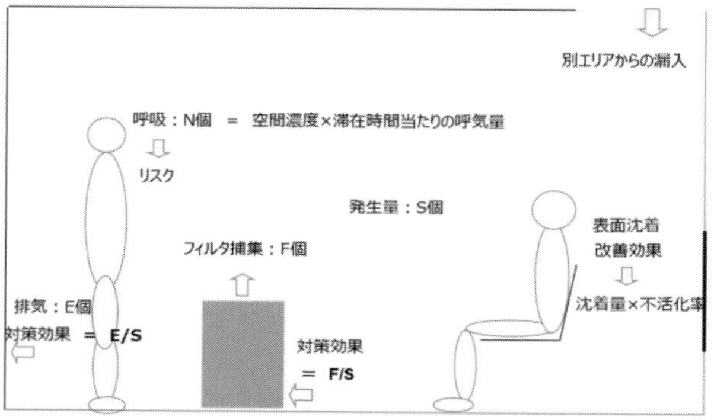

図13　拡散モデルの概要

$$\frac{\partial Cu_j}{\partial x_j}=\frac{\partial}{\partial x_j}\left[\left(D_C+\frac{\nu_t}{\sigma_C}\right)\frac{\partial C}{\partial x_j}\right]+q_c \quad \cdots(2)$$

$$\frac{\partial Cu}{\partial x_j}+\frac{\partial Cv}{\partial y}+\frac{\partial C}{\partial z}\left(w-w_g\right)=\frac{\partial}{\partial x_j}\left[\left(D_C+\frac{\nu_t}{\sigma_C}\right)\frac{\partial C}{\partial x_j}\right]+q_c \quad \cdots(3)$$

図14

図15－1　飛沫粒子濃度分布（10μm）

図15－2　飛沫粒子濃度分布（0.3μm）

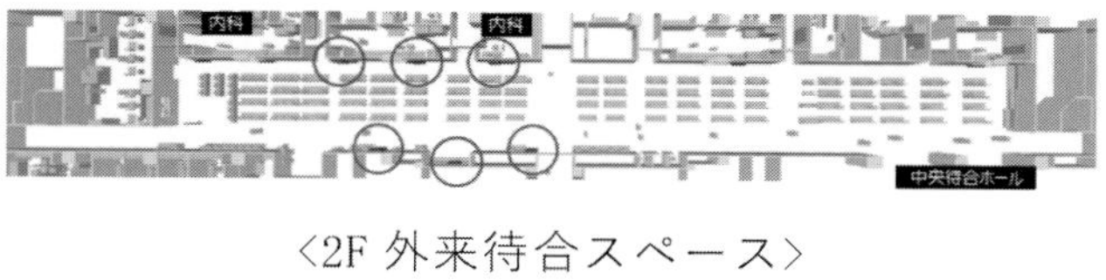

図16　空気清浄機の配置

れるが、その表面に何らかの対策が施されていれば、表面沈着量にその効果を乗じれば、対策効果を算出できる。

なお、一般に３次元の移流拡散方程式は式(2)であらわされるが、ｚを重力方向とすると粒径に依存した重力沈降速度wgを加えた式(3)にすることにより拡散物質の重力沈降が考慮されます。

以上の考え方で、重力沈降を考慮した粒径ごとのリスク濃度拡散の非定常計算を行い、ある時間内の飛沫粒子発生量に対する累積個数を評価することで、感染リスクや改善効果も相対的に評価する事が可能です。

本シミュレーションは、実際の大規模病院の諸条件（風量、発熱量、人員密度）の調査結果を境界条件にしたものです。流れ場と温度場の３次元定常解析を行い、実測時の傾向とよく一致していることを確認し、飛沫粒子拡散の非定常計算を行いました。

図15－1～２に浮遊している飛沫粒子濃度の計算結果を示します。粒径が小さいほど拡散範囲が大きく、濃度も高いことが分かります。

図15の状況において対策として、フィルタ効率80％の空気清浄機を図16に示す位置に６台設置し、同様の計算を行ったときの効果を図17に示します。１～９の代表位置における対策前後の飛沫粒子濃度の比を、対策効果として示していますが、概ね20％程度の対策効果が見られており、特に空気清浄機近傍の位置９では大きな効

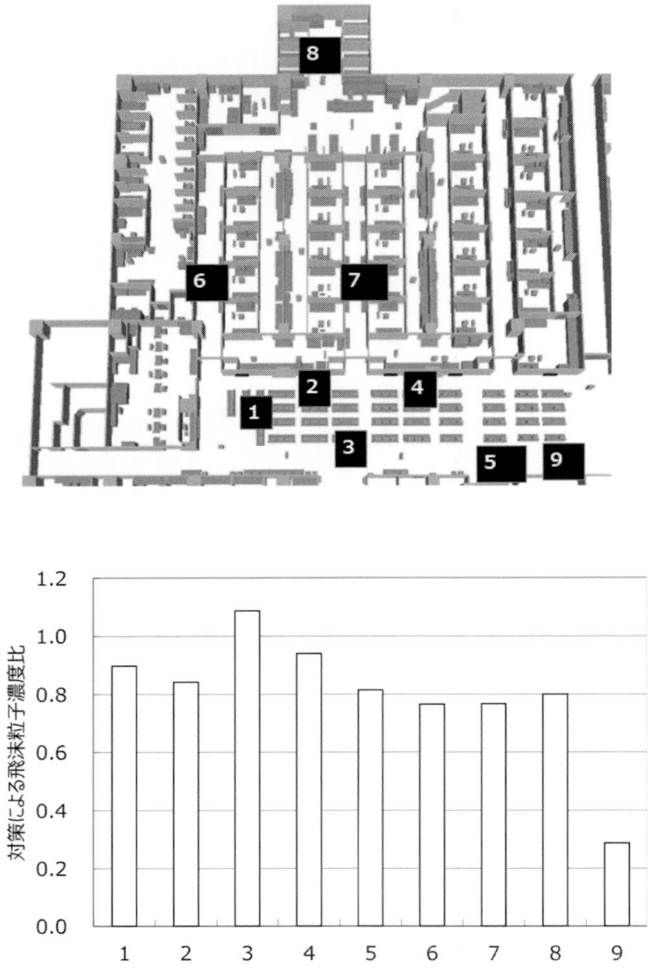

図17　空気清浄機の対策効果

果がありました。発生源近傍の飛沫粒子濃度が高濃度となっている位置に空気清浄機を配置することが有効であることが分かります。シミュレーションにおいて飛沫の発生挙動の条件に実測値を用いることで、空調設備による効果検討の有効性を高めることが可能です。

Part 6　応用分野編　参考文献・引用資料

I　最新のクリーンルームとは

(1)　長谷部弥他：「タスク＆アンビエント」クリーン空調に関する研究（その1．アンビエントクリーン空調システム），第25回空気清浄とコンタミネーションコントロール研究大会予稿集，pp.155～158，2007.4

(2)　伊澤康一他：「タスク＆アンビエント」クリーン空調に関する研究（その2．FCU吹出しFFU吸込みによる受渡し率に関する実験），第25回空気清浄とコンタミネーションコントロール研究大会予稿集，pp.159～162，2007.4

(3)　伊澤康一他：「タスク＆アンビエント」クリーン空調に関する研究（その3．冷風を用いたFCU吹出しFFU吸込みによる受渡し率に関する実験），第26回空気清浄とコンタミネーションコントロール研究大会予稿集，p.57～60，2008.4

(4)　長谷部弥他：「タスク＆アンビエント」クリーン空調に関する研究（その4．タスククリーン空調システム），第26回空気清浄とコンタミネーションコントロール研究大会予稿集，pp.61～64，2008.4

(5)　長谷部弥他：「タスク＆アンビエント」クリーン空調に関する研究（その5．環境負荷低減），第27回空気清浄とコンタミネーションコントロール研究大会予稿集，pp.260～263，2009.

(6)　長谷部弥他：「タスク＆アンビエント」クリーン空調に関する研究（その6．クリーン空調システムの性能比較），プレISCC2010空気清浄とコンタミネーションコントロール研究発表会予稿集，pp.107～110，2010.6

(7)　長谷部弥他：「タスク＆アンビエント」クリーン空調に関する研究（その7．クリーン空調システムの換気効率），第28回空気清浄とコンタミネーションコントロール研究大会予稿集，pp.131～133，2011.7

(8)　長谷部弥他：「タスク＆アンビエント」クリーン空調に関する研究（その8．温度成層型局所クリーン空調システム），第28回空気清浄とコンタミネーションコントロール研究大会予稿集，pp.134～136，2011.7

(9)　鈴木良延他：「タスク＆アンビエント」クリーン空調に関する研究（その9．床堆積塵の歩行による影響），第29回空気清浄とコンタミネーションコントロール研究大会予稿集，pp.137～139，2012

(10)　長谷部弥他：「タスク＆アンビエント」クリーン空調に関する研究（その10．生産装置から発生する高温排熱の効率的な処理方法），第29回空気清浄とコンタミネーションコントロール研究大会予稿集，pp.1～3，2012.6

(11)　鈴木良延他：「タスク＆アンビエント」クリーン空調に関する研究（その11．モータからの汚染物質の発生と機構），第29回空気清浄とコンタミネーションコントロール研究大会予稿集，pp.4～6，2012.6

(12)　長谷部弥他：「タスク＆アンビエント」クリーン空調に関する研究（その12．堆積した塵埃の再飛散），第30回空気清浄とコンタミネーションコントロール研究大会予稿集，pp.35～37，2013.4

(13)　白谷毅ら: 省エネ・省資源型クリーン空調システムの開発，空衛学会誌，第85巻，第7号，pp.497-502，2011.

(14)　長谷部弥ら: クリーンルームシステムにおける環境負荷低減に関する研究 第1報-新クリーンルームシステムの提案と建設段階の環境負荷，空気調和・衛生工学会論文集，Vol.143，pp.11-20，2009.

(15)　近藤恒佑ら: クリーン空調制御システム「クリーンEYE（アイ）」，建築設備と配管工事 2020年4月号，Vol.58，No.5，pp.24-32，2020

(16)　長谷部弥ら: 省エネ・省資源を実現するクリーン空調システムの開発（その1）－タスク&アンビエントクリーン空調システム概要とクリーン性能－，清水建設研究報告，Vol.91，pp.73-82，2015.

II　半導体工場向け搬送設備とは

(1)　小野勝義；300mm用搬送システムの課題と対応；SEMI FORUM JAPAN 2005 IT System & ULSI Technology テキスト，pp.22-34（2005）

(2)　大西正紀；300mm半導体搬送システム（AMHS）の現状；クリーンテクノロジー，pp.35-38，13（12）（2003）

(3)　アシストテクノロジーズジャパン㈱ホームページ（2007）

(4)　日本半導体製造装置協会編；「半導体製造装置用語辞典（第6版）」（2006）

(5)　堀田卓宏；300mm半導体工場のFA化と当社の自動搬送システム；クリーンテクノロジー，pp.32-34，13（12）（2003）

(6)　山本眞；クリーンルームにおける搬送システム　半導体工場向け自動搬送システム；クリーンテクノロジー，pp.50-54，17（2）（2007）.

(7)　山本眞；450mmウェーハ搬送技術の展望；クリーンテクノロジー，pp.64-67，23（5）（2013）

(8)　服部毅；G450Cが語った450mmウェハ対応プロセスの開発状況1～3；http：//news.mynavi.jp/series/g450c/001，同002，同003（2015.8.17～19）［2015.8.30現在］

III　FOUPとは

(1)　大日商事㈱ホームページより（2007）

(2)　信越ポリマー㈱ホームページより（2007）

(3)　日本半導体製造装置協会編；「半導体製造装置用語辞典（第6版）」（2006）

(4)　角南英夫，鈴木道夫；次世代集積回路と製造ライン－今後のデバイス展望と300mmウェーハ製造ラインの動向－；エアロゾル研究，pp.11-18，14（1）（1999）を参考に加筆した

(5)　久禮得男，杉浦匠，花岡秀夫，中川慎也；ミニエンバイロメントシステム時代のクリーンルーム技術；日立評論，pp.56-59，89（4）（2007）

(6)　園田信夫；半導体製造とクリーン化技術；クリーンテクノロジー，pp.2-5，17（9）（2007）

(7)　450mmウェーハ用SEMIスタンダード（規格）紹介および開発動向

(http：//www.semi.org/jp/News/MailMaga/CTR_038592)［2015.8.28確認］

Ⅳ　FPDのクリーンルームとは

(1)　平田順太，クリーンテクノロジー Vol.13，No.4，液晶用クリーンルーム内におけるパーティクルの管理と対策
(2)　瀬本義久，吉田英史，クリーンテクノロジー Vol.13，No.4，大型液晶工場のクリーンルーム計画と実施例
(3)　平田順太，クリーンテクノロジー Vol.13，No.4，液晶用クリーンルーム内におけるパーティクルの管理と対策

Ⅴ　FPDの静電気対策とは

(1)　高橋，佐藤，阪田，岡田，高砂熱学工業総合研究所報，No.9，1995
(2)　稲葉，クリーンテクノロジー，Vol.14 No.4，pp.26-32，2004
(3)　稲葉，月刊ディスプレイ，Vol.11 No.11 pp.53-61，2005
(4)　稲葉，防汚・抗菌の実際技術，㈱シーエムシー出版，pp.152-174，2004
(5)　稲葉，コンバーテック，2006.6，pp.34-41，2006
(6)　稲葉，空気清浄，Vol.30，No.2，pp.19-32，1992
(7)　五味，稲葉，空気清浄，Vol.27，No.3，pp.224-230，1989
(8)　稲葉，空気清浄，Vol.43 No.3，pp.53-59，2005
(9)　稲葉，空気清浄，Vol.44 No.1，2006
(10)　稲葉，コンバーテック，2006.7 pp.93-100，2006
(11)　稲葉，岡村，高砂熱学工業総合研究所報，pp.15-17，No.16，2002
(12)　Vernon，W.:Trans. Faraday Soc., 23，113（1927）;31,1668（1935）
(13)　鈴木，空気清浄，Vol.43 No.6，pp.71-79，2005
(14)　H. Inaba,T. Ohmi，T. Yoshida，and T. Okada，Journal of Electrostatics，Vol.33，pp.15-42，1994.
(15)　H. Inaba，T. Ohmi，T. Yoshida，and T. Okada，IEICE TRANS. ELECTRON.，Vol. E79-C，No.3，pp.328-336 March 1996
(16)　稲葉，岩波，第30回日本保健物理学会予行集，p.3，1995
(17)　稲葉，2005年度静電気障害防止技術シンポジウム予稿集，2005
(18)　シシド静電気㈱：HP

Ⅵ　ドライルームとは

(1)　西村浩一，クリーンテクノロジー，Vol.22 No.6 リチウムイオン二次電池製造工程の環境制御

Ⅶ　食の安全とは

(1)　食品安全委員会「食品の安全性に関する意識等について」食品安全モニター課題報告（平成31年2月実施）の結果を引用・改変
(2)　（一財）食品産業センター ホームページより
(3)　厚生労働省医薬食品局 平成30年食中毒統計より引用・改変
(4)　CDC：Centers for Disease Control and Prevention.
<MMWR>　Preliminary Incidence and Trends of Infections with Pathogens Transmitted Commonly Through Food- Foodborne Diseases Active Surveillance Network, 10 U.S. Sites，2015–2018
(5)　（公社）日本食品衛生協会ホームページ Codex資料より
(6)　国際食品微生物規格委員会（ICMSF）編「食品安全管理における微生物学的検査－基準の設定と検査の考え方」春日文子、小久保彌太郎、島原義臣 監訳 中央法規出版㈱
(7)　厚生労働省「食品安全管理手段の妥当性確認に関するガイドライン Guidelines for the validation of food safety control measures（CAC/GL 69-2008）」

Ⅷ　HACCPとは

(1)　新日本空調㈱HACCP研究会編；“HACCP絵とき基本用語”，p.19（2000）
(2)　農林水産省；HACCP支援法（食品の製造過程の管理の高度化に関する臨時措置法）ホームページ　(http://www.maff.go.jp/j/shokusan/sanki/haccp/index.html)［2015.9.2確認］
(3)　農林水産省；（HACCP支援法の概要解説文書）(http://www.maff.go.jp/j/shokusan/sanki/haccp/pdf/haccp_gaiyou_1504.pdf)［2015.9.3確認］
(4)　厚生労働省;漬物の衛生規範；食安発1213第2号（2013.12.13）

Ⅸ　防虫対策とは

(1)　HACCP 基盤強化のための衛生・品質管理実践マニュアル：一般財団法人食品産業センター
(2)　岩崎電気㈱：HP
(3)　品質管理研究所：HP
(4)　東芝ライテック㈱：カタログ
(5)　㈱中川ケミカル：HP
(6)　岩崎電気㈱：HP
(7)　㈱大成イーアンドエル：カタログ
(8)　日本エアーテック㈱：カタログ
(9)　清水建設㈱：HP

Ⅹ　GMPとは

(1)　厚生労働科学研究　GMPガイドライン研究班　平成17年度分担研究報告書「GMP指針」
(2)　厚生労働科学研究　GMP査察手法研究班　平成17年度報告書「システム査察チェックリスト」
(3)　製剤機械技術ハンドブック　製剤機械研究会編
(4)　薬局等構造設備規則　昭和36年2月1日　厚生省令第2号
(5)　医薬品及び医薬部外品の製造管理及び品質管理の基準に関する省令　平成16年12月24日　厚生労働省令第百七十九号

Ⅺ　バリデーションとは

(1)　施工通知（平成17年3月30日付け薬食監麻発第0330001号 第3章第4 バリデーション基準

Ⅻ　PIC/S対応とは

(1)　無菌操作法による無菌医薬品の製造に関する指針，厚生労働省医薬食品局監視指導・麻薬対策課事務連絡，2011
(2)　PIC/SのGMPガイドラインを活用する際の考え方について，厚生労働省医薬食品局監視指導・麻薬対策課

事務連絡，2011
(3)　PIC/S GMP Annex 1:2022
(4)　ISO 14644-4:2022

XIII　RABSとは

(1)　Jack Lysfjord ; ISPE Definition : Restricted Access Barrier Systems（RABS）for Aseptic Processing, Pharmaceutical Engineering pp.1-3, 2005.11
(2)　厚生労働省；無菌操作法による無菌医薬品の製造に関する指針，2011.4
(3)　C. E. Fruergaard ;（nne pharmaplan）; Trends in Sterile Manufacturing Technologies, ISPE Thailand Annual Meeting, 2013.7
(4)　Jack Lysfjord ; Current Aseptic Processing Trends with the Use of Isolators and RABS（Restricted Access Barrier Systems）, ISPE Tampa Conference, 2010.2

XIV　動物飼育施設とは

(1)　環境科学フォーラム編：クリーンルーム用語早わかり，オーム社，1999.9
(2)　日本建築学会編：実験動物施設の建築および設備，丸善，2007.6
(3)　㈳日本空気清浄協会編：クリーンルームハンドブック，オーム社，1989.1
(4)　ヤマト科学㈱：カタログ

XV　安全キャビネットとは

(1)　無菌操作法による無菌医薬品の製造に関する指針，厚生労働省医薬食品局監視指導・麻薬対策課事務連絡，2011
(2)　JIS K 3800:2021　バイオハザード対策用クラスⅡキャビネット

XVI　アイソレーターとは

(1)　PIC/S GMP Annex 1:2022

XVII　除染とは

(1)　海老根猛，滝口陽介；バイオロジカルクリーンルームの除染（過酸化水素蒸気とホルムアルデヒドによる除染について），クリーンテクノロジー vol.22 No.7，pp.23-27（2012.7）
(2)　テクノ菱和技術資料
(3)　厚生労働省：無菌操作による無菌医薬品製造に関する指針（2012年11月改訂）
(4)　市原広信；過酸化水素ガスによる空間除染滅菌について，空気清浄51巻4号pp.13-20（2013.11）
(5)　独立行政法人医薬品医療機器総合機構，099-1409.pdf
6）サンタサーロ & ステリ-プロ ソリューション㈱HP

XVIII　落下菌測定法とは

(1)　第18改正日本薬局方，令和3年6月7日厚生労働省告知220号
(2)　無菌操作法による無菌医薬品の製造に関する指針，厚生労働省医薬食品局監視指導・麻薬対策課事務連絡，2011

XIX　再生医療CPF施設とは

(1)　経済産業省報告：再生医療の実用化・産業化に関する報告書最終取りまとめ，再生医療の実用化・産業化に関する研究会，(2013)
(2)　角井一郎，GCTP概説　第2回 PHARM TECH JAPAN 7月号，pp.45-49，(2015)
(3)　川﨑康司：最新のCPFの構築 X'Sona CPF構想　クリーンテクノロジー 2022.7，pp.9-16
(4)　境弘夫，GMP準拠 細胞処理施設の基本，日本工業出版，p.37，(2012)

XX　感染対策（COVID-19の飛沫対策）の空調技術

(1)　岡本隆太：飛沫粒子の可視化と計測の技術及び実例，クリーンテクノロジー，日刊工業出版，2023年1月号
(2)　岡本隆太等：飛沫粒子の拡散分布シミュレーション技術，クリーンテクノロジー，日刊工業出版，2021年1月号
(3)　https://www.snk.co.jp/particle
(4)　岡本隆太：微粒子可視化システム，画像ラボ，日刊工業出版，2019年9月号
(5)　ウィリアムC.ハインズ，監修 早川一成：エアロゾルテクノロジー，井上書院
(6)　全日本合唱連盟・東京都合唱連盟，加藤英明監修：合唱活動における飛沫実証実験 報告書，2021年12月8日
(7)　齋藤忠彦等，音楽教育学，51巻1号，pp25，2021

索　引

サ

タ

ナ

ハ

マ

ヤ

ラ

ワ

著者・改訂者紹介(50音順)

稲毛 亮太(いなげ りょうた)
新日本空調㈱　ソリューション事業部
Part6 応用分野編XX

稲葉 仁(いなば ひとし)
高砂熱学工業㈱　技術本部　技術研究所(2016年時点)
Part6 応用分野編 Ⅴ

植村 聡(うえむら さとし)
三機工業㈱　デジタル改革推進本部
Part6 応用分野編 Ⅻ，XV，XⅥ，XⅧ，XIX

勝又 美紀(かつまた みき)
高砂熱学工業㈱　設計統括部　設計技術部　設計１課
Part2 空気浄化編 Ⅰ～Ⅴ，Ⅶ～Ⅹ
Part6 応用分野編 Ⅳ，Ⅴ，Ⅵ

川﨑 康司(かわさき こうじ)
㈱エアレックス　代表取締役社長
Part6 応用分野編 Ⅻ，XV，XⅥ，XⅧ，XIX

河野 秀隆(こうの ひでたか)
新日本空調㈱　産業施設事業部
Part5 性能評価編 Ⅰ～Ⅲ

久禮 得男(くれ とくお)
元㈱日立プラントサービス
発刊にあたり　Part1 基本編 Ⅰ

田尻 洋輔(たじり ようすけ)
三機工業㈱　東京支社　空調衛生設計２部
Part3 内装システム編 Ⅰ～Ⅷ

立原 和彦(たちはら かずひこ)
㈱日立プラントサービス　エンジニアリング事業部
医薬・再生医療技術本部　医薬エンジニアリング三部
Part1 基本編 Ⅱ　Part6 応用分野編 Ⅹ，Ⅺ

田村 一(たむら はじめ)
㈱テクノ菱和　東京本店第四営業部
Part3 内装システム編 Ⅸ　Part4 機器・機材編 Ⅰ～XⅢ
Part6 応用分野編 XⅢ，XⅣ，XⅦ

田村 穂(たむら みのる)
㈱エアレックス　総合デザイン部
Part6 応用分野編 Ⅻ，XV，XⅥ，XⅧ，XIX

寺西 翔平(てらにし しょうへい)
新日本空調㈱　産業施設事業部
Part5 性能評価編Ⅳ～Ⅵ

中岡 将士(なかおか しょうじ)
三機工業㈱　技術研究所　建築設備開発部
Part6 応用分野編 XIX

中澤 賢(なかざわ けん)
三機工業㈱　営業本部　営業開発１部
Part6 応用分野編 Ⅻ，XV，XⅥ，XⅧ

長島 晃(ながしま あきら)
新日本空調㈱　産業施設事業部
Part6 応用分野編 Ⅱ，Ⅲ，Ⅷ

西村 浩一(にしむら ひろかず)
高砂熱学工業㈱　設計統括部　設計技術部　設計１課
Part2 空気浄化編 Ⅰ～Ⅹ　Part6 応用分野編 Ⅰ，Ⅳ，Ⅴ，Ⅵ

長谷部 弥(はせべ ひさし)
清水建設㈱　技術研究所
カーボンニュートラル技術センター
省エネルギー技術グループ
Part6 応用分野編 Ⅰ，Ⅸ

平井 誠(ひらい まこと)
元(一財)東京顕微鏡院　食と環境の科学センター
信頼性保証室
Part6 応用分野編 Ⅶ

福井 伊津志(ふくい いつし)
㈱日立プラントサービス　産業設備事業部　技術管理本部
エンジニア管理部
Part1 基本編 Ⅰ～Ⅻ　Part6 応用分野編 Ⅹ，Ⅺ

水谷 旬(みずたに じゅん)
元 新日本空調㈱
Part5 性能評価編 Ⅰ～Ⅵ　Part6 応用分野編 Ⅱ，Ⅲ，Ⅷ

南 輝雄(みなみ てるお)
㈱日立プラントサービス　エンジニアリング事業部
設備・産業技術本部　データソリューション部
Part1 基本編 Ⅹ～Ⅶ

月刊「クリーンテクノロジー」別冊号

早わかりQ&A
クリーンルームの設計・施工マニュアル【2024年改訂版】

2008 年 3 月 25 日　初版
2015 年 12 月 7 日　改訂版
2020 年 10 月 30 日　改訂第２版
2024 年 1 月 31 日　改訂第３版

定　価：　本体3,000円（税別）
編　集：　早わかりQ＆A クリーンルームの設計・施工マニュアル編集委員会
発行人：　小林大作
発行所：　日本工業出版株式会社
https://www.nikko-pb.co.jp　e-mail：info@nikko-pb.co.jp

本　　　社　〒113-8610　東京都文京区本駒込 6-3-26
TEL03-3944-1181　FAX03-3944-6826
販売直通　TEL03-3944-8001
大阪営業所　〒541-0046　大阪市中央区平野町 1-6-8
TEL06-6202-8218　FAX06-6202-8287
振　　　替　00110-6-14874

ISBN978-4-8190-3601-9 C3052 ¥3000E